# TypeScript Cookbook

실무로 통하는 타입스크립트

# 실무로 통하는 타입스크립트

바로 실행하며 익히는 105가지 오류 해방의 기술

**초판 1쇄 발행** 2024년 07월 01일

**지은이** 슈테판 바움가르트너 / **옮긴이** 우정은 / **펴낸이** 전태호
**펴낸곳** 한빛미디어(주) / **주소** 서울시 서대문구 연희로2길 62 한빛미디어(주) IT출판2부
**전화** 02-325-5544 / **팩스** 02-336-7124
**등록** 1999년 6월 24일 제25100-2017-000058호 / **ISBN** 979-11-6921-259-5    93000

**총괄** 송경석 / **책임편집** 박지영 / **기획** 최민이 / **편집** 안정민 / **교정** 김가영
**디자인** 표지 이아란 내지 최연희 / **전산편집** 왕은정
**영업** 김형진, 장경환, 조유미 / **마케팅** 박상용, 한종진, 이행은, 김선아, 고광일, 성화정, 김한솔 / **제작** 박성우, 김정우

이 책에 대한 의견이나 오탈자 및 잘못된 내용은 출판사 홈페이지나 아래 이메일로 알려주십시오.
파본은 구매처에서 교환하실 수 있습니다. 책값은 뒤표지에 표시되어 있습니다.
**한빛미디어 홈페이지** www.hanbit.co.kr / **이메일** ask@hanbit.co.kr

지금 하지 않으면 할 수 없는 일이 있습니다.
책으로 펴내고 싶은 아이디어나 원고를 메일(**writer@hanbit.co.kr**)로 보내주세요.
한빛미디어(주)는 여러분의 소중한 경험과 지식을 기다리고 있습니다.

# TypeScript
# Cookbook

## 실무로 통하는 타입스크립트

O'REILLY® ⅢⅢ 한빛미디어
Hanbit Media, Inc.

## 지은이 · 옮긴이 소개

**지은이 슈테판 바움가르트너** Stefan Baumgartner

오스트리아에 거주하는 개발자이자 건축가다. 『TypeScript in 50 Lessons』의 저자이며 인기 있는 타입스크립트 및 기술 블로그(*https://fettblog.eu*)를 운영한다. 여가 시간에는 러스트 린츠Rust Linz 밋업과 유럽 타입스크립트 콘퍼런스(*https://tsconf.eu*) 등을 주최한다. 이탈리아 음식, 벨기에 맥주, 영국 레코드판을 좋아한다. oida.dev(*https://oida.dev*)에서 독립 컨설턴트이자 러스트Rust 및 타입스크립트 강사로 활동하고 있다.

**옮긴이 우정은** realplord@gmail.com

인하대학교 컴퓨터공학과를 졸업하고 LG전자, 썬 마이크로시스템즈, 오라클 등에서 모바일 제품 관련 개발을 했다. 뉴질랜드 웰링턴에 있는 Xero에서 모바일 앱을 개발하다가 현재는 DevOps 팀에서 새로운 인생을 즐기고 있다. 2010년 아이폰의 매력에 빠져들면서 번역과 개발을 취미로 삼고 꾸준히 서적을 번역한다. 옮긴 책으로는 『플러터 인 액션』, 『처음 배우는 스위프트』, 『실전 자바 소프트웨어 개발』, 『모던 자바 인 액션』, 『실무자를 위한 그래프 데이터 활용법』(이상 한빛미디어) 등이 있다.

저자는 프로그래밍 언어의 발전과 그것이 소프트웨어 개발에 미치는 영향을 확인할 때마다 흥분을 감추지 못한다. 자바스크립트의 상위 언어인 타입스크립트도 예외는 아니다. 실제로 타입스크립트는 널리 사용되는 프로그래밍 언어로 급부상하여 웹 개발 분야에서 독자적인 영역을 개척하고 있다. 이 언어가 많은 채택과 찬사를 받는 만큼 이 책에서 포괄적으로 다루는 것은 너무나도 당연한 일이다.

저자는 타입스크립트의 열렬한 사용자로서 타입스크립트가 자바스크립트에 가져다준 정확성과 견고함에 놀라움을 금치 못했다. 핵심 이유 중 하나는 자바스크립트를 향한 오랜 비판을 해결한 타입 안전성이다. 타입스크립트는 개발자가 변수에 대해 엄격한 형식을 정의할 수 있게 함으로써 컴파일 과정에서 오류를 더 쉽게 포착할 수 있게 하여 코드 품질과 유지 보수성을 크게 향상했다.

이 책은 타입스크립트에 꼭 필요한 가이드다. 서문에서 타입스크립트의 인기가 치솟고 있음을 알 수 있다. 하지만 타입스크립트에 관한 관심이 높아지면서 개발자가 이를 채택하는 데 직면한 어려움도 드러나고 있다. 이 책이 변화를 불러올 것이다.

실용성이 가득한 이 책은 타입스크립트 사용자가 직면하는 실제 문제를 해결하기 위해 세심하게 설계되었다. 기본부터 고급까지 다양한 개념을 다루는 105가지 레시피를 한데 모은 책이다. 개발자로서 우리는 종종 형식 검사기와 싸워야 하는데, 이 책이 여러분의 검과 방패 역할을 할 것이다. 심층적인 설명 덕분에 타입스크립트를 사용해 효율적으로 작업하는 방법을 배울 수 있을 뿐만 아니라 개념 뒤에 숨겨진 사고 과정도 이해할 수 있다.

이 책의 여러 장점 중 하나는 타입스크립트의 빠른 진화를 수용하는 접근 방식이다. 타입스크립트는 매년 정기적으로 릴리스되기 때문에 최신 버전을 유지하기가 어렵다. 이 책은 타입스크립트의 오래 지속되는 측면에 초점을 맞추어서 끊임없이 변화하는 환경 속에서도 학습 내용이 관련성을 유지하도록 보장한다.

이 책은 수많은 레시피 외에도 자바스크립트와 타입스크립트 사이의 복잡한 관계를 이해하도록 독려한다. 이 두 언어의 공생 관계를 이해하는 것은 타입스크립트의 진정한 잠재력을 발휘하는 데 가장 중요하다. 형식 어서션, 제네릭, 리액트와 같은 인기 있는 라이브러리 및 프레임워크와 타입스크립트를 통합하는 데 어려움을 겪고 있다면 이 책이 많은 도움이 될 것이다.

이 책은 가이드와 참고서로서도 훌륭하다. 초보자에서 전문가로 발전하는 길을 안내하며 타입스크립트 여정 내내 신뢰할 수 있는 동반자 역할을 한다. 이 책의 구성은 흠잡을 데 없이 완벽하며 각 장을 독립적으로 사용할 수 있지만, 합치면 일관된 지식 기반을 형성할 수 있다.

타입스크립트의 인기가 식을 기미가 보이지 않는 가운데, 이 책은 모든 타입스크립트 애호가에게 필수 리소스가 될 것이다. 이 책은 실제 예제부터 솔루션의 보물창고까지, 흥미진진한 타입스크립트의 세계를 탐색하는 데 필요한 나침반이 되어줄 것이다.

이 책은 타입스크립트를 처음 접하는 분이나 깊이 있는 지식을 얻고자 하는 분 모두에게 도움이 될 것이다. 이 걸작을 집필한 슈테판 바움가르트너에게 진심으로 축하를 보내며, 여러분 모두 이 책을 통해 타입스크립트의 성공 비법을 즐기길 바란다.

이제 타입스크립트로의 여정을 시작하자.

**애디 오스마니**Addy Osmani, **구글 크롬 엔지니어링 리드**

오랫동안 모바일 관련 개발 업무를 해왔다. 모바일에서는 리액트 네이티브를 이용한 크로스 플랫폼을 제외하면 타입스크립트는 그렇게 많이 사용되는 언어는 아니다. 비교적 최근 모바일 분야를 떠나 데브옵스DevOps 분야로 이동했다. 모바일 개발은 한두 가지 언어와 기술에 집중하지만, 데브옵스는 훨씬 넓은 분야를 고르게 이해하며 진행하는 부분이 마음에 들었다. 이렇게 업무 분야를 바꾸고 나니 타입스크립트를 많이 사용하기 시작했다. 데브옵스는 상황에 따라 필요한 도구나 기능을 간단하게 구현해야 하는데, 배시bash 스크립트로 필요한 기능을 구현할 때도 있지만 타입스크립트로 비슷한 기능을 구현할 수 있다면 타입스크립트를 선호한다. 타입스크립트는 형식을 제공해 안정적이며 코드를 이해하기 쉽다. 또한 단위 테스트를 쉽게 구현할 수 있다는 큰 장점이 있다.

이런 상황에서 이 책을 번역하면서 나 역시 많은 것을 배웠다. 저자가 제공하는 예제는 실무와 밀접하게 관련이 있는 내용이어서 도움이 된다. 그리고 책을 집필하는 데 많은 노력과 고민이 있었음을 느낄 수 있는 좋은 책이다. 독자분들도 이 책에서 많은 것을 얻을 수 있을 것이다.

이 책의 편집자인 안정민 님에게 감사드리며, 번역하는 데 도움을 준 반려자 서윤정 양에게 감사한다.

2024년 7월
**우정은**

타입스크립트는 매우 인기 있는 프로그래밍 언어다. 2022년 자바스크립트 현황 설문조사 (*https://2022.stateofjs.com*)에 따르면 전체 참가자의 거의 70%가 타입스크립트를 적극적으로 사용했다. 2022년 스택 오버플로<sup>StackOverflow</sup> 설문조사(*https://survey.stackoverflow.co/2022*)에서 타입스크립트는 인기 있는 상위 5개 언어 중 하나이며, 사용자 만족도는 4번째로 높은 것으로 나타났다. 2023년 초, 타입스크립트는 NPM에서 매주 4천만 건 이상의 다운로드(*https://oreil.ly/ZHWn8*)를 기록했다.

의심의 여지가 없이, 타입스크립트가 대세다!

타입스크립트는 그 인기에도 불구하고 여전히 많은 개발자에게 어려움을 준다. 타입 검사기와 싸우는 중이라던가, any를 몇 개 던져 문제를 해결한다는 말을 자주 들을 수 있다. 어떤 사람들은 당연히 동작해야 하는 코드임에도 컴파일러를 만족시키는 목적으로 코드를 구현해야 하며 이 때문에 속도가 느려진다고 느낀다. 하지만 타입스크립트의 유일한 목적은 자바스크립트 개발자의 생산성과 효율성을 높이는 것이다. 이 도구가 궁극적으로 그 목표를 달성하지 못하는 것일까? 아니면 개발자로서 우리는 이 도구의 설계 목적과는 다른 것을 기대하는 것일까?

그 해답은 중간 어딘가에 있으며, 바로 이 지점에서 『실무로 통하는 타입스크립트』가 등장한다. 이 책에서는 복잡한 프로젝트 설정부터 고급 타이핑 기법까지 모든 것을 다루는 105가지 레시피를 찾을 수 있다. 형식 시스템의 복잡성과 내부 작동 방식은 물론, 자바스크립트의 근간을 해치지 않으려면 고려해야 하는 절충점과 예외에 관해서도 배울 수 있다. 또한 더 우수하고 강력한 타입스크립트 코드를 작성하기 위한 방법론, 디자인 패턴, 개발 기법도 배우게 된다. 결국에는 어떤 일을 하는 방법뿐만 아니라 그 이유도 이해하게 될 것이다.

필자의 목표는 초보자에서 전문가로 안내하는 가이드이자 책을 다 읽은 후에도 바로 사용할 수 있는 빠른 참고 자료를 제공하는 것이다. 1년에 네 번씩 릴리스되는 타입스크립트의 최신 기능을 한 권의 책에 모두 담을 수는 없다. 그러므로 앞으로 있을 모든 변화에 대비힐 수 있도록 프로그래밍 언어의 오래 지속되는 측면에 초점을 맞췄다. 이 책에 오신 것을 환영한다.

## 이 책의 대상

이 책은 자바스크립트를 어느 정도 알고 타입스크립트에 발을 담근 개발자, 엔지니어, 아키텍트를 위한 책이다. 여러분은 타입의 기본 개념과 이를 적용하는 방법을 이해하고 정적 형식이 제공하는 이점을 이해할 것이다. 이제 형식 시스템에 대한 더 깊은 지식이 필요하고, 견고하고 확장 가능한 애플리케이션을 만들 뿐만 아니라 동료와의 협업을 보장할 수 있도록 타입스크립트를 적극적으로 사용해야 하는 단계에 이르렀다.

타입스크립트의 기능이 어떻게 동작하는지 배우고 그 동작의 이면에 존재하는 의미를 이해하고 싶을 때가 있다. 이 책에서는 바로 그런 궁금증을 해결해 준다. 프로젝트 설정, 형식 시스템의 특징 및 동작, 복잡한 형식과 사용 사례, 프레임워크 작업 및 형식 개발 방법론 적용 등을 배운다. 이 책은 초보자에서 수습생으로, 그리고 결국에는 전문가가 될 수 있도록 설계되었다. 타입스크립트의 정교한 기능을 적극적으로 배우는 데 필요한 안내서이자 커리어 내내 참고할 수 있는 참고서가 필요하다면 이 책이 바로 그 역할을 해줄 것이다.

## 이 책에서 제공하는 정보

이 책을 집필할 때 가장 큰 목표는 일반적인 문제에 대한 해결책에 집중하는 것이었다. 타입스크립트는 놀라운 프로그래밍 언어이며, 형식 시스템의 기능은 아주 강력하여 사람들이 고급 타입스크립트 퍼즐(*https://tsch.js.org*)에 도전하는 지경에 이르렀다. 이러한 수수께끼는 재미있기는 하지만 실제 맥락이 부족할 때가 많으므로 이 책에서는 다루지 않았다.

필자는 타입스크립트 개발자로서 여러분이 실제 상황에서 비롯된 문제와 총체적인 해결책을 통해 일상생활에서 마주칠 수 있는 내용으로 구성하고자 한다. 한 가지 레시피로 끝나는 것이 아니라 여러 시나리오에서 사용할 수 있는 기술과 방법론을 설명한다. 책 전체에서 이전 레시피를 참조하여 특정 기법을 새로운 맥락에서 어떻게 작용하는지 보여 준다.

예제는 실제 프로젝트의 소스 코드에서 직접 따왔거나 많은 도메인 지식이 없어도 개념을 설명

할 수 있도록 핵심만 간추려서 만들었다. 일부 예제는 아주 구체적이며 "Stefan"이라는 이름
의 Person 객체도 많이 볼 수 있다(책 전체에서 필자가 나이 드는 모습을 볼 수 있을 것이다).

이 책은 거의 전적으로 타입스크립트가 자바스크립트 위에 추가한 기능에 초점을 맞추기 때문
에 예제를 완전히 이해하려면 어느 정도 자바스크립트를 이해해야 한다. 자바스크립트 전문가
는 아니어도 되지만, 기본적인 자바스크립트 코드는 읽을 수 있어야 한다. 자바스크립트와 타
입스크립트는 밀접한 관계가 있으므로 이 책의 일부 장에서는 자바스크립트의 기능과 동작에
관해 설명하지만, 항상 타입스크립트의 관점에서 설명한다.

이 책은 쿡북 형식으로, 각 절에서 문제에 대한 빠른 해결책(즉, 레시피)을 제공한다. 모든 절
은 논의로 끝나므로 해결책과 관련해 더 넓은 맥락과 의미를 알 수 있다. 저자의 스타일에 따라
오라일리 쿡북의 초점은 해결이나 논의에 맞춰진다. 이 책은 틀림없이 논의에 초점을 둔 책이
다. 소프트웨어를 구현하는 사람으로서 거의 20년 동안 일하면서 한 가지 해결책으로 모든 문
제를 해결할 수는 없었다. 따라서 어떻게 결론에 도달했는지, 그 의미와 장단점은 무엇인지 자
세히 설명하고자 한다. 궁극적으로 이 책은 이러한 논의를 지속할 수 있는 지침서가 되어야 한
다. 결정을 지지할 적절한 논거가 있다면 추측할 필요가 없다.

## 이 책의 구성

처음부터 끝까지 타입스크립트 언어를 안내한다. 프로젝트 설정부터 시작해서 기본 타입과 형
식 시스템의 내부 작동 방법을 설명하고, 궁극적으로 조건부 형식, 헬퍼 형식과 같은 고급 영역
으로 넘어간다. 이어서 클래스의 이중성 및 리액트 지원과 같은 아주 구체적인 기능을 살펴보
고 형식 개발에 가장 잘 접근하는 방법을 배우며 마무리한다.

전체적인 줄거리가 존재하지만, 각 장과 레시피는 독립적으로 사용할 수 있다. 각 장은 책의 이
전(또는 다음!) 레시피와 연결되도록 설계되었지만, 궁극적으로 각 장은 독립적이다. 처음부
터 끝까지 자유롭게 실펴보거나, 다양한 참고 자료를 통해 '나만의 모험을 선택하는' 접근 방식
을 사용하자. 다음은 간략한 목차 설명이다.

타입스크립트는 모든 종류의 자바스크립트와 함께 작동하기를 원하며, 그 종류도 매우 다양하다. 1장에서는 다양한 언어 런타임, 모듈 시스템 및 대상 플랫폼에 대한 구성 가능성을 알아본다.

2장에서는 형식 계층 구조를 안내하고, any와 unknown의 차이점을 알려 주며, 어떤 코드가 어떤 네임스페이스에 기여하는지 알려 주고, 객체 형식을 설명할 때 (오랫동안 이어져 내려온 질문인) 형식 별칭을 선택할지 인터페이스를 선택할지에 대한 답을 제공한다.

3장은 이 책에서 차지하는 분량이 상당히 많다. 이 장에서는 유니온과 인터섹션 형식의 모든 것, 구별된 유니온 형식을 징의하는 방법, assertNever와 선택형 never 기법을 사용하는 방법, 상황에 따라 형식을 좁히고 넓히는 방법을 배운다. 이 장이 끝나면 타입스크립트에 형식 어서션은 존재하지만 형식 변환이 없는 이유, 열거형을 일반적으로 기피하게 되는 이유, 구조적 형식 시스템에서 이름과 관련된 내용을 찾는 방법을 이해하게 된다.

4장에서는 타입스크립트의 제네릭 형식 시스템을 자세히 살펴본다. 제네릭은 코드를 더 쉽게 재사용하게 해줄 뿐만 아니라 타입스크립트의 고급 기능으로 들어가는 입구이기도 하다. 이 장은 타입스크립트 기초를 넘어 형식 시스템의 더욱 정교한 영역으로 올라가는 지점으로, 첫 번째 파트를 적절하게 마무리한다.

5장은 타입스크립트 형식 시스템이 자체적으로 메타프로그래밍 언어이기도 한 이유를 설명한다. 특정 조건에 따라 형식을 선택할 수 있게 되면서 사람들은 형식시스템에서 본격적인 SQL 파서나 사전과 같은 뛰어난 기능을 발명했다. 조건부 형식은 정적 형식 시스템을 동적 상황에 맞게 더 유연하게 만드는 도구로 사용된다.

6장에서는 타입스크립트가 형식 시스템에 문자열 파서를 통합하는 방법을 살펴본다. 형식 문자열에서 이름을 추출하고, 문자열 입력을 기반으로 동적 이벤트 시스템을 정의하고, 식별자를 동적으로 생성하는 등 불가능해 보이는 것은 없다!

7장에서 함수형 프로그래밍을 살짝 맛본다. 튜플은 타입스크립트에서 특별한 의미를 가지며 함수 매개변수와 객체형 배열을 설명하는 데 도움이 되고 유연한 헬퍼 함수를 만든다.

8장에서는 훨씬 더 많은 메타프로그래밍이 이루어진다. 타입스크립트는 다른 형식으로부터 형식을 쉽게 파생할 수 있도록 몇 가지 헬퍼 형식을 기본 제공한다. 이 장에서는 이러한 헬퍼 형식을 사용할 뿐만 아니라 직접 만드는 방법도 배운다. 이 장은 이 책의 두 번째 중단점이기도 한데, 이 시점에서 언어와 형식 시스템의 기본 요소를 모두 배웠으므로 다음 파트에서 적용할 수 있다.

여덟 장에 걸쳐 형식 시스템의 핵심을 모두 이해했다면, 이제 9장에서 다른 사람이 만든 형식 정의와 여러분의 지식을 통합할 차례다. 이 장에서는 예상과 다르게 작동하는 상황을 살펴보고, 기본 제공 형식 정의를 내 마음대로 변형하는 방법을 알아본다.

10장에서는 매우 인기 있는 자바스크립트 프레임워크 중 하나가 타입스크립트에 어떻게 통합되었는지, JSX라는 구문 확장을 달성하는 기능이 무엇인지, 그리고 이것이 타입스크립트의 전체 개념에 어떻게 들어맞는지 배운다. 또한 컴포넌트와 후크에 사용할 강력한 형식을 구현하는 방법과 실제 라이브러리에 동봉된 형식 정의 파일을 사후에 처리하는 방법도 배운다.

11장에서는 객체 지향 프로그래밍의 핵심인 클래스를 설명한다. 클래스라는 개념이 자바스크립트에 존재하기 훨씬 전부터 타입스크립트에서 클래스를 사용할 수 있었다. 이는 11장에서 흥미로운 기능 이중성이라는 주제로 이어진다.

이 책은 12장으로 끝난다. 여기서는 고급 형식을 직접 만들고, 프로젝트를 진행하는 방법과 관련해 올바른 결정을 내리고, 형식의 유효성을 검사하는 라이브러리를 다루는 기술을 제공하는 데 중점을 둔다. 또한 특별한 해결 방법과 숨겨진 기능을 알아보고, 제네릭 이름을 지정하는 방법이나 고급 형식이 너무 많은 상황 등을 논의한다. 이 장은 초보자에서 수습생으로 넘어가는 긴 여정 끝에 전문가 수준에 도달하게 되는 지점으로 특히 재미있다.

모든 예제는 이 책의 웹사이트(*https://typescript-cookbook.com*)에서 타입스크립트 플레이그라운드나 코드샌드박스CodeSandbox 프로젝트로 이용할 수 있다. 특히 플레이그라운드는 완성되지 않은 상태를 제공하므로 혼자서 직접 만져보고 동작을 실험해 볼 수 있다. 필자는 항상 프로그래밍 언어를 읽는 것만으로는 배울 수 없으며, 적극적으로 코딩하고 손을 더럽혀야 비로소 모든 것이 함께 작동하는 방식을 이해할 수 있다고 말한다. 이 책은 프로그래밍 형식을 재미있게 익히라는 초대장이라고 생각한다.

## 이 책에서 사용한 규칙

타입스크립트에는 다양한 프로그래밍 스타일과 서식 지정 옵션이 있다. 불필요한 서식을 피하고자 필자는 모든 예제에서 Prettier(*https://prettier.io*)를 사용하여 자동 서식을 지정하기로 했다. 다른 서식 지정 스타일에 익숙하다면(예: 타입의 각 속성 선언 뒤에 세미콜론 대신 쉼표를 사용하는 방법을 선호) 원하는 대로 계속 사용해도 된다.

이 책에는 많은 예제가 있고 많은 함수를 다룬다. 함수를 구현하는 방법에는 여러 가지가 있으며, 두 표기법의 차이점을 설명하는 것이 중요한 상황이 아니라면 대부분 함수 표현식 대신 함수 선언을 구현하기로 했다. 다른 모든 상황에서는 기술적인 이유보다는 주로 취향에 따랐다.

모든 예제는 이 책을 집필한 시점의 가장 최신 릴리스인 타입스크립트 5.0을 기준으로 확인되었다. 타입스크립트는 끊임없이 변화하며 규칙도 마찬가지이다. 이 책에서는 주로 오래 지속되고 여러 버전에 걸쳐 신뢰할 수 있는 내용에 초점을 맞췄다. 추가 개발이나 근본적인 변화가 예상되는 부분에서는 경고와 참고 사항을 제공한다.

●● 감사의 말

알렉산더 로즈만Alexander Rosemann, 세바스찬 기어링거Sebastian Gierlinger, 도미니크 앵거러Dominik Angerer, 게오르그 코트마이어Georg Kothmeier는 새로운 기능이 나오면 필자가 가장 먼저 찾는 사람들이다. 이들과의 정기적인 만남과 교류는 즐거울 뿐만 아니라 필자가 선택한 모든 요리를 평가하는 데 필요한 피드백을 제공한다. 이 책의 출간 소식을 가장 먼저 듣고 피드백을 가장 먼저 준 사람들이 이들이기도 하다.

소셜 미디어에서 매트 포콕Matt Pocock, 조 프레바이트Joe Previte, 댄 밴더캄Dan Vanderkam, 네이선 쉬블리-샌더스Nathan Shively-Sanders, 조쉬 골드버그Josh Goldberg와 교류하면서 새로운 아이디어를 많이 얻었다. 타입스크립트에 대한 그들의 접근 방식은 필자와 다를 수 있지만, 궁극적으로 필자의 시야를 넓혀주고 독단적인 생각을 하지 않도록 도와주었다.

필 내쉬Phil Nash, 시모나 코틴Simona Cotin, 바네사 뵈너Vanessa Böhner는 최종 원고의 초기 검토자였을 뿐만 아니라 항상 아이디어를 점검해 주는 오랜 동반자이자 친구이다. 애디 오스마니는 필자 커리어 전반에 걸쳐 영감을 주었고, 새 책의 출간을 흔쾌히 허락해 주었다.

레나 마체코Lena Matscheko, 알렉산드라 라페아누Alexandra Rapeanu, 마이크 쿠스Mike Kuss는 실제 경험을 바탕으로 기술적인 문제와 질문을 주저하지 않고 쏟아냈다. 필자가 좋은 예시를 찾지 못했을 때는 훌륭한 소스 자료를 넘쳐나게 제공해 주었다.

새로운 타입스크립트 버전이 출시될 때마다 끊임없이 문을 두드리는 피터 크뢰너Peter Kröner가 아니었다면 필자는 타입스크립트의 모든 발전 상황을 놓쳤을 것이다. 타입스크립트 릴리스와 관련한 팟캐스트 에피소드는 전설적이지만, 점점 더 타입스크립트에 관한 내용이 아닌 경우가 많아지고 있다.

기술 편집자인 마크 할핀Mark Halpin, 파비안 프리들Fabian Friedl, 베른하르트 메이어Bernhard Mayr는 최고의 기술 피드백을 제공했다. 그들은 모든 가정에 이의를 제기하고, 모든 코드 샘플을 확인했으며, 필자의 모든 추론이 합당한지, 한 치의 오차도 없는지 확인했다. 디테일에 대한 애정과 높은 수준의 논의 능력 덕분에 이 책은 단순한 핫 이슈 모음집이 아니라 탄탄한 기초 위에 서

있는 가이드이자 참고서가 되었다.

아만다 퀸Amanda Quinn이 아니었다면 이 책은 존재하지 않았을 것이다. 2020년에 『TypeScript in 50 Lessons』를 집필한 후 필자는 타입스크립트에 대해 할 말은 다 했다고 생각했다. 아만다는 필자의 첫 번째 책에 신지 못한 아이디어를 찾을 수 있는 쿡북을 내보라고 권유했다. 3시간 만에 100개 이상의 항목이 포함된 완전한 제안서와 목차를 완성했다. 아만다의 말이 맞았다. 필자는 할 말이 훨씬 더 많았고, 아만다의 지원과 지도에 영원히 감사할 것이다.

아만디가 초기 단계에서 도움을 주었다면, 시라 에반스Shira Evans는 프로젝트가 잘 진행되어 탈선하지 않도록 하는 데 주력했다. 시라의 피드백은 아주 귀중했고, 실용적이고 실무적인 접근 방식 덕분에 함께 작업하는 것이 즐거웠다.

제작은 엘리자베스 팜Elizabeth Faerm과 테레사 존스Theresa Jones가 맡았다. 두 사람의 디테일을 향한 안목이 뛰어나서 제작 단계가 흥미진진하고 실제로 아주 재미있게 진행되었다! 최종 결과물은 정말 만족스러울 만큼 아름다운 경험이었다.

집필하는 동안 포큐파인 트리Porcupine Tree, 벡Beck, 노부오 우에마츠Nobuo Uematsu, 카멜Camel, 더 베타 밴드The Beta Band 등 많은 분의 도움을 받았다.

이 책에 가장 큰 공헌을 한 것은 가족이다. 도리스Doris, 클레멘스Clemens, 아론Aaron은 필자의 전부이며, 가족들의 끝없는 끝없는 사랑과 지원이 없었다면 필자의 야망을 펼칠 수 없었을 것이다. 모든 것에 감사하다.

## CONTENTS

CHAPTER **1**　**프로젝트 설정**

CHAPTER **2**　**기본형**

CHAPTER **3** 형식 시스템

CHAPTER **4** 제네릭

# ● CONTENTS

CHAPTER **5**　**조건부 형식**

CHAPTER **6**　**문자열 템플릿 리터럴 형식**

## CONTENTS

CHAPTER **10** 타입스크립트 및 반응

CHAPTER **11** 클래스

# 프로젝트 설정

타입스크립트TypeScript를 배워보기로 한 결정을 환영한다! 어떻게 공부를 시작해야 할까? 프로젝트의 상황에 맞는 다양한 방법으로 타입스크립트를 여러 프로젝트에 활용할 수 있다. 자바스크립트를 다양한 런타임으로 실행할 수 있듯이, 타입스크립트도 상황에 따라 다양한 방법으로 설정할 수 있다.

이 장에서는 프로젝트에 타입스크립트를 활용하는 다양한 방법을 소개한다. 타입스크립트는 자바스크립트의 확장으로 기본적인 자동 완성, 오류 검출 기능을 포함해 Node.js와 브라우저에서 동작하는 풀스택 애플리케이션을 구성할 수 있다.

자바스크립트 도구는 끊임없이 발전하고 있다. 심지어 매주 새로운 자바스크립트 빌드 체인과 새로운 프레임워크가 나오는 듯하다고 말하는 이도 있다. 이 장에서는 추가 도구 없이 순수하게 타입스크립트 컴파일러로 수행할 수 있는 작업을 살펴본다.

타입스크립트는 트랜스파일레이션transpilation에 필요한 모든 것을 제공한다. 단, 웹 배포 시 사용하는 간소화, 최적화 기능은 포함하지 않는다. 대신 ESBuild(*https://esbuild.github.io*)나 웹팩Webpack(*https://webpack.js.org*) 등으로 간소화, 최적화 기능을 처리할 수 있다. 또는 Babel.js(*https://babeljs.io*)처럼 타입스크립트를 완벽하게 지원하는 다른 트랜스파일러를 사용할 수 있다.

번들러bundler나 기타 트랜스파일러는 이 장의 주제와는 관련이 없으므로 이에 관한 내용은 관련된 도구나 프로그램의 문서에서 타입스크립트에 해당하는 부분을 찾아보기 바란다.

타입스크립트는 역사가 10년이 넘는 프로젝트라서 때로는 호환성 때문에 어쩔 수 없이 포함하는 옛 기능들이 존재한다. 이 장에서는 최신 자바스크립트 문법과 웹 표준 개발을 주로 다룬다.

안타깝지만 인터넷 익스플로러<sup>Internet Explorer</sup> 8이나 Node.js 10을 지원하는 플랫폼은 개발하기 쉽지 않을 것이다. 하지만 이 장과 공식 타입스크립트 문서(*https://typescriptlang.org*)에 담긴 지식을 바탕으로 예전 플랫폼에도 적용할 수 있는 부분이 많다.

## 1.1 자바스크립트 형식 검사하기

**문제** 최소한의 노력으로 자바스크립트에 형식 검사 기능을 추가하려 한다.

**해결** 형식 검사를 하려는 모든 자바스크립트 파일의 가장 윗부분에 @ts-check 주석을 추가한다.

**논의** 타입스크립트는 자바스크립트의 상위 집합이므로 유효한 모든 자바스크립트 코드는 유효한 타입스크립트 코드다. 따라서 타입스크립트를 이용해 일반 자바스크립트에서 오류를 검출할 수 있다.

개발 과정에 온전한 타입스크립트를 사용할 수 없는 상황이라면 본격적으로 타입스크립트를 도입하지 않고 개발 과정에 도움이 되는 기본적인 힌트와 형식 확인만 이용할 수도 있다.

이를 활용하려면 자바스크립트 형식 확인 오류를 제공할 좋은 편집기나 IDE가 필요하다. 비주얼 스튜디오 코드<sup>Visual Studio Code</sup>(VSCode)(*https://code.visualstudio.com*)는 이를 지원하는 훌륭한 편집기다. 비주얼 스튜디오 코드는 타입스크립트가 출시되기도 전에 타입스크립트를 활용한 첫 주요 프로젝트이기도 하다.

자바스크립트나 타입스크립트를 구현하는 많은 개발자가 비주얼 스튜디오 코드를 추천한다. 요즘에는 타입스크립트를 지원하는 편집기가 많은데, 타입스크립트를 지원한다면 어떤 편집기를 사용하든 괜찮다.

비주얼 스튜디오 코드로 자바스크립트 형식 확인 기능을 사용할 수 있다. [그림 1-1]에서 볼 수 있듯이, 비수얼 스튜디오 코드는 형식 관련 오류를 꼬불거리는 물결선으로 표시한다. 이는 형식 확인의 가장 기본 기능이다. 타입스크립트의 형식 시스템은 다양한 수준의 엄격함을 제공한다.

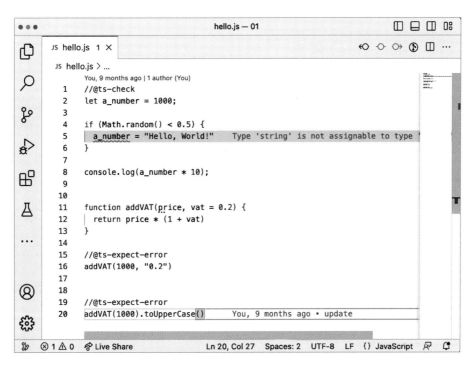

```
●●●                        hello.js — 01              ☐ ☐ ☐ 08

JS hello.js  1 ✕                              ⚙ ⊙ ⊙ ⊙ ☐ ⋯

  JS hello.js > ...
          You, 9 months ago | 1 author (You)
     1    //@ts-check
     2    let a_number = 1000;
     3
     4    if (Math.random() < 0.5) {
     5      a_number = "Hello, World!"    Type 'string' is not assignable to type '
     6    }
     7
     8    console.log(a_number * 10);
     9
    10
    11    function addVAT(price, vat = 0.2) {
    12      return price * (1 + vat)
    13    }
    14
    15    //@ts-expect-error
    16    addVAT(1000, "0.2")
    17
    18
    19    //@ts-expect-error
    20    addVAT(1000).toUpperCase()      You, 9 months ago • update

⅛  ⊗ 1 △ 0  ⚯ Live Share        Ln 20, Col 27   Spaces: 2   UTF-8   LF   {} JavaScript  ⌦ ⌁
```

그림 1-1 코드 편집기에 나타난 물결선. 코드에 오류가 있을 때 보여지는 기본 기능

우선 형식 시스템은 자바스크립트 코드에서 변수의 사용 방법에 따라 형식을 유추한다. 다음과 같은 코드가 있다고 가정하자.

```
let a_number = 1000;
```

타입스크립트는 a_number의 형식을 number로 정확하게 유추한다.

하지만 자바스크립트의 형식은 동적이라는 점이 문제다. let, var, const로 바인딩된 변수의 형식은 이후 어떻게 사용하느냐에 따라 달라질 수 있다.[1] 다음 예제 코드를 살펴보자.

```
let a_number = 1000;

if (Math.random() < 0.5) {
  a_number = "Hello, World!";
```

--------

**1** const 바인딩으로 할당된 객체라도 값과 프로퍼티를 바꿀 수 있으므로 객체의 형식은 언제든 바뀔 수 있다.

```
    }

    console.log(a_number * 10);
```

a_number에 number를 할당한 다음에 if문의 조건이 참이면 이 변수를 string으로 다시 바인딩한다. 마지막 행에서 a_number에 숫자를 곱하지만 않는다면 여기까지는 문제가 없다. 현재 코드는 약 50퍼센트의 확률로 예기치 않은 동작을 일으킨다.

타입스크립트로 이 문제를 간단히 해결할 수 있다. 자바스크립트 파일의 제일 윗부분에 @ts-check라는 주석을 추가하면 해당 자바스크립트 파일에 타입스크립트의 형식 검사가 적용된다.

이 예제에서 타입스크립트는 기존에 number로 유추되었던 변수 형식에 string을 다시 바인딩하려는 시도를 확인한다. 따라서 편집기에 다음과 같은 오류가 나타난다.

```
    // @ts-check
    let a_number = 1000;

    if (Math.random() < 0.5) {
      a_number = "Hello, World!";
    // ^-- 'string' 형식은 'number' 형식에 할당할 수 없습니다.ts(2322)
    }

    console.log(a_number * 10);
```

이제 타입스크립트가 알려주는 대로 코드 오류를 고칠 수 있다.

자바스크립트 형식 추론은 쉽지 않다. 다음 예제에서 타입스크립트는 기본값과 함께 곱셈, 뺄셈 등의 연산으로 형식을 유추한다.

```
    function addVAT(price, vat = 0.2) {
      return price * (1 + vat);
    }
```

addVat 함수는 두 인수를 받는다. 두 번째 인수에는 기본값 0.2가 존재하므로 이 인수는 선택형이다. 형식에 맞지 않는 인수를 제공하면 타입스크립트가 경고를 보낸다.

```
addVAT(1000, "a string");
//              ^-- 'string' 형식의 인수는 'number' 형식의
//                  매개변수에 할당될 수 없습니다.ts(2345)
```

또한 함수 본문에서 곱셈, 덧셈 연산을 수행하므로 이 함수가 number를 반환한다는 사실도 추론한다.

```
addVAT(1000).toUpperCase();
//              ^-- 'number' 형식에 'toUpperCase' 속성이 없습니다.ts(2339)
```

형식 유추로는 일부 오류만 검출할 수 있다. 자바스크립트 파일에서는 함수 인수에 주석을 달아 JSDoc 형식 주석을 연결할 수 있다. JSDoc(*https://jsdoc.app*) 주석 규칙을 이용하면 변수와 함수 인터페이스를 사람이 쉽게 읽을 수 있으며 동시에 기계도 이를 해석할 수 있다. 타입스크립트는 이들 주석을 이해할 수 있으므로 형식 시스템의 형식 검사에 이를 활용한다.

```
/** @type {number} */
let amount;

amount = '12';
//          ^-- 'string' 형식의 인수는 'number' 형식의
//              매개변수에 할당될 수 없습니다.ts(2345)

/**
 * Adds VAT to a price
 *
 * @param {number} price The price without VAT
 * @param {number} vat The VAT [0-1]
 *
 * @returns {number}
 */
function addVAT(price, vat = 0.2) {
  return price * (1 + vat);
}
```

JSDoc으로 객체에 사용할 새롭고 복잡한 형식도 정의할 수 있다.

```
/**
 * @typedef {Object} Article
 * @property {number} price
 * @property {number} vat
 * @property {string} string
 * @property {boolean=} sold
 */
/**
 * 이제 Article을 형식으로 사용할 수 있다.
 * @param {[Article]} articles
 */
function totalAmount(articles) {
  return articles.reduce((total, article) => {
    return total + addVAT(article);
  }, 0);
}
```

이 문법이 조금 복잡해 보일 수 있다. 1.3절에서는 객체에 주석을 추가하는 더 좋은 방법을 소개한다.

JSDoc으로 문서화된 자바스크립트 코드가 있다면 파일의 제일 윗부분에 한 행을 추가하여 코드에 존재하는 오류를 쉽게 파악할 수 있다.

## 1.2 타입스크립트 설치하기

**문제** 편집기에서 제공하는 물결선이 만능 해결사는 아니다. 명령줄 피드백, 상태 코드, 설정, 자바스크립트 형식 확인과 타입스크립트 컴파일 옵션 등이 필요하다.

**해결** 노드Node의 주요 패키지 등록 장소인 NPM(*https://npmjs.com*)에서 타입스크립트를 설치한다.

**논의** 타입스크립트로 구현된 코드는 자바스크립트로 컴파일한 다음 자바스크립트 런타임(*https://nodejs.org*)인 Node.js를 주요 실행 환경으로 운영한다.[2] Node.js 앱을 구현히는

---

2 타입스크립트는 디노(deno) 브라우저 등 다양한 자바스크립트 런타임에서도 동작하지만 이들이 주요 실행 대상은 아니다.

상황이 아니더라도 자바스크립트 애플리케이션의 도구는 노드에서 실행된다. 따라서 노드 공식 웹사이트(*https://nodejs.org*)에서 Node.js를 내려받아 명령행 도구에 익숙해지도록 노력하자.

새 프로젝트를 만들려면 프로젝트 폴더를 새로운 **package.json**으로 초기화해야 한다. 이 파일은 노드와 노드의 패키지 관리자 NPM이 프로젝트의 콘텐츠를 이해하는 데 필요한 모든 정보를 포함한다. 다음처럼 NPM 명령행 도구로 프로젝트 폴더에 기본적인 **package.json** 파일을 만든다.

```
$ npm init -y
```

> **노트** 이 책에서는 터미널에서 실행할 수 있는 다양한 명령을 소개한다. 편의상 이들 명령어를 BASH 또는 리눅스, 맥 OS, 리눅스용 윈도우 하위 시스템<sup>Windows Subsystem for Linux</sup>(WSL)에서 사용할 수 있는 셸에서 나타나는 그대로 표시한다. 맨 앞의 $ 기호는 명령어의 시작을 가리키는 기호이며 명령의 일부가 아니다. 이 책에서 소개하는 모든 명령은 파워셸<sup>PowerShell</sup>을 포함한 일반 윈도우 명령 프롬프트에서도 동작한다.

NPM은 노드의 패키지 관리자다. NPM은 CLI, 레지스트리, 의존성을 설치하는 데 필요한 다양한 도구를 포함한다. **package.json**을 설치했다면 NPM으로 타입스크립트를 설치한다. 예제에서는 타입스크립트를 개발<sup>development</sup> 의존성으로 추가하는데, 이는 프로젝트를 NPM의 라이브러리로 배포할 때 타입스크립트를 포함하지 않는다는 의미다.

```
$ npm install -D typescript
```

타입스크립트를 전역으로 설치하면 매번 타입스크립트 컴파일러를 설치할 필요가 없다. 하지만 프로젝트별로 타입스크립트를 설치하기를 권장한다. 프로젝트를 얼마나 자주 갱신하느냐에 따라 프로젝트 코드가 사용하는 타입스크립트 버전이 달라질 수 있다. 타입스크립트를 전역으로 설치하거나 업데이트한다면 기존 프로젝트의 코드가 동작하지 않을 수 있다.

> **노트** NPM으로 프런트엔드 의존성을 설치했다면 브라우저에서 코드를 실행하는 데 필요한 추가 도구인 번들러를 설치해야 한다. 타입스크립트는 모듈 시스템을 지원하는 번들러를 포함하지 않으므로 적절한 도구를 설치해야 한다. 웹팩(*https://webpack.js.org*), ESBuild(*https://esbuild.github.io*) 등의 도구를 흔히 사용한다. 모든 도구는 타입스크립트도 실행할 수 있다. 또는 1.8절에서 설명하듯이 완전한 네이티브의 길로 갈 수도 있다.

타입스크립트를 설치했고, 새 타입스크립트 프로젝트도 초기화했다. NPX는 프로젝트의 상대 경로에 설치된 명령행 유틸리티를 실행하게 해 주는 도구다. 다음처럼 NPX를 사용한다.

```
$ npx tsc --init
```

프로젝트의 지역 버전 타입스크립트 컴파일러를 실행하면서 새 tsconfig.json을 만들도록 init 플래그를 전달한다.

tsconfig.json은 타입스크립트 프로젝트의 핵심 설정 파일이다. 타입스크립트가 코드를 어떻게 해석하고, 어떻게 의존성에 형식을 제공하며, 어떤 기능을 켜고 끌지를 이 파일로 설정한다.

다음은 타입스크립트가 기본으로 설정하는 옵션이다.

```
{
  "compilerOptions": {
    "target": "es2016",
    "module": "commonjs",
    "esModuleInterop": true,
    "forceConsistentCasingInFileNames": true,
    "strict": true,
    "skipLibCheck": true
  }
}
```

이 파일을 자세히 살펴보자.

target은 es2016으로, 프로젝트의 타입스크립트 파일을 ECMAScript 2016 문법(ECMAScript 배포 연도를 ECMAScript 버전으로 사용함)으로 컴파일한다. 현재 사용하는 브라우저나 작업 환경에 따라 더 최신 버전이나 es5 같은 예전 버전을 target으로 설정할 수 있다.

module은 commonjs다. 이 옵션을 이용하면 ECMAScript 모듈 문법을 사용할 수 있다. 하지만 이 문법을 출력으로 전달하는 방식이 아니라 타입스크립트가 모듈 문법을 CommonJS 형식으로 컴파일한다. 다음과 같은 코드가 있다고 가정하자.

```
import { name } from "./my-module";

console.log(name);
//...
```

이 코드를 컴파일하면 다음처럼 바뀐다.

```
const my_module_1 = require("./my-module");
console.log(my_module_1.name);
```

CommonJS는 Node.js의 모듈 시스템인데 노드가 인기를 끌면서 동시에 유명해졌다. Node.js는 ECMAScript 모듈도 지원하는데 이는 1.9절에서 살펴본다.

esModuleInterop은 ECMAScript 모듈 이외의 임포트된 모듈들의 표준을 일치시킨다. forceConsistentCasingInFileNames는 대소문자를 구별하는 파일 시스템 지원하는 옵션이다. *skipLibCheck*는 오류가 없는 형식 정의 파일(뒤에서 자세히 설명함)들을 설치했다고 가정한다. 따라서 컴파일러가 형식 정의 파일을 다시 검사하지 않으므로 컴파일러 동작 속도를 조금 높일 수 있다.

가장 흥미로운 기능은 엄격strict 모드다. 이 옵션을 true로 설정하면 타입스크립트가 일부 영역에서 조금 다르게 동작한다. 타입스크립트 팀은 이를 이용해 자신들의 형식 시스템이 어떤 모습이어야 할지를 정의한다.

형식 시스템의 뷰가 바뀌면서 타입스크립트가 이전 코드와 호환되지 않는 새 기능을 추가하는 상황이라면 엄격 모드로 추가된다. 즉, 타입스크립트를 업데이트하면서 엄격 모드를 적용한다면 어느 순간 코드가 동작하지 않을 수 있다.

이러한 변화를 적용할 시간이 필요함을 감안해 타입스크립트는 엄격 모드 안에서 기능별로 엄격 모드를 켜거나 끌 수 있도록 허용한다.

기본 설정 외에 다음 두 가지 설정을 추가하기를 권장한다.

```
{
  "compilerOptions": {
    //...
    "rootDir": "./src",
    "outDir": "./dist"
  }
}
```

이 설정은 타입스크립트가 src 폴더에서 소스 파일을 수집하고 컴파일된 파일을 dist 폴더에 저장하도록 지시한다. 이 설정을 이용하면 구현 코드와 빌드된 파일을 다른 장소에 분리 저장할 수 있다. src 폴더는 직접 만들어야 하지만 dist 폴더는 컴파일 시 자동으로 만들어진다.

이제 설정이 끝났다. 프로젝트 설정을 마쳤으므로 src 폴더에 다음 내용을 포함하는 index.ts 파일을 만들어보자.

```
console.log("Hello World");
```

.ts 확장자는 타입스크립트 파일을 가리킨다. 다음처럼 파일을 실행한다.

```
$ npx tsc
```

터미널에서 이 명령을 실행하면서 컴파일러가 제대로 동작하는지 확인한다.

## 1.3 형식을 나란히 유지하기

**문제** 일반적인 자바스크립트 코드로 구현한 함수의 형식 정보를 편집기가 적절하게 보여주었으면 한다. 하지만 1.1절에서 살펴본 것처럼 JSDoc으로 복잡한 객체 형식을 정의하고 싶진 않다.

**해결** 형식 정의 파일을 '옆에 나란히' 둔 상태에서 타입스크립트 컴파일러를 '자바스크립트 확인check JavaScript' 모드로 실행한다.

**논의** 타입스크립트는 점진적으로 적용할 수 있도록 설계되었다. '옆에 나란히' 두는 기법을 이용해 타입스크립트 문법으로 제네릭, 조건부 형식(5장에서 설명) 등을 활용해 객체 형식을 구현할 수 있으므로 복잡한 JSDoc 주석을 사용할 필요가 없다. 하지만 동시에 실제 앱은 자바스크립트로 구현할 수 있다. 프로젝트에서 적당한 위치(@types 폴더 추천)에 형식 선언 파일을 만든다. 이 파일은 .ts로 끝나는 타입스크립트 파일과 조금 다르게 .d.ts로 끝난다. 이 파일은 선언declaration을 저장하는 용도이며 실제 코드는 포함하지 않는다.

이 파일에 인터페이스, 형식 별칭, 복잡한 형식을 구현할 수 있다.

```
// @types/person.d.ts

// 다음과 같은 모양을 갖는 객체 인터페이스
export interface Person {
  name: string;
  age: number;
}

// 기존 인터페이스를 확장하는 인터페이스
// JSDoc 주석으로는 이를 구현하기 힘들다.
export interface Student extends Person {
  semester: number;
}
```

선언 파일에서 인터페이스를 익스포트export했다는 사실을 주목하자. 익스포트한 인터페이스를 자바스크립트 파일에서 임포트import할 수 있다.

```
// index.js
/** @typedef { import ("../@types/person").Person } Person */
```

첫 행의 주석은 타입스크립트가 @types/person에서 Person 형식을 임포트해 Person이라는 이름으로 사용할 수 있도록 지시한다.

마치 string 같은 기본형을 이용하듯이 이 식별자로 함수 매개변수나 객체에 주석을 추가할 수 있다.

```
// index.js, 이어서

/**
 * @param {Person} person
 */
function printPerson(person) {
  console.log(person.name);
}
```

편집기 피드백을 얻으려면 1.1절에서 설명했듯이 자바스크립트 파일의 처음 부분에 @ts-check를 추가해야 한다. 또는 자바스크립트를 항상 검사하도록 프로젝트를 설정한다.

tsconfig.json 파일을 열어 checkJs 플래그를 true로 설정한다. 이제 편집기는 src 폴더의 모든 자바스크립트 파일을 읽어 실시간으로 형식 오류 피드백을 제공한다. 명령줄에서 npx tsc를 실행해 오류를 확인할 수도 있다.

다음처럼 noEmit을 true로 설정하면 타입스크립트가 자바스크립트 파일을 예전 버전으로 변환하지 않도록 한다.

```
{
  "compilerOptions": {
    "checkJs": true,
    "noEmit": true,
  }
}
```

이제 타입스크립트는 소스 파일을 읽고 필요한 형식 정보를 제공한다. 코드를 전혀 바꾸지 않고도 이 기능을 이용할 수 있다.

이 기법은 확장성이 좋다. 프리액트^Preact(*https://preactjs.org*) 같은 유명한 자바스크립트 라이브러리도 이처럼 동작하며 사용자와 기여자 모두에게 훌륭한 도구를 제공한다.

# 1.4 프로젝트를 타입스크립트로 바꾸기

**문제** 타입스크립트의 모든 장점을 프로젝트에 활용하려면 전체 코드를 타입스크립트로 바꿔야 한다.

**해결** 모듈의 파일을 하나씩 .js에서 .ts로 바꾼다. 다양한 컴파일러 옵션과 기능을 이용해 이후 발생하는 오류를 해결한다.

**논의** 타입스크립트 파일을 이용하면 자바스크립트 파일과 형식을 따로 구현할 때와 달리 한 파일에 모두 포함할 수 있으므로 편집기 지원이 향상되며, 더 다양한 타입스크립트 기능을 이용할 수 있고 다른 도구와의 호환성도 증가한다.

하지만 파일 확장자를 .js에서 .ts로 바꾸는 순간 많은 오류가 발생하므로 확장자 변경으로 모든 문제가 해결되진 않는다. 따라서 모든 파일을 한꺼번에 바꾸기보다는 한 개씩 바꾸면서 점진적으로 형식을 안전하게 변경하는 편이 좋다.

타입스크립트로 바꾸는 과정에서 겪는 가장 큰 문제는 자바스크립트가 아니라 타입스크립트 프로젝트와 관련 있다. 여전히 많은 자바스크립트 모듈을 사용해야 하는데 이 모듈들은 형식 정보를 제공하지 않으므로 형식 검사 단계에서 오류가 발생한다.

단기적으로는 타입스크립트가 모듈을 불러오고 자바스크립트 파일을 참조하지만 자바스크립트의 형식 검사는 수행하지 않도록 설정하여 이 문제를 넘어갈 수 있다.

```
{
  "compilerOptions": {
    "checkJs": false,
    "allowJs": true
  }
}
```

이제 npx tsc를 실행하면 타입스크립트가 소스 폴더에 저장된 모든 자바스크립트와 타입스크립트 파일을 읽은 다음, 대상 폴더에 자바스크립트 파일을 만드는 모습을 확인할 수 있다. 타입스크립트는 지정된 대상 버전과 호환되도록 코드를 변환한다.

의존성을 사용한다면 일부 모듈이 형식 정보를 제공하지 않을 수 있다. 이때는 다음처럼 타입스크립트 오류가 발생한다.

```
import _ from "lodash";
//           ^- 'lodash' 모듈 또는 해당 형식 선언을 찾을 수 없습니다.ts(2307)
```

서드 파티 형식 정의를 설치해 이 오류를 해결할 수 있다(1.5절 참고).

파일을 한 개씩 변환하다 보면 한 파일에서 발생하는 모든 형식 문제를 해결할 수 없을 때도 있다는 사실을 깨닫게 된다. 한 파일에 의존성이 여럿일 수 있으므로 한 문제를 해결하려면 여러 의존성에서 발생하는 수많은 오류를 해결해야 하는 상황에 빠진다.

이러한 상황에서는 오류를 무시하는 방법이 최선일 수 있다. 기본적으로 타입스크립트는 noEmitOnError를 false로 설정한다.

```
{
  "compilerOptions": {
    "noEmitOnError": false
  }
}
```

이 옵션을 false로 설정하면 프로젝트에 오류가 얼마나 있든지 관계없이 타입스크립트는 결과 파일을 생성한다. 마이그레이션을 완료한 시점에는 이 옵션을 다시 켜는 편이 좋다.

엄격 모드에서 타입스크립트의 noImplicitAny 플래그는 true로 설정된다. 이 플래그는 변수, 상수, 함수 매개변수에 형식을 반드시 할당하도록 강제한다. 다음처럼 any를 사용할 수 있다.

```
function printPerson(person: any) {
  // 말이 되지 않는 코드지만 any로 컴파일을 통과할 수 있다.
  console.log(person.gobbleydegook);
}

// 이 코드도 말이 되지 않지만 any를 사용하면 컴파일은 통과한다.
printPerson(123);
```

any는 모든 형식을 허용한다. 모든 값은 any와 호환되므로 any는 모든 프로퍼티에 접근하고 모든 메서드를 호출할 수 있게 허용한다. 사실상 any는 형식 검사를 무력화하므로 변환 과정에서 이를 적절하게 활용하면 숨 쉴 틈을 만들 수 있다.

any가 아닌 unknown으로 매개변수를 지정할 수도 있다. 매개변수를 unknown으로 설정하면 함수에 모든 것을 전달할 수 있지만 형식을 파악하기 전까지는 이 변수로 아무 일도 할 수 없다.

형식 검사를 수행하지 않으려는 행 바로 위에 @ts-ignore 주석을 추가하면 형식 검사 오류를 무시할 수 있다. 파일의 처음 행에 @ts-ignore 주석을 추가하면 해당 모듈 전체에 형식 검사를 수행하지 않는다.

@ts-expect-error는 변환 과정에서 매우 유용하게 사용할 수 있는 주석 지시어다. @ts-expect-error는 @ts-ignore와 비슷하지만 형식 검사 과정에서 발생하는 오류를 생략하며, 형식 오류가 발생하지 않으면 빨간 물결선을 표시한다.

변환 과정에서 이를 적절하게 활용하면 타입스크립트로 변환한 부분을 파악하는 데 도움이 된다. @ts-expect-error 지시어를 추가한 곳을 모두 제거했다면 변환이 완료된 것이다.

```javascript
function printPerson(person: Person) {
  console.log(person.name);
}

// 다음 오류는 생략
// @ts-expect-error
printPerson(123);


function printNumber(nr: number) {
  console.log(nr);
}

// v- Unused '@ts-expect-error' directive.ts(2578)
// @ts-expect-error
printNumber(123);
```

서로의 의무를 바꾸는 것이 이 기법의 장점이다. 보통은 함수에 올바른 값을 전달해야 하는데, 이를 이용하면 함수가 유효한 입력을 처리하는지 확인할 수 있다.

변환 과정에서 오류를 없애는 방식에 한 가지 공통점이 있다. 명시적으로 설정했다는 점이다. 즉, 명시적으로 @ts-expect-error 주석을 설정하거나 함수 매개변수를 any로 설정해 모든 파일의 형식 검사를 무시하도록 설정했다. 이렇게 오류를 잠시 없애서 변환 과정에서 당장은 빠져나갈 구멍을 만들 수 있으며 나중에 모든 오류를 제거했는지 확인할 수 있다.

## 1.5 Definitely Typed에서 형식 불러오기

**문제** 타입스크립트로 구현되지 않은 의존성을 사용하는데 이 의존성은 형식을 제공하지 않는다.

**해결** Definitely Typed(*https://oreil.ly/nZ4xZ*)에서 커뮤니티가 유지 보수하는 형식 정의를 설치한다.

**논의** Definitely Typed는 매우 크고 활동적인 깃허브<sup>Github</sup> 저장소<sup>repository</sup>로, 커뮤니티가 개발하고 유지 보수하는 고품질의 타입스크립트 형식 정의를 제공한다.

현재 10,000개 정도의 형식 정의가 있으며 거의 모든 자바스크립트 라이브러리가 있다.

모든 형식 정의는 린트<sup>lint</sup>, 검사를 거쳐 Node.js 패키지 레지스트리 NPM의 @types 네임스페이스에 배포된다. [그림 1-2]처럼 NPM은 각 패키지 정보 사이트를 통해 Definitely Typed 정의를 사용할 수 있는지를 보여준다.

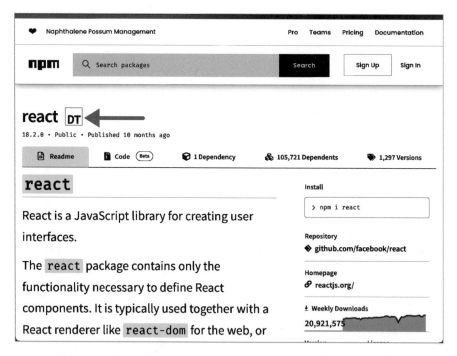

그림 1-2 NPM의 react 사이트는 패키지명 옆에 DT 로고를 보여준다. 이는 Definitely Typed 형식 정의를 시용할 수 있다는 뜻이다.

로고를 클릭하면 형식 정의를 제공하는 사이트로 이동한다. 퍼스트 파티 형식 정의를 제공하는 패키지에는 [그림 1-3]에서처럼 패키지명 옆에 작은 TS 로고가 나타난다.

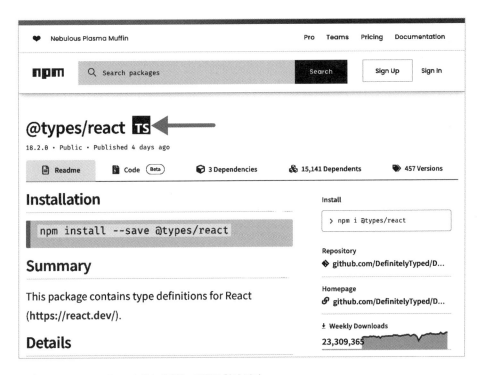

그림 1-3 Definitely Typed에서 제공하는 리액트 형식 정의

다음처럼 유명한 자바스크립트 프레임워크 리액트의 형식을 포함하는 @types/react 패키지를 여러분의 지역 의존성으로 설치할 수 있다.

```
# React 설치
$ npm install --save react

# Type Definitions 설치
$ npm install --save-dev @types/react
```

노트 이 예제에서는 애플리케이션을 개발하는 과정에 의존성을 사용하며 컴파일된 결과는 형식을 사용할 필요가 없으므로 형식을 개발 의존성으로 추가했다.

기본적으로 타입스크립트는 프로젝트의 루트 폴더로부터 상대 경로인 @types 폴더에 저장된 형식 정의를 이용한다. 타입스크립트는 node_modules/@types에 저장된 모든 형식 정의도 사용한다. 이는 @types/react 같은 NPM 설치물을 저장하는 폴더다.

타입스크립트가 이렇게 동작하는 이유는 tsConfig.json의 typeRoots 컴파일러 옵션이 @types와 ./node_modules/@types로 설정되었기 때문이다. 이 Definitely Typed의 형식 정의를 사용하려고 이 설정을 덮어쓸 때는 기존 폴더를 포함해야 한다.

```
{
  "compilerOptions": {
    "typeRoots": [
      "./typings",
      "./node_modules/@types"
    ]
  }
}
```

형식 정의를 node_modules/@types로 설치하면 타입스크립트가 컴파일 시 자동으로 이를 불러온다. 이는 전역으로 선언하는 형식이 있다면 타입스크립트가 이를 모두 사용한다는 의미다.

다음은 원하는 패키지만 전역으로 선언하도록 허용하는 컴파일러 옵션 **types**를 사용하는 예다.

```
{
  "compilerOptions": {
    "types": [
      "node",
      "jest"
    ]
  }
}
```

이 설정은 전역 설정에만 영향을 미친다. import 문으로 노드 모듈을 불러오면 타입스크립트는 @types에서 올바른 형식을 불러온다.

```
// @types/lodash가 설치되어 있으면 이 NPM 패키지로부터
// 적절한 형식 정의를 얻는다.
import _ from "lodash"
```

```
const result = _.flattenDeep([1, [2, [3, [4]], 5]]);
```

1.7절에서 이 설정을 다시 살펴본다.

## 1.6 풀스택 프로젝트 설정하기

**문제** 공유된 의존성을 이용해 Node.js와 브라우저를 대상으로 삼는 풀스택 애플리케이션을 구현하려 한다.

**해결** 프런트엔드, 백엔드용 tsconfig 파일을 각각 만들고 composite로 공유된 의존성을 불러온다.

**논의** Node.js와 브라우저 모두 자바스크립트를 실행하지만, 개발자가 환경에서 수행할 것으로 기대하는 바가 크게 다르다. Node.js는 서버, 명령줄 도구, UI 없이 실행되는<sup>UI-headless</sup> 환경을 예상한다. 또한 자체 API 집합과 표준 라이브러리를 제공한다. 다음과 같은 간단한 스크립트로 HTTP 서버를 시작할 수 있다.

```
const http = require('http'); ❶

const hostname = '127.0.0.1';
const port = process.env.PORT || 3000; ❷

const server = http.createServer((req, res) => {
  res.statusCode = 200;
  res.setHeader('Content-Type', 'text/plain');
  res.end('Hello World');
});

server.listen(port, hostname, () => {
  console.log(`Server running at http://${hostname}:${port}/`); ❸
});
```

이 코드는 자바스크립트이며 구체적으로는 Node.js 코드다.

❶ 'http'는 HTTP와 관련된 Node.js 모듈의 내장 기능이다. require로 이 모듈을 불러올 수 있는데 require를 통해 CommonJS라 불리는 노드의 모듈 시스템의 일부임을 알 수 있다. 1.9절에서 살펴본 것처럼 Node.js에서는 다양한 방법으로 모듈을 로드할 수 있다. 하지만 요즘은 CommonJS를 가장 보편적으로 사용한다.

❷ process는 현재 Nodes.js를 실행하는 프로세스의 환경 변수 정보를 포함하는 전역 객체다. 이 또한 Node.js 전용 기능이다.

❸ 거의 모든 자바스크립트 런타임이 console 관련 함수를 제공한다. 하지만 Node.js에서는 브라우저와 다르게 동작한다. 노드에서는 표준 출력STDOUT으로 메시지를 출력하지만 브라우저에서는 개발 도구로 행을 출력한다.

Node.js 전용 API도 많다. 하지만 이는 브라우저의 자바스크립트도 마찬가지다.

```
import { msg } from `./msg.js`; ❶

document.querySelector('button')?.addEventListener("click", () => { ❷
  console.log(msg); ❸
});
```

❶ ECMAScript 모듈은 수년간 모듈을 불러오는 방법을 따로 찾지 못했으나 마침내 자바스크립트와 브라우저로 불러오는 방법을 찾았다. 이 행은 다른 자바스크립트 모듈에서 객체를 불러오는 코드다. 이 코드는 브라우저에서 네이티브로 구동되며 Node.js의 두 번째 모듈 시스템이다(1.9절 참고).

❷ 브라우저의 자바스크립트는 UI 이벤트와 상호작용하도록 만들어졌다. Document 객체와 문서 객체 모델 Document Object Model(DOM)의 요소를 가리키는 querySelector 개념은 브라우저에만 존재한다. 예를 들어 "click" 이벤트를 리스닝하도록 이벤트 리스너를 추가할 수 있다. Node.js에는 이런 개념이 없다.

❸ 다시 console이 나왔다. Node.js와 API는 같지만 실행 결과는 조금 다르다.

둘은 서로 다른 점이 많아서 한 타입스크립트 프로젝트로 모두를 지원하기는 어렵다. 풀스택 애플리케이션을 구현하려면 각 스택을 처리하는 두 가지 타입스크립트 설정 파일을 만들어야 한다.

먼저 백엔드를 살펴보자. Node.js로 Express.js 서버(익스프레스Express는 노드의 유명한 서버 프레임워크다)를 만든다고 가정하자. 1.1절에서 살펴봤듯이 먼저 새 NPM 프로젝트를 만든 다음 익스프레스를 의존성으로 설치한다.

```
$ npm install --save express
```

Definitely Typed에서 Node.js와 익스프레스 형식 정의를 설치한다.

```
$ npm install -D @types/express @types/node
```

server라는 새 폴더를 만든다. Node.js 코드를 여기에 저장한다. tsc로 새 tsconfig.json 파일을 만들지 않고 프로젝트의 **server** 폴더에 새 tsconfig.json 파일을 직접 만든다. 다음은 tsconfig.json 파일 내용이다.

```
// server/tsconfig.json
{
  "compilerOptions": {
    "target": "ESNext",
    "lib": [
      "ESNext"
    ],
    "module": "commonjs",
    "rootDir": "./",
    "moduleResolution": "node",
    "types": [
      "node"
    ],
    "outDir": "../dist/server",
    "esModuleInterop": true,
    "forceConsistentCasingInFileNames": true,
    "strict": true,
    "skipLibCheck": true
  }
}
```

이제 대부분 설정이 무엇을 의미하는지 이해할 수 있을 것이다. 그중에서 몇 가지만 살펴보자.

- module 프로퍼티를 commonjs(즉, 원래 Node.js 모듈 시스템)으로 설정한다. 모든 import, export 구문은 각각 대응하는 CommonJS 코드로 변환된다.
- types 프로퍼티를 ["node"]로 설정한다. 이 프로퍼티는 전역으로 이용하려는 모든 라이브러리를 포함한다. "node"를 전역으로 포함하면, 전역으로 제공되는 require, process 및 기타 Node.js 전용 형식 정보를 얻게 된다.

다음처럼 서버 코드를 컴파일한다.

```
$ npx tsc -p server/tsconfig.json
```

클라이언트 설정 파일을 살펴보자.

```
// client/tsconfig.json
{
  "compilerOptions": {
    "target": "ESNext",
    "lib": [
      "DOM",
      "ESNext"
    ],
    "module": "ESNext",
    "rootDir": "./",
    "moduleResolution": "node",
    "types": [],
    "outDir": "../dist/client",
    "esModuleInterop": true,
    "forceConsistentCasingInFileNames": true,
    "strict": true,
    "skipLibCheck": true
  }
}
```

이전 설정 파일과 비슷한데 그중 몇 가지 옵션만 살펴보자.

- DOM을 lib 프로퍼티에 추가했다. 브라우저와 관련된 모든 형식 정의를 이용한다는 의미다. Definitely Typed를 통해 Node.js 형식을 설치할 때 타입스크립트는 컴파일러의 브라우저에 제공되는 가장 최신 형식 정의를 가져온다.
- types 배열은 비었다. 따라서 전역 형식에서 "node"를 제거한다. package.json 파일별로 형식 정의를 설치할 수 있으므로 기존에 설치한 "node" 형식은 전체 코드에서 사용할 수 있게 된다. 하지만 client에서는 이 정의가 필요 없으므로 삭제한다.

다음처럼 프런트엔드를 컴파일한다.

```
$ npx tsc -p client/tsconfig.json
```

두 가지 다른 tsconfig.json 파일을 만들었다. 비주얼 스튜디오 코드 같은 편집기는 폴더별로 저장된 tsconfig.json의 설정 정보만을 가져온다. tsconfig.json 대신 tsconfig.server.json과 tsconfig.client.json이라고 이름을 바꾸어서 프로젝트의 루트 폴더에 저장하는 방법도 있다(물론 관련 디렉터리 프로퍼티를 적절하게 바꿔야 함). tsc는 알맞은 설정 파일을 이용하면서 문제가 있으면 오류를 일으킨다. 하지만 편집기에서는 아무 일도 일어나지 않거나 기본 설정을 이용해 작업을 이어간다.

의존성을 공유해야 한다면 문제가 조금 복잡해진다. 프로젝트 레퍼런스와 컴포지트 프로젝트composite project를 이용해 이 문제를 해결할 수 있다. 즉, 공유된 코드를 특정 폴더로 추출한 후 다른 프로젝트가 이 폴더 코드에 의존함을 타입스크립트에 알린다.

client, server 디렉터리와 같은 수준에 shared 폴더를 만든다. 다음은 shared의 tsconfig.json 내용이다.

```
// shared/tsconfig.json
{
  "compilerOptions": {
    "composite": true,
    "target": "ESNext",
    "module": "ESNext",
    "rootDir": "../shared/",
    "moduleResolution": "Node",
    "types": [],
    "declaration": true,
    "outDir": "../dist/shared",
    "esModuleInterop": true,
    "forceConsistentCasingInFileNames": true,
    "strict": true,
    "skipLibCheck": true
  },
}
```

두 가지 프로퍼티만 살펴보자.

- composite 플래그를 true로 설정했다. 이는 다른 프로젝트가 이 프로젝트를 참조할 수 있도록 허용한다.
- declaration도 true로 설정했다. 이 플래그는 다른 프로젝트가 형식 정보를 불러올 수 있도록 코드에서 d.ts 파일을 생성한다.

client/tsconfig.json과 server/tsconfig.json에 다음 행을 추가한 다음 클라이언트와 서버 코드에서 공유된 정보를 가져올 수 있다.

```
// server/tsconfig.json
// client/tsconfig.json
{
  "compilerOptions": {
    // 이전과 같음
  },
  "references": [
    {
      "path": "../shared/tsconfig.json"
    }
  ]
}
```

설정을 마쳤다. 공유된 이존성을 구현한 다음 클라이언트와 서버 코드에서 이를 사용할 수 있다.

하지만 이 방식에는 문제가 있다. 예를 들어 모델과 형식 정보만 공유한다면 이 기법으로 아무 문제가 없지만, 실제 기능을 공유해야 할 때는 두 다른 모듈 시스템(노드의 CommonJS와 브라우저의 ECMAScript 모듈)이 컴파일된 한 파일로 합쳐질 수 없다는 사실을 깨닫게 된다. ESNext 모듈을 만들면 CommonJS 코드에서 이를 임포트할 수 없고 반대로 CommonJS 코드를 만들면 이를 브라우저에서 임포트할 수 없다.

이를 해결하는 두 가지 방법이 있다.

- CommonJS를 컴파일한 다음 번들러가 브라우저의 모듈 해석을 처리하게 할 수 있다.
- ECMAScript 모듈로 컴파일한 다음 이 모듈에 기반한 최신 Node.js 애플리케이션을 구현할 수 있다. 자세한 내용은 1.9절을 참고하자.

새 프로젝트를 시작하는 독자라면 두 번째 방법을 강력히 권장한다.

# 1.7 테스트 설정하기

**문제** 테스트를 구현하고 싶은데 테스팅 프레임워크의 글로벌 정의들(전역으로 정의된 모든 변수, 함수, 객체를 가리킴)이 제품 코드를 방해한다.

**해결** 개발과 빌드용 `tsconfig`를 따로 만들고 빌드용에서는 모든 테스트 파일을 제외한다.

**논의** 자바스크립트와 Node.js 생태계에는 많은 단위 테스팅 프레임워크와 테스트 러너가 있다. 각 제품은 세부 사항이나 동작 방식이 서로 다르고 때로는 특정 요구사항에 맞춰 동작한다. 이들 중 일부는 다른 제품보다 더 매력적인 기능을 제공한다.

아바[Ava](*https://oreil.ly/R6xFr*) 같은 테스트 러너는 프레임워크를 영역으로 가져올 때 모듈 임포트에 의존하지만, 다른 제품은 전역 선언 집합을 제공한다. 예를 들어 모카[Mocha](*https://mochajs.org*)를 살펴보자.

```
import assert from "assert";
import { add } from "..";

describe("Adding numbers", () => {
  it("should add two numbers", () => {
    assert.equal(add(2, 3), 5);
  });
});
```

`assert`는 Node.js의 내장 어서션[assertion] 라이브러리에서 가져왔지만, `describe`와 `it` 등 다양한 키워드는 모카가 제공하는 전역 선언에서 가져온다. 이들은 모카 CLI가 실행 중일 동안만 존재한다.

형식 설정 시 이 때문에 약간의 문제가 발생한다. 이들 기능은 테스트를 구현할 때 필요하지만 실제 애플리케이션을 실행할 때는 존재하지 않기 때문이다.

두 가지 설정 파일을 만들어 이 문제를 해결할 수 있다. 편집기가 인식하도록 만든 `tsconfig.json` 파일은 개발 시 사용하고(1.6절 참고), 다른 애플리케이션을 컴파일할 때 사용할 `tsconfig.build.json`을 따로 만든다.

첫 번째 설정 파일은 모카 형식을 포함한 모든 필요한 전역 정의를 포함한다. 두 번째 파일은 컴파일 시 테스트 파일을 포함하지 않는다.

이 과정을 단계별로 살펴보자. 이 예제에서는 모카를 사용했지만, 제스트<sup>Jest</sup>(*https://jestjs. io*) 같은 전역 설정을 제공하는 러너도 같은 방식으로 동작한다.

우선 모카 관련 형식을 설치한다.

```
$ npm install --save-dev mocha @types/mocha @types/node
```

새로운 `tsconfig.base.json`을 만든다. 개발용 환경과 빌드용 환경은 포함해야 하는 파일 집합과 활성화할 라이브러리 목록만 다를 뿐이므로 이 외의 컴파일 설정은 공유할 수 있도록 한 파일에 저장한다. 다음은 Node.js 애플리케이션 설정 파일의 예다.

```json
// tsconfig.base.json
{
  "compilerOptions": {
    "target": "esnext",
    "module": "commonjs",
    "esModuleInterop": true,
    "forceConsistentCasingInFileNames": true,
    "strict": true,
    "outDir": "./dist",
    "skipLibCheck": true
  }
}
```

기본적으로 소스 파일은 src 폴더에 있고 테스트 파일은 test 폴더에 있어야 한다. 하지만 이 절의 설정 파일은 프로젝트의 어느 위치에나 `.test.ts`로 끝나는 파일을 만들 수 있게 허용한다.

기본 개발 환경을 제공할 새 `tsconfig.json` 파일을 만든다. 편집기 피드백을 제공하고 모카로 테스트를 실행하는 용도로 이 파일을 사용한다. 기존 `tsconfig.base.json`의 기본 설정을 상속받으면서 타입스크립트에 컴파일할 파일의 위치를 알려준다.

```json
// tsconfig.json
{
  "extends": "./tsconfig.base.json",
  "compilerOptions": {
    "types": [
```

```
      "node",
      "mocha"
    ],
    "rootDirs": [
      "test",
      "src"
    ]
  }
}
```

types에 node와 mocha를 추가했다. types 프로퍼티는 어떤 지역 정의를 사용할 수 있는지 정의하며 개발 환경에서는 두 가지 형식 모두를 사용할 수 있다.

추가 테스트를 실행하려면 먼저 코드를 컴파일해야 하는데, 이는 귀찮은 작업이다. 이 작업을 간소화할 수 있다. 예를 들어 ts-node는 지역에 설치된 Node.js를 실행하며 인메모리 타입스크립트 컴파일을 먼저 수행한다.

```
$ npm install --save-dev ts-node
$ npx mocha -r ts-node/register tests/*.ts
```

개발 환경을 설정했으니 이제 빌드 환경을 만들 차례다. tsconfig.build.json을 만든다. 이 파일은 tsconfig.json과 비슷하지만 다른 점이 쉽게 보일 것이다.

```
// tsconfig.build.json
{
  "extends": "./tsconfig.base.json",
  "compilerOptions": {
    "types": [
      "node"
    ],
    "rootDirs": [
      "src"
    ]
  },
  "exclude": [
    "**/*.test.ts",
    "**/test/**"
  ]
}
```

types, rootDirs를 설정했고 그 밖에 형식 검사, 컴파일에서 제외할 파일도 정의했다. 와일드 카드 패턴을 사용해 .test.ts로 끝나는 모든 파일과 test 폴더의 모든 파일을 제외했다. 필요하다면 .spec.ts나 spec 폴더도 exclude에 포함할 수 있다.

적절한 JSON 파일을 이용해 프로젝트를 컴파일한다.

```
$ npx tsc -p tsconfig.build.json
```

테스트 파일은 결과 파일(dist에 저장됨)에 포함되지 않음을 알 수 있다. 소스 파일을 편집하면서 describe와 it를 이용할 수 있지만, 컴파일하면 오류가 발생한다.

```
$ npx tsc -p tsconfig.build.json

src/index.ts:5:1 - 'describe' 이름을 찾을 수 없습니다. 테스트 실행기의 형식 정의를
설치하려는 경우 'npm i --save-dev @types/jest' 또는 'npm i --save-dev @types/mocha'를
시도합니다.ts(2582)

5 describe("this does not work", () => {})
  ~~~~~~~~

Found 1 error in src/index.ts:5
```

개발 모드의 전역 설정을 깔끔하게 유지하고 싶다면 1.6절처럼 설정할 수 있지만, 소스 파일 근처에 테스트 파일을 구현할 수 없다는 단점이 있다.

마지막으로 언제든 모듈 시스템을 선호하는 테스트 러너를 선택할 수 있다.

# 1.8 URL로 ECMAScript 모듈 형식화하기

**문제** 번들러를 사용하지 않고 브라우저의 모듈 로딩 기능을 앱에 활용하면서 모든 형식 정보를 사용하고 싶다.

**해결** tsconfig.json의 target, module 컴파일러 옵션을 esnext로 설정하고 .js 확장자로 모듈을 가리킨다. 또한 NPM으로 형식을 의존성에 설치한 다음 path 프로퍼티로 타입스크립트가 어디에서 형식을 찾을 수 있는지 알려준다.

```
// tsconfig.json
{
  "compilerOptions": {
    "target": "esnext",
    "module": "csnext",
    "paths": {
      "https://esm.sh/lodash@4.17.21": [
        "node_modules/@types/lodash/index.d.ts"
      ]
    }
  }
}
```

**논의** 최신 브라우저는 모듈 로딩을 자체적으로 지원한다. 앱을 여러 작은 파일로 묶지 않고 자바스크립트 파일을 직접 그대로 사용할 수 있다. esm.sh(*https://esm.sh*), unpkg(*https://unpkg.com*) 같은 콘텐츠 전송 네트워크content delivery network(CDN)는 ECMAScript 모듈 로딩 시 읽을 수 있도록 노드 모듈과 자바스크립트 의존성을 URL로 배포한다.

적절한 캐싱과 최신 HTTP, ECMAScript 모듈을 이용해 이 문제를 해결할 수 있다.

타입스크립트는 최신 번들러를 포함하지 않으므로 어쨌든 추가 도구를 설치해야 한다. 하지만 모듈을 먼저 만들어야 하는 상황이라면 타입스크립트로 작업할 때 몇 가지 사항을 고려해야 한다.

타입스크립트로 import, export 구문을 구현하면서 동시에 모듈 로딩 문법을 보존해야 하고 브라우저는 모듈을 해석할 수 있어야 한다.

```
// module.ts 파일
export const obj = {
  name: "Stefan",
};
```

```
// index.ts 파일
import { obj } from "./module";
console.log(obj.name);
```

그러려면 타입스크립트에 다음을 지시해야 한다.

**1** 모듈을 이해하는 ECMAScript 버전으로 컴파일하기

**2** 이 ECMAScript 버전 문법으로 모듈 코드 생성하기

`tsconfig.json`의 두 프로퍼티를 다음처럼 바꾼다.

```
// tsconfig.json
{
  "compilerOptions": {
    "target": "esnext",
    "module": "esnext"
  }
}
```

module은 타입스크립트가 import, export 구문을 어떻게 변환할지 지정한다. 1.2절에서 소개했듯이 CommonJS 모듈 로딩으로 변환하는 것이 기본값이다. module을 esnext로 설정하면 ECMAScript 모듈 로딩을 사용하므로 문법이 유지된다.

target은 타입스크립트가 코드를 변환할 ECMAScript 버전을 지정한다. 일 년에 한 번씩 새로운 기능을 포함하는 새 ECMAScript 버전이 릴리스된다. esnext는 최신 ECMAScript 버전을 사용한다는 의미다.

이 프로퍼티를 지원하려는 브라우저와 호환되는 ECMAScript 버전으로 설정하므로 원하는 호환성을 얻을 수 있다. 보통은 es2015, es2016, es2017처럼 연도를 버전으로 사용한다. ECMAScript 모듈은 es2015부터 모든 버전에 적용된다. 이보다 이전 버전이라면 브라우저에서 자체적으로 ECMAScript 모듈을 불러올 수 없다.

이들 컴파일러 옵션을 바꿔서 문법 유지라는 중요한 이점을 얻었다. 코드를 실행해 보면 오류가 발생한다.

타입스크립트의 import 구문으로 파일을 가리킬 때는 보통 확장자를 표시하지 않는다. 예를 들어 import { obj } from "./module"처럼 확장자인 .ts가 빠진다. 컴파일한 이후에도 여전히 확장자는 돌아오지 않는다. 하지만 브라우저에서 해당 자바스크립트 파일을 찾으려면 확장자가 필요하다.

.ts 파일을 가리키는 상황이지만, 개발 시 .js 확장자를 추가하는 방법으로 이 문제를 해결할 수 있다. 타입스크립트는 이를 영리하게 인식한다.

```
// index.ts

// 'module.ts'에서 형식을 불러오면서
// 컴파일 시 확장자를 그대로 유지한다.
import { obj } from './module.js';

console.log(obj.name);
```

이렇게 프로젝트 모듈과 관련된 문제를 해결했다!

의존성을 사용할 때 더 다양한 일이 일어난다. 네이티브를 이용한다면 esm.sh(*https://esm.sh*) 같은 CDN에서 모듈을 불러오길 원할 것이다.

```
import _ from "https://esm.sh/lodash@4.17.21"
//              ^- 오류 2307

const result = _.flattenDeep([1, [2, [3, [4]], 5]]);

console.log(result);
```

타입스크립트는 "'https://esm.sh/lodash@4.17.21' 모듈 또는 해당 형식 선언을 찾을 수 없습니다.ts(2307)"라는 오류를 일으킨다.

타입스크립트의 디스크상 파일로 모듈을 해석하며 HTTP를 통해 서버에서 모듈을 해석하지 않는다. 따라서 필요한 정보를 얻으려면 타입스크립트에 직접 해석 결과를 제공해야 한다.

URL에서 의존성을 불러오지만 이들 의존성의 형식 정보는 NPM에 있다. lodash의 형식 정보는 Definitely Typed로 설치할 수 있다.

```
$ npm install -D @types/lodash
```

직접 형식을 제공하는 의존성이라면 직접 의존성을 설치할 수 있다.

```
$ npm install -D preact
```

형식을 설치했으면 컴파일러 옵션의 **path** 프로퍼티로 타입스크립트가 URL을 어떻게 해석할지 알려준다.

```
// tsconfig.json
{
  "compilerOptions": {
    // ...
    "paths": {
      "https://esm.sh/lodash@4.17.21": [
        "node_modules/@types/lodash/index.d.ts"
      ]
    }
  }
}
```

올바른 파일을 가리켰는지 확인하자!

형식을 사용하지 않거나 형식을 찾을 수 없을 때 선택할 방법도 있다. 타입스크립트에서는 **any**를 이용해 형식 확인을 무력화할 수 있다. 모듈에서도 이와 비슷한 방식으로 타입스크립트 오류를 무시할 수 있다.

```
// @ts-ignore
import _ from "https://esm.sh/lodash@4.17.21"
```

**ts-ignore**는 다음 행에서 형식 확인을 수행하지 말라는 의미다(1.4절 참고). 따라서 의존성에서 어떤 형식 정보도 얻지 못하며 결국 오류를 초래할 수 있다. 하지만 유지 보수가 중단된 옛 의존성을 사용하려면 이 방법을 선택해야 할 때도 있다.

# 1.9 노드에서 다른 모듈 형식 불러오기

**문제** Node.js에서 ECMAScript 모듈을 사용하고 라이브러리의 상호 운용성 기능에 CommonJS 를 사용해야 한다.

**해결** 타입스크립트의 모듈 해석을 "nodeNext"로 설정하고 파일 이름은 .mts나 .cts로 설정 한다.

**논의** Node.js가 발전하면서 CommonJS 모듈 시스템은 자바스크립트 생태계에서 매우 인 기 있는 모듈 시스템이 되었다.

이 모듈 시스템의 아이디어는 간단하고 효과적이다. 한 모듈에서 export를 선언하고 다른 모 듈에서 require로 이를 소비한다.

```
// person.js
function printPerson(person) {
  console.log(person.name);
}

exports = {
  printPerson,
};

// index.js
const person = require("./person");
person.printPerson({ name: "Stefan", age: 40 });
```

이 모듈 시스템은 ECMAScript 모듈에 큰 영향을 미쳤으며 현재는 타입스크립트 모듈 해석, 트랜스파일러에서 기본 기능으로 사용한다. [예제 1-1]의 ECMAScript 모듈 문법에서 키워드 들이 다양한 트랜스파일러를 지원함을 알 수 있다. 따라서 commonjs 모듈을 사용하도록 설정 하면 import, export 문이 require, exports로 변환된다.

예제 1-1 ECMAScript 모듈 시스템 사용

```
// person.ts
type Person = {
  name: string;
```

```
  age: number;
};

export function printPerson(person) {
  console.log(person.name);
}

// index.ts
import * as person from "./person";
person.printPerson({ name: "Stefan", age: 40 });
```

ECMAScript 모듈이 안정화되면서 Node.js 또한 이들을 적용하기 시작했다. 두 모듈 시스템의 기본적인 부분은 비슷하지만 세부적으로 다른 점들(예: 디폴트 익스포트 처리, ECMAScript 모듈 비동기 로딩)이 있다.

두 모듈 시스템의 문법이 다르므로 Node.js 유지 보수자들은 두 시스템이 서로 다른 부분을 수용할 수 있도록 했으며 서로 구분되는 파일 확장자를 할당해 선호하는 모듈 형식이 무엇인지 나타낼 수 있게 했다. [표 1-1]은 파일 확장자에 따라 타입스크립트가 이들을 어떻게 컴파일하며 무엇을 임포트하는지 보여준다. CommonJS의 상호 운용성 덕분에 ECMAScript 모듈에서 CommonJS를 임포트할 수 있지만, 반대로는 불가능하다.

**표 1-1 모듈 확장자와 관련 임포트**

| 확장자 | 타입스크립트 | 컴파일 대상 | 임포트할 수 있는 확장자 |
|--------|-------------|-------------|---------------------|
| .js | .ts | CommonJS | .js, .cjs |
| .cjs | .cts | CommonJS | .js, .cjs |
| .mjs | .mts | ES 모듈 | .js, .cjs, .mjs |

NPM에 라이브러리를 배포하는 개발자들은 `package.json`을 이용해 주요 패키지 형식(`module` 또는 `commonjs`)을 지정할 수 있으며 모듈 파일 로더가 올바른 파일을 선택할 수 있도록 기본 파일이나 폴백fallback 파일 목록도 설정할 수 있다.

```
// package.json
{
  "name": "dependency",
  "type": "module",
```

```
  "exports": {
    ".": {
      // ES 모듈의 `import "dependency"` 진입점
      "import": "./esm/index.js",
      // CommonJS의 `require("dependency")` 진입점
      "require": "./commonjs/index.cjs",
    },
  },
  // CommonJS 폴백
  "main": "./commonjs/index.cjs"
}
```

타입스크립트에서는 주로 ECMAScript 모듈 문법을 사용한 다음 컴파일러가 마지막에 생성할 모듈 포맷을 결정하도록 한다. 현재는 CommonJS, ECMAScript 모듈 두 가지 옵션이 있다.

둘 다 지원하려면 tsconfig.json에서 module을 NodeNext로 설정한다.

```
{
  "compilerOptions": {
    "module": "NodeNext"
    // ...
  }
}
```

이 플래그를 이용하면 package.json에서 지정한 의존성에 필요한 올바른 모듈을 선택하며 [표 1-1]에서 설명했듯이 .mts, .cts 확장자를 인식해 모듈을 임포트한다.

파일을 임포트할 때 다른 부분이 있다. CommonJS는 임포트할 때 확장자를 사용하지 않으므로 타입스크립트는 확장자가 없는 임포트도 지원해야 한다. CommonJS에서는 [예제 1-1]이 문제없이 동작한다.

1.8절의 예제처럼 파일 확장자를 포함한 임포트는 ECMAScript 모듈과 CommonJS 모듈을 임포트하도록 허용한다.

```
// index.mts
import * as person from "./person.js"; // 두 모듈 모두에서 동작
person.printPerson({ name: "Stefan", age: 40});
```

CommonJS를 상호 운용할 수 없는 상황을 대비해 **require** 구문을 폴백으로 설정할 수 있다. 다음처럼 **"node"**를 컴파일 옵션에서 전역으로 추가한다.

```
// tsconfig.json
{
  "compilerOptions": {
    "module": "NodeNext",
    "types": [
      "node"
    ],
  }
}
```

그리고 타입스크립트 전용 문법으로 이를 임포트한다.

```
// index.mts
import person = require("./person.cjs");
person.printPerson({ name: "Stefan", age: 40 });
```

CommonJS 모듈에서는 **require** 호출로 모듈을 임포트한다. ECMAScript 모듈에서는 Node.js 헬퍼 함수를 이용한다.

```
// 컴파일된 index.mts
import { createRequire as _createRequire } from "module";
const __require = _createRequire(import.meta.url);
const person = __require("./person.cjs");
person.printPerson({ name: "Stefan", age: 40 });
```

이 기법은 브라우저 같은 Node.js가 아닌 환경과의 호환성을 떨어뜨릴 수 있다. 하지만 상호 운영 문제가 앞으로 점차 해결될 것으로 기대할 수 있다.

## 1.10 디노와 의존성 이용하기

**문제** 브라우저 밖에서 동작하는 애플리케이션 자바스크립트 런타임인 디노Deno를 타입스크립트에 이용하고 싶다.

**해결** 타입스크립트는 디노의 내장 기능이므로 쉽게 문제를 해결할 수 있다.

**논의** 디노는 Node.js를 개발한 사람들이 만든 최신 자바스크립트 런타임이다. 디노는 여러 면에서 Node.js와 비슷하지만 몇 가지 중요한 차이점이 있다.

- 디노는 주요 API에 웹 플랫폼 표준을 사용한다. 즉 브라우저 코드를 쉽게 서버로 이식할 수 있다.
- 파일 시스템이나 네트워크에 접근하려면 명시적으로 이를 활성화해야 한다.
- 디노는 중앙화된 레지스트리로 의존성을 처리하지 않지만 URL을 통해 브라우저 기능을 이용한다.

또한 디노는 내장 개발 도구와 타입스크립트를 이미 포함한다!

따라서 디노는 타입스크립트에서 매우 쉽게 접근할 수 있는 도구다. tsc 컴파일러를 내장하므로 별다른 도구를 내려받을 필요가 없으며 특별한 타입스크립트 설정도 필요없다. .ts 파일을 구현하면 디노가 알아서 이를 처리한다.

```
// main.ts
function sayHello(name: string) {
  console.log(`Hello ${name}`);
}

sayHello("Stefan");
```

```
$ deno run main.ts
```

디노의 타입스크립트 tsc로 할 수 있는 모든 기능을 수행할 수 있으며 디노가 업데이트되면 tsc도 업데이트된다. 하지만 설정과 관련해서는 몇 가지 다른 점이 있다.

먼저 tsc --init으로 만든 설정과 디노의 기본 설정은 서로 다르다. 특히 엄격 모드 설정이 다르며 디노는 리액트(서버용) 지원을 포함한다.

설정을 바꾸려면 루트 폴더에 deno.json 파일을 만들어야 한다. 따로 설정하지 않으면 디노는 자동으로 이 파일을 읽는다. deno.json은 디노 런타임에 필요한 몇 가지 설정(타입스크립트 컴파일러 옵션 포함)을 포함한다.

```
{
  "compilerOptions": {
    // TSC 컴파일러 옵션
  },
  "fmt": {
    // 자동 포맷 옵션
  },
  "lint": {
    // 린터 옵션
  }
}
```

더 자세한 기능은 디노 웹사이트(*https://docs.deno.com/runtime/manual*)에서 확인할 수 있다.

기본 라이브러리도 서로 다르다. 디노는 웹 플랫폼 표준을 지원하며 브라우저 호환 API도 포함하지만 그래픽 사용자 인터페이스가 없으므로 기능이 축소된 버전이다. DOM 라이브러리 등이 디노와 호환되지 않는 이유가 바로 이 때문이다.

다음은 몇 가지 흥미로운 라이브러리다.

- deno.ns: 디폴트 디노 네임스페이스
- deno.window: 디노용 전역 객체
- deno.worker: 디노 런타임의 웹 워커web worker

디노는 DOM과 하위 집합을 포함하지만 기본값으로 이들은 비활성화되어 있다. 브라우저와 디노 둘 다 대상으로 삼는 애플리케이션이라면 모든 브라우저와 디노 라이브러리를 포함하도록 디노를 설정한다.

```
// deno.json
{
  "compilerOptions": {
    "target": "esnext",
    "lib": [
      "dom",
```

```
      "dom.iterable",
      "dom.asynciterable",
      "deno.ns"
    ]
  }
}
```

Aleph.js(*https://alephjs.org*)는 디노와 브라우저를 모두 대상으로 삼는 프레임워크의 예다.

의존성의 형식 정보를 배포하는 방법도 다르다. 디노에서 외부 의존성을 URL을 통해 CDN에서 불러온다. 디노 자신의 표준 라이브러리는 *https://deno.land/std*로 호스팅한다.

하지만 1.8절에서 설명했듯이 esm.sh(*https://esm.sh*)나 unpkg(*https://unpkg.com*) 같은 CDN을 사용할 수도 있다. 이들 CDN은 HTTP 요청 헤더에 **X-TypeScript-Types**를 보내 형식을 배포하며 이는 디노가 형식 정의를 가져올 것임을 암시한다. 퍼스트 파티 형식 정의를 포함하지 않는 Definitely Typed를 사용하는 의존성에도 동일한 방식을 사용할 수 있다.

따라서 의존성을 설치하면 디노가 소스 파일과 형식 정보를 모두 가져온다.

CDN 대신 로컬에서 의존성을 불러온다면 의존성을 임포트할 때 형식 정의 파일을 지정할 수 있다.

```
// @deno-types="./charting.d.ts"
import * as charting from "./charting.js";
```

또는 라이브러리 자체의 형식 레퍼런스를 포함하는 방법도 있다.

```
// charting.js
/// <reference types="./charting.d.ts" />
```

이 레퍼런스는 삼중 슬래시 지시어라고도 부르는 타입스크립트 기능으로, 디노에서 제공하는 기능이 아니다. 이 외에도 다양한 삼중 슬래시 지시어가 있는데 이는 대부분 기존의 ECMAScript 모듈 의존성 시스템에서 사용하던 지시어다. 자세한 사항은 관련 문서(*https://oreil.ly/EvUWm*)를 참고하자. ECMAScript 모듈을 사용한다면 이런 삼중 슬래시 지시어를 사용할 필요가 없다.

# 1.11 미리 정의된 설정 사용하기

**문제** 어떤 설정으로 시작해야 할지 잘 모르는 상태로 특정 프레임워크나 플랫폼에 타입스크립트를 사용하려 한다.

**해결** tsconfig/bases(*https://oreil.ly/ljsVT*)에서 제공하는 미리 정의된 설정을 선택하고 이를 확장한다.

**논의** Definitely Typed에서 커뮤니티가 관리하는 유명한 라이브러리 형식 정의를 호스팅하듯, tsconfig/bases는 커뮤니티가 관리하는 타입스크립트 권장 설정을 호스팅한다. 이들 권장 설정을 이용해 프로젝트를 시작할 수 있다. mber.js, Svelte, Next.js뿐 아니라 Node.js, 디노 등 자바스크립트 런타임용 설정도 제공한다.

이들 설정 파일은 가장 권장되는 라이브러리, 모듈, 대상 설정, 관련 환경에 가장 적합한 엄격 모드 플래그만을 사용하도록 최적화되어 있다.

예를 들어 다음은 엄격 모드 설정과 ECMAScript 모듈을 포함하는 Node.js 18의 권장 설정이다.

```
{
  "$schema": "https://json.schemastore.org/tsconfig",
  "display": "Node 18 + ESM + Strictest",
  "compilerOptions": {
    "lib": [
      "es2022"
    ],
    "module": "es2022",
    "target": "es2022",
    "strict": true,
    "esModuleInterop": true,
    "skipLibCheck": true,
    "forceConsistentCasingInFileNames": true,
    "moduleResolution": "node",
    "allowUnusedLabels": false,
    "allowUnreachableCode": false,
    "exactOptionalPropertyTypes": true,
    "noFallthroughCasesInSwitch": true,
    "noImplicitOverride": true,
    "noImplicitReturns": true,
    "noPropertyAccessFromIndexSignature": true,
```

```
      "noUncheckedIndexedAccess": true,
      "noUnusedLocals": true,
      "noUnusedParameters": true,
      "importsNotUsedAsValues": "error",
      "checkJs": true
  }
}
```

NPM으로 이 설정을 사용할 수 있다.

```
$ npm install --save-dev @tsconfig/node18-strictest-esm
```

다음처럼 타입스크립트 설정에 이를 연결한다.

```
{
  "extends": "@tsconfig/node18-strictest-esm/tsconfig.json",
  "compilerOptions": {
    // ...
  }
}
```

이로써 미리 정의된 설정의 모든 정의를 가져온다. 이제 자신만의 프로젝트와 관련된 루트, 아웃 디렉터리 등의 설정을 시작할 수 있다.

# CHAPTER 2

# 기본형

이제 설정을 모두 마쳤으니 타입스크립트 코드를 구현해보자! 처음에는 쉽게 코딩을 시작할 수 있지만, 시간이 지나면서 작업이 제대로 진행되고 있는지 확신이 들지 않을 수 있다. 인터페이스를 사용해야 할까 아니면 형식 별칭type alias을 사용해야 할까? 형식을 지정해야 할까 아니면 자동으로 형식을 추론하도록 놔둘까? any, unknown을 사용해도 괜찮을까? 어떤 사람들은 이들을 절대 사용하면 안 된다고 하던데 그러면 왜 타입스크립트에 남아있는 걸까?

이 장에서 이 모든 질문의 답을 제시한다. 타입스크립트에서 제공하는 기본형을 살펴본 다음 경험이 풍부한 타입스크립트 개발자가 이를 어떻게 활용하는지 배운다. 이렇게 갈고 닦은 기본형 관련 지식을 이후 장들에서 활용해 타입스크립트 컴파일러가 형식을 어떻게 얻고, 여러분의 애너테이션annotation을 어떻게 해석하는지 이해할 수 있다.

이 장에서는 본격적으로 코드, 편집기, 컴파일러를 사용하며 형식 계층을 이리저리 이동하기 시작한다. 숙련된 타입스크립트 개발자와 초심자 모두 이 장에서 유용한 정보를 얻을 수 있을 것이다.

## 2.1 애너테이션 효과적으로 사용하기

**문제** 형식 애너테이션을 추가하는 일은 귀찮고 지루하다.

**해결** 형식 확인이 필요할 때만 형식을 지정한다.

**논의** 형식 애너테이션으로 어떤 형식을 기대하는지 명시할 수 있다. StringBuilder stringBuilder = new StringBuilder()처럼 장황한 문법을 사용하는 다른 프로그래밍 언어에서는 확실하게 StringBuilder 형식을 처리한다는 사실을 명확히 밝힌다. 이와 반대로 타입스크립트는 여러분이 사용하려는 형식이 무엇인지 추론하는 기능을 추가 제공한다.

```
// 형식 추론
let aNumber = 2;
// aNumber: number

// 형식 애너테이션
let anotherNumber: number = 3;
// anotherNumber: number
```

타입스크립트와 자바스크립트 간의 큰 문법적 차이 하나가 바로 형식 애너테이션 지원 여부다.

타입스크립트를 처음 배울 때는 명시적으로 기대하는 모든 형식을 지정할 수 있다. 어떤 사람들은 이를 당연하게 여기기도 한다. 하지만 따로 형식을 지정하지 않고 타입스크립트가 형식을 추론하도록 하는 방법도 있다.

형식 애너테이션으로 계약 사항을 어떻게 확인해야 하는지 표현한다. 변수 선언에 형식 애너테이션을 추가하면 컴파일러는 변수에 값을 할당할 때 형식에 맞는지 확인한다.

```
type Person = {
  name: string;
  age: number;
};

const me: Person = createPerson();
```

createPerson이 Person과 호환되지 않는 값을 반환하면 타입스크립트는 오류를 일으킨다.

올바른 형식을 사용하는지 확인하고 싶다면 이 방법을 사용한다.

이 시점부터 me는 Person 형식이며 타입스크립트는 me를 Person처럼 취급한다. me에 다른 프로퍼티(예: profession)가 있어도 타입스크립트는 이 프로퍼티에 접근을 불허한다. 이를 Person에 정의하지 않았기 때문이다.

함수 시그니처의 반환값에 형식 애너테이션을 추가하면 컴파일러는 반환값이 형식에 맞는지 확인한다.

```
function createPerson(): Person {
  return { name: "Stefan", age: 39 };
}
```

Person과 일치하지 않는 값을 반환하면 타입스크립트가 오류를 일으킨다. 반환하는 형식이 정확하게 정해져 있을 때 이 방법을 활용한다. 특히 다양한 소스를 이용해 큰 객체를 만드는 함수에서 이를 유용하게 사용한다.

함수의 시그니처 매개변수에 형식 애너테이션을 추가하면 컴파일러가 함수를 호출할 때 인수의 형식을 검사한다.

```
function printPerson(person: Person) {
  console.log(person.name, person.age);
}

printPerson(me);
```

필자는 이것이 가장 중요하며 반드시 형식 애너테이션을 사용해야 하는 가장 중요한 부분이라 생각한다. 그 밖의 형식은 추론할 수 있다.

```
type Person = {
  name: string;
  age: number;
};

// 추론됨!
// 반환 형식은 { name: string, age: number }
function createPerson() {
  return { name: "Stefan", age: 39 };
```

```
}

// 추론됨!
// me: { name: string, age: number}
const me = createPerson();

// 애너테이션 사용! 형식이 호환되는지 검사해야 함
function printPerson(person: Person) {
  console.log(person.name, person.age);
}

// 모두 동작함
printPerson(me);
```

타입스크립트는 구조적 형식 시스템structural type system을 적용하므로 애너테이션을 기대하는 상황에서 추론된 객체 형식을 사용할 수 있다. 구조적 형식 시스템에서 컴파일러는 형식의 멤버(프로퍼티)만 따지며 실제 이름은 고려하지 않는다.

모든 멤버에 대응하는 값의 형식이 서로 일치하면 이를 형식이 호환되는 것으로 간주한다. '형식의 모양shape이나 구조structure가 일치해야 한다'라고 표현하기도 한다.

```
type Person = {
  name: string;
  age: number;
};

type User = {
  name: string;
  age: number;
  id: number;
};

function printPerson(person: Person) {
  console.log(person.name, person.age);
}

const user: User = {
  name: "Stefan",
  age: 40,
  id: 815,
};
```

```
printPerson(user); // 동작함!
```

User는 Person보다 프로퍼티가 많지만 Person의 모든 프로퍼티를 User가 포함하므로 이 둘에는 같은 형식이 존재한다. 따라서 User와 Person을 명시적으로 연결하지 않았지만 printPerson에 Person 대신 User 객체를 전달할 수 있다.

리터럴을 전달할 때는 추가 프로퍼티가 허용되지 않으므로 컴파일 오류가 발생한다.

```
printPerson({
  name: "Stefan",
  age: 40,
  id: 1000,
  // ^- 객체 리터럴은 알려진 속성만 지정할 수 있으며
  // 'Person' 형식에 'id'이(가) 없습니다.ts(2353)
});
```

이는 의도하지 않은 프로퍼티가 형식에 포함되어 예상하지 못한 상황이 일어나는 일을 방지한다.

구조적 형식 시스템에서는 형식이 추론된 캐리어<sup>carrier</sup> 변수라는 재미있는 패턴을 만들 수 있으며 해당 변수를 아무 연관성이 없는 소프트웨어의 다른 부분에서 재사용할 수 있다.

```
type Person = {
  name: string;
  age: number;
};

type Studying = {
  semester: number;
};

type Student = {
  id: string;
  age: number;
  semester: number;
};

function createPerson() {
  return { name: "Stefan", age: 39, semester: 25, id: "XPA" };
}
```

```
function printPerson(person: Person) {
  console.log(person.name, person.age);
}

function studyForAnotherSemester(student: Studying) {
  student.semester++;
}

function isLongTimeStudent(student: Student) {
  return student.age - student.semester / 2 > 30 && student.semester > 20;
}

const me = createPerson();

// 모두 동작함!
printPerson(me);
studyForAnotherSemester(me);
isLongTimeStudent(me);
```

Student, Person, Studying은 일부 프로퍼티를 공유하지만 서로 직접적인 연관성은 없다. createPerson은 이 세 가지 형식과 호환되는 형식을 반환한다. 애너테이션을 너무 많이 사용하면 더 많은 형식을 만들어야 하고 필요 이상으로 형식을 검사해야 하는 불필요한 오버헤드가 발생한다.

따라서 형식 검사가 필요한 곳(특히 함수 매개변수)에 애너테이션을 추가하면 좋다.

## 2.2 any와 unknown 활용하기

**문제** any, unknown 형식 중 무엇을 사용해야 할까?

**해결** 형식 기능을 끄고 싶은 상황에서 any를 사용하며 주의가 필요할 때 unknown을 사용한다.

**논의** any와 unknown 모두 최상위 형식이므로 모든 값은 any나 unknown과 호환된다.

```
const name: any - "Stefan";
const person: any = { name: "Stefan", age: 40 };
```

```
const notAvailable: any = undefined;
```

any는 모든 값과 호환되므로 모든 프로퍼티에 마음대로 접근할 수 있다.

```
const name: any = "Stefan";
// 타입스크립트에서는 괜찮지만 자바스크립트에서는 충돌 발생
console.log(name.profession.experience[0].level);
```

any는 never를 제외한 다른 모든 하위 형식과 호환된다. 즉 any에 새로운 형식을 할당하는 방식으로 가능한 값의 범위를 좁힐 수 있다.

```
const me: any = "Stefan";
// 좋음!
const name: string = me;
// 나쁨. 하지만 형식 시스템상으로는 문제가 없음.
const age: number = me;
```

any는 허용성이 너무 좋아 형식 검사를 무력화하므로 잠재적으로 오류와 문제를 일으킬 수 있다.

대다수의 사람은 any를 코드에 사용하지 않아야 한다는 사실에 동의하지만, 다음과 같이 any를 유용하게 활용할 수 있는 상황도 있다.

### 마이그레이션

자바스크립트에서 타입스크립트로 프로젝트를 마이그레이션하는 상황이라면 자료 구조와 객체의 동작과 관련해 많은 암묵적인 정보를 이미 포함할 것이다. 이런 상황에서는 마이그레이션 과정에서 발생하는 모든 문제를 한 번에 해결하기가 어렵다. 이럴 때 any를 이용해 안전하게 점진적으로 코드를 마이그레이션할 수 있다.

### 형식이 없는 서드 파티 의존성

하지만 여전히 타입스크립트(또는 이와 유사한 기능)를 사용하지 못하게 방해하는 자바스크립트 의존성이 존재할 수 있다. 심지어 최악의 상황에는 최신 형식 정보를 아예 구할 수 없을 수도 있다. Definitely Typed는 유용한 저장소이지만 자발적으로 유지 보수된다. 자바스크립트에 존재하는 기능의 형식을 제공하지만 공식적인 방법은 아니다. 따라서

Definitely Typed에는 (리액트 같은 유명한 형식 정의에도) 오류가 있을 수 있으며, 최신 자료가 없을 수도 있다!

이런 상황에 **any**가 도움이 된다. 라이브러리가 어떻게 동작하는지 알고, 문서가 잘 작성되었고, 자주 사용하지 않는 상황이라면 정확한 형식을 결정하는 데 구애받지 말고 **any**를 활용하는 것도 좋은 선택이다.

## 자바스크립트 프로토타이핑

타입스크립트는 자바스크립트와 동작 방식이 다르므로 몇 가지 작업을 해주어야만 다양한 문제를 피할 수 있다. 때로는 자바스크립트에서는 문제없이 동작하는 코드라도 타입스크립트에서는 오류가 발생한다.

```
type Person = {
  name: string;
  age: number;
};

function printPerson(person: Person) {
  for (let key in person) {
    console.log(`${key}: ${person[key]}`);
// 'string' 형식은 'Person'의  ----^
// 인덱스 형식으로 사용할 수 없으므로
// key는 암묵적으로 'any' 형식임.
// 'Person' 형식에는 'string' 형식의 매개변수가
// 존재하지 않음.(7053)
  }
}
```

이 코드에서 오류가 발생하는 이유는 9.1절에서 자세히 설명한다. 여기서 **any**는 형식 검사를 잠시 중단하고 해결해야 할 일에 집중하는 데 도움을 준다. 모든 형식을 **any**로 변환하거나 **any**를 다시 아무 형식으로 변환할 수 있으므로 **any**를 사용한 블록은 안전하지 않은 코드를 포함한다는 사실을 명시적으로 보여준다.

```
function printPerson(person: any) {
  for (let key in person) {
    console.log(`${key}: ${person[key]}`);
  }
}
```

이 부분의 코드가 동작한다는 사실을 확인했으면 타입스크립트의 제한과 형식 어서션을 이용해 올바로 형식을 추가할 수 있다.

```
function printPerson(person: Person) {
  for (let key in person) {
    console.log(`${key}: ${person[key as keyof Person]}`);
  }
}
```

any를 사용할 때는 tsconfig.json에 noImplicitAny 플래그를 활성화해야 한다(strict 모드에서는 기본값으로 활성화됨). 추론이나 애너테이션으로 형식을 지정할 수 없는 상황에서는 명시적으로 any로 형식을 지정해야 한다. 이렇게 하면 나중에 잠재적 오류를 쉽게 찾을 수 있다.

any 대신 unknown을 사용할 수 있다. any와 unknown으로 같은 값을 가리킬 수 있지만 실제 사용 방법은 서로 다르다. any로는 모든 것을 할 수 있지만, unknown으로는 아무것도 할 수 없으며 단지 값을 여기서 저기로 전달할 수 있을 뿐이다. 함수를 호출하거나 형식을 구체화하려면 먼저 형식을 검사해야 한다.

```
const me: unknown = "Stefan";
const name: string = me;
//    ^- 'unknown' 형식은 'string' 형식에 할당할 수 없습니다.ts(2322)

const age: number = me;
//    ^- 'unknown' 형식은 'number' 형식에 할당할 수 없습니다.ts(2322)
```

형식 검사와 제어 흐름을 이용해 unknown을 특정 형식으로 구체화할 수 있다.

```
function doSomething(value: unknown) {
  if (typeof value === "string") {
    // value: string
    console.log("It's a string", value.toUpperCase());
  } else if (typeof value === "number") {
    // value: number
    console.log("it's a number", value * 2);
  }
}
```

다양한 형식을 사용하는 상황에서는 unknown을 적절하게 활용해 문제를 일으키지 않고 코드에서 값을 전달할 수 있다. 이는 any와 비슷한 unknown의 허용성 덕분이다.

## 2.3 올바른 객체 선택하기

**문제** 자바스크립트 객체를 값으로 사용하려 한다. 하지만 문제가 있다. 자바스크립트 객체는 object, Object, {}라는 세 가지 다른 객체 형식으로 표현할 수 있기 때문이다. 어떤 형식을 사용해야 할까?

**해결** 객체, 함수, 배열 같은 복합 형식compound type에는 object를 사용한다. 그 밖의 값은 {}로 표현한다.

**논의** 타입스크립트는 형식을 두 가지로 분류한다. 첫 번째는 number, boolean, string, symbol, bigint와 그 하위 형식을 포함하는 기본 형식primitive type이나. 두 번째는 객체의 하위 형식과 다른 복합 형식이나 기본 형식을 합성한 복합 형식이다. [그림 2-1]은 전체적인 형식을 보여준다.

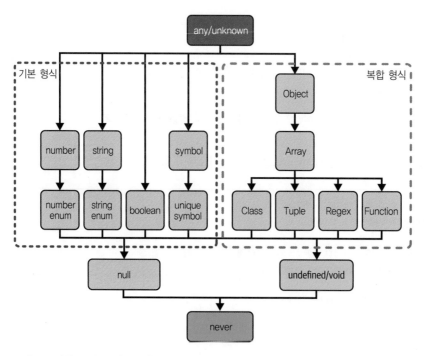

**그림 2-1** 타입스크립트의 형식 계층

상황에 따라 어떤 프로퍼티를 갱신하거나 안정성을 높이거나 기본값을 전달하지 않을 때 복합 형식을 사용한다. 예를 들어 새 객체를 만드는 Object.create는 객체의 프로토타입을 첫 인수로 받는다. 이 첫 인수는 반드시 복합 형식이어야 하며 그렇지 않으면 자바스크립트 코드에서 충돌이 발생한다.

```
Object.create(2);
// TypeError 발생: Object 프로퍼티는 반드시 Object거나 null이어야 함
// Function.create (<anonymous>)의 2
```

타입스크립트에서는 빈 객체 {}, Object, object라는 세 가지 형식이 같은 것처럼 보일 수 있다. 복합 형식에는 무엇을 사용해야 할까?

strict 모드나 strictNullChecks가 활성화되었다면, {}와 Object는 null이나 undefined를 제외한 거의 모든 값을 비슷하게 취급한다.

```
let obj: {}; // Object와 비슷함
obj = 32;
obj = "Hello";
obj = true;
obj = () => { console.log("Hello") };
obj = undefined; // 오류
obj = null; // 오류
obj = { name: "Stefan", age: 40 };
obj = [];
obj = /.*/;
```

Object 인터페이스는 Object 프로토타입을 갖는 모든 값, 즉 모든 기본 형식 및 복합 형식과 호환된다.

Object는 타입스크립트에서 정의한 인터페이스이며 특정 기능을 수행할 수 있도록 몇 가지 요구사항을 포함한다. 예를 들어 toString() => string의 시그너처를 갖는 toString 메서드와 널값이 아닌 모든 프로퍼티는 Object 프로토타입의 일부다. toString 메서드에 기존 시그너처와 호환되지 않는 메서드를 할당하면 오류가 발생한다.

```
let okObj: {} = {
  toString() {
```

```
    return false;
  }
}; // OK

let obj: Object = {
  toString() {
    return false;
  }
// ^-  '() => boolean' 형식은 '() => string' 형식에 할당할 수 없습니다.
// 'boolean' 형식은 'string' 형식에 할당할 수 없습니다.ts(2322)
}
```

이 때문에 Object는 종종 혼동을 일으키므로 {}를 사용하길 추천한다.

타입스크립트는 소문자로 시작하는 object 형식도 지원한다. object는 복합 형식만 지원하며 기본 형식은 지원하지 않으므로 대부분 개발자가 원하는 객체 형식은 object다.

```
let obj: object;
obj = 32; // 오류
obj = "Hello"; // 오류
obj = true; // 오류
obj = () => { console.log("Hello") };
obj = undefined;  // 오류
obj = null; // 오류
obj = { name: "Stefan", age: 40 };
obj = [];
obj = /.*/;
```

함수, 정규표현식, 배열 등을 포함하지 않는 형식이 필요하다면 5장에서 설명하는 것처럼 이런 형식을 직접 만들면 된다.


# 2.4 튜플 형식 사용하기

**문제** 자바스크립트 배열에 데이터를 저장했다. 저장된 위치에 따라 데이터 형식이 정해지므로 저장된 데이터 순서가 바뀌면 안 된다. 하지만 타입스크립트의 형식 추론을 이용하면 원하는 작업을 쉽게 구현할 수 없다.

튜플 형식을 사용한다.

복잡한 객체에 데이터를 저장할 때 자바스크립트 객체와 배열을 자주 사용한다. 기존에는 Person 객체에 자료를 저장했는데, 엔트리 항목과 값을 저장하는 방식도 있다.

```
const person = ["Stefan", 40]; // name과 age
```

배열에는 프로퍼티명이 필요 없는 것이 장점이다. 비구조화destructuring를 활용해 각 요소를 변수에 저장하면 아주 쉽게 고객명을 저장할 수 있다.

```
// objects.js
// 객체 사용
const person = {
  name: "Stefan",
  age: 40,
};

const { name, age } = person;

console.log(name); // Stefan
console.log(age); // 40

const { anotherName = name, anotherAge = age } = person;

console.log(anotherName); // Stefan
console.log(anotherAge); // 40

// arrays.js
// 배열 사용
const person = ["Stefan", 40]; // name과 age

const [name, age] = person;

console.log(name); // Stefan
console.log(age); // 40

const [anotherName, anotherAge] = person;

console.log(anotherName); // Stefan
console.log(anotherAge); // 40
```

새로운 이름을 연속으로 할당하는 API가 필요할 때는 배열을 이용하면 편리하다. 이는 10장에서 자세히 살펴본다.

하지만 타입스크립트의 형식 추론을 사용한다면 이 패턴을 적용하기가 조금 어렵다. 기본적으로 타입스크립트는 할당문을 통해 배열 형식을 추론한다. 배열은 보통 같은 요소를 저장하는 끝이 정해지지 않은 컬렉션이다.

```
const person = ["Stefan", 40];
// person: (string | number)[]
```

타입스크립트는 person의 각 요소는 문자열이나 숫자이며 두 요소 외에 추가로 원하는 만큼 요소를 저장할 수 있는 배열이라 판단한다. 즉 이를 비구조화하면 각 요소의 형식은 string이나 number가 된다.

```
const [name, age] = person;
// name: string | number
// age: string | number
```

이 패턴은 자바스크립트에서는 아주 유용하지만 타입스크립트에서는 성가신 문제를 일으킨다. 타입스크립트에서는 흐름 제어를 이용해 실제 형식을 알 수 있게 도와야 하는데, 어차피 형식은 할당 시 결정되므로 이는 불필요한 과정이기 때문이다.

타입스크립트를 만족시킬 목적으로 자바스크립트에 추가 작업을 해야 하는 상황이라면 일반적으로 더 좋은 방법이 있다. 튜플 형식을 이용하면 타입스크립트가 배열의 형식을 더 잘 특정할 수 있다.

튜플은 배열에서 파생된 형식으로 동작 방법이 조금 다르다. 배열은 무제한의 요소를 저장할 수 있으며 각 요소는 같은 형식(물론 형식이 넓을 수는 있음)으로 이루어지지만, 튜플 형식의 크기는 고정이며 각 요소에는 고유의 형식이 있다.

튜플 형식을 얻으려면 애너테이션을 추가해야 한다.

```
const person: [string, number] = ["Stefan", 40];

const [name, age] = person;
```

```
// name: string
// age: number
```

이렇게 튜플을 만들었다! 튜플 형식의 길이는 유한하다. 즉 길이도 형식의 일부다. 따라서 정해진 길이를 넘어서 요소를 할당하면 타입스크립트가 오류를 일으킨다.

```
person[1] = 41; // 정상!
person[2] = false; // 오류
//^- 'false' 형식은 'undefined' 형식에 할당할 수 없습니다.ts(2322)
```

타입스크립트는 또한 레이블을 튜플 형식에 추가할 수 있게 허용한다. 편집기와 컴파일러는 이 메타 정보를 사용해 피드백을 제공하므로 개발자는 각 요소의 기대 형식이 무엇인지 명확하게 알 수 있다.

```
type Person = [name: string, age: number];
```

이처럼 튜플은 (마치 객체가 그러하듯) 여러분과 여러분의 동료가 코드를 이해하는 데 도움을 준다.

함수 인수의 형식 애너테이션에도 튜플 형식이 사용된다. 다음 함수를 살펴보자.

```
function hello(name: string, msg: string): void {
  // ...
}
```

튜플 형식으로 다음처럼 구현할 수 있다.

```
function hello(...args: [name: string, msg: string]): {
  // ...
}
```

원하는 방식으로 유연하게 튜플을 사용할 수 있다.

```
function h(a: string, b: string, c: string): void {
  //...
```

```
}
// 다음과 같음
function h(a: string, b: string, ...r: [string]): void {
  //...
}
// 다음과 같음
function h(a: string, ...r: [string, string]): void {
  //...
}
// 다음과 같음
function h(...r: [string, string, string]): void {
  //...
}
```

이를 **나머지 요소**rest element라 부르며, 함수가 거의 무한대의 인수 목록을 가질 수 있음을 의미한다. 나머지 요소를 인수의 가장 마지막 요소로 사용하면 나머지 요소가 나머지 모든 인수를 흡수한다. 튜플을 이용해 함수에 적용할 요소를 모을 수 있다.

```
const person: [string, number] = ["Stefan", 40];

function hello(...args: [name: string, msg: string]): {
 // ...
}

hello(...person);
```

다양한 상황에서 튜플 형식을 사용할 수 있다. 튜플을 더 자세히 알고 싶다면 7장과 10장을 참고하자.

## 2.5 인터페이스와 형식 별칭의 차이 이해하기

**문제** 타입스크립트에서는 객체 형식을 인터페이스와 형식 별칭 두 가지 방식 중 하나로 선언한다. 어떤 방식을 사용해야 할까?

**해결** 프로젝트의 경계 내에서는 형식 별칭을 사용하고 다른 누군가가 소비해야 할 형식에는 인터페이스를 사용한다.

**논의** 지금까지 수년간 두 가지 방식 중 무엇을 사용해야 하는지를 두고 다양한 의견이 존재했다. 하지만 이런 다양한 논의의 대부분은 시간이 지나면서 더 이상 유효하지 않게 되었다. 기존에 달랐던 많은 부분이 점차 일치되면서 현재는 형식 별칭과 인터페이스의 차이가 거의 없는 수준이기 때문이다.

다음 코드는 인터페이스와 형식 별칭의 표기법이 어떻게 다른지 보여준다.

```typescript
type PersonAsType = {
  name: string;
  age: number;
  address: string[];
  greet(): string;
};

interface PersonAsInterface {
  name: string;
  age: number;
  address: string[];
  greet(): string;
}
```

다양한 상황에서 같은 객체를 인터페이스와 형식 별칭으로 모두 표현할 수 있다.

- 클래스 선언 구현
- 객체 리터럴의 형식 애너테이션
- 재귀 형식 구조

하지만 둘 사이에 중요한 차이가 존재하는데 이 때문에 예기치 않은 부작용이 발생할 수 있다. 인터페이스는 선언 합치기<sup>declaration merging</sup>를 지원하지만 형식 별칭은 이를 지원하지 않는다. 선언 합치기를 이용하면 인터페이스를 선언한 이후에도 프로퍼티를 추가할 수 있다.

```typescript
interface Person {
  name: string;
}
```

```
interface Person {
  age: number;
}

// Person은 { name: string; age: number; }
```

타입스크립트에서는 **lib.d.ts** 파일에서 이 기법을 자주 사용하는데, 덕분에 ECMAScript 버전에 기반한 새 자바스크립트 API에서 바뀐 기능을 손쉽게 추가할 수 있다. 어떤 기능을 확장하는 상황(예를 들어 **Window**)에서는 더 없이 유용한 기능이다. 하지만 이 외의 상황에서는 문제를 일으킬 가능성이 있다.

```
// 웹 폼에서 수집한 데이터
interface FormData {
  name: string;
  age: number;
  address: string[];
}

// 이 데이터를 백엔드로 전송하는 함수
function send(data: FormData) {
  console.log(data.entries()) // 컴파일됨!
  // 하지만 런타임에 예상치 못한 충돌 발생
}
```

**entries()** 메서드는 어디서 온 걸까? 이는 DOM API의 일부다! **FormData**는 브라우저 API가 제공하는 여러 인터페이스 중 하나다. 이런 인터페이스는 전역으로 이용할 수 있으며, 자유롭게 확장할 수 있다. 하지만 누구도 이런 일이 일어났음을 알려 주지 않는다.

물론 적당한 이름을 선택해 이 문제를 어느 정도 해결할 수 있겠지만, 여전히 전역으로 만든 모든 인터페이스에서 문제가 발생할 가능성이 있다. 일부 의존성은 여러분도 모르는 사이에 전역 공간에 인터페이스를 추가할 수 있기 때문이다.

인터페이스 대신 형식 별칭을 사용하면 이런 문제를 사전에 파악할 수 있다.

```
type FormData = {
//   ^-- 'FormData' 식별자가 중복되었습니다.ts(2300)
  name: string;
  age: number;
```

```
    address: string[];
  };
```

여러분의 프로젝트 일부나 다른 팀에서 개발한 프로젝트를 다른 사람들이 소비할 수 있도록 라이브러리를 만드는 상황이라면 선언 합치기를 유용하게 사용할 수 있다. 인터페이스를 정의해 애플리케이션을 서술할 수 있으며 동시에 사용자는 현실에 이를 적용하기 때문이다. 새 모듈을 불러와 기능을 추가하는 플러그인 시스템을 생각해보자. 이런 시스템에서 선언 합치기는 놓치고 싶지 않은 기능이다.

하지만 여러분의 모듈 경계 안에서 형식 별칭을 사용하면 이미 정의된 형식을 우발적으로 재사용하거나 확장하는 일을 방지할 수 있다. 다른 누군가가 이 기능을 소비하지 않을 때는 형식 별칭을 사용한다.

## 성능

인터페이스는 보통 형식 별칭보다 평가 성능이 뛰어나므로 형식 별칭을 사용해야 하는지와 관련한 논쟁이 존재한다. 이는 공식 타입스크립트 위키(*https://oreil.ly/8Y0hP*)에서도 권장한 부분이다. 하지만 이 권고를 맹목적으로 받아들일 필요는 없다.

인터페이스는 절대 종료되지 않고 다른 선언과 합쳐질 가능성이 있으므로 간단한 형식 별칭이 인터페이스보다 더 빠를 수 있다. 하지만 인터페이스는 객체 형식을 미리 알 수 있으므로 인터페이스의 성능이 더 좋을 때도 있다. 타입스크립트 팀의 라이언 카바나Ryan Canavaugh는 엄청난 수의 인터페이스나 형식 별칭을 선언한 상황(카바나의 트윗(*https://oreil.ly/Y_2oS*)에 따르면 약 5천 개)이어야 인식할 만한 성능 차이가 나타날 것으로 기대한다.

인터페이스나 형식 별칭을 많이 선언했다고 해서 여러분의 타입스크립트 코드 성능이 저하할 가능성은 거의 없다.

## 2.6 함수 오버로드 정의하기

**문제** 여러분의 함수 API는 매우 유연하며 문맥에 따라 다양한 형식을 갖는 인수를 허용한다. 이를 한 함수 시그니처로 정의하기는 매우 어렵다.

**해결** 함수 오버로드를 사용한다.

**논의** 자바스크립트에서는 아주 유연하게 함수 인수를 취급할 수 있으며, 기본적으로 모든 종류의 매개변수를 원하는 수만큼 전달할 수 있다. 함수 바디에서 입력을 잘 처리한다면 아무 문제가 발생하지 않는다. 덕분에 인간공학적인 API를 만들 수 있지만 형식을 도입하기 어려워진다.

태스크 러너가 있다고 생각해보자. task 함수에 이름, 콜백이나 실행할 다른 태스크 목록(또는 콜백과 목록 둘 다)을 전달해 새 태스크를 만든다. 콜백을 실행하기 전에 태스크 목록을 실행해야 한다.

```
task("default", ["scripts", "styles"]);

task("scripts", ["lint"], () => {
    // ...
});

task("styles", () => {
    // ...
});
```

'마치 6년 전의 걸프Gulp를 보는 것 같군'이라고 생각한 독자도 있을 것이다. 이 API는 아주 유연해서 문제가 발생할 여지가 거의 없다. 걸프가 유행한 이유도 바로 이 때문이다.

이 같은 함수를 형식화하는 것은 악몽 같은 일이다. 선택형 인수, 같은 위치에 다른 형식, 유니언 형식이 등장하면 상황이 더 복잡해진다.[1]

```
type CallbackFn = () => void;

function task(
    name: string, param2: string[] | CallbackFn, param3?: CallbackFn
```

---

**1** 유니언 형식(union type)은 다른 두 형식을 하나로 합친 형식이다(자세한 내용은 3장 참조).

```
): void {
  //...
}
```

이 코드로 기존 예제의 모든 변형 함수를 대표할 수 있다. 하지만 엄밀히 말해 이 코드는 기존 예제에서 허용하지 않았던 조합까지도 허용하는 문제가 있다.

```
task(
  "what",
  () => {
    console.log("Two callbacks?");
  },
  () => {
    console.log("That's not supported, but the types say yes!");
  }
);
```

다행히 타입스크립트의 함수 오버로드function overload를 이용해 이 문제를 해결할 수 있다. 오버로드란 이름에서 알 수 있듯이, 이는 다른 프로그래밍 언어에서 제공하는 기능과 비슷한 개념(같은 정의, 다른 동작)이다. 다만 타입스크립트는 다른 프로그래밍 언어와 달리 함수 오버로드가 형식 시스템 수준에서만 동작하며 실제 구현에는 아무 효과가 없다는 점이 다르다.

모든 가능한 시나리오를 각각의 함수 시그니처로 정의한다. 마지막 함수 시그니처는 실제 구현으로 대신한다.

```
// 형식 시스템의 형식
function task(name: string, dependencies: string[]): void;
function task(name: string, callback: CallbackFn): void
function task(name: string, dependencies: string[], callback: CallbackFn): void

// 실제 구현
function task(
  name: string, param2: string[] | CallbackFn, param3?: CallbackFn
): void {

  //...
}
```

몇 가지 눈여겨봐야 할 부분이 있다.

첫째, 타입스크립트는 실제 구현 이전의 선언을 가능한 형식으로만 인식한다는 점이다. 실제 구현 시그니처가 관련이 있으면 이를 복제한다.

또한 실제 구현 함수 시그니처는 아무 의미가 없을 수 있다. 타입스크립트는 오버로드를 구현 시그니처로 구현할 수 있는지 검사한다.

두 가지 반환 형식이 존재한다면 어떻게든 구현 함수의 입력과 출력이 기존 시그니처와 일치하도록 해야 한다.

```typescript
function fn(input: number): number
function fn(input: string): string
function fn(input: number | string): number | string {
  if(typeof input === "number") {
    return "this also works";
  } else {
    return 1337;
  }
}

const typeSaysNumberButItsAString = fn(12);
const typeSaysStringButItsANumber = fn("Hello world");
```

구현 시그니처는 보통 아주 넓은 형식을 가진다. 이는 어차피 자바스크립트에서도 수많은 검사를 해야 하기 때문이다. 이런 상황에서는 특별히 주의를 기울여야 함을 환기한다는 점에서 유용하다.

오버로드된 함수를 자체 형식으로 만들어야 한다면 이들을 애너테이션에 사용한 다음 여러 구현을 할당한다. 다음처럼 형식 별칭을 만들 수 있다.

```typescript
type TaskFn = {
  (name: string, dependencies: string[]): void;
  (name: string, callback: CallbackFn): void;
  (name: string, dependencies: string[], callback: CallbackFn): void;
}
```

즉 실제 구현 정의는 필요 없으며 형식 시스템 오버로드만 있으면 된다.

# 2.7 this 매개변수의 형식 정의하기

**문제** this의 형식을 가정하는 콜백 함수를 구현해야 하는데 함수를 구현하는 시점에서는 this를 어떻게
정의해야 할지 모르겠다.

**해결** this 매개변수를 함수 시그니처의 시작 부분에 정의한다.

**논의** 자바스크립트에 익숙하지 않은 개발자라면 끊임없이 변하는 this 객체 포인터 속성 때
문에 혼란스러울 때가 많을 것이다.

> 자바스크립트 코드를 구현하다보면 '이런 말도 안되는 일이!'라고 소리치고 싶을 때가 있다. 언제나
> 그렇듯 this가 무엇을 가리키는지 알 수가 없다.
>
> 익명의 자바스크립트 개발자

여러분의 배경이 클래스 기반 객체 지행 언어라면 해당 언어에서 this는 항상 클래스의 인스
턴스를 가리킨다. 자바스크립트에서는 상황이 완전 다르지만 그렇다고 이해하기가 아주 어렵
지는 않다. 타입스크립트를 이용하면 this의 활용 범위를 확실하게 할 수 있다.

함수 영역 내에서 this는 함수에 연결된 객체나 값을 가리킨다. 일반 객체에서 this는 아주 단
순하다.

```
const author = {
  name: "Stefan",
  // 단축 함수
  hi() {
    console.log(this.name);
  },
};

author.hi(); // 'Stefan' 출력
```

하지만 자바스크립트에서 함수는 값이므로 다른 문맥으로 연결될 수 있는데, 이때 this의 값
이 바뀐다.

```
const author = {
  name: "Stefan",
};

function hi() {
  console.log(this.name);
}

const pet = {
  name: "Finni",
  kind: "Cat",
};

hi.apply(pet); // "Finni" 출력
hi.call(author); // "Stefan" 출력

const boundHi = hi.bind(author);

boundHi(); // "Stefan" 출력
```

일반 함수 대신 화살표 함수를 사용해도 this의 의미가 달라진다.

```
class Person {
  constructor(name) {
    this.name = name;
  }

  hi() {
    console.log(this.name);
  }

  hi_timeout() {
    setTimeout(function() {
      console.log(this.name);
    }, 0);
  }

  hi_timeout_arrow() {
    setTimeout(() => {
      console.log(this.name);
    }, 0);
  }
```

```
}

const person = new Person("Stefan")
person.hi(); // "Stefan" 출력
person.hi_timeout(); // "undefined" 출력
person.hi_timeout_arrow(); // "Stefan" 출력
```

타입스크립트에서는 this와 관련한 정보를 더 얻을 수 있으며 this 매개변수 형식으로 this를 파악할 수 있다.

다음 예제를 살펴보자. DOM API로 버튼 요소에 접근했고 이벤트 리스너를 요소에 추가했다. 콜백 함수에서 this는 HTMLButtonElement 형식이다(따라서 classList 프로퍼티에 접근할 수 있다).

```
const button = document.querySelector("button");
button?.addEventListener("click", function() {
  this.classList.toggle("clicked");
});
```

여기서 addEventListener 함수가 this 정보를 제공한다. 리팩토링 단계에서 함수를 추출한다면 기능은 유지되겠지만 this의 컨텍스트가 없어지므로 오류가 발생한다.

```
const button = document.querySelector("button");
button.addEventListener("click", handleToggle);

function handleToggle() {
  this.classList.toggle("clicked");
// ^- 형식 애너테이션이 없으므로 'this'의 형식을
// 'any'로 추론함
}
```

타입스크립트에 this가 어떤 형식인지 알려 주면 문제가 해결된다. 다음처럼 this라는 첫 번째 매개변수를 함수 시그니처에 추가한다.

```
const button = document.querySelector("button");
button?.addEventListener("click", handleToggle);
```

```
function handleToggle(this: HTMLButtonElement) {
  this.classList.toggle("clicked");
}
```

컴파일이 진행되면 this 인수는 제거된다. 타입스크립트는 this가 HTMLButtonElement라는 사실을 알 수 있다. 이제 다른 컨텍스트에서 handleToggle을 사용하면 오류가 발생한다.

```
handleToggle();
// ^- 'void' 형식의 'this' 컨텍스트를 메서드의 'HTMLButtonElement'
// 형식 'this'에 할당할 수 없습니다.ts(2684)
```

this를 HTLMButtonElement의 상위 형식<sup>supertype</sup>인 HTLMElement로 정의하면 handleToggle 함수의 유용성이 개선된다.

```
const button = document.querySelector("button");
button?.addEventListener("click", handleToggle);

const input = document.querySelector("input");
input?.addEventListener("click", handleToggle);

function handleToggle(this: HTMLElement) {
  this.classList.toggle("clicked");
}
```

this 매개변수 형식을 사용할 때 함수 형식에서 this 매개변수를 추출하거나 제거하는 두 개의 헬퍼 형식이 필요할 것이다.

```
function handleToggle(this: HTMLElement) {
  this.classList.toggle("clicked");
}

type ToggleFn = typeof handleToggle;
// (this: HTMLElement) => void

type WithoutThis = OmitThisParameter<ToggleFn>
// () = > void

type TogglcFnThis = ThisParameterType<ToggleFn>
// HTMLElement
```

클래스와 객체는 더 다양한 this 헬퍼 형식을 포함한다. 자세한 내용은 4.8절과 11.8절을 참고하자.

## 2.8 심볼 사용하기

**문제** symbol 형식에서 오류 메시지가 발생했는데 symbol이란 무엇이며 어떻게 사용하는 걸까?.

**해결** 고유하며 반복할 수 없는 객체 프로퍼티에 symbol을 사용한다. symbol은 민감한 정보를 저장하고 접근할 때 유용하다.

**논의** symbol은 자바스크립트와 타입스크립트의 기본형이므로 객체 프로퍼티에 사용할 수 있다. symbol에는 number, string 등과는 다른 독특한 특징들이 있다.

Symbol() 팩토리 함수로 심볼을 만든다.

```
const TITLE = Symbol('title')
```

Symbol은 생성자 함수가 없다. 매개변수는 선택적 서술자다. 팩토리 함수를 호출할 때 새로 만든 심볼의 고윳값이 TITLE에 할당된다. 이렇게 만들어진 심볼은 다른 모든 심볼과 구별되는 고유의 값이며 심지어 서술자가 같은 심볼과도 겹치지 않는다.

```
const ACADEMIC_TITLE = Symbol('title')
const ARTICLE_TITLE = Symbol('title')

if(ACADEMIC_TITLE === ARTICLE_TITLE) {
    // 이 조건은 절대 참이 성립하지 않는다.
}
```

description은 개발 시 심볼 정보를 제공하는 데 도움을 준다.

```
console.log(ACADEMIC_TITLE.description) // title
console.log(ACADEMIC_TITLE.toString()) // Symbol(title)
```

상호 배타적이고 고유한 값을 비교할 때 심볼을 유용하게 활용한다. 런타임 스위치나 모드 비교 코드를 살펴보자.

```javascript
// 아주 나쁜 로깅 프레임워크
const LEVEL_INFO = Symbol('INFO')
const LEVEL_DEBUG = Symbol('DEBUG')
const LEVEL_WARN = Symbol('WARN')
const LEVEL_ERROR = Symbol('ERROR')

function log(msg, level) {
  switch(level) {
    case LEVEL_WARN:
      console.warn(msg); break
    case LEVEL_ERROR:
      console.error(msg); break;
    case LEVEL_DEBUG:
      console.log(msg);
      debugger; break;
    case LEVEL_INFO:
      console.log(msg);
  }
}
```

반복할 수 없는 프로퍼티, 즉 직렬화할 수 있는 프로퍼티에도 심볼을 사용한다.

```javascript
const print = Symbol('print')

const user = {
  name: 'Stefan',
  age: 40,
  [print]: function() {
    console.log(`${this.name} is ${this.age} years old`)
  }
}

JSON.stringify(user) // { name: 'Stefan', age: 40 }
user[print]() // Stefan is 40 years old
```

전역 심볼 레지스트리를 이용해 전체 애플리케이션에서 토큰을 접근한다.

```
Symbol.for('print') // 전역 심볼 만들기

const user = {
  name: 'Stefan',
  age: 37,
  // 전역 심볼 사용
  [Symbol.for('print')]: function() {
    console.log(`${this.name} is ${this.age} years old`)
  }
}
```

첫 번째 Symbol.for 호출 코드로 심볼을 만들고 두 번째 호출은 같은 심볼을 사용한다. 변수에 저장된 심볼값의 키를 알고 싶으면 Symbol.keyFor()를 사용한다.

```
const usedSymbolKeys = []

function extendObject(obj, symbol, value) {
  // 대체 무슨 심볼일까?
  const key = Symbol.keyFor(symbol)
  // 심볼을 저장하는 것이 좋겠군.
  if(!usedSymbolKeys.includes(key)) {
    usedSymbolKeys.push(key)
  }
  obj[symbol] = value
}

// 모두 가져오자.
function printAllValues(obj) {
  usedSymbolKeys.forEach(key => {
    console.log(obj[Symbol.for(key)])
  })
}
```

작업 완료!

타입스크립트는 심볼을 완벽 지원하며 형식 시스템의 주요 시민으로 대우한다. symbol은 모든 가능한 심볼의 형식 애너테이션이다. 다음 코드 블록에서 extendObject 함수를 살펴보자. 어떤 객체를 모든 심볼로 확장할 수 있도록 하는 코드에 symbol 형식을 사용한다.

```
const sym = Symbol('foo')

function extendObject(obj: any, sym: symbol, value: any) {
  obj[sym] = value
}

extendObject({}, sym, 42) // 모든 심볼과 동작함
```

unique symbol이라는 서브 형식도 있다. unique symbol은 const 선언에서만 사용할 수 있으며 오직 해당 심볼만을 참조한다.

unique symbol은 타입스크립트의 명목상 형식이며, 자바스크립트의 명목상 값과 같다.

typeof 연산자로 unique symbol의 형식을 확인한다.

```
const PROD: unique symbol = Symbol('Production mode')
const DEV: unique symbol = Symbol('Development mode')

function showWarning(msg: string, mode: typeof DEV | typeof PROD) {
  // ...
}
```

집필 시점에는 unique symbol이 타입스크립트의 구조적 형식 시스템의 유일한 명목적 형식이다.

심볼은 타입스크립트와 자바스크립트의 명목상 형식과 불투명 형식의 교차점에 위치한다. 심볼은 런타임 시 명목상 형식 검사를 하는 데 필요한 형식이다.

## 2.9 값과 형식 네임스페이스 이해하기

문제 어떤 이름은 형식 애너테이션으로 사용할 수 있지만, 어떤 이름은 사용할 수 없어서 혼란스럽다.

해결 형식과 값의 네임스페이스를 배우고 어떤 이름이 어떤 네임스페이스에 있는지 이해한다.

**논의** 타입스크립트는 자바스크립트의 상위 집합, 즉 기존에 존재하는 언어에 기능을 추가한다. 앞으로 여러분은 어떤 부분이 자바스크립트고 어떤 부분이 타입스크립트인지 배운다.

일반 자바스크립트에 형식이라는 계층을 추가한 것이 타입스크립트라고 생각하면 좋다. 이 형식 계층이 포함하는 메타 정보는 자바스크립트 런타임이 자바스크립트 코드를 실행하기 전에 제거된다. 일부 사람은 타입스크립트 코드 컴파일 과정을 '자바스크립트 코드로 회귀'라고 표현한다.

자바스크립트 위에 계층을 추가했다는 의미는 다른 문법으로 다른 계층에 기여한다는 의미기도 하다. function이나 const가 자바스크립트 파트에서는 이름을 만들지만, type 정의나 interface는 타입스크립트 계층의 이름에 기여한다.

```
// Collection은 타입스크립트 영역에 있다! --> 형식
type Collection = Person[]

// printCollection는 자바스크립트 영역에 있다! --> 값
function printCollection(coll: Collection) {
  console.log(...coll.entries)
}
```

선언은 **형식 네임스페이스**type namespace나 **값 네임스페이스**value namespace에 기여한다고도 말한다. 형식 계층이 값 계층 위에 존재하므로 형식 계층에서는 값을 소비할 수 있지만 반대는 불가능하다. 이를 표현하는 키워드가 따로 있다.

```
// 값
const person = {
  name: "Stefan",
};

// 형식
type Person = typeof person;
```

typeof는 아래의 값 계층을 이용해 형식 계층에서 사용할 수 있는 이름을 만든다.

형식과 값을 동시에 만드는 형식 정의가 등장하면 조금 당황스러울 것이다. 예를 들어 클래스는 타입스크립트에서는 형식으로, 자바스크립트에서는 값으로 동시에 사용할 수 있다.

```
// 선언
class Person {
  name: string;

  constructor(n: string) {
    this.name = n;
  }
}

// 값으로 사용
const person = new Person("Stefan");

// 형식으로 사용
type Collection = Person[];

function printPersons(coll: Collection) {
  //...
}
```

이름 규칙을 알면 코드를 조금 더 쉽게 이해할 수 있다. 보통 클래스, 형식, 인터페이스, 이넘<sup>enum</sup> 등은 첫 글자를 대문자로 표기한다. 이들은 값을 만드는 상황에서 동시에 형식에도 기여한다. 규칙을 그대로 따르자면 리액트 앱의 함수명을 대문자로 구현하는 상황이 발생한다.

이름을 형식과 값으로 사용하는 데 익숙한 독자라면 **'여러분의 형식**은(는) 값을 참조하지만, 여기서는 형식으로 사용되고 있습니다.ts(2749)'라는 비교적 유명한 오류가 발생했을 때 무슨 일이 일어나는지 당황할 수 있다.

```
type PersonProps = {
  name: string;
};

function Person({ name }: PersonProps) {
  // ...
}

type PrintComponentProps = {
  collection: Person[];
  //           ^- 'Person'은(는) 값을 참조하지만, 여기서는
  //              형식으로 사용되고 있습니다. 'typeof Person'을(를)
  //              사용하시겠습니까?ts(2749)
}
```

이 부분에서 타입스크립트가 잘 이해되지 않을 수 있다. 형식이란 무엇이며, 값은 무엇이고 왜 이 둘을 분리해야 하는가? 왜 이들은 다른 프로그래밍 언어에서처럼 자연스럽게 동작하지 않는가? 문득 여러분은 typeof 호출과 InstanceType 헬퍼 형식을 맞닥뜨린다. 이 시점에 여러분은 클래스가 실제로는 두 형식에 기여하고 있음을 깨닫는다(11장 참고).

클래스는 형식 네임스페이스의 이름에 기여하는데, 타입스크립트는 구조적 형식 시스템이므로 모양이 같은 값은 해당 클래스의 인스턴스로 간주한다. 따라서 다음은 유효한 코드다.

```
class Person {
  name: string;

  constructor(n: string) {
    this.name = n;
  }
}

function printPerson(person: Person) {
  console.log(person.name);
}

printPerson(new Person("Stefan")); // 정상
printPerson({ name: "Stefan" }); // 이 코드도 정상
```

하지만 값 네임스페이스에서 동작하는 instanceof 검사를 이용하면 객체의 모양과 같은 프로퍼티를 가졌을지 몰라도 클래스의 실제 **인스턴스**가 아니므로 동작하지 않는다.

```
function checkPerson(person: Person) {
  return person instanceof Person;
}

checkPerson(new Person("Stefan")); // true
checkPerson({ name: "Stefan" }); // false
```

따라서 무엇이 형식에 기여하고 무엇이 값에 기여하는지 이해하는 것이 중요하다. [표 2-1]은 타입스크립트 문서에서 제공하는 내용으로, 형식과 값의 기여를 한눈에 잘 보여준다.

**표 2-1** 형식 네임스페이스와 값 네임스페이스

| 선언 형식 | 형식 | 값 |
|---|---|---|
| 클래스 | X | X |
| 이넘 | X | X |
| 인터페이스 | X | |
| 형식 별칭 | X | |
| 함수 | | X |
| 변수 | | X |

함수, 인터페이스(또는 형식 별칭. 2.5절 참고), 변수를 처음부터 이용한다면 무엇을 어디에 사용해야 할지 감을 잡을 수 있다. 클래스를 이용한다면 이에 따르는 암묵적 의미를 조금 더 길게 생각해보자.

# CHAPTER 3

# 형식 시스템

2장에서는 자바스크립트 코드의 표현력을 높이는 데 사용할 수 있는 기본 기능을 배웠다. 하지만 숙련된 자바스크립트 개발자라면 지금까지 배운 타입스크립트의 기본 형식과 애너테이션이 앞으로 펼쳐질 유연한 미래의 일부에 지나지 않음을 알 것이다.

타입스크립트의 목표는 자바스크립트 코드를 명확하게 만드는 것이며 이 과정에서 자바스크립트의 유연성을 훼손하지 않으려 노력한다. 특히 자바스크립트의 유연성 덕분에 개발자들이 수백만이 사랑하는 환상적인 API를 개발할 수 있기 때문이다. 타입스크립트는 제한을 추가한다기보다는 조금 더 정형화된 자바스크립트 버전이라 생각하면 좋다. 타입스크립트의 형식 시스템 세계로 들어가 보자.

이 장에서는 형식을 생각하는 데 사용할 정신적 모델을 개발한다. 필요에 따라 값 집합을 어떻게 넓게 또는 좁게 정의하는지 배우며 흐름 제어로 이들의 영역을 어떻게 바꾸는지 살펴본다. 또한 구조적 형식 시스템을 활용하는 방법과 규칙을 깨야 하는 시기도 배운다.

이 장은 타입스크립트 기초와 고급 형식 기법 사이에 존재하는 다리 역할을 제공한다. 숙련된 타입스크립트 개발자든 초급 개발자든 관계없이, 이 정신적 모델은 앞으로 등장할 내용의 밑거름을 제공한다.

# 3.1 유니온 형식과 인터섹션 형식으로 데이터 모델링하기

**문제** 타입스크립트로 묘사하려는 일련의 데이터 모델이 있다.

**해결** 유니온^union 형식과 인터섹션^intersection 형식으로 데이터를 모델링하고 특정 변형은 리터럴 형식으로 정의한다.

**논의** 장난감 가게의 데이터 모델을 만든다고 가정하자. 이 장난감 가게의 각 항목은 이름, 수량, 최소 권장 연령 등 기본 프로퍼티를 포함한다. 특정 장난감에는 다른 프로퍼티가 추가되므로 여러 정의를 만들어야 한다.

```typescript
type BoardGame = {
  name: string;
  price: number;
  quantity: number;
  minimumAge: number;
  players: number;
};

type Puzzle = {
  name: string;
  price: number;
  quantity: number;
  minimumAge: number;
  pieces: number;
};

type Doll = {
  name: string;
  price: number;
  quantity: number;
  minimumAge: number;
  material: string;
};
```

이제 함수를 만들어야 하는데, 이 함수는 모든 장난감을 처리해야 하므로 모든 장난감에 공통으로 존재하는 기본 프로퍼티를 포함하는 상위 형식을 이용한다.

```
type ToyBase = {
  name: string;
  price: number;
  quantity: number;
  minimumAge: number;
};

function printToy(toy: ToyBase) {
  /* ... */
}

const doll: Doll = {
  name: "Mickey Mouse",
  price: 9.99,
  quantity: 10000,
  minimumAge: 2,
  material: "plush",

};

printToy(doll); // 동작함
```

이 코드로 모든 인형, 보드게임, 퍼즐을 출력할 수 있지만 한 가지 문제가 있다. **printToy**에서 원래 장난감의 일부 정보를 잃어버린다는 점이다. 특정 장난감이 갖는 정보는 잃어버린 채 오직 공통 프로퍼티만 출력한다.

**유니온 형식**으로 모든 장난감을 대표할 수 있다.

```
// 유니온 Toy
type Toy = Doll | BoardGame | Puzzle;

function printToy(toy: Toy) {
  /* ... */
}
```

호환되는 값의 집합을 형식이라고 생각하면 좋다. 애너테이션이 있든 없든 타입스크립트는 각 값이 특정 형식과 호환되는지 확인한다. 객체라면 객체 형식에 정의된 추가 프로퍼티의 값도 여기에 포함된다. 추론 기능을 통해 추가 프로퍼티값은 구조적 형식 시스템의 하위 형식으로 할당된다. 하위 형식의 값은 상위 형식 집합의 일부이기도 하다.

유니온 형식은 집합의 모음이다. 호환되는 여러 값이 모여 더 넓은 값이 되며 때로는 형식 간에 겹치는 부분도 존재한다. 예를 들어 material, players를 포함하는 객체는 Doll, BoardGame 과 호환된다. 3.2절에서 이 부분을 자세히 살펴본다.

[그림 3-1]은 유니온 형식의 개념을 벤 다이어그램으로 표현한다. 집합 개념이 이 상황에 잘 들어맞는다.

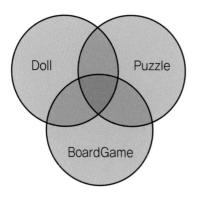

**그림 3-1** 유니온 형식의 시각화. 각 형식은 호환되는 값의 집합을 나타내며 유니온 집합은 유니온 형식을 가리킨다.

기본형으로 어디에서나 유니온 형식을 만들 수 있다.

```
function takesNumberOrString(value: number | string) {
  /* ... */
}

takesNumberOrString(2); // 동작
takesNumberOrString("Hello"); // 동작
```

이런 방식으로 값 집합을 원하는 만큼 넓힌다.

장난감 가게 코드에는 중복되는 부분도 있다. 바로 **ToyBase** 프로퍼티가 반복된 부분이다. **ToyBase**를 각 유니온 파트의 기본으로 삼으면 더 좋을 것이다. 인터섹션 형식을 사용해 이를 해결한다.

```
type ToyBase = {
  name: string;
```

```
    price: number;
    quantity: number;
    minimumAge: number;
};

// ToyBase와 { players: number }의 인터섹션
type BoardGame = ToyBase & {
    players: number;
};

// ToyBase와 { pieces: number }의 인터섹션
type Puzzle = ToyBase & {
    pieces: number;
};

// ToyBase와  { material: string }의 인터섹션
type Doll = ToyBase & {
    material: string;
};
```

유니온 형식이 합집합이라면 **인터섹션 형식**은 교집합에 해당한다. 인터섹션은 타입스크립트에
형식 A와 형식 B 모두와 호환되는 값임을 지시한다. 인터섹션 형식은 두 형식 모두에 있는 프
로퍼티만 포함(하위 형식 포함)하므로 더 좁은 값의 집합이다. [그림 3-2]는 인터섹션 형식을
시각적으로 보여준다.

인터섹션 형식도 기본형을 사용할 수 있지만 별 효과는 기대할 수 없다. 예를 들어 **string &
number**를 만족하는 값은 존재하지 않으므로 **never**가 된다.

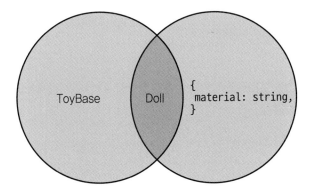

그림 3-2 두 형식의 교집합 시각화. 가능한 값의 집합이 축소된다.

이처럼 타입스크립트를 이용해 효과적인 데이터 모델을 만들 수 있을 뿐 아니라 타입스크립트는 추가 기능도 제공한다. 타입스크립트에서는 리터럴값을 리터럴 형식으로 표현할 수 있다. 예를 들어 숫자 1이라는 형식을 정의할 수 있는데, 이는 오직 1이라는 값과 호환되는 형식이다.

```
type One = 1;
const one: One = 1; // 다른 값은 할당할 수 없음
```

이를 **리터럴 형식**literal type이라 부르는데, 얼핏 그리 유용한 형식은 아닌 것처럼 보일 수 있다. 하지만 여러 리터럴 형식을 유니온으로 만들 때 유니온 형식을 활용할 수 있다. 예를 들어 Doll 형식이 있다고 가정할 때 명시적으로 material 값을 설정할 수 있다.

```
type Doll = ToyBase & {
  material: "plush" | "plastic";
};

function checkDoll(doll: Doll) {
  if (doll.material === "plush") {
    // plush 재질의 인형에 필요한 작업 수행
  } else {
    // "plush" 이외의 doll.material은 "plastic" 뿐이므로 다른 선택
    // 사항이 없음
  }
}
```

이처럼 유니온 형식을 이용해 "plush"나 "plastic" 이외의 값은 할당할 수 없도록 강제하므로 안정적으로 동작하는 코드를 만드는 데 도움이 된다.

유니온 형식, 인터섹션 형식, 리터럴 형식을 활용하면 더 쉽게 모델을 정의하고 활용할 수 있다.

## 3.2 구별된 유니온 형식을 활용해 명시적으로 모델 정의하기

**문제** 유니온 형식 모델에 중복되는 여러 속성이 있으므로 흐름 제어에서 구별하기가 번거롭다.

**해결** 각 유니온의 구성요소에 종류를 가리키는 kind 프로퍼티를 문자열 리터럴 형식으로 추가한 후 이 문자열 리터럴의 내용을 확인한다.

**논의** 3.1절에서 만든 것과 비슷한 데이터 모델을 사용한다. 이번에는 그래픽 소프트웨어에서 사용할 다양한 모양을 정의한다.

```
type Circle = {
  radius: number;
};

type Square = {
  x: number;
};

type Triangle = {
  x: number;
  y: number;
};

type Shape = Circle | Triangle | Square;
```

이 세 가지 형식은 서로 비슷하지만 **area** 함수는 이들을 어려움 없이 구별한다.

```
function area(shape: Shape) {
  if ("radius" in shape) {
    // shape는 Circle
    return Math.PI * shape.radius * shape.radius;
  } else if ("y" in shape) {
    // shape는 Triangle
    return (shape.x * shape.y) / 2;
  } else {
    // shape는 Square
    return shape.x * shape.x;
  }
}
```

코드는 제대로 동작하지만 약간의 문제가 있다. Circle은 radius 프로퍼티가 있는 유일한 형식이지만 Triangle과 Square는 x 프로퍼티를 공유한다. Square는 오직 x 프로퍼티만 정의하므로 Triangle은 Square의 하위 형식이 된다.

제어 흐름에서 하위 형식을 구별하는 프로퍼티 y를 먼저 확인한다면 문제가 발생하지 않는다. 하지만 x 프로퍼티의 존재 여부만 검사한 다음 넓이를 구한다면 Triangle과 Square를 같은 방식으로 계산하는 오류가 발생한다.

또한 Shape을 확장하기 어려운 문제도 있다. Rectangle에 필요한 프로퍼티는 Triangle의 프로퍼티와 같다.

```
type Rectangle = {
  x: number;
  y: number;
};

type Shape = Circle | Triangle | Square | Rectangle;
```

이런 상황에서는 유니온의 구성요소를 특정하기가 어렵다. 유니온의 각 구성요소를 구별하려면 구성요소가 무엇인지 알려줄 수 있도록 식별하는 프로퍼티를 모델에 추가해야 한다.

kind 프로퍼티를 추가해 이 문제를 해결한다. kind 프로퍼티는 모델의 구성요소를 식별하는 문자열 리터럴 형식을 저장한다.

3.1절에서 살펴봤듯이 타입스크립트에서는 string, number, bigint, boolean 등의 기본형에서 파생한 특정 값으로 하위 형식을 만들 수 있다. 즉, 어느 값이나 형식이 될 수 있으며 이 값 형식은 오직 한 값과만 호환된다.

다음처럼 kind 프로퍼티를 모델에 추가하고 구성요소를 식별하는 리터럴 형식을 할당한다.

```
type Circle = {
  radius: number;
  kind: "circle";
};

type Square = {
  x: number;
  kind: "square";
```

```
  };

  type Triangle = {
    x: number;
    y: number;
    kind: "triangle";
  };

  type Shape = Circle | Triangle | Square;
```

이 코드에서 kind를 문자열로 설정하지 않고 "circle", "square", "triangle" 등 **명확한** 리터럴 형식으로 설정했다. 이들은 값이 아니라 특정 리터럴 문자열과만 호환되는 형식이다.

kind 프로퍼티를 추가하고 이를 문자열 리터럴 형식으로 설정하므로 유니온 형식의 구성요소를 명확하게 식별한다. 이들 리터럴 문자열은 서로 호환되지 않으며 고유하기 때문이다. 이 기법을 **구별된 유니온 형식**discriminated union type이라 부르며, 이를 이용해 Shape 유니온 형식의 각 구성요소를 명확하게 구별할 수 있다.

예를 들어 다음처럼 switch 문으로 Shape의 구성요소를 명확히 식별할 수 있다.

```
  function area(shape: Shape) {
    switch (shape.kind) {
      case "circle": // shape는 Circle
        return Math.PI * shape.radius * shape.radius;
      case "triangle": // shape는 Triangle
        return (shape.x * shape.y) / 2;
      case "square": // shape는 Square
        return shape.x * shape.x;
      default:
        throw Error("not possible");
    }
  }
```

이 기법을 이용하면 Shape이 구체적으로 무엇인지 명확하게 알 수 있으며 이후에 발생할 변화에도 쉽게 대응할 수 있다(3.3절에서 자세히 살펴봄).

## 3.3 assertNever 함수를 이용해 완전 검사하기

**문제** 시간이 지나면서 유니온 형식에 새 구성요소를 추가하는 상황이 발생했다. 관련된 부분을 모든 코드에서 고쳐야 한다.

**해결** assertNever 함수로 모든 남은 케이스에 어서션을 적용해 모든 상황을 확인하도록 완전 검사exhaustiveness check를 수행한다.

**논의** 이전에 살펴본 예제를 확인하자.

```
type Circle = {
  radius: number;
  kind: "circle";
};

type Square = {
  x: number;
  kind: "square";
};

type Triangle = {
  x: number;
  y: number;
  kind: "triangle";
};

type Shape = Circle | Triangle | Square;

function area(shape: Shape) {
  switch (shape.kind) {
    case "circle": // shape는 Circle
      return Math.PI * shape.radius * shape.radius;
    case "triangle": // shape는 Triangle
      return (shape.x * shape.y) / 2;
    case "square": // shape는 Square
      return shape.x * shape.x;
    default:
      throw Error("not possible");
  }
}
```

구별된 유니온을 이용해 유니온의 각 구성요소를 구별할 수 있다. area 함수는 switch-case 구로 각 상황을 구별한다. kind 프로퍼티의 문자열 리터럴 형식 덕분에 형식 간의 겹치는 부분을 제거했다.

모든 가능한 옵션을 확인한 다음에는 default 케이스에서 오류를 던지는데, 이는 절대 일어날 수 없는 상황임을 가리킨다. 코드의 형식이 제대로 동작한다면 이 오류가 발생하지 않는다.

심지어 형식 시스템조차도 default 케이스는 불가능함을 알려준다. default 케이스에 shape 를 추가한 다음 그 위로 마우스를 대보면 타입스크립트는 shape의 형식이 never라고 알려준다.

```
function area(shape: Shape) {
  switch (shape.kind) {
    case "circle": // shape는 Circle
      return Math.PI * shape.radius * shape.radius;
    case "triangle": // shape는 Triangle
      return (shape.x * shape.y) / 2;
    case "square": // shape는 Square
      return shape.x * shape.x;
    default:
      console.error("Shape not defined:", shape); // shape는 never
      throw Error("not possible");
  }
}
```

never는 흥미로운 형식이다. never는 타입스크립트의 **바닥 형식**^bottom type^으로, 형식 계층의 가장 아래에 위치한다. any, unknown은 모든 가능한 값을 가리키지만 never와 호환되는 값은 존재하지 않는다. never는 이름이 가리키듯이 빈 집합이다. 어떤 값이 never라면 이는 오류가 발생했다는 의미다.

Shape에 Rectangle을 추가하면 default의 shape 오류가 사라진다.

```
type Rectangle = {
  x: number;
  y: number;
  kind: "rectangle";
};

type Shape = Circle | Triangle | Square | Rectangle;
```

```
function area(shape: Shape) {
  switch (shape.kind) {
    case "circle": // shape는 Circle
      return Math.PI * shape.radius * shape.radius;
    case "triangle": // shape는 Triangle
      return (shape.x * shape.y) / 2;
    case "square": // shape는 Square
      return shape.x * shape.x;
    default:
      console.error("Shape not defined:", shape); // shape는 Rectangle
      throw Error("not possible");
  }
}
```

제어 흐름은 자신이 할 수 있는 최선의 추측을 수행한다. 타입스크립트는 모든 시점에 특정 값의 형식을 정확하게 파악한다. default 분기에서 shape는 Rectangle 형식일 수밖에 없다. 실수로 가능한 형식 확인을 빠뜨렸을 때 타입스크립트가 이를 알려 준다면 좋지 않을까? 이제 shape이 Rectangle일 때 default가 실행된다. 하지만 default 케이스는 시스템 관점에서 불가능한 상황을 처리하는 것이 주 용도이므로 이를 바꾸지 않는 것이 좋다.

현재 상황도 좋지 않지만, 여러 장소에서 완전 검사 패턴을 사용하기 시작하면 상황이 더 악화한다. 특정 케이스 검사를 쉽게 놓칠 수 있으며 이는 소프트웨어 충돌로 이어질 수 있기 때문이다.

모든 선택 사항을 완벽하게 검사했는지 확인하는 헬퍼 함수를 만들어 이 문제를 해결할 수 있다. 이 함수는 never를 인수로 받는다.

```
function assertNever(value: never) {
  console.error("Unknown value", value);
  throw Error("Not possible");
}
```

보통 never는 일어나지 말아야 할 상황이 발생했음을 암시한다. 예제에서는 never를 함수의 형식 애너테이션으로 사용했다. '대체 어떤 값을 함수 인수로 전달해야 하는 걸까?'라는 궁금증이 생길 것이다. 이 함수에는 어떤 값도 인수로 전달할 수 없다. 이 함수를 호출하지 않는 것이 정상이다.

하지만 기존의 default 케이스를 asssertNever로 바꾸어 형식 시스템이 모든 호환 가능한 값(값이 없는 상황도 포함)을 확인하도록 강제할 수 있다.

```
function area(shape: Shape) {
  switch (shape.kind) {
    case "circle": // shape는 Circle
      return Math.PI * shape.radius * shape.radius;
    case "triangle": // shape는 Triangle
      return (shape.x * shape.y) / 2;
    case "square": // shape는 Square
      return shape.x * shape.x;
    default: // shape는 Rectangle
      assertNever(shape);
//       ^-- 'Rectangle' 형식의 인수는 'never' 형식의 매개변수에
//           할당될 수 없습니다.ts(2345)
  }
}
```

완성했다! 사용할 수 있는 모든 선택 사항을 완벽하게 검사하지 않으면 물결선이 나타난다. 타입스크립트가 모든 상황을 검사하도록 강제하므로 Rectangle이라는 새로운 클래스를 추가할 때 함께 바꿔야 할 모든 코드를 쉽게 확인할 수 있다.

```
function area(shape: Shape) {
  switch (shape.kind) {
    case "circle": // shape는 Circle
      return Math.PI * shape.radius * shape.radius;
    case "triangle": // shape는 Triangle
      return (shape.x * shape.y) / 2;
    case "square": // shape는 Square
      return shape.x * shape.x;
    case "rectangle":
      return shape.x * shape.y;
    default: // shape는 never
      assertNever(shape); // shape를 assertNever로 전달할 수 있음!
  }
}
```

never는 호환되는 값이 없으며 형식 시스템에서 불가능한 상황을 가리키는 데 사용하지만, 이 예제에서 살펴봤듯이 **가능한** 상황을 확인하도록 강제하는 형식 애너테이션으로 활용할 수 있

다. 형식은 호환되는 값의 집합이며 제어 흐름으로 호환되는 값을 넓히거나 좁힐 수 있다는 사실을 활용해 assertNever 같은 함수를 만들었다. 이 함수는 코드의 품질을 높이는 데 도움을 준다.

## 3.4 const 컨텍스트로 형식 고정하기

**문제** 구별된 유니온 형식 모델에 객체 리터럴을 할당할 수 없다.

**해결** 형식 어서션과 const **컨텍스트**context로 리터럴 형식을 고정한다.

**논의** 타입스크립트에서는 각 값을 하나의 형식으로 활용할 수 있다. 이를 리터럴 형식이라 부르며, 리터럴 형식을 이용해 큰 집합을 몇 가지 값만 받아들이는 하위 십합으로 만들 수 있다.

타입스크립트에서 리터럴 형식은 특정 값을 가리킬 수 있을 뿐 아니라 형식 시스템의 기능에 중요한 기여를 한다. let이나 const로 기본 형식의 값을 할당할 때 이 점이 명확하게 드러난다.

let, const로 선언한 변수에 값을 두 번 할당하면 타입스크립트는 이를 두 가지 다른 형식으로 추론한다. let을 사용했다면 타입스크립트는 기본형을 넓히는 방향으로 추론한다.

```
let name = "Stefan"; // name은 문자열
```

const를 사용했다면 타입스크립트는 정확히 해당 리터럴 형식을 추론한다.

```
const name = "Stefan"; // name은 "Stefan"
```

객체 형식에서는 상황이 조금 달라진다. let을 이용하면 여전히 넓히는 방향으로 형식을 추론한다.

```
// person은 { name: string }
let person = { name: "Stefan" };
```

하지만 이는 const도 마찬가지다.

```
// person은 { name: string }
const person = { name: "Stefan" };
```

이는 자바스크립트의 동작 방식과 관련이 있다. 자바스크립트는 객체를 상수<sup>constant</sup>로 바인딩했으며 이는 person을 다시 할당할 수 없는 의미다. 하지만 여전히 객체의 프로퍼티는 바꿀 수 있다.

```
// person은 { name: string }
const person = { name: "Stefan" };

person.name = "Not Stefan"; // 동작한다!
```

자바스크립트가 어떻게 동작하는지를 생각해보면 이는 이치에 맞는다. 하지만 데이터 모델을 정교하게 처리하고 싶은 상황에서는 문제를 야기할 수 있다.

앞에서 유니온 형식과 인터섹션 형식으로 데이터를 모델링했다. 이때 **구별된 유니온 형식**을 이용해 비슷한 형식들을 구분했다.

데이터에 리터럴을 사용하면 타입스크립트는 넓은 집합을 추론하는데, 그러면 정의한 형식과 호환되지 않는 값을 허용하게 된다. 이때 매우 긴 오류 메시지가 표시된다.

```
type Circle = {
  radius: number;
  kind: "circle";
};

type Square = {
  x: number;
  kind: "square";
};

type Triangle = {
  x: number;
  y: number;
  kind: "triangle";
};

type Shape = Circle | Triangle | Square;
```

```
function area(shape: Shape) {
  /* ... */
}

const circle = {
  radius: 2,
  kind: "circle",
};

area(circle);
//   ^-- '{ radius: number; kind: string; }' 형식의 인수는
//       'Shape' 형식의 매개변수에 할당할 수 없습니다.
//       '{ radius: number; kind: string; }' 형식은 'Circle' 형식에 할당할 수 없습니다.
//       'kind' 속성의 형식이 호환되지 않습니다.
//       'string' 형식은 '"circle"' 형식에 할당할 수 없습니다.ts(2345)
```

여러 방법으로 이 문제를 해결할 수 있다. 첫 번째로 형식을 식별하도록 명시적으로 애너테이션을 사용할 수 있다. 2.1절에서 살펴봤듯이 각 애너테이션은 형식 검사 기능을 제공한다. 즉, 오른쪽에 대입하는 값이 해당 형식과 호환되는지 검사할 수 있다.

```
// 정확한 형식
const circle: Circle = {
  radius: 2,
  kind: "circle",
};

area(circle); // 동작한다!

// 넓힌 집합
const circle: Shape = {
  radius: 2,
  kind: "circle",
};

area(circle); // 역시 동작한다!
```

형식 애너테이션 대신 할당문 끝에 형식 어서션을 추가하는 방법도 있다.

```
// 형식 어서션
const circle = {
  radius: 2,
  kind: "circle",
} as Circle;

area(circle); // 동작한다!
```

하지만 때로는 애너테이션으로 제한이 생긴다. 특히 더 많은 정보를 포함하는 리터럴을 서로 다른 장소에서 다른 의미로 사용할 때 이런 문제가 발생한다.

Circle의 형식을 명시하거나 어서션을 추가하는 순간부터 이 객체에 다른 값을 추가해도 여전히 이를 Circle로 간주한다.

어서션을 더 정교하게 활용할 수 있다. 전체 객체를 특정 형식으로 특정하지 않고 각 프로퍼티를 특정 형식으로 특정한다.

```
const circle = {
  radius: 2,
  kind: "circle" as "circle",
};

area(circle); // 동작한다!
```

as const 형식 어서션, 즉 const 컨텍스를 이용해 정확한 값을 특정하는 방법도 있다. 그러면 타입스크립트는 이를 리터럴 형식으로 고정한다.

```
const circle = {
  radius: 2,
  kind: "circle" as const,
};

area(circle); // 동작한다!
```

const 컨텍스트를 전체 객체에 적용하면 객체는 읽기 전용이 되므로 바꿀 수 없게 된다.

```
const circle = {
  radius: 2,
  kind: "circle",
} as const;

area2(circle); // 동작한다!

circle.kind = "rectangle";
//      ^-- 읽기 전용 속성이므로 'kind'에 할당할 수
//          없습니다.ts(2540)
```

어떤 값들을 특정 리터럴 형식으로 고정할 때 const 컨텍스트 형식 어서션을 유용하게 사용할 수 있다. const 컨텍스트를 이용하면 코드에서 수많은 객체 리터럴이 존재하고 이들을 소비할 수 있지만, 값을 바꾸지 못하게 할 수 있다.

## 3.5 형식 찬반형으로 형식 좁히기

**문제** 어떤 조건에 따라 값을 기존에 할당한 것보다 좁은 형식으로 특정하고 싶지만, 타입스크립트가 이를 지원하지 않는다.

**해결** **형식 찬반형**type predicate을 헬퍼 함수의 시그니처에 추가해서 형식 시스템의 Boolean 조건의 효과를 이용한다.

**논의** 타입스크립트에서는 리터럴 형식과 유니온 형식으로 원하는 값의 집합을 구체적으로 정의한다. 예를 들어, 다음처럼 주사위의 값을 쉽게 정의한다.

```
type Dice = 1 | 2 | 3 | 4 | 5 | 6;
```

이 표기법으로 원하는 형식을 쉽게 정의할 수 있으며 형식 시스템은 유효한 값이 정확히 무엇인지 알 수 있다. 다만 이런 형식을 만드는 과정이 조금 번거롭다는 것이 단점이다.

임의의 숫자를 입력할 수 있는 게임을 개발한다고 가정하자. 이 게임은 주사위 점의 개수가 유효할 때만 정해진 동작을 수행한다.

입력값이 정해진 집합의 일부인지 확인하도록 조건문을 추가한다.

```
function rollDice(input: number) {
  if ([1, 2, 3, 4, 5, 6].includes(input)) {
    // 사람들은 `input`이 주사위라는 사실을 알지만,
    // 타입스크립트 입장에서 `input`은 여전히 `number`다.
  }
}
```

이렇게 검사해서 유효한 값임을 확인할 수 있지만 타입스크립트는 여전히 `input`을 `number`로 취급한다. 현재 검사로는 형식 시스템이 형식을 바꾸도록 하는 방법이 없기 때문이다.

하지만 형식 시스템이 좀 더 효과적으로 동작하도록 도울 수 있다. 우선 검사 코드를 헬퍼 함수로 이동한다.

```
function isDice(value: number): boolean {
  return [1, 2, 3, 4, 5, 6].includes(value);
}
```

이 검사 함수는 `boolean`(`true`나 `false`)을 반환한다. `Boolean` 값을 반환하는 함수가 형식 찬반형을 반환하도록 함수 반환 형식 시그니처를 바꿀 수 있다.

함수가 `true`를 반환하면 함수로 전달된 값이 무엇인지 알 수 있다. 물론 이 예제에서는 `Dice` 형식이다.

```
function isDice(value: number): value is Dice {
  return [1, 2, 3, 4, 5, 6].includes(value);
}
```

이런 방식으로 타입스크립트는 값의 실제 형식이 무엇인지 파악해서 값에 수행할 동작을 더 정교하게 제어할 수 있다.

```
function rollDice(input: number) {
  if (isDice(input)) {
    // 동작함! 이제 `input`은 `Dice`임
  } else {
    // `input`은 여전히 `number`임
```

```
    }
  }
```

타입스크립트는 제한적<sup>restrictive</sup>이고, 형식 찬반형에 any 어서션은 허용하지 않으며, 반드시 기존 형식보다 좁은 형식이어야 한다. 예를 들어 string 입력을 받아 출력을 number의 하위 집합으로 특정하면 오류가 발생한다.

```
type Dice = 1 | 2 | 3 | 4 | 5 | 6;

function isDice(value: string): value is Dice {
  // 오류: 형식 조건자의 형식을 해당 매개변수의 형식에 할당할 수 있어야 합니다.
  // 'number' 형식은 'string' 형식에 할당할 수 없습니다.
  // 'number' 형식은 'string' 형식에 할당할 수 없습니다.ts(2677)
  return ["1", "2", "3", "4", "5", "6"].includes(value);
}
```

이런 안전장치 덕분에 형식을 튼튼하게 만들 수 있지만 단점도 있다. 이 기법에서는 조건 자체가 유효한지를 확인하지 않는다. isDice에서 수행하던 원래 검사에서는 전달된 값이 유효한 숫자 배열에 포함되는지 확인한다.

배열의 값은 우리가 정한다. 잘못된 숫자를 정했을 때도 타입스크립트는 이를 검출하지 못하고 특정 값이 유효한 Dice라 생각한다.

```
// 형식 수준에서는 올바르지만,
// 값 수준에서는 올바른 값의 집합이 아님
function isDice(value: number): value is Dice {
  return [1, 2, 3, 4, 5, 7].includes(value);
}
```

이런 실수는 자주 발생한다. [예제 3-1]에 정수를 전달하면 괜찮지만, 소수점을 포함하는 숫자를 전달하면 문제가 발생한다. 예를 들어 3.1415를 유효한 Dice 숫자로 간주한다.

**예제 3-1** 소수점을 포함하는 숫자를 전달하면 isDice에 문제가 발생한다.

```
// 형식 수준에서는 문제가 없지만 논리적으로 올바르지 않다.
function isDice(value: number): value is Dice {
  return value >= 1 && value <= 6;
}
```

실질적으로 타입스크립트에서는 모든 조건을 한 가지로 특정할 수 있다. 즉, **true**를 반환하면 타입스크립트는 이 값을 항상 **Dice**로 간주한다

```
function isDice(value: number): value is Dice {
  return true;
}
```

타입스크립트는 형식 어서션을 제공한다. 하지만 이러한 어서션을 유효하고 튼튼하게 활용하는 것은 우리의 책임이다. 형식 찬반형을 이용해 형식 어서션을 자주 사용하는 상황이라면 찬반형 코드를 적절하게 테스트해야 한다.


## 3.6 void 이해하기

**문제** 다른 언어에서 제공하는 void 개념은 이미 알지만, 타입스크립트는 void를 조금 다른 방식으로 취급한다.

**해결** void란 콜백을 대체할 수 있는 형식으로 간주한다.

**논의** 자바나 C# 등의 프로그래밍 언어에서 void를 어떻게 활용하는지 알 것이다. 이들 언어에서는 보통 반환값이 없는 상황을 void로 표현한다. 타입스크립트에도 void가 있는데, 얼핏 보면 기존 언어와 비슷한 방식으로 동작하는 것 같다. 즉 함수나 메서드가 값을 반환하지 않을 때 void를 반환 형식으로 사용한다.

## 자바스크립트의 void

자바스크립트에서는 연산자로 void가 존재하며 이는 아주 특별한 동작을 수행한다. void는 옆에 등장하는 표현식이 undefined를 반환하도록 평가한다.

```
let i = void 2; // i === undefined
```

void를 어디에 활용할 수 있을까? 첫째, ECMAScript 3에서는 undefined가 실젯값을 갖도록 오버라이드할 수 있다. void는 항상 undefined(실젯값을 갖지 않는)를 반환한다.

둘째, 정의와 동시에 실행되는 함수를 호출할 때 void를 활용한다.

```
// 즉시 실행함
void function() {
  console.log('Hey');
}();
```

전역 네임스페이스를 오염시키지 않는다.

```
void function aRecursion(i) {
  if(i > 0) {
    console.log(i--);
    aRecursion(i);
  }
}(3);

console.log(typeof aRecursion); // undefined
```

void는 항상 undefined를 반환하며 옆의 표현식을 평가하므로 다음 예제처럼 값을 반환하지 않고 콜백을 호출하는 함수를 반환하도록 할 수 있다.

```
// undefined 이외의 값을 반환하면 앱 충돌 발생
function middleware(nextCallback) {
  if(conditionApplies()) {
    return void nextCallback();
  }
}
```

개인적으로 void를 앱의 보안 게이트로 사용하는 것이 가장 유용한 활용 방법이라 생각한다. 어떤 함수가 항상 undefined를 반환한다면 실제로 그러한지 다음처럼 확인한다.

```
button.onclick = () => void doSomething();
```

하지만 다시 생각해 보면 void의 동작이나 형식 시스템의 위치가 조금 난해한 편이다. 타입스크립트상에서 void는 undefined의 하위 형식이다. 자바스크립트의 함수는 항상 무언가를 반환한다. 명시적으로 값을 반환하든지 암묵적으로 undefined를 반환하는 식이다.

```
function iHaveNoReturnValue(i) {
  console.log(i);
}

let check = iHaveNoReturnValue(2);
// check는 undefined
```

iHaveNoReturnValue는 void 형식을 반환하는 함수다.

```
function iHaveNoReturnValue(i) {
  console.log(i);
}

type Fn = typeof iHaveNoReturnValue;
// type Fn = (i: any) => void
```

매개변수나 그 밖의 다른 모든 선언에도 void를 형식으로 사용할 수 있다. 그러면 오직 undefined만을 유효한 값으로 받는다.

```
function iTakeNoParameters(x: void): void { }

iTakeNoParameters(); // 동작함
iTakeNoParameters(undefined); // 동작함
iTakeNoParameters(void 2); // 동작함
```

void와 undefined는 아주 많이 비슷하다. 하지만 이들 사이에는 중요한 차이점이 있다. 반환 형식으로 사용한 void는 다른 형식으로 치환할 수 있으므로 추가 콜백 패턴을 활용할 수 있다. 예를 들어 fetch 함수를 만들어보자. 이 함수는 숫자 집합을 받아 결과를 콜백 함수의 매개변수로 전달한다.

```
function fetchResults(
  callback: (statusCode: number, results: number[]) => void
) {
  // 어딘가에서 결과를 얻음 ...
  callback(200, results);
}
```

콜백 함수의 시그니처를 보면 두 매개변수 statusCode와 results를 받으며 void 형식을 반환함을 알 수 있다. 이제 콜백 함수와 호환되는 인수를 fetchResults의 callback 함수로 설정해 호출할 수 있다.

```
function normalHandler(statusCode: number, results: number[]): void {
  // 두 매개변수로 필요한 작업 수행
}

fetchResults(normalHandler);
```

반환 형식을 void로 설정하면 반환 형식이 조금 더 구체적인 다양한 함수를 이용할 수 있다.

```
function handler(statusCode: number): boolean {
  // 상태 코드 평가 ...
  return true;
}

fetchResults(handler); // 문제없이 컴파일됨!
```

코드는 컴파일되지만 다음처럼 함수 시그니처가 일치하지 않는다. 첫째, 시그니처에 더 짧은 인수 목록을 제공할 수 있다. 자바스크립트는 초과 매개변수가 있어도 함수를 호출하는 데 문제가 없으며, 이들을 그저 무시한다. 필요한 매개변수보다 더 많은 매개변수를 유지할 필요가 없기 때문이다.

둘째, 반환 형식은 boolean이지만 타입스크립트는 여전히 이 함수를 전달한다. 이 상황에 void 형식을 이용하면 조금 더 편리하다. fetchResults는 콜백을 호출할 때 반환값을 기대하지 않는다. 따라서 형식 시스템의 입장에서 콜백의 반환값은 (실제로는 값이 존재할 수 있음에도) 여전히 undefined다.

형식 시스템이 반환값을 사용하지 못하게 하는 한 코드는 안전하다.

```
function fetchResults(
  callback: (statusCode: number, results: number[]) => void
) {
  // 어딘가에서 결과를 얻음 ...
  const didItWork = callback(200, results);
  //
  // didItWork은 불리언 `handler`지만
  // 형식 시스템 입장에서는 `undefined`다.
}
```

덕분에 반환 형식이 다양한 콜백을 전달할 수 있다. 콜백이 무언가를 반환하더라도 이는 사용되지 않으며 void로 전달된다.

콜백 함수에서 무엇을 기대해야 하는지 아는 호출 함수에 힘이 주어진다. 콜백 함수로부터 반환값이 필요 없는 상황이라면 무엇이든 콜백으로 사용할 수 있다.

타입스크립트는 이를 대체성^substitutability이라 부르며, 의미상 문제가 없다면 무언가를 다른 것으로 대체할 수 있는 능력을 가리킨다. 처음에는 이상한 말처럼 들릴 수 있다. 하지만 다른 사람들이 만든 라이브러리를 사용하다 보면 이 기능이 아주 유용하다는 사실을 알게 된다.

## 3.7 catch 구문으로 오류 형식 처리하기

**문제** try-catch 블록으로 오류 형식을 명시적으로 지정할 수 없다.

**해결** any나 unknown으로 애너테이션을 추가한 다음 형식 찬반형(3.5절 '특정 오류 형식으로 좁히기' 참고)을 사용한다.

**논의** 자바, C++, C# 등을 사용했던 독자라면 예외를 던지고 일련의 **catch** 구문으로 예외를 잡는 방식으로 오류를 처리하는 데 익숙할 것이다. 물론 오류를 처리하는 더 좋은 방법[1]도 있을 수 있지만, 이 방법은 지금까지 오랫동안 널리 통용되어 왔으며 자바스크립트도 이를 채용했다.

자바스크립트와 타입스크립트 모두 오류 '던지기^throw'와 '잡기^catch'를 지원하지만, **catch** 구문을 지정하는 방법에는 큰 차이가 있다. 예를 들어 특정 오류를 잡으려 하면 타입스크립트는 오류를 일으킨다.

[예제 3-2]는 유명한 데이터 가져오기 라이브러리인 Axios(*https://axios-http.com*)를 사용해서 어떻게 이런 문제가 발생하는지 보여준다.

**예제 3-2 특정 오류 형식을 잡으려 하면 동작하지 않는다.**

```
try {
  // Axios 같은 유명한 라이브러리로 필요한 작업 수행
} catch(e: AxiosError) {
//          ^^^^^^^^^^ 지정한 경우 catch 절 변수 형식 주석은
//                     'any' 또는 'unknown'이어야 합니다.ts(1196)
}
```

이처럼 동작하는 몇 가지 이유가 있다.

## 모든 형식을 던질 수 있음

자바스크립트에서는 모든 표현식을 던질 수 있다. 물론 보통은 '예외'(자바스크립트에서는 '오류'라 부름)를 던지지만 다른 값도 던질 수 있다.

```
throw "What a weird error"; // 동작함
throw 404; // 동작함
throw new Error("What a weird error"); // 동작함
```

모든 유효한 값을 던질 수 있으므로 catch에서 받을 수 있는 값은 이미 Error의 하위 형식보다 넓게 설정된다.

---

**1** 프로그래밍 언어인 러스트는 try-catch 대신 도입한 오류 처리 방식으로 찬사를 받았다.

## 자바스크립트에서는 오직 한 개의 catch 구문만 추가할 수 있음

자바스크립트에서는 try 구문 하나에 오직 한 개의 catch 구문을 추가할 수 있다. 과거에 여러 catch 구문과 조건 표현식을 넣자는 제안(*https://oreil.ly/NMn80*)이 제출되었지만, 2000년 대 초반에는 자바스크립트에 관한 관심 부족으로 실현되지 못했다.

대신 MDN(*https://oreil.ly/ipzoR*)의 제안처럼 한 개의 catch 구문 안에서 instanceof와 typeof 검사로 필요한 작업을 수행하는 편이 좋다.

이 예제는 타입스크립트의 catch 구문에서 형식을 올바로 좁히는 방법도 보여준다.

```
try {
  myroutine(); // 다양한 오류가 여기서 발생함
} catch (e) {
  if (e instanceof TypeError) {
    // TypeError
  } else if (e instanceof RangeError) {
    // RangeError 처리
  } else if (e instanceof EvalError) {
    // EvalError임을 알 수 있음
  } else if (typeof e === "string") {
    // 문자열 오류
  } else if (axios.isAxiosError(e)) {
    // axios가 자동으로 오류 검사를 해주지는 않는다!
  } else {
    // 그 밖의 조건
    logMyErrors(e);
  }
}
```

모든 가능한 값을 던질 수 있으며 try 구문당 한 개의 catch 구문만 추가할 수 있으므로 e의 형식 범위는 정말로 넓다.


## 어떤 예외든 발생할 수 있음

어떤 오류든 발생할 수 있다면 '던질 수 있는' 모든 값의 유니온 형식을 만들면 어떨까? 이론적 으로는 가능하지만, 사실 현재로서는 예외의 형식을 알 수 없다.

사용자 정의 예외와 오류 이외에 시스템이 던지는 오류도 있다. 형식이 불일치하거나 한 함수

가 undefined일 때 시스템 오류가 발생한다. 단순한 함수 호출 시에도 호출 스택이 범람하면서 악명 높은 스택 오버플로 문제가 발생할 수 있다.

가능한 값은 많고 catch 구문은 하나뿐이며 발생할 수 있는 오류도 많으므로 e의 형식은 any와 unknown 두 가지 후보로 좁혀진다.

Promise를 거절<sup>reject</sup>할 때는 모든 이유가 적용된다. 타입스크립트에서는 Promise가 실현<sup>fulfill</sup>되었을 때만 형식을 지정할 수 있다. 보통 개발자가 직접 거절을 발생시키거나 시스템 오류로 거절이 발생한다.

```
const somePromise = () =>
  new Promise((fulfil, reject) => {
    if (someConditionIsValid()) {
      fulfil(42);
    } else {
      reject("Oh no!");
    }
  });

somePromise()
  .then((val) => console.log(val)) // val은 number
  .catch((e) => console.log(e)); // 어떤 형식이든 가능함
```

같은 Promise를 async/await 흐름에서 호출하면 조금 더 명확해진다.

```
try {
  const z = await somePromise(); // z는 number
} catch(e) {
  // 마찬가지로 e는 어떤 형식이든 가능함!
}
```

자신만의 오류를 정의해서 잡고 싶다면 오류 클래스를 구현한 다음 instanceof 검사를 수행하거나 특정 프로퍼티를 검사하는 헬퍼 함수를 만들어 형식 찬반형으로 올바른 형식을 확인할 수 있다. 이번에도 Axios로 좋은 예를 만들었다.

```
function isAxiosError(payload: any): payload is AxiosError {
  return payload !== null
    && typeof payload === 'object'
```

```
      && payload.isAxiosError;
}
```

다른 프로그래밍 언어를 먼저 사용해봤다면 자바스크립트와 타입스크립트의 오류 처리가 '가짜 친구'처럼 느껴질 수 있다. 하지만 무엇이 다른지 정확히 이해하고 타입스크립트 개발팀과 형식 검사기를 믿어보자. 올바른 흐름 제어를 통해 오류를 효과적으로 처리할 수 있게 될 것이다.

## 3.8 선택형 never로 배타적 논리합 모델 만들기

**문제** 유니온에서 서로 겹치지 않도록 모델을 만들어야 하는데, 이들을 구별할 kind 프로퍼티를 API에 사용할 수 없는 상황이다.

**해결** 선택형 never 기법으로 특정 프로퍼티를 제외한다.

**논의** 애플리케이션에서 선택 동작의 결과를 처리하는 함수를 구현해야 한다. 이 선택 기능은 가능한 옵션 목록뿐 아니라 선택한 옵션 목록도 제공한다. 이 함수는 한 개나 여러 개의 값을 선택했을 때의 상황을 모두 처리해야 한다.

기존 API에 이를 적용해야 하므로 여러분의 함수는 단일값과 다중값이라는 두 가지 상황을 처리하고 어떤 상황인지도 결정할 수 있어야 한다.

> **노트** 물론 API를 모델링하는 더 좋은 방법이 있다. 하지만 기존의 API를 이용해야 하는 상황도 있다. 타입스크립트는 이런 상황에서도 데이터에 올바른 형식을 추가하는 다양한 기법과 수단을 제공한다.

모델은 API를 반영한다. 즉 한 개나 여러 values를 전달할 수 있다.

```
type SelectBase = {
  options: string[];
};

type SingleSelect = SelectBase & {
  value: string;
};
```

```
type MultipleSelect = SelectBase & {
  values: string[];
};

type SelectProperties = SingleSelect | MultipleSelect;

function selectCallback(params: SelectProperties) {
  if ("value" in params) {
    // 한 개의 값 처리
  } else if ("values" in params) {
    // 여러 값 처리
  }
}

selectCallback({
  options: ["dracula", "monokai", "vscode"],
  value: "dracula",
});

selectCallback({
  options: ["dracula", "monokai", "vscode"],
  values: ["dracula", "vscode"],
});
```

의도한 대로 코드가 동작한다. 하지만 타입스크립트의 구조적 형식 시스템 기능을 떠올려보자. SingleSelect를 형식으로 정의하면 모든 하위 형식의 값을 사용할 수 있으므로 value와 values 프로퍼티를 갖는 두 객체 모두 SingleSelect와 호환된다. MultipleSelect도 마찬가지다. selectCallback 함수가 두 가지 모두를 포함하는 객체를 사용하지 못하도록 막을 방법이 없다.

```
selectCallback({
  options: ["dracula", "monokai", "vscode"],
  values: ["dracula", "vscode"],
  value: "dracula",
}); // 동작한다! 하지만 무엇을 선택해야 하나?
```

코드에서 전달한 값은 유효하지만 의미상 맞지 않는다. 단일값인지 다중값인지 결정할 수 없기 때문이다.

이런 상황에서는 두 가지 값을 분리하여 모델을 명확하게 만들어야 한다. 선택형 never 기법[2]을 이용해 보자. 이는 유니온의 각 영역에서 겹치지 않는 프로퍼티를 가져다가 선택형 프로퍼티 형식 never로 반대편 영역에 추가하는 기법이다.

```
type SelectBase = {
  options: string[];
};

type SingleSelect = SelectBase & {
  value: string;
  values?: never;
};

type MultipleSelect = SelectBase & {
  value?: never;
  values: string[];
};
```

이렇게 유니온의 한 영역에 이 프로퍼티가 선택형임을 알리고 해당 프로퍼티가 설정되었을 때 호환되는 값이 없다. 따라서 이 두 프로퍼티를 모두 포함하는 객체는 SelectProperties가 아니다.

```
selectCallback({
  options: ["dracula", "monokai", "vscode"],
  values: ["dracula", "vscode"],
  value: "dracula",
});
// ^ '{ options: string[]; values: string[]; value: string; }' 형식의 인수는
//   'SelectProperties' 형식의 매개변수에 할당될 수 없습니다.
//   'value' 속성의 형식이 호환되지 않습니다.
//   'string' 형식은 'undefined' 형식에 할당할 수 없습니다.ts(2345)
```

이렇게 kind 프로퍼티를 사용하지 않고 유니온 형식을 분리했다. 구별하는 프로퍼티가 조금 있는 상황에서 유효하게 이 기법을 사용할 수 있다. 구별하는 프로퍼티가 너무 많은 모델이라면 3.2절에서 설명한 kind 프로퍼티와 구별된 유니온 형식을 사용하자.

---

**2** 댄 밴더캄(Dan Vanderkam)은 Effective TypeScript 블로그(*https://effectivetypescript.com*)에서 '선택형 never'라는 용어를 처음 사용했다.

## 3.9 형식 어서션 효과적으로 사용하기

**문제** 코드가 올바른 결과를 도출하지만 형식이 너무 넓다. 분명 개선할 부분이 있다!

**해결** as 키워드를 사용해 형식 어서션으로 형식을 좁히며 안전하지 않은 동작임을 가리킨다.

**논의** 주사위를 굴려 1에서 6 사이의 숫자가 나오는 상황을 가정하자. 자바스크립트에서는 Math 라이브러리를 이용하면 한 행으로 이를 구현할 수 있다. 여기서 주사위의 결과를 가리키는 여섯 가지 숫자 형식의 유니온으로 좁혀진 형식을 사용하고 싶다. 하지만 연산 결과는 number인데 이는 너무 범위가 넓다.

```
type Dice = 1 | 2 | 3 | 4 | 5 | 6;

function rollDice(): Dice {
  let num = Math.floor(Math.random() * 6) + 1;
  return num;
//^ 'number' 형식은 'Dice' 형식에 할당할 수 없습니다.ts(2322)
}
```

number는 Dice에서 허용하는 것보다 더 많은 수를 포함하므로 함수 시그니처에 애너테이션을 추가한다고 해서 형식이 좁혀지진 않는다. 이 방법은 형식 넓히기(즉, 상위 형식)에만 적용되기 때문이다.

```
// 모든 주사위 값은 number다.
function asNumber(dice: Dice): number {
  return dice;
}
```

대신 3.5절의 형식 찬반형에서처럼 타입스크립트가 형식을 더 잘 이해하도록 어서션으로 예상보다 형식을 좁힐 수 있다.

```
type Dice = 1 | 2 | 3 | 4 | 5 | 6;

function rollDice(): Dice {
  let num = Math.floor(Math.random() * 6) + 1;
```

```
    return num as Dice;
  }
```

형식 찬반형과 마찬가지로 형식 어서션은 추론된 형식의 상위 형식으로만 동작한다. 값은 더 넓은 상위 형식이나 좁은 하위 형식으로 설정할 수 있다. 하지만 타입스크립트는 집합을 바꾸도록 허용하진 않는다.

```
function asString(num: number): string {
  return num as string;
//       ^- 'number' 형식을 'string' 형식으로 변환한 작업은
//          실수일 수 있습니다. 두 형식이 서로 충분히 겹치지
//          않기 때문입니다. 의도적으로 변환한 경우에는 먼저
//          'unknown'으로 식을 변환합니다.ts(2352)
}
```

as Dice 문법은 편리하다. 이를 이용해 개발자가 의도한 형식으로 대상 형식을 바꾼다. 이때 뭔가가 잘못된다면 코드에서 as 키워드를 찾아 버그를 쉽게 찾을 수 있다.

> 노트   사람들은 보통 어서션을 **형식 변환**type cast이라 부르곤 한다. 이는 실제 명시적 형식을 사용하는 C와 자바 등에서 온 개념이다. 하지만 형식 어서션과 형식 변환은 개념이 매우 다르다. 형식 변환은 호환되는 값의 집합을 바꿀 뿐 아니라 메모리 배열(심지어 값이 저장된 위치)까지 바꾼다. 부동 소수점 숫자를 정수로 바꾸면 소수점 이하 값이 잘린다. 반면 타입스크립트의 형식 어서션은 호환되는 값의 집합만 바꾼다. 기존값은 그대로 남는다. 따라서 형식이 더 넓거나 좁은 형식으로 바뀌며 형식 시스템에 더 다양한 힌트를 제공하므로 이를 **형식 어서션**이라고 부른다. 따라서 누군가 형식 변환을 얘기한다면 이는 형식 변환이 아닌 어서션에 관한 얘기다.

객체의 프로퍼티를 모을 때도 어서션이 등장한다. 예를 들어 Person이라는 형식의 모양에 프로퍼티를 먼저 설정한다.

```
type Person = {
  name: string;
  age: number;
};

function createDemoPerson(name: string) {
  const person = {} as Person;
  person.name = name;
  person.age = Math.floor(Math.random() * 95);
```

```
    return person;
  }
```

형식 어서션은 타입스크립트에 이 빈 객체가 결국 Person임을 알려준다. 그 후에 타입스크립트는 프로퍼티 설정을 허용한다. 프로퍼티를 설정하는 일을 잊어버릴 수 있으며 이런 일이 일어나도 타입스크립트는 아무 경고도 하지 못하므로 이는 **안전하지 않은**unsafe 동작이다. 심지어 Person이 바뀌고 더 많은 프로퍼티가 생겨도 이와 관련한 아무 소식도 듣지 못한다.

```
type Person = {
  name: string;
  age: number;
  profession: string;
};

function createDemoPerson(name: string) {
  const person = {} as Person;
  person.name = name;
  person.age = Math.floor(Math.random() * 95);
  // profession은 어디에?
  return person;
}
```

이런 상황에서는 **안전하게** 객체를 만드는 방법을 선택하는 편이 좋다. 모든 것에 애너테이션을 추가할 수 있으므로 모든 필수 프로퍼티를 설정하도록 강제한다.

```
type Person = {
  name: string;
  age: number;
};

function createDemoPerson(name: string) {
  const person: Person = {
    name,
    age: Math.floor(Math.random() * 95),
  };
  return person;
}
```

형식 어서션보다 형식 애너테이션이 더 안전하지만 rollDice처럼 어쩔 수 없는 상황도 있다. 다른 타입스크립트 시나리오에서는 다른 선택을 할 수 있겠지만, 애너테이션을 할 수 있는 상황에도 형식 어서션을 선호할 수 있다.

예를 들어 fetch API를 사용해 백엔드에서 JSON 데이터를 가져오는 상황에서 fetch를 호출한 다음 애너테이션된 형식에 결과를 할당한다.

```
type Person = {
  name: string;
  age: number;
};

const ppl: Person[] = await fetch("/api/people").then((res) => res.json());
```

res.json()의 결과는 any이며, any는 형식 애너테이션을 이용해 다른 모든 형식으로 바꿀 수 있다. 결과가 Person[]이라는 보장은 할 수 없다. 결과를 Person[]으로 어서션해 형식을 구체화하도록 이 코드를 다시 구현한다.

```
const ppl = await fetch("/api/people").then((res) => res.json()) as Person[];
```

형식 시스템 입장에서는 같은 의미지만 문제가 생겼을 때 이 코드를 이용하면 더 쉽게 문제의 위치를 파악할 수 있다. "/api/people"의 모델이 바뀌면 어떻게 될까? 애너테이션만 이용했다면 이런 상황에서 발생하는 문제를 빨리 파악하기 어렵다. 여기서 어서션은 **안전하지 않은** 동작이 있음을 가리킨다.

애플리케이션 안에서 동작하는 모델 집합을 만든다고 가정하자. 정확한 숫자 계산, API 같은 외부 기능에 의지하는 상황이라면 형식 어서션으로 특정 경계를 넘고 있음을 가리킬 수 있다.

형식 찬반형(3.5절 참고)과 마찬가지로, 형식 어서션을 사용할 때도 올바른 형식을 사용할 책임은 여러분에게 있다.

# 3.10 인덱스 시그니처 사용하기

**문제** 값의 형식을 아는 객체를 사용하고 싶은데 모든 프로퍼티의 이름을 아직 알지 못한다.

**해결** 인덱스 시그니처를 이용해 값의 형식을 정의하는 열린 키 집합을 정의한다.

**논의** 웹 API에는 자바스크립트 객체 형태로 컬렉션을 얻을 수 있는 API가 있다. 이때 프로퍼티명은 고유 식별자이며 값들의 모양은 같다. 특히 키를 처리할 때는 `Object.keys`로 모든 관련 ID를 얻을 수 있는데, 빠르게 필터링하여 찾으려는 값의 인덱스를 알 수 있으므로 유용하다.

여러분이 관리하는 모든 웹사이트의 성능을 평가한다고 가정하자. 다음처럼 성능 지표[metric]를 모은 다음 도메인명으로 그룹화한다.

```
const timings = {
  "feltblog.eu": {
    ttfb: 300,
    fcp: 1000,
    si: 1200,
    lcp: 1500,
    tti: 1100,
    tbt: 10,
  },
  "typescript-book.com": {
    ttfb: 400,
    fcp: 1100,
    si: 1100,
    lcp: 2200,
    tti: 1100,
    tbt: 0,
  },
};
```

주어진 지표에서 타이밍값이 가장 작은 도메인을 찾으려면 모든 키를 루프로 반복하면서 각 지표 항목을 비교하는 함수를 만들어야 한다.

```
function findLowestTiming(collection, metric) {
  let result = {
    domain: "",
```

```
    value: Number.MAX_VALUE,
  };
  for (const domain in collection) {
    const timing = collection[domain];
    if (timing[metric] < result.value) {
      result.domain = domain;
      result.value = timing[metric];
    }
  }
  return result.domain;
}
```

좋은 프로그래머라면 적절하게 함수에 형식을 추가해서 불필요한 지표 자료를 전달하지 않도록 할 것이다. 지푯값의 오른쪽에 간단하게 형식을 추가한다.

```
type Metrics = {
  // 최초 바이트까지 걸린 시간
  ttfb: number;
  // 최초의 만족스러운 페인트
  fcp: number;
  // 속도 인덱스
  si: number;
  // 가장 큰 페인트
  lcp: number;
  // 상호 동작 시간
  tti: number;
  // 총 블록 시간
  tbt: number;
};
```

키 집합으로 구성된 자료의 모양을 정의하기는 쉽지 않으므로 타입스크립트는 인덱스 시그니처라는 도구를 제공한다. 타입스크립트에 어떤 프로퍼티명이 있는지 모르지만, string 형식이 존재한다고 알리며 이는 Metrics를 가리킴을 지시한다.

```
type MetricCollection = {
  [domain: string]: Timings;
};
```

이제 `findLowestTiming`의 형식을 지정한다. 컬렉션의 형식을 `MetricCollection`으로 지정했으며 `Metrics`의 키를 두 번째 매개변수로 전달한다.

```
function findLowestTiming(
  collection: MetricCollection,
  key: keyof Metrics
): string {
  let result = {
    domain: "",
    value: Number.MAX_VALUE,
  };
  for (const domain in collection) {
    const timing = collection[domain];
    if (timing[key] < result.value) {
      result.domain = domain;
      result.value = timing[key];
    }
  }
  return result.domain;
}
```

코드는 잘 동작하지만 약간 문제가 있다. 타입스크립트는 모든 문자열의 프로퍼티를 읽도록 허용하지만 프로퍼티를 실제 이용할 수 있는지는 검사해주지 않으므로 주의하자.

```
const emptySet: MetricCollection = {};
let timing = emptySet["typescript-cookbook.com"].fcp * 2; // 형식 오류 발생하지 않음!
```

인덱스 시그니처를 `Metrics`나 `undefined`로 정의하는 편이 더 현실적인 표현 방법이다. 이는 모든 가능한 문자열을 인덱스하지만 이때 값이 없을 수도 있음을 가리키기 때문이다. 이렇게 하면 몇 가지 안전장치를 추가해야 하지만 궁극적으로는 올바른 선택이다.

```
type MetricCollection = {
  [domain: string]: Metrics | undefined;
};

function findLowestTiming(
  collection: MetricCollection,
  key: keyof Metrics
): string {
```

```
  let result = {
    domain: "",
    value: Number.MAX_VALUE,
  };
  for (const domain in collection) {
    const timing = collection[domain]; // Metrics | undefined
    // undefined 값에 대응한 추가 검사
    if (timing && timing[key] < result.value) {
      result.domain = domain;
      result.value = timing[key];
    }
  }
  return result.domain;
}

const emptySet: MetricCollection = {};
// 선택형 체인과 널 종류의 값 접근
let timing = (emptySet["typescript-cookbook.com"]?.fcp ?? 0) * 2;
```

Metrics나 undefined 값은 사라진 프로퍼티와는 다르지만 상황이 완전히 다르지는 않다.
3.11절의 undefined 값과 사라진 프로퍼티 사이의 미묘한 차이를 확인할 수 있다. domain을
string으로 설정하지 말고 **매핑된 형식**<sup>mapped type</sup>이라 불리는 일종의 string 하위 집합으로 설
정하므로 타입스크립트에 키가 선택형임을 지시할 수 있다.

```
type MetricCollection = {
  [domain in string]?: Metrics;
};
```

string, number, symbol, 매핑된 형식을 포함한 이들의 모든 하위 형식을 인덱스 시그니처 정
의에 사용할 수 있다. 다음은 유효한 주사위 면을 인덱스로 정의한 예다.

```
type Throws = {
  [x in 1 | 2 | 3 | 4 | 5 | 6]: number;
};
```

형식에 프로퍼티도 추가할 수 있다. ElementCollection을 예로 살펴보자. ElementCollection
은 숫자로 항목의 인덱스를 가리킬 수 있을 뿐 아니라 get과 filter 함수, length 프로퍼티
등을 추가로 제공한다.

```
type ElementCollection = {
  [y: number]: HTMLElement | undefined;
  get(index: number): HTMLElement | undefined;
  length: number;
  filter(callback: (element: HTMLElement) => boolean): ElementCollection;
};
```

인덱스 시그니처와 다른 프로퍼티를 합쳤다면 인덱스 시그니처를 넓힌 집합이 특정 프로퍼티의 형식을 포함해야 한다. 앞선 예제에서 number 시그니처와 다른 프로퍼티 string 키 사이에 겹치는 부분이 없다. 하지만 문자열을 string으로 매핑하는 인덱스 시그니처를 정의한 다음 number 형식의 count 프로퍼티를 정의하면 타입스크립트 오류가 일어난다.

```
type StringDictionary = {
  [index: string]: string;
  count: number;
  // 'count' 형식의 'number' 속성을 'string' 인덱스 유형 'string'에
  // 할당할 수 없습니다.ts(2411)
};
```

모든 문자열 키가 문자열을 가리킨다고 정의했고, count 역시 문자열을 가리켜야 하므로 이는 당연한 오류다. 따라서 타입스크립트는 이런 모호한 상황을 허용하지 않는다. 이 오류를 없애려면 모든 프로퍼티의 형식을 허용하도록 인덱스 시그니처의 형식을 넓혀야 한다.

```
type StringOrNumberDictionary = {
  [index: string]: string | number;
  count: number; // 동작함
};
```

이렇게 count는 인덱스 시그니처와 프로퍼티 형식 모두의 하위 집합이다.

인덱스 시그니처와 매핑된 형식은 웹 API 작업을 편리하게 수행하고 자료구조의 요소에 유연하게 접근하도록 도와주는 강력한 도구다. 자바스크립트에서 제공하던 훌륭한 도구를 타입스크립트에서도 그대로 활용함과 동시에 타입스크립트 덕에 형식 안정성도 확보할 수 있게 되었다.

# 3.11 빠진 프로퍼티와 undefined 값 구별하기

**문제** 빠진 프로퍼티와 undefined 값은 서로 다른 문제다! 이 둘을 구별해야 하는 상황에 놓였다.

**해결** 선택형 프로퍼티를 더 엄격하게 처리하도록 tsconfig에서 exactOptionalPropertyTypes
를 활성화한다.

**논의** 현재 개발 중인 소프트웨어에서는 사용자가 언어와 선호하는 색상을 정의하는 사용자
설정을 제공한다. 이는 추가 테마이며 기본 색상은 'default' 스타일로 제공한다. 따라서 theme
설정은 선택형(정의해도 되고 정의하지 않아도 됨)이다. 타입스크립트로 선택형 프로퍼티를 다
음처럼 정의한다.

```
type Settings = {
  language: "en" | "de" | "fr";
  theme?: "dracula" | "monokai" | "github";
};
```

strictNullChecks를 활성화한 다음 theme을 다른 코드에서 접근하면 가능한 값의 수가 증가
한다. 즉 세 가지 기본 테마값뿐 아니라 undefined가 추가된다.

```
function applySettings(settings: Settings) {
  // theme은 "dracula" | "monokai" | "github" | undefined
  const theme = settings.theme;
}
```

이는 프로퍼티를 설정했는지 확인할 때 아주 도움이 되는 동작이다. 프로퍼티를 설정하지 않았
다면 런타임 오류가 발생할 수 있기 때문이다. 타입스크립트가 선택형 프로퍼티에 undefined
를 추가한 것까진 좋지만, 자바스크립트의 동작과 정확히 일치하지 않는 점이 문제다. **선택형
프로퍼티**란 객체에서 이 키가 존재하지 않을 수 있음을 의미한다. 이는 사소한 부분 같지만 중
요하다. 예를 들어 키가 존재하지 않으면 프로퍼티 검사 시 false를 반환한다.

```
function getTheme(settings: Settings) {
  if ('theme' in settings) { // only true if the property is set!
    return settings.theme;
```

```
  }
  return 'default';
}

const settings: Settings = {
  language: "de",
};

const settingsUndefinedTheme: Settings = {
  language: "de",
  theme: undefined,
};

console.log(getTheme(settings)) // "default"
console.log(getTheme(settingsUndefinedTheme)) // undefined
```

두 설정 객체가 비슷해 보이지만 서로 다른 결과를 반환한다. 심지어 undefined 테마는 유효한 값으로 취급하지 않는다. in 검사는 프로퍼티 존재 여부만을 알려주므로 타입스크립트가 거짓말하는 것은 아니다. getTheme의 반환값에 undefined도 포함된다.

```
type Fn = typeof getTheme;
// type Fn = (settings: Settings)
//    => "dracula" ¦ "monokai" ¦ "github" ¦ "default" ¦ undefined
```

값이 올바른지 확인하는 더 좋은 방법이 있다. **널 병합**nullish coalescing 연산자를 이용해 다음처럼 코드를 구현한다.

```
function getTheme(settings: Settings) {
  return settings.theme ?? "default";
}

type Fn = typeof getTheme;
// type Fn = (settings: Settings)
//    => "dracula" ¦ "monokai" ¦ "github" ¦ "default"
```

in 검사 자체는 문제가 없으며 많은 개발자가 여전히 즐겨 사용한다. 하지만 타입스크립트가 선택형 프로퍼티를 처리하는 방식 때문에 모호한 상황이 일어날 수 있다. 선택형 프로퍼티에서 undefined를 읽는 동작 자체에는 문제가 없지만, 선택형 프로퍼티를 undefined로 설정하는 것은 올바른 행동이 아니다. 이제 exactOptionalPropertyTypes 설정을 바꾸면 타입스크립트의 동작도 달라진다.

```
// exactOptionalPropertyTypes는 true
const settingsUndefinedTheme: Settings = {
  language: "de",
  theme: undefined,
};

// '{ language: "de"; theme: undefined; }' 유형은
// 'exactOptionalPropertyTypes: true'가 있는 'Settings' 유형에 할당할
// 수 없습니다. 대상 속성의 유형에 'undefined'를 추가하는 것을 고려하세요.
// 'theme' 속성의 형식이 호환되지 않습니다.
// 'undefined' 형식은 '"dracula" | "monokai" | "github"' 형식에 할당할
// 수 없습니다.ts(2375)
```

exactOptionalPropertyTypes 옵션을 이용하면 타입스크립트의 동작을 좀 더 자바스크립트와 비슷하게 유지할 수 있다. strict 모드는 이 플래그를 포함하지 않으므로 이런 문제가 발생했다면 직접 이 플래그를 설정해야 한다.

## 3.12 열거형 사용하기

**문제** 타입스크립트 열거형enum은 훌륭하게 추상화를 제공한다. 하지만 열거형은 다른 형식 시스템과 다르게 동작하는 것 같다.

**해결** 열거형보다는 const 열거형을 사용한다. 열거형의 문제가 무엇인지 이해하고 유니온 형식 같은 대안을 활용한다.

**논의** 타입스크립트에서는 열거형을 이용해 이름이 있는 상수 집합을 정의할 수 있으므로 문서화에 도움을 주거나 구분되는 상황 집합을 만들 수 있다.

열거형은 enum 키워드로 정의한다.

```
enum Direction {
  Up,
  Down,
  Left,
  Right,
};
```

클래스처럼 열거형은 값과 형식 네임스페이스 모두에 기여한다. 따라서 `Direction`을 형식 애너테이션에 사용하거나 자바스크립트의 값으로도 사용할 수 있다.

```
// 형식으로 사용
function move(direction: Direction) {
  // ...
}

// 값으로 사용
move(Direction.Up);
```

열거형은 자바스크립트의 문법적 확장이다. 즉, 열거형은 형식 시스템 수준에서 동작할 뿐 아니라 자바스크립트 코드도 추가한다.

```
var Direction;
(function (Direction) {
    Direction[Direction["Up"] = 0] = "Up";
    Direction[Direction["Down"] = 1] = "Down";
    Direction[Direction["Left"] = 2] = "Left";
    Direction[Direction["Right"] = 3] = "Right";
})(Direction || (Direction = {}));
```

`enum`을 `const enum`으로 정의하면 타입스크립트는 이들을 실젯값으로 대치하며, 코드가 생성되지 않도록 한다.

```
const enum Direction {
  Up,
  Down,
  Left,
  Right,
};
```

```
// const enum을 사용하면 타입스크립트는 move(Direction.Up)를
// 다음처럼 변환한다.
move(0 /* Direction.Up */);
```

타입스크립트는 문자열 열거형과 숫자 열거형을 모두 지원하는데, 이들은 서로 아주 다르게 동작한다.

기본적으로 타입스크립트의 열거형은 숫자이며, 열거형의 항목은 0부터 시작하는 숫자를 자동으로 할당받는다. 열거형 항목의 시작 지점과 실젯값은 기본값으로 설정하거나 사용자가 직접 정의할 수 있다.

```
// 기본값
enum Direction {
  Up, // 0
  Down, // 1
  Left, // 2
  Right, // 3
};

enum Direction {
  Up = 1,     // 1
  Down,       // 2
  Left,       // 3
  Right = 5, // 5
};
```

숫자 열거형은 숫자 유니온 형식과 같은 집합을 정의한다.

```
type Direction = 0 | 1 | 2 | 3;
```

하지만 이 두 가지 방식에는 서로 다른 점이 있다. 유니온 형식은 오직 정의된 숫자만 허용하지만 숫자 열거형은 모든 값을 할당하도록 허용한다.

```
function move(direction: Direction) { /* ... */ }

move(30);// 문제없음!
```

이런 특징을 이용하면 숫자 열거형으로 플래그를 구현할 수 있다.

```
// 사람의 특징. 여러 가지가 있을 수 있음
enum Traits {
  None,            // 0000
  Friendly = 1,    // 0001 또는 1 << 0
  Mean    = 1 << 1, // 0010
  Funny   = 1 << 2, // 0100
  Boring  = 1 << 3, // 1000
}

// (0010 | 0100) === 0110
let aPersonsTraits = Traits.Mean | Traits.Funny;

if ((aPersonsTraits & Traits.Mean) === Traits.Mean) {
  // 사람은 무엇보다도 비열하다.
}
```

이런 상황에서 열거형은 문법적 설탕<sup>syntactic sugar</sup>[3]을 제공한다. 컴파일러가 허용된 값을 쉽게 확인할 수 있도록 타입스크립트는 숫자 열거형의 호환값을 number 전체로 확장한다.

숫자 대신 문자열로 열거형을 정의할 수 있다. 문자열 열거형을 정의할 때 각 항목을 문자열로 직접 정의해야 하며 숫자 열거형에서처럼 자동으로 값을 할당할 수 없다.

```
enum Status {
  Admin = "Admin",
  User = "User",
  Moderator = "Moderator",
};
```

문자 열거형은 숫자 열거형보다 제한적이다. 문자 열거형에서는 모든 문자열 집합을 허용할 수 없으며 실제 정의한 문자열값만 사용할 수 있다.

```
function closeThread(threadId: number, status: Status): {
  // ...
}
```

---

**3** 옮긴이_ 개발자들이 편리하게 이용할 수 있도록 제공하는 문법을 'syntactic sugar'라 부른다. 현재 한국에서는 통용되는 표현이 없어 '문법적 설탕'으로 직역했다.

```
closeThread(10, "Admin");
//              ^-- '"Admin"' 형식의 인수는 'Status' 형식의
//                  매개변수에 할당될 수 없습니다.ts(2345)

closeThread(10, Status.Admin); // 동작함
```

타입스크립트의 다른 형식과 달리 문자 열거형은 **명목상 형식**<sup>nominal type</sup>이다. 따라서 값 집합이 같은 두 열거형은 서로 호환되지 않는다.

```
enum Status {
  Admin = "Admin",
  User = "User",
  Moderator = "Moderator",
};

function closeThread(threadId: number, status: Status): {
  // ...
}

enum Roles {
  Admin = "Admin",
  User = "User",
  Moderator = "Moderator",
};

closeThread(10, Roles.Admin);
//              ^-- 'Roles.Admin' 형식의 인수는 'Status'
//                  형식의 매개변수에 할당될 수 없습니다.ts(2345)
```

사용자는 분명 올바른 값을 갖고 있지만 여러분이 정의한 열거형을 모르는 상황에서 혼란과 좌절을 일으킬 수 있다.

열거형을 현명하게 사용하고 한계를 이해하자. 열거형은 기능 플래그를 정의하거나 값 대신 이름을 가진 상수 집합을 사용(즉, 자료구조를 사용)하도록 유도하는 상황에서 유용하다.

> **노트**  타입스크립트 5.0부터 숫자 열거형 해석이 더욱 엄격해졌다. 이제 숫자 열거형도 문자 열거형처럼 명목 상 형식으로 동작하며 전체 숫자를 값으로 허용하지 않는다. 5.0 버전 이전의 숫자 열거형의 기능을 사용하는 코드가 아직 남아있을 수 있으므로 주의하자!

const를 붙이지 않은 열거형은 중복 코드의 크기를 늘릴 수 있으므로 가능하면 const 열거형을 사용하는 편이 좋다. const를 사용하지 않은 2,000개의 플래그를 포함하는 열거형을 본 적이 있는데, 이는 도구에 큰 부담을 주고 컴파일 시간을 늘렸으며 결국에는 런타임에도 부담을 주었다.

아예 열거형을 사용하지 않는 방법도 있다. 간단한 유니온 형식으로 열거형을 대체할 수 있으며 유니온 형식은 다른 형식 시스템과 잘 조화를 이룬다.

```
type Status = "Admin" | "User" | "Moderator";

function closeThread(threadId: number, status: Status) {
  // ...
}

closeThread(10, "Admin"); // 문제없음!
```

열거형을 사용하면 적절한 도구를 제공받을 뿐 아니라 원하지 않는 코드를 생성할 위험 없이 형식 안전성도 얻을 수 있다. 또한 무엇을 전달해야 하고 값을 어디에서 얻어야 할지 명확해진다.

객체와 이름을 갖는 식별자를 포함한 열거형으로 코드를 구현할 때는 const 객체와 Values 헬퍼 형식을 사용하면 원하는 기능을 쉽게 구현할 수 있으며 **훨씬** 자바스크립트와 비슷한 결과를 만들 수 있다. 이 기법을 문자열 유니온에도 적용할 수 있다.

```
const Direction = {
  Up: 0,
  Down: 1,
  Left: 2,
  Right: 3,
} as const;

// Direction의 상숫값 얻기
type Direction = (typeof Direction)[keyof typeof Direction];

// (typeof Direction)[keyof typeof Direction]는 0 | 1 | 2 | 3 값 방출
function move(direction: Direction) {
  // ...
}

move(30); // 오류!
```

```
move(0); // 동작함!

move(Direction.Left); // 역시 동작함!
```

특히 다음 행이 흥미롭다.

```
// = 0 | 1 | 2 | 3
type Direction = (typeof Direction)[keyof typeof Direction];
```

조금 특이한 동작이 일어난다.

- 이름과 같은 값으로 형식을 선언했다. 타입스크립트에서는 값과 형식 네임스페이스가 구분되므로 이런 동작을 수행할 수 있다.
- typeof 연산자를 이용해 Direction의 형식을 얻는다. Direction은 const 컨텍스트에 존재하므로 리터럴 형식을 얻는다.
- Direction의 형식의 자체 키로 Direction에 인덱스를 추가했는데, 이때 객체의 오른쪽 값은 0, 1, 2, 3이 된다. 이는 숫자 유니온 형식이다.

유니온 형식을 이용하면 깜짝 놀랄 일은 일어나지 않는다.

- 출력 결과 코드가 무엇인지 알 수 있다.
- 누군가 문자열 열거형을 숫자 열거형으로 바꾼다고 해서 동작까지 바뀌지 않는다.
- 필요한 곳에 형식 안정성을 갖췄다.
- 열거형으로 제공했던 것과 같은 규칙을 동료와 사용자에게 제공한다.

사실상 단순한 문자열 유니온 형식은 형식 안전성, 자동 완성, 예측할 수 있는 동작 등 필요한 모든 것을 제공한다.

## 3.13 구조적 형식 시스템에 명목상 형식 정의하기

**문제** 애플리케이션에 같은 기본 형식을 가리키는 별칭이지만 의미는 완전히 다른 여러 형식이 있다. 구조적 형식 시스템에서는 이들을 동일하게 취급하지만 그러면 안 되는 상황이다!

**해결** 래퍼 클래스를 사용하거나 리터럴 객체 형식으로 기본형의 인터섹션을 만들고 이를 이용해 두 정수를 구별한다.

**논의** 타입스크립트의 형식 시스템은 구조적이다. 두 형식의 모양이 같으면 두 형식의 값은 서로 호환된다는 의미다.

```typescript
type Person = {
  name: string;
  age: number;
};

type Student = {
  name: string;
  age: number;
};

function acceptsPerson(person: Person) {
  // ...
}

const student: Student = {
  name: "Hannah",
  age: 27,
};

acceptsPerson(student); // 모두 동작함
```

자바스크립트는 주로 객체 리터럴에 의존하며 타입스크립트는 **형식**이나 이들 리터럴의 모양을 추론하려 노력한다. 이런 상황에서 구조적 형식 시스템은 많은 도움을 준다. 특히 어디에서나 등장할 수 있는 다양한 값들이 인터페이스, 형식 정의와 호환되어야 하기 때문이다.

하지만 형식과 관련해서 조금 더 명확해야 할 때가 있다. 객체 형식을 살펴보면서 kind 프로퍼티를 사용한 구별된 유니온(3.2절)과 선택형 never로 배타적 논리합 모델 만들기(3.8절) 등

의 기법을 배웠다. 3.12절에서 설명했듯이 문자열 열거형도 명목상 형식이다.

객체 형식과 열거형에서는 이 정도로 충분했다. 하지만 같은 기본 형식의 집합을 값으로 갖는 두 가지 다른 형식이 있다면 문제가 생긴다. 예를 들어 8자리의 계좌 번호와 잔고가 모두 number 형식일 때 이들을 혼합한다면 어떻게 될까? 잔고가 8자리 숫자라면 기분 좋겠지만, 이는 올바른 값은 아닐 것이다.

또는 사용자의 입력 문자열을 검증해야 하는데, 오직 검증된 사용자 입력만을 프로그램에서 사용하고 안전하지 않을 수 있는 원래 문자열은 사용하지 말아야 하는 상황을 그려보자.

타입스크립트는 형식 시스템 안에서 명목상 형식 지원을 흉내 내며 더 높은 보안성을 제공한다. 이 기법으로 인해 가능한 값의 집합을 고유 프로퍼티와 분리하므로 같은 값이 같은 집합으로 떨어지는 일을 방지한다.

감싸는 클래스를 이용해 이를 해결하는 방법이 있다. 값을 직접 사용하지 않고 클래스로 각 값을 감싼다. private kind 프로퍼티로 이들이 겹치지 않게 한다.

```
class Balance {
  private kind = "balance";
  value: number;

  constructor(value: number) {
    this.value = value;
  }
}

class AccountNumber {
  private kind = "account";
  value: number;

  constructor(value: number) {
    this.value = value;
  }
}
```

private 프로퍼티를 사용했으므로 타입스크립트가 두 클래스를 구분한다는 점이 핵심이다. 현재 두 kind 프로퍼티 모두 문자열 형식이다. 이들은 다른 값을 포함하지만 내부적으로는 언제든 값이 바뀔 수 있다. 하지만 클래스는 다르게 동작한다. private나 protected 멤버가 있으면 타입스크립트는 같은 선언으로부터 이 두 멤버가 왔을 때만 두 형식이 호환된다고 간주한다. 그렇지 않으면 이 둘은 호환되지 않는다.

이 특징을 이용해 좀 더 범용적으로 패턴을 정리할 수 있다. kind 멤버를 정의하고 값을 설정하는 대신, void 형식인 _nominal 멤버를 각 클래스 선언에 정의한다. 이로써 _nominal이라는 사용할 수 없는 멤버를 추가해 클래스를 분리할 수 있다. void 형식의 _nominal은 undefined로밖에 설정할 수 없으며 undefined는 거짓 부류의 값이므로, 결국 이 멤버는 사용할 수 없게 된다.

```typescript
class Balance {
  private _nominal: void = undefined;
  value: number;

  constructor(value: number) {
    this.value = value;
  }
}

class AccountNumber {
  private _nominal: void = undefined;
  value: number;

  constructor(value: number) {
    this.value = value;
  }
}

const account = new AccountNumber(12345678);
const balance = new Balance(10000);

function acceptBalance(balance: Balance) {
  // ...
}

acceptBalance(balance); // 동작함
acceptBalance(account);
// ^ 'AccountNumber' 형식의 인수는 'Balance' 형식의 매개변수에 할당될
//    수 없습니다.
//    형식에 별도의 프라이빗 속성 '_nominal' 선언이 있습니다.ts(2345)
```

이렇게 같은 값 집합을 갖는 두 개의 다른 형식을 정의했다. 원래 형식을 감쌌으므로 원래 값을 얻으려면 감싼 부분을 푸는 과정이 필요하다는 점이 이 기법의 단점이다.

kind 프로퍼티를 포함하는 객체 형식으로 기본 형식의 인터섹션을 만들어 명목상 형식을 흉내 내는 방법도 있다. 이렇게 하면 원래 형식의 모든 동작을 그대로 유지하지만, 이들 형식을 다르게 사용하고 싶다는 사실을 형식 어서션으로 타입스크립트에 알려야 한다.

3.9절에서 배웠듯이, 원래 형식의 상위 형식이나 하위 형식으로는 안전하게 형식 어서션을 사용할 수 있다.

```typescript
type Credits = number & { _kind: "credits" };

type AccountNumber = number & { _kind: "accountNumber" };

const account = 12345678 as AccountNumber;
let balance = 10000 as Credits;
const amount = 3000 as Credits;

function increase(balance: Credits, amount: Credits): Credits {
  return (balance + amount) as Credits;
}

balance = increase(balance, amount);
balance = increase(balance, account);
// ^ 'AccountNumber' 형식의 인수는 'Credits' 형식의 매개변수에 할당될 수 없습니다.
//     'AccountNumber' 형식은 '{ _kind: "credits"; }' 형식에 할당할 수 없습니다.
//     '_kind' 속성의 형식이 호환되지 않습니다.
//       '"accountNumber"' 형식은 '"credits"' 형식에 할당할 수 없습니다.ts(2345)
```

balance와 amount는 원래 의도 대로 동작하지만 다시 숫자를 생성한다는 점에 주목하자. 따라서 다른 어서션을 추가해야 한다.

```typescript
const result = balance + amount; // result는 number
const credits = (balance + amount) as Credits; // credits은 Credits
```

두 기법 모두 장단점이 있으며 어떤 기법을 사용할지는 여러분의 시나리오에 따라 달라진다. 두 기법 모두 형식 시스템의 동작을 이해하는 커뮤니티가 제안한 방법이다.

깃허브의 타입스크립트 이슈 트랙커(*https://oreil.ly/XxmUV*)에는 명목상 형식과 관련한 형식 시스템의 논의가 있으며 여러 가능성을 조사하고 있다. 심볼의 unique 키워드를 이용해 이를 구별하자는 아이디어도 그중 하나다.

```
// 가상의 코드. 실제 동작하진 않는다!
type Balance = unique number;
type AccountNumber = unique number;
```

집필 시점에는 이 아이디어를 포함한 다양한 아이디어가 논의 중이었다.


# 3.14 문자열 하위 집합의 느슨한 자동 완성 활성화하기

**문제** API는 모든 문자열을 전달할 수 있어야 하는데, 그중에서도 몇 가지 문자열값을 자동 완성으로 보여주려 한다.

**해결** 문자열 리터럴 유니온 형식에 string & {}를 추가한다.

**논의** 콘텐츠 관리 시스템에 접근하는 API를 정의한다고 가정하자. post, page, asset 등의 콘텐츠 형식을 이미 정의했으며 개발자는 직접 자신만의 형식도 정의할 수 있다.

retrieve 함수는 콘텐츠 형식 하나를 매개변수로 받아 관련 항목을 반환한다.

```
type Entry = {
  // 개발 중
};

function retrieve(contentType: string): Entry[] {
  // 개발 중
}
```

이 코드는 의도 대로 잘 동작하지만, 더 나아가 사용자에게 콘텐츠 형식의 기본 옵션의 힌트를 제공하고 싶다. 문자열로 유니온을 만들고 미리 정의한 콘텐츠 형식을 포함하는 목록을 보여주는 헬퍼 형식을 만들 수 있다.

```typescript
type ContentType = "post" | "page" | "asset" | string;

function retrieve(content: ContentType): Entry[] {
  // 개발 중
}
```

이는 현재 문제를 어느 정도 해결할 수 있지만, post, page, asset 등은 string의 하위 형식 이므로 이들을 string과 함께 유니온으로 담는 순간 세부 정보는 넓은 집합으로 삼켜진다.

따라서 [그림 3-3]에서처럼 편집기로 구문 완성 힌트를 얻을 수 없다.

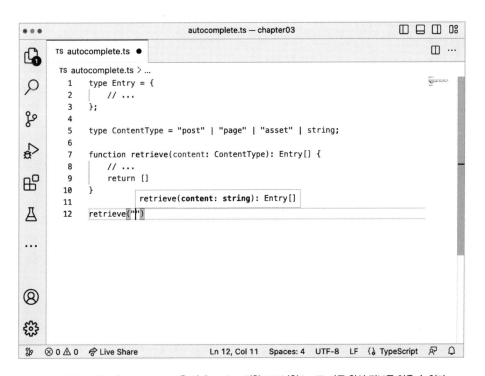

**그림 3-3** 타입스크립트가 ContentType을 전체 string 집합으로 넓혔으므로 자동 완성 정보를 얻을 수 없다.

빈 객체 형식 {}과 string의 인터섹션을 사용해 자동 완성 정보를 유지하고 리터럴 형식을 보존할 수 있다.

```typescript
type ContentType = "post" | "page" | "asset" | string & {};
```

이 코드로 무엇이 바뀌었는지 알아채기 어려울 수 있다. 인터섹션은 ContentType과 호환되는 값의 수를 바꾸지 않지만, 타입스크립트가 하위 형식을 줄이지 못하게 하고 리터럴 형식을 보존하도록 설정한다.

인터섹션의 효과는 [그림 3-4]에서 확인할 수 있다. 이제 ContentType은 string으로 줄어들지 않으며 해당 구분에서 사용할 수 있는 모든 리터럴값을 텍스트 편집기에서 자동 완성으로 추가할 수 있다.

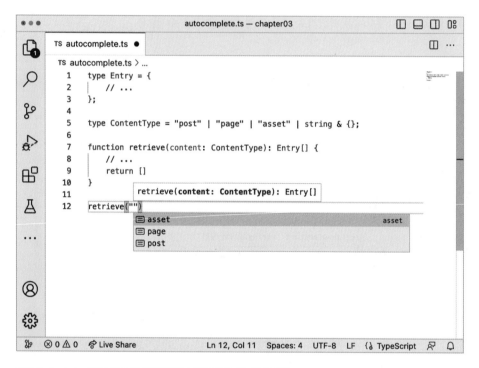

**그림 3-4** string과 빈 객체의 인터섹션으로 구문 완성 힌트를 유지함

여전히 모든 문자열은 ContentType의 유효한 값이며, 단지 API를 사용하는 개발자에게 힌트를 제공해서 개발자 경험을 바꾸었을 뿐이다.

리액트용 Definitely Typed 형식 정의(*https://oreil.ly/epbLV*)나 CSSType(*https://oreil.ly/lwtC5*) 같은 유명한 라이브러리에서도 이 기법을 사용했다.

# CHAPTER 4

# 제네릭

지금까지 자바스크립트의 유연성을 활용하면서 형식 시스템으로 이를 형식화하는 방법을 살펴봤다. 동적으로 형식이 정해지는 언어에 정적 형식을 추가해서 의도를 명확히 밝히고, 도구의 도움을 얻으며, 미리 버그를 발견할 수 있다.

하지만 자바스크립트의 일부는 정적 형식을 전혀 고려하지 않는다. 예를 들어 `isKeyAvailableInObject` 함수는 특정 키를 어떤 객체에서 사용할 수 있는지만 검사하며 구체적 형식이 무엇인지는 신경 쓰지 않는다. 타입스크립트의 구조적 형식 시스템을 이용해 아주 넓은 형식을 사용하거나 아주 엄격한 형식을 사용해 이런 함수를 형식화할 수 있다. 여기서 전자는 정보를, 후자는 유연성을 희생하게 된다.

하지만 우리는 무엇도 희생하지 않은 채 유연성과 정보라는 두 마리 토끼를 모두 잡고 싶다. 타입스크립트의 제네릭을 이용하면 두 가지를 모두 얻을 수 있다. 제네릭을 이용해 복잡한 관계를 묘사하고 아직 정의되지 않은 자료구조를 형식화할 수 있다.

제네릭 그리고 함께 제공되는 매핑된 형식, 형식 맵, 형식 변경자, 헬퍼 형식 등 덕분에 메타 형식의 세계에 진입할 수 있다. 이 메타 형식 세계에서는 기존 형식에 근거를 둔 새 형식을 만들고, 새 형식으로 기존 코드에서 발생할 수 있는 버그를 찾고, 형식 간의 관계를 그대로 유지할 수 있다.

이제 고급 타입스크립트 개념으로 진입한다. 하지만 우리가 정의하지 않는 한 호랑이는 존재할 수 없으므로 호랑이 굴에 들어가는 것처럼 두려워할 필요는 없다.

# 4.1 함수 시그니처 일반화하기

**문제** 같은 기능을 수행하지만 서로 다른 형식(호환되지 않음)을 취급하는 두 함수가 있다.

**해결** 제네릭으로 이들의 동작을 일반화한다.

**논의** 다양한 언어 파일(예: 자막)을 객체로 저장하는 애플리케이션을 구현한다고 가정하자. 객체의 키는 언어 코드이고 URL은 값이다. API나 사용자 인터페이스에서 string 형식으로 넘어온 언어 코드를 이용해 언어 파일을 불러온다. 언어 코드가 올바르고 유효한지 검사하는 isLanguageAvailable이라는 함수를 추가했다. 이 함수는 in 검사를 수행하며 형식 찬반형으로 올바른 형식을 설정한다.

```
type Languages = {
  de: URL;
  en: URL;
  pt: URL;
  es: URL;
  fr: URL;
  ja: URL;
};

function isLanguageAvailable(
  collection: Languages,
  lang: string
): lang is keyof Languages {
  return lang in collection;
}

function loadLanguage(collection: Languages, lang: string) {
  if (isLanguageAvailable(collection, lang)) {
    // lang은 keyof Languages
    collection[lang]; // 접근 가능!
  }
}
```

이번에는 같은 애플리케이션에 다른 시나리오를 적용해 완전히 다른 파일을 불러온다. 오디오, 비디오, canvas에 포함된 여러 요소 등 메타 데이터를 HTML 요소로 불러온다. 모든 요소는 애플리케이션에 이미 존재하지만, API 입력에 따라 알맞은 요소를 선택해야 한다. 이번에도 선택 결과는 `string`으로 전달되며 `isElementAllowed`라는 함수를 추가해 입력이 실제로 `AllowedElements` 컬렉션의 유효한 키인지 검사한다.

```
type AllowedElements = {
  video: HTMLVideoElement;
  audio: HTMLAudioElement;
  canvas: HTMLCanvasElement;
};

function isElementAllowed(
  collection: AllowedElements,
  elem: string
): elem is keyof AllowedElements {
  return elem in collection;
}

function selectElement(collection: AllowedElements, elem: string) {
  if (isElementAllowed(collection, elem)) {
    // elem은 keyof AllowedElements
    collection[elem]; // 접근 가능
  }
}
```

자세히 살펴보지 않아도 두 시나리오가 아주 비슷함을 알 수 있다. 형식 보호 함수가 특히 눈에 띈다. 모든 형식 정보를 없애고 이름을 비슷하게 바꾸면 이 둘은 사실 같은 기능을 수행하는 함수임을 알 수 있다.

```
function isAvailable(obj, key) {
  return key in obj;
}
```

두 함수가 존재하는 이유는 형식 정보 때문이다. 즉, 입력 매개변수가 아니라 형식 찬반형 때문에 이 두 함수가 존재한다. 두 가지 시나리오에서 특정한 **keyof** 형식으로 어서션을 수행해 입력 매개변수 정보를 구체화할 수 있다.

두 입력 형식은 완전히 다르며 겹치는 부분이 없다는 점이 문제다. 빈 객체를 제외하면 keyof 형식으로 얻을 수 있는 정보가 없다. **keyof {}**는 실제로 **never**다.

하지만 여기서 일부 형식 정보를 일반화할 수 있다. 우리는 객체의 첫 입력 매개변수는 객체임을 안다. 그리고 두 번째 매개변수는 프로퍼티 키다. 이 가정이 true라면 첫 번째 매개변수는 두 번째 매개변수의 키를 포함하는 객체임을 알 수 있다.

Obj라 불리는 **제네릭 형식 매개변수**generic type parameter를 isAvailable에 꺾쇠괄호로 추가해 함수를 일반화한다. 이 Obj는 isAvailable을 사용할 때 실제 형식으로 대체될 플레이스홀더다. (AllowedElements나 Languages를 사용할 때처럼) 이 제네릭 형식 매개변수를 사용하고 형식 찬반형을 추가한다. Obj는 **모든** 형식으로 치환할 수 있으므로 key는 모든 가능한 프로퍼티 키(string, symbol, number)를 포함해야 한다.

```
function isAvailable<Obj>(
  obj: Obj,
  key: string | number | symbol
): key is keyof Obj {
  return key in obj;
}

function loadLanguage(collection: Languages, lang: string) {
  if (isAvailable(collection, lang)) {
    // lang은 keyof Languages
    collection[lang]; // 접근 가능!
  }
}

function selectElement(collection: AllowedElements, elem: string) {
  if (isAvailable(collection, elem)) {
    // elem은 keyof AllowedElements
    collection[elem]; // 접근 가능
  }
}
```

Obj를 어떤 형식으로 바꾸든 문제없이 동작하는 함수를 만들었다. 이 함수는 자바스크립트처럼 동작한다! 이 함수 하나만으로도 같은 기능을 제공하면서 올바른 형식 정보를 얻는다. 유연성을 희생하지 않고도 인덱스 접근이 안전해졌다.

가장 좋은 점은 뭘까? isAvailable을 마치 형식이 없는 자바스크립트 함수처럼 사용할 수 있다는 부분이다. 타입스크립트는 사용처에 따라 제네릭 형식 매개변수를 추론하기 때문이다. 하지만 여기에는 약간의 부작용이 따른다. 4.3절에서 이를 자세히 살펴본다.

## 4.2 관련된 함수 인수 만들기

**문제** 첫 번째 매개변수에 의존하는 두 번째 함수 매개변수를 구현한다.

**해결** 각 매개변수를 제네릭 형식으로 만들고 **제네릭 제약**generic constraint을 이용해 둘 간의 관계를 만든다.

**논의** 4.1절과 비슷하게, 이 애플리케이션은 Languages라는 형식의 객체에 자막 목록을 저장한다. Languages는 언어 코드를 가리키는 키와 URL을 포함하는 값의 집합이다.

```
type Languages = {
  de: URL;
  en: URL;
  pt: URL;
  es: URL;
  fr: URL;
  ja: URL;
};

const languages: Languages = { /* ... */ };
```

애플리케이션에 이런 목록이 여럿 존재하는데, 이를 URLList라는 형식으로 추상화할 수 있다. 다음처럼 인덱스 시그니처는 아무 string 키를 가질 수 있게 허용한다.

```
type URLList = {
  [x: string]: URL;
};
```

URLList는 Languages의 상위 형식이다. Languages의 모든 값은 URLList이지만, URLList의 모든 값은 Languages가 아니다. URLList를 이용해 목록에서 특정 항목을 불러오는 fetchFile 함수를 구현할 수 있다.

```
function fetchFile(urls: URLList, key: string) {
  return fetch(urls[key]).then((res) => res.json());
}
```

```
const de = fetchFile(languages, "de");
const it = fetchFile(languages, "it");
```

key의 형식이 string이라서 너무 많은 항목을 허용한다는 점이 문제다. 예를 들어 이탈리아
자막이 정의되지 않은 상황임에도 fetchFile은 "it"라는 이탈리아 언어 코드로 항목을 불러
올 수 있게 허용한다. URLList에서 특정 항목을 불러올 때 어떤 키에 접근할 수 있는지 알면
정말 좋을 것이다.

넓은 형식의 제네릭을 정의하고 **제네릭 제약**을 설정해 URLList의 하위 형식만을 전달하게 할
수 있다. 이 덕분에 함수 시그니처는 기존과 아주 비슷하게 유지하면서도 대치된 형식을 더
쉽게 처리할 수 있다. URLList의 하위 형식인 **제네릭 형식 매개변수** List를 정의하고 key를
keyof List로 설정한다.

```
function fetchFile<List extends URLList>(urls: List, key: keyof List) {
  return fetch(urls[key]).then((res) => res.json());
}

const de = fetchFile(languages, "de");
const it = fetchFile(languages, "it");
//                                ^
// '"it"' 형식의 인수는 'keyof Languages' 형식의 매개변수에 할당될 수
// 없습니다.ts(2345)
```

이제 fetchFile을 호출하면 List가 실제 형식으로 치환되므로 "it"는 Languages의 일부가
아님이 밝혀진다. 이런 식으로 타입스크립트는 오타가 있거나 선택한 요소가 데이터 형식의 일
부가 아니면 바로 알려준다.

많은 키를 불러오는 상황에서도 잘 동작한다. 같은 제약 조건으로 같은 효과를 거둔다.

```
function fetchFiles<List extends URLList>(urls: List, keys: (keyof List)[]) {
  const els = keys.map((el) =>
    fetch(urls[el])
      .then((res) => res.json())
      .then((data) => [el, data])
  );
  return els;
}
```

```
const de_and_fr = fetchFiles(languages, ["de", "fr"]); // Promise<any[]>[]
const de_and_it = fetchFiles(languages, ["de", "it"]);
//                                                        ^
//  '"it"' 형식은 'keyof Languages' 형식에 할당할 수 없습니다.ts(2322)
```

키를 첫 번째 요소로, 데이터를 두 번째 요소로 하는 튜플에 결과를 저장한다. 하지만 결과를 가져올 때 any[]로 해석되는 Promise의 배열 형식이다. fetch는 불러온 데이터가 무엇인지 알려주지 않으므로 data는 넓은 any 형식이 되어 keyof List인 el을 삼켜버린다.

하지만 현재 시점에서 더 많은 정보를 알게 되었다. 예를 들어 [el, data]는 배열이 아니라 튜플이라는 사실을 알았다. 2.4절에서 살펴봤듯이 배열과 튜플 간에 작지만 중요한 차이가 있다. 결과를 튜플 형식으로 설정하면 결괏값에서 더 많은 정보를 얻는다.

```
function fetchFiles<List extends URLList>(urls: List, keys: (keyof List)[]) {
  const els = keys.map((el) =>
    fetch(urls[el])
      .then((res) => res.json())
      .then((data) => {
        const entry: [keyof List, any] = [el, data];
        return entry;
      })
  );
  return els;
}

const de_and_fr = fetchFiles(languages, ["de", "fr"]);
```

fetchFiles는 [keyof List, any]의 Promise 배열을 반환한다. 따라서 Languages를 List로 대체하는 순간 가능한 키는 언어 코드뿐임을 안다.

하지만 한 가지 문제가 있다. 앞선 예제 코드의 de_and_fr에서 사용할 수 있는 언어는 오직 독일어와 프랑스어뿐이었지만, 영어를 확인하려 하더라도 컴파일러는 이를 경고하지 않는다. 이 조건은 항상 거짓을 반환하므로 컴파일러는 이를 경고해 주어야 한다.

```
for (const result of de_and_fr) {
  if (result[0] === "en") {
    // 영어?
```

```
    }
  }
```

이번에도 형식이 너무 넓다는 문제가 있다. keyof List가 string보다 좁기는 하지만, 모든 키를 더 작은 집합으로 대치할 수 있다.

다음처럼 같은 과정을 반복해야 한다.

> **1** 제네릭 형식 매개변수를 만든다.
>
> **2** 새로 만든 제네릭 형식 매개변수에 넓은 형식을 제약으로 설정한다.
>
> **3** 함수 시그니처에서 실제 형식을 대체하는 형식으로 이 매개변수를 사용한다.

마찬가지로 keyof List도 하위 형식 "de" ¦ "fr"로 바꿀 수 있다.

```
function fetchFiles<List extends URLList, Keys extends keyof List>(
  urls: List,
  keys: Keys[]
) {
  const els = keys.map((el) =>
    fetch(urls[el])
      .then((res) => res.json())
      .then((data) => {
        const entry: [Keys, any] = [el, data];
        return entry;
      })
  );
  return els;
}

const de_and_fr = fetchFiles(languages, ["de", "fr"]);
```

제네릭 형식 매개변수 간의 관계를 설정할 수 있다는 점에 주목하자. 두 번째 형식 매개변수는 첫 번째 제네릭 형식 매개변수에 제약을 받을 수 있다. 이를 이용하면 실젯값으로 치환하기 전까지 매우 구체적으로 형식을 좁힐 수 있다. 결과는 어떨까? 코드 어디서든 형식에 가능한 값을 알 수 있다. 따라서 영어를 불러오라고 요청하지 않았다면 영어 언어를 검사할 필요가 전혀 없음을 알 수 있다.

```
for (const entry of de_and_fr) {
  const result = await entry;
  if (result[0] === "en") {
    // '"de" ¦ "fr"'이(가) '"en"'과(와) 겹치지 않으므로
    // 이 비교는 의도하지 않은 것 같습니다.ts(2367)
  }
}
```

0번째 위치에 어떤 언어가 있는지 확인하는 이전 코드만 그대로 유지했다.

지금까지 **제네릭 인스턴스화**generic instantiation는 살펴보지 않았다. 지금까지는 형식 매개변수가 사용처에 따라 실젯값으로 치환되도록 했다(형식 추론과 비슷한 방식). 하지만 애너테이션으로 직접 형식 매개변수를 치환할 수 있어야 한다.

```
const de_and_ja = fetchFiles<Languages, "ja" ¦ "de">(languages, ["de"]);
```

이 형식은 독일어 자막만 불러오겠지만, 일본어 자막도 포함될 수 있음을 알려준다. 4.4절에서 이를 더 자세히 설명한다.

# 4.3 any와 unknown 제거하기

**문제** 제네릭 형식 매개변수, any와 unknown 모두 아주 넓은 값의 집합을 가리킨다. 언제, 무엇을 사용해야 할까?

**해결** 결과적으로 실제 형식을 얻을 때는 제네릭 형식 매개변수를 사용한다. any와 unknown 중 무엇을 사용할지는 2.2절을 참고하자.

**논의** 제네릭을 사용할 때, 마치 제네릭이 **any**, **unknown**을 대체하는 듯이 보일 수 있다. **identity**라는 함수를 예로 살펴보자. 이 함수는 입력 매개변수로 전달된 값을 반환하는 동작을 수행한다.

```
function identity(value: any): any {
  return value;
}
```

```
let a = identity("Hello!");
let b = identity(false);
let c = identity(2);
```

모든 형식의 값을 인수로 받으며 반환값도 모든 형식이 될 수 있다. 안전하게 프로퍼티에 접근하도록 unknown을 이용해 함수를 재구현할 수 있다.

```
function identity(value: unknown): unknown {
  return value;
}

let a = identity("Hello!");
let b = identity(false);
let c = identity(2);
```

any와 unknown을 혼합해서 사용할 수 있는데, 결과는 항상 같다. 즉, 형식 정보가 사라진다. 우리가 정의한 대로 반환값의 형식이 결정된다.

이번에는 any나 unknown 대신 제네릭으로 함수를 구현해보자. 이 제네릭 형식은 동시에 반환 형식이기도 하다.

```
function identity<T>(t: T): T {
  return t;
}
```

이제 실제로 값을 전달하면서 타입스크립트가 어떻게 형식을 추론하는지 살펴보자.

```
let a = identity("Hello!"); // a는 string
let b = identity(2000);     // b는 number
let c = identity({ a: 2 }); // c는 { a: number }
```

let 대신 const를 사용하면 결과가 조금 달라진다.

```
const a = identity("Hello!"); // a는 "Hello!"
const b = identity(2000);     // b는 2000
const c = identity({ a: 2 }); // c는 { a: number }
```

타입스크립트는 기본 형식이 있을 때 제네릭 형식 매개변수를 실제 형식으로 치환한다. 조금 더 복잡한 시나리오에서 이 기능을 제대로 활용할 수 있다.

제네릭으로 제네릭 형식 매개변수에 **애너테이션**을 추가할 수 있다.

```
const a = identity<string>("Hello!"); // a는 string
const b = identity<number>(2000);     // b는 number
const c = identity<{ a: 2 }>({ a: 2 }); // c는 { a: 2 }
```

3.4절에서 배운 내용이 떠오르는 독자도 있을 것이다. 매우 유사하지만 제네릭 형식 매개변수가 함수에 포함된다는 점이 다르다.

제약이 없는 제네릭을 사용한다면 모든 형식과 호환되는 값을 처리하는 함수를 구현할 수 있다. 함수 내부에서 이들은 unknown처럼 동작하므로 형식을 좁히도록 보호할 수 있다. 가장 큰 차이점은 함수를 일단 사용하면 제네릭이 실제 형식으로 치환되는데, 이때 형식 관련 정보를 잃지 않고 유지한다는 사실이다.

따라서 모든 것을 허용하는 상황보다 더 깔끔하게 형식을 활용할 수 있다. `pairs` 함수는 두 개의 인수를 받아 튜플을 만든다.

```
function pairs(a: unknown, b: unknown): [unknown, unknown] {
  return [a, b];
}

const a = pairs(1, "1"); // [unknown, unknown]
```

제네릭 형식 매개변수를 이용하면 멋진 튜플 형식을 얻을 수 있다.

```
function pairs<T, U>(a: T, b: U): [T, U] {
  return [a, b];
}

const b = pairs(1, "1"); // [number, string]
```

이 제네릭 형식 매개변수를 이용해 튜플의 모든 요소가 같은 형식이 되도록 강제할 수 있다.

```
function pairs<T>(a: T, b: T): [T, T] {
  return [a, b];
}

const c = pairs(1, "1");
//                    ^
// 'string' 형식의 인수는 'number' 형식의 매개변수에 할당될 수
//   없습니다.ts(2345)
```

그러면 제네릭을 모든 곳에서 사용해야 할까? 그럴 필요는 없다. 이 장의 예제는 올바른 때 적절한 형식을 얻는 상황을 가정했을 뿐이다. 더 넓은 값의 집합으로 만족하고 이와 호환되는 하위 형식을 사용할 수 있다면 군이 제네릭을 사용할 필요가 없다. 코드에 **any**와 **unknown**이 있다면 어떤 시점에 실제 형식이 필요한지 생각해보자. 이들 대신 제네릭 형식 매개변수를 사용하면 도움이 될 수 있다.

## 4.4 제네릭 인스턴스화 이해하기

**문제** 제네릭 형식이 어떻게 실제 형식으로 치환되는지는 이해했다. 하지만 때로는 "Foo를 제약 사항 Bar 형식에 할당할 수 있지만 다른 하위 형식의 제약 Baz로 인스턴스화할 수 없습니다" 같은 이해하기 힘든 오류가 발생할 수 있다.

**해결** 제네릭 형식의 값은 명시적 또는 암묵적으로 다양한 하위 형식으로 치환될 수 있음을 기억하자. 따라서 하위 형식도 포용할 수 있는 코드를 구현한다.

**논의** 애플리케이션에 필터 로직을 만들었다. "and" ｜ "or" 등의 콤비네이터를 이용해 다양한 필터 규칙을 조합할 수 있다. **콤비네이터 필터**combinatorial filter의 결과를 이용해 일반 필터 규칙을 연결할 수도 있다.

```
type FilterRule = {
  field: string;
  operator: string;
  value: any;
};
```

```
type CombinatorialFilter = {
  combinator: "and" | "or";
  rules: FilterRule[];
};

type ChainedFilter = {
  rules: (CombinatorialFilter | FilterRule)[];
};

type Filter = CombinatorialFilter | ChainedFilter;
```

이제 제공된 필터를 받아 모든 규칙을 재설정하는 reset이라는 함수를 구현한다. 형식 가드를 이용해 CombinatorialFilter와 ChainedFilter를 구분한다.

```
function reset(filter: Filter): Filter {
  if ("combinator" in filter) {
    // filter는 CombinatorialFilter
    return { combinator: "and", rules: [] };
  }
  // filter는 ChainedFilter
  return { rules: [] };
}

const filter: CombinatorialFilter = { rules: [], combinator: "or" };
const resetFilter = reset(filter); // resetFilter은 Filter
```

기능은 제대로 동작하지만 reset의 반환 형식이 너무 넓다. CombinatorialFilter를 전달하면 reset은 CombinatorialFilter를 반환해야 한다. 함수 시그니처에서 확인할 수 있듯이 반환되는 Filter(CombinatorialFilter | ChainedFilter)는 유니온 형식이다. 하지만 특정 형식의 필터를 전달했을 때 같은 형식을 반환받아야 한다. 따라서 넓은 유니온 형식을 Filter로 제약된 제네릭 형식 매개변수로 바꿨다. 반환 형식은 의도한 대로 동작하지만, 함수 코드에서 오류가 발생한다.

```
function reset<F extends Filter>(filter: F): F {
  if ("combinator" in filter) {
    return { combinator: "and", rules: [] };
//  ^ { combinator: "and"; rules: never[]; }' 형식은 'F' 형식에 할당할
//     수 없습니다.
```

```
//      { combinator: "and"; rules: never[]; }'은(는) 'F' 형식의 제약
//      조건에 할당할 수 있지만, 'F'은(는) Filter' 제약 조건의 다른 하위
//      형식으로 인스턴스화할 수 있습니다.ts(2322)
   }
   return { rules: [] };
//^ '{ rules: never[]; }' 형식은 'F' 형식에 할당할 수 없습니다.
//      { rules: never[]; }'은(는) 'F' 형식의 제약 조건에 할당할 수 있지만,
//      'F'은(는) 'Filter' 제약 조건의 다른 하위 형식으로 인스턴스화할
//      수 있습니다.ts(2322)
}

const resetFilter = reset(filter); // resetFilter는 CombinatorialFilter
```

유니온의 두 부분을 구분하고 싶지만, 타입스크립트는 조금 더 넓게 생각한다. 타입스크립트는 Filter와 구조적으로 호환되는 객체를 사용자가 전달할 것임을 알지만 Filter보다 더 많은 프로퍼티를 포함하므로 이는 Filter의 하위 형식이다.

즉, 우리는 F의 하위 형식으로 인스턴스화한 객체로 reset을 호출할 수 있으며 프로그램은 아무 문제없이 모든 추가 프로퍼티를 오버라이드한다. 하지만 이는 올바른 동작이 아니며 타입스크립트도 이를 알려준다.

```
const onDemandFilter = reset({
  combinator: "and",
  rules: [],
  evaluated: true,
  result: false,
});
/* filter는 {
    combinator: "and";
    rules: never[];
    evaluated: boolean;
    result: boolean;
}; */
```

하위 형식을 포용하는 코드를 구현해 이 문제를 해결한다. 입력 객체(여전히 F 형식)를 복제하고 적절하게 바뀔 프로퍼티를 설정한 다음 F 형식을 반환한다.

```
function reset<F extends Filter>(filter: F): F {
  const result = { ...filter }; // result는 F
```

```
  result.rules = [];
  if ("combinator" in result) {
    result.combinator = "and";
  }
  return result;
}

const resetFilter = reset(filter); // resetFilter는 CombinatorialFilter
```

제네릭 형식은 많은 유니온 중 하나일 수 있지만, 실제로 제네릭 형식은 더 다양한 모습으로 변신할 수 있다. 타입스크립트의 구조적 형식 시스템은 다양한 하위 형식의 사용을 허용하므로 우리 코드도 이를 반영해야 한다.

결과는 비슷하지만 조금 다른 시나리오를 살펴보자. 트리 자료 구조를 만들고 모든 트리 항목을 저장하는 재귀 형식을 구현한다. 이 형식은 하위 형식이 될 수 있으므로 올바른 하위 형식으로 이를 인스턴스화하도록 제네릭 형식 매개변수를 이용해 **createRootItem** 함수를 구현한다.

```
type TreeItem = {
  id: string;
  children: TreeItem[];
  collapsed?: boolean;
};

function createRootItem<T extends TreeItem>(): T {
  return {
    id: "root",
    children: [],
  };
// '{ id: string; children: never[]; }' 형식은 'T' 형식에 할당할 수
// 없습니다.
// { id: string; children: never[]; }'은(는) 'T' 형식의 제약 조건에
// 할당할 수 있지만, 'T'은(는) TreeItem' 제약 조건의 다른 하위 형식으로
// 인스턴스화할 수 있습니다.ts(2322)
}

const root = createRootItem(); // root는 TreeItem
```

반환값이 모든 하위 형식과 호환될 수 없으므로 이전과 비슷한 오류가 발생한다. 제네릭을 제거해 이 문제를 해결한다! 그리고 반환 형식은 **TreeItem**이라는 사실을 안다.

```
function createRootItem(): TreeItem {
  return {
    id: "root",
    children: [],
  };
}
```

때로는 가장 단순한 방법이 가장 좋은 해결책이다. 이제 새로 만든 루트에 **TreeItem** 형식이나
**TreeItem**의 하위 형식을 추가할 수 있게 소프트웨어를 확장해야 한다. 제네릭이 없으니 만족
할 만한 결과를 얻을 수 없다.

```
function attachToRoot(children: TreeItem[]): TreeItem {
  return {
    id: "root",
    children,
  };
}

const root = attachToRoot([]); // TreeItem
```

**root**는 **TreeItem** 형식이지만 하위 형식을 갖는 자식들의 정보를 잃어버렸다. 자식들에 제네릭
형식 매개변수를 추가하고 **TreeItem**으로 제약을 둔다 해도 여전히 이 정보를 유지할 수 없다.

```
function attachToRoot<T extends TreeItem>(children: T[]): TreeItem {
  return {
    id: "root",
    children,
  };
}

const root = attachToRoot([
  {
    id: "child",
    children: [],
    collapsed: false,
    marked: true,
  },
]); // root는 TreeItem
```

제네릭 형식을 반환 형식으로 추가하면 이전에 겪은 문제가 다시 발생한다. 이를 해결하려면 루트 아이템 형식을 자식 아이템 형식과 분리해야 한다. 즉, TreeItem을 제네릭으로 만들고 Children을 TreeItem의 하위 형식으로 설정한다.

순환 참조는 피해야 하므로 Children을 기본 BaseTreeItem으로 설정한 다음 TreeItem을 Children과 attachToRoot의 제약으로 사용할 수 있다.

```
type BaseTreeItem = {
  id: string;
  children: BaseTreeItem[];
};

type TreeItem<Children extends TreeItem = BaseTreeItem> = {
  id: string;
  children: Children[];
  collapsed?: boolean;
};

function attachToRoot<T extends TreeItem>(children: T[]): TreeItem<T> {
  return {
    id: "root",
    children,
  };
}

const root = attachToRoot([
  {
    id: "child",
    children: [],
    collapsed: false,
    marked: true,
  },
]);
/*
root는 TreeItem<{
    id: string;
    children: never[];
    collapsed: false;
    marked: boolean;
}>
*/
```

이번에도 하위 형식을 포용하는 코드를 구현했으며 입력 매개변수를 추측하지 않고 있는 그대로 취급했다.

## 4.5 새 객체 형식 생성하기

**문제** 모델과 관련 있는 형식이 애플리케이션에 존재한다. 모델이 바뀔 때마다 형식도 바꿔야 한다.

**해결** 제네릭 매핑된 형식을 이용해 원래 형식에 기반한 새 객체 형식을 만든다.

**논의** 3.1절의 장난감 가게 예제로 돌아가자. 유니온 형식, 인터섹션 형식, 구별된 유니온 형식 덕분에 멋진 데이터 모델을 만들 수 있었다.

```
type ToyBase = {
  name: string;
  description: string;
  minimumAge: number;
};

type BoardGame = ToyBase & {
  kind: "boardgame";
  players: number;
};

type Puzzle = ToyBase & {
  kind: "puzzle";
  pieces: number;
};

type Doll = ToyBase & {
  kind: "doll";
  material: "plush" | "plastic";
};

type Toy = Doll | Puzzle | BoardGame;
```

이제 GroupedToys라는 형식으로 자료 구조 모델에 있는 모든 장난감을 그룹화해야 한다.

GroupedToys는 각 카테고리(또는 "kind")와 Toy 배열을 값으로 갖는 프로퍼티를 포함한다.
groupToys 함수는 정렬되지 않은 장난감 목록을 인수로 받아 종류별로 그룹화한다.

```
type GroupedToys = {
  boardgame: Toy[];
  puzzle: Toy[];
  doll: Toy[];
};

function groupToys(toys: Toy[]): GroupedToys {
  const groups: GroupedToys = {
    boardgame: [],
    puzzle: [],
    doll: [],
  };
  for (let toy of toys) {
    groups[toy.kind].push(toy);
  }
  return groups;
}
```

이 코드에는 이미 몇 가지 좋은 점이 있다. 우선 명시적으로 형식 애너테이션을 이용해 groups
를 선언했다. 덕분에 어떤 카테고리도 잊을 염려가 없다. 또한 GroupedToys의 키는 Toy의
"kind" 유니온 형식과 같으므로 toy.kind를 인덱스로 이용해 groups에 쉽게 접근할 수 있다.

몇 개월이 지나 다시 모델을 손봐야 할 때가 되었다. 현재 장난감 가게에서는 조립식 벽돌 장난
감을 판매한다. Bricks라는 새 형식을 Toy 모델에 연결한다.

```
type Bricks = ToyBase & {
  kind: "bricks",
  pieces: number;
  brand: string;
}

type Toy = Doll | Puzzle | BoardGame | Bricks;
```

groupToys는 Bricks도 취급해야 하는데, GroupedToys는 "bricks" 종류가 무엇인지 알지
못하므로 오류가 발생한다.

```
    function groupToys(toys: Toy[]): GroupedToys {
      const groups: GroupedToys = {
        boardgame: [],
        puzzle: [],
        doll: [],
      };
      for (let toy of toys) {
        groups[toy.kind].push(toy);
//      ^- '"boardgame" | "puzzle" | "doll" | "bricks"' 형식의
//         식을 'GroupedToys' 인덱스 형식에 사용할 수 없으므로 요소에
//         암시적으로 'any' 형식이 있습니다.
//         'GroupedToys' 형식에 'bricks' 속성이 없습니다.ts(7053)
      }
      return groups;
    }
```

이번에는 GroupedToys와 groupToys를 갱신한다.

```
    type GroupedToys = {
      boardgame: Toy[];
      puzzle: Toy[];
      doll: Toy[];
      bricks: Toy[];
    };

    function groupToys(toys: Toy[]): GroupedToys {
      const groups: GroupedToys = {
        boardgame: [],
        puzzle: [],
        doll: [],
        bricks: [],
      };
      for (let toy of toys) {
        groups[toy.kind].push(toy);
      }
      return groups;
    }
```

한 가지 성가신 부분이 있는데, 장난감 그룹화 작업은 항상 같다는 점이다. 모델이 어떻게 바뀌든 관계없이 종류를 선택해서 배열에 넣는 작업은 같다. 모델이 바뀔 때마다 groups를 유지해

야 하는데, 이 groups를 바라보는 시각을 조금 바꾸면 변화에 따른 대응을 최적화할 수 있다. 우선 GroupedToys가 선택형 프로퍼티를 갖도록 만든다. 그리고 초기화되지 않은 각 그룹을 빈 배열로 초기화한다.

```
type GroupedToys = {
  boardgame?: Toy[];
  puzzle?: Toy[];
  doll?: Toy[];
  bricks?: Toy[];
};


function groupToys(toys: Toy[]): GroupedToys {
  const groups: GroupedToys = {};
  for (let toy of toys) {
    // 이용할 수 없으면 초기화
    groups[toy.kind] = groups[toy.kind] ?? [];
    groups[toy.kind]?.push(toy);
  }
  return groups;
}
```

이제 groupToys를 유지할 필요가 없고 GroupedToys 형식만 유지하면 된다. GroupedToys 를 자세히 살펴보면 Toy와 암묵적인 관계가 존재함을 발견할 수 있다. 각 프로퍼티 키 는 Toy["kind"]의 일부다. 이 관계를 **명시적**으로 만들어 보자. **매핑된 형식**을 이용해 Toy["kind"]의 각 형식에 기반한 새 객체 형식을 만든다.

Toy["kind"]는 문자열 리터럴의 유니온 "boardgame" | "puzzle" | "doll" | "bricks" 다. 아주 제한적인 문자열 집합만 있으므로 새로 생성된 형식의 **프로퍼티 키**로 이 **형식**을 사용할 수 있다.

```
type GroupedToys = {
  [k in Toy["kind"]]?: Toy[];
};
```

멋지다! Toy를 바꿀 때마다 Toy[]도 즉시 바뀐다. 코드에서는 아무것도 바꿀 필요가 없다. 기 존처럼 kind별로 그룹화가 이루어진다.

이는 일반화로 개선할 수 있는 패턴이다. 컬렉션을 받아 특정 선택자로 그룹화하는 Group 형식을 만든다. 두 개의 형식 매개변수로 제네릭 형식을 만들려 한다.

- Collection은 무엇이든 포함할 수 있다.
- Collection의 키는 Selector이므로 Selector는 관련 프로퍼티를 만들 수 있다.

첫 번째 시도는 GroupedToys에 있는 것을 가져다 형식 매개변수를 이용해 구체적 형식으로 치환하는 방법이다. 이는 필요한 기능은 수행하지만 오류를 일으킨다.

```
// 사용 방법
type GroupedToys = Group<Toy, "kind">;

type Group<Collection, Selector extends keyof Collection> = {
  [x in Collection[Selector]]?: Collection[];
//      ^ 'Collection[Selector]' 형식은 'string | number | symbol'
//        형식에 할당할 수 없습니다.
//        'Collection[keyof Collection]' 형식은 'string | number | symbol'
//        형식에 할당할 수 없습니다.
//        'Collection[string] | Collection[number] | Collection[symbol]'
//        형식은 'string | number | symbol' 형식에 할당할 수 없습니다.
//        'Collection[string]' 형식은 'string | number | symbol' 형식에
//        할당할 수 없습니다.ts(2322)
};
```

타입스크립트는 무엇이든 Collection[string] | Collection[number] | Collection[symbol]의 결과가 될 수 있으므로 키로 사용할 수 없음을 경고한다. 이는 사실이므로 이에 대비해야 한다. 두 가지 방법 중 하나로 이에 대비할 수 있다.

첫째, Record<string, any>을 가리키는 형식 제약을 Collection에 사용한다. Record는 새 객체를 만드는 유틸리티 형식인데, 이때 첫 번째 매개변수는 모든 키를, 두 번째 매개변수는 형식을 제공한다.

```
// 다음은 내장 형식이다!
type Record<K extends string | number | symbol, T> = { [P in K]: T; };
```

결국 Collection은 와일드카드 객체가 되므로 Groups의 형식 확인을 사실상 무력화한다. 프로퍼티 키에 사용할 수 없는 형식이 있으면 어차피 타입스크립트가 오류를 발생시키므로 이는 큰 문제가 아니다. 따라서 최종적으로 Group은 제약을 포함하는 두 개의 형식 매개변수를 갖는다.

```
type Group<
  Collection extends Record<string, any>,
  Selector extends keyof Collection
> = {
  [x in Collection[Selector]]: Collection[];
};
```

둘째, 각 키가 유효한 문자열 키인지 검사하는 방법이 있다. **조건부 형식**<sup>conditional type</sup>을 이용해 Collection[Selector]이 키에 유효한 형식인지 확인할 수 있다. 유효한 형식이 아니면 never로 설정해 해당 형식을 제거한다. 조건부 형식은 자체적으로 복잡한 기능이므로 5.4절에서 자세히 살펴본다.

```
type Group<Collection, Selector extends keyof Collection> = {
  [k in Collection[Selector] extends string
    ? Collection[Selector]
    : never]?: Collection[];
};
```

선택형 형식 변경자를 제거했다는 사실에 주목하자. 키를 선택형으로 만드는 일은 그룹화 작업과 관련이 없기 때문이다. 대신 이에 사용할 수 있는 Partial<T>라는 형식이 있다. Partial<T>는 매핑된 형식으로 객체의 모든 프로퍼티 형식을 선택형으로 만든다.

```
// 다음은 내장 형식이다!
type Partial<T> = { [P in keyof T]?: T[P] };
```

어떤 Group 헬퍼를 만들기로 했든 이제 "kind"별로 구분한 Toys의 Group을 Partial로 만들고 싶다고 타입스크립트에 알려줄 수 있다.

```
type GroupedToys = Partial<Group<Toy, "kind">>;
```

이렇게 코드로 원하는 바를 구현했다.

# 4.6 어서션 시그니처로 객체 변경하기

**문제** 코드에서 어떤 함수를 실행한 이후에 값의 형식이 바뀌었다.

**해결** 어서션 시그니처를 이용해 `if` 및 `switch` 문과 별개로 형식을 변경한다.

**논의** 자바스크립트는 아주 유연한 언어다. 자바스크립트의 동적 형식 기능을 이용해 런타임에 객체를 바꿀 수 있으며, 새 프로퍼티를 바로 추가할 수 있다. 개발자는 이런 기능을 활용한다. 예를 들어 요소로 구성된 컬렉션을 처리하는 데 특정 프로퍼티에 어서션을 적용해야 한다. 그 결과로 `checked` 프로퍼티를 저장한 다음 `true`로 설정해 특정 감사를 거쳤음을 기록한다.

```
function check(person: any) {
  person.checked = true;
}

const person = {
  name: "Stefan",
  age: 27,
};

check(person); // person은 checked 프로퍼티를 포함한다.

person.checked; // 참이다!
```

형식 시스템에 이를 반영하고 싶다. 그렇지 않으면 객체에 특정 프로퍼티가 존재하는지 매번 확인해야 하기 때문이다. 특정 프로퍼티가 존재함을 알아도 이를 피할 수 없다.

형식 어서션을 이용해 특정 프로퍼티가 존재함을 증명한다. 특정 시점에 이 프로퍼티는 다른 형식을 갖는다고 말할 수 있다.

```
(person as typeof person & { checked: boolean }).checked = true;
```

괜찮은 방법이지만 **person**의 원래 형식을 바꾸지는 않으므로 형식 어서션을 계속 반복해야 한다. 3.5절에서 설명했듯이 형식 찬반형을 만들어 특정 프로퍼티가 존재함을 증명하는 방법도 있다.

```
function check<T>(obj: T): obj is T & { checked: true } {
  (obj as T & { checked: boolean }).checked = true;
  return true;
}

const person = {
  name: "Stefan",
  age: 27,
};

if (check(person)) {
  person.checked; // checked는 true!
}
```

하지만 이번에는 **check** 함수의 코드가 어설픈 동작을 수행하는 것처럼 보인다. 즉, 찬반형 함수에서 추가 조건을 설정한 다음 **true**를 반환한다. 뭔가 잘못된 것 같다.

다행히도 타입스크립트는 이런 상황에서 활용할 수 있도록 어서션 시그니처라는 기능을 제공한다. 어서션 시그니처를 이용하면 조건형을 이용하지 않고 제어 흐름에서 값의 형식을 바꿀 수 있다. 어서션 시그니처는 사실 Node.js의 **assert** 함수를 구현할 목적으로 만들어졌다. **assert** 함수는 조건을 받아 조건이 참이 아니면 오류를 던지는 함수다. 즉, **assert**를 호출하기 전보다 후에 더 많은 정보를 얻는다. 예를 들어 **assert**를 호출한 다음 값의 형식이 **string**이라면 이후는 경험적으로 **assert** 함수를 호출한 이후의 값이 **string**이어야 한다는 사실을 알 수 있다.

```
function assert(condition: any, msg?: string): asserts condition {
  if (!condition) {
    throw new Error(msg);
  }
}

function yell(str: any) {
  assert(typeof str === "string");
  // str은 string
  return str.toUpperCase();
}
```

조건이 거짓이면 이 함수는 즉시 실행을 종료<sup>short-circuit</sup>한다. 오류가 발생하면 **never**가 된다. 함수를 통과해야 조건을 실제로 확인할 수 있다.

어서션 시그니처가 Node.js의 **assert** 함수용으로 만들어졌지만, 원하는 모든 형식에 **assert**를 사용할 수 있다. 예를 들어 **any** 형식의 값을 받는 함수가 있는데 함수가 실행을 이어가려면 이 값은 반드시 **number**여야 함을 조건으로 걸 수 있다.

```
function assertNumber(val: any): asserts val is number {
  if (typeof val !== "number") {
    throw Error("value is not a number");
  }
}

function add(x: unknown, y: unknown): number {
  assertNumber(x); // x는 number
  assertNumber(y); // y는 number
  return x + y;
}
```

어서션 시그니처와 관련한 모든 예제는 기본 어서션 기능과 오류에 따른 즉시 실행 종료에 기반함을 알 수 있다. 하지만 이 기법을 이용해 타입스크립트에 더 많은 프로퍼티가 있음을 알릴 수 있다. 이전에는 **check**와 아주 비슷한 찬반형 함수를 구현했지만, 이번엔 **true**를 반환할 필요가 없다. 프로퍼티를 설정하고 자바스크립트에서 객체는 값으로 전달하므로 이 함수를 호출한 다음에는 무엇을 이 함수로 전달했는지와 관계없이 **checked** 프로퍼티가 존재하며 값은 **true**일 것임을 장담할 수 있다.

```
function check<T>(obj: T): asserts obj is T & { checked: true } {
  (obj as T & { checked: boolean }).checked = true;
}

const person = {
  name: "Stefan",
  age: 27,
};

check(person);
```

이를 이용해 실시간으로 값의 형식을 바꿀 수 있다. 잘 알려지지는 않았지만 유용한 기능이다.

## 4.7 형식 맵을 이용한 매핑 형식 사용하기

**문제** 문자열 식별자에 기반한 특정 하위 형식의 객체를 만드는 팩토리 함수를 구현하는데, 다양한 하위 형식이 존재할 수 있는 상황이다.

**해결** 모든 하위 형식을 형식 맵에 저장하고 인덱스로 접근할 수 있게 한 다음 Partial<T> 같은 매핑된 형식을 사용한다.

**논의** 어떤 기본 정보에 근거한 복잡한 객체 변형을 만들 때 팩토리 함수를 유용하게 활용한다. 브라우저 자바스크립트의 요소 생성이 좋은 예다. document.createElement 함수는 요소 태그명을 받아 객체를 만드는데, 이때 사용자는 객체의 모든 프로퍼티를 필요한 대로 바꿀 수 있다.

createElement라는 팩토리 함수로 이 생성 과정을 조금 더 개선하려 한다. 새 함수는 요소의 태그명뿐 아니라 프로퍼티 목록도 받으므로 각 프로퍼티를 따로 설정할 필요가 없다.

```
// createElement 사용하기

// a는 HTMLAnchorElement
const a = createElement("a", { href: "https://fettblog.eu" });
// b는 HTMLVideoElement
const b = createElement("video", { src: "/movie.mp4", autoplay: true });
// c는 HTMLElement
const c = createElement("my-element");
```

이에 사용할 좋은 형식을 만들어야 하는데, 다음 두 가지를 유념하자.

- 유효한 HTML 요소만 만든다.
- HTML 요소 프로퍼티의 하위 집합을 받아들이는 형식을 제공한다.

우선 유효한 HTML 요소만 만드는 문제를 해결하자. HTML은 140개라는 상당히 많은 요소를 제공한다. 각 요소는 문자열로 구성된 태그명을 포함하며 DOM에 각 프로토타입 객체를 갖는다. tsconfig.json에 dom 라이브러리를 사용하면 타입스크립트는 형식을 이용해 이들 프로토타입 객체 정보를 갖는다. 이렇게 140개 모든 요소의 이름을 알아낼 수 있다.

**형식 맵**type map을 이용하면 요소 태그명과 프로토타입 객체를 쉽게 매핑할 수 있다. 형식 맵이란 형식 별칭이나 인터페이스의 키가 관련된 형식 변형을 가리키도록 하는 기법이다. 이후에는 문자열 리터럴 형식의 인덱스를 이용해 올바른 형식 변형을 얻는다.

```
type AllElements = {
  a: HTMLAnchorElement;
  div: HTMLDivElement;
  video: HTMLVideoElement;
  //... ~140개 요소 전부!
};

// HTMLAnchorElement
type A = AllElements["a"];
```

마치 인덱스로 자바스크립트 객체에 접근하는 것처럼 보이지만, 이는 형식 수준의 동작이라는 사실을 기억하자. 즉, 인덱스 접근을 확장할 수 있다.

```
type AllElements = {
  a: HTMLAnchorElement;
  div: HTMLDivElement;
  video: HTMLVideoElement;
  //... ~140개 요소 전부!
};

// HTMLAnchorElement | HTMLDivELement
type AandDiv = AllElements["a" | "div"];
```

이 맵을 이용해 `createElement` 함수에 형식을 추가하자. 제네릭 형식 매개변수에 `AllElements` 의 모든 키라는 제한을 추가해서 오직 유효한 HTML 요소만 키로 받을 수 있다.

```
function createElement<T extends keyof AllElements>(tag: T): AllElements[T] {
  return document.createElement(tag as string) as AllElements[T];
}

// a는 HTMLAnchorElement
const a = createElement("a");
```

여기서 제네릭은 문자열 리터럴을 리터럴 형식으로 고정하는 역할을 하며 이를 이용해 HTML의 유효한 요소만을 형식 맵에서 가져와 인덱스로 사용하도록 한다. 또한 document. createElement는 두 개의 형식 어서션을 요구한다. 한 개는 집합을 넓은 형식(T를 string)으로 만들고 다른 하나는 집합을 좁은 형식(HtmlElement를 AllElements[T])으로 만든다. 두 어서션은 3.9절에서 설명했듯이 우리가 제어할 수 있는 범위 밖의 API를 처리하고 있음을 의미한다. 이들 어서션은 나중에 다시 살펴본다.

HTML 요소와 관련한 추가 프로퍼티를 전달하는 옵션을 제공하려 한다. 예를 들어 HTMLAnchorElement에는 href를 설정하는 식이다. 모든 프로퍼티가 HTMLElement 변형에 포함되지만, 이들은 선택형이 아니라 필수형이다. 내장 형식 Partial<T>를 이용해 이들 프로퍼티를 선택형으로 바꾼다. Partial<T>는 특정 형식의 모든 프로퍼티를 가져다 형식 변경자를 추가하는 매핑된 형식이다.

```
type Partial<T> = { [P in keyof T]?: T[P] };
```

AllElements 요소의 Partial인 선택형 인수 props를 createElement 함수에 추가한다. 이제 "a"를 전달하면 HTMLAnchorElement에서 제공하는 프로퍼티만 설정할 수 있다.

```
function createElement<T extends keyof AllElements>(
  tag: T,
  props?: Partial<AllElements[T]>
): AllElements[T] {
  const elem = document.createElement(tag as string) as AllElements[T];
  return Object.assign(elem, props);
}

const a = createElement("a", { href: "https://fettblog.eu" });
const x = createElement("a", { src: "https://fettblog.eu" });
//                              ^--
// 객체 리터럴은 알려진 속성만 지정할 수 있으며 'Partial<HTMLAnchorElement>'
// 형식에 'src'이(가) 없습니다.ts(2353)
```

멋지다! 이제 나머지 140개 HTML 요소도 처리할 수 있다. 그런데 너무 많다. 다행히 누군가 이 작업을 이미 처리해서 lib.dom.ts의 HTMLElementTagNameMap으로 추가했으니 이를 이용하자.

```
function createElement<T extends keyof HTMLElementTagNameMap>(
  tag: T,
  props?: Partial<HTMLElementTagNameMap[T]>
): HTMLElementTagNameMap[T] {
  const elem = document.createElement(tag);
  return Object.assign(elem, props);
}
```

document.createElement도 이 인터페이스를 사용하므로 우리가 구현한 함수와 내장 함수는 완벽 호환된다. 추가 어서션은 필요 없다.

한 가지 문제가 있다. HTMLElementTagNameMap에서 제공하는 140개 요소만 사용할 수 있다는 점이다. SVG 요소나 커스터마이즈된 요소명이 있는 웹 컴포넌트가 필요할 때는 무엇을 해야 할까? 현재 팩토리 함수의 기능은 너무 제한적이다.

document.createElement의 기능을 확장하려면 모든 가능한 문자열을 다시 추가해야 한다. HTMLElementTagNameMap은 인터페이스이므로 남은 모든 문자열을 HTMLUnknownElement로 매핑한 다음 **인덱스된 시그니처**<sup>indexed signature</sup>를 이용해 **선언 합치기**로 인터페이스를 확장해야 한다.

```
interface HTMLElementTagNameMap {
  [x: string]: HTMLUnknownElement;
};

function createElement<T extends keyof HTMLElementTagNameMap>(
  tag: T,
  props?: Partial<HTMLElementTagNameMap[T]>
): HTMLElementTagNameMap[T] {
  const elem = document.createElement(tag);
  return Object.assign(elem, props);
}

// a는 HTMLAnchorElement
const a = createElement("a", { href: "https://fettblog.eu" });
// b는 HTMLUnknownElement
const b = createElement("my-element");
```

이제 필요한 모든 기능을 얻었다.

- 형식을 갖춘 HTML 요소를 만드는 훌륭한 팩토리 함수
- 한 개의 설정 객체로 모든 가능한 요소 프로퍼티를 설정할 수 있는 가능성
- 미리 정의된 요소 외에 추가 요소를 만들 수 있는 유연성

마지막 작업을 훌륭하게 완성했다. 그런데 웹 컴포넌트는 어떻게 지원할까? 웹 컴포넌트는 자체 규칙이 있다. 이들은 태그명에 **대시**<sup>dash</sup>를 포함한다. **문자열 템플릿 리터럴 형식**<sup>string template literal type</sup>에 매핑된 형식을 이용해 이를 모델링할 수 있다. 문자열 템플릿 리터럴 형식은 6장에서 배운다.

우선은 문자열 뒤에 대시가 오고 그 뒤에 다시 문자열이 오는 패턴으로 구성된 문자열들의 집합을 만들어야 한다는 사실에 집중하자. 이 패턴을 이용해 올바른 요소명을 전달한다.

**매핑된 형식**은 형식 별칭에만 적용할 수 있으며 인터페이스 선언에는 적용되지 않으므로 AllElements 형식을 다시 정의한다.

```
type AllElements = HTMLElementTagNameMap &
  {
    [x in `${string}-${string}`]: HTMLElement;
  };

function createElement<T extends keyof AllElements>(
  tag: T,
  props?: Partial<AllElements[T]>
): AllElements[T] {
  const elem = document.createElement(tag as string) as AllElements[T];
  return Object.assign(elem, props);
}

const a = createElement("a", { href: "https://fettblog.eu" }); // 동작함
const b = createElement("my-element"); // 동작함


const c = createElement("thisWillError");
//                       ^
// '"thisWillError"' 형식의 인수는 '`${string}-${string}`| keyof
// HTMLElementTagNameMap' 형식의 매개변수에 할당될 수 없습니다.ts(2345)
```

훌륭하다! `AllElements` 형식이 바뀌면서 형식 어서션도 돌아왔지만, 그렇게 마음에 들지는 않는다. 어서션 대신 함수 오버로드를 사용할 수 있다. 즉, 사용자가 사용할 한 개의 함수 정의와 우리가 구현할 함수용 정의 이렇게 두 개의 함수를 구현하는 기법이다. 함수 오버로드 기법은 2.6절과 12.7절에서 더 자세히 배울 수 있다.

```
function createElement<T extends keyof AllElements>(
  tag: T,
  props?: Partial<AllElements[T]>
): AllElements[T];
function createElement(tag: string, props?: Partial<HTMLElement>): HTMLElement {
  const elem = document.createElement(tag);
  return Object.assign(elem, props);
}
```

필요한 모든 기능을 갖췄다. 매핑된 형식과 인덱스 시그니처로 형식 맵을 정의했고, 제네릭 형시 매개변수로 의도를 아주 명시적으로 표현했다. 타입스크립트 도구 주머니에 훌륭한 다용도 도구 조합을 추가했다.

## 4.8 ThisType으로 객체의 this 정의하기

**문제** 앱에서 여러 메서드를 포함하는 복잡한 설정 객체들을 처리하는데, 사용처에 따라 this의 컨텍스트가 달라진다.

**해결** 내장 제네릭 `ThisType<T>`를 이용해 this를 올바로 정의한다.

**논의** VueJS(*https://vuejs.org/*) 같은 프레임워크는 많은 팩토리 함수에 크게 의존하는데, 이 팩토리 함수들은 보통 초기 데이터, 계산된 프로퍼티, 각 인스턴스의 메서드를 정의하는 복잡한 설정 객체를 인수로 받는다. 앱의 컴포넌트에도 이와 비슷한 기능을 만든다고 가정하자. 다음과 같은 세 프로퍼티가 있는 설정 객체를 만들려 한다.

### data 함수

인스턴스의 초기 데이터를 반환한다. 이 함수에서는 설정 객체의 다른 프로퍼티에 접근할 수 없다.

### computed 프로퍼티

초기 데이터에 기반해 계산된 프로퍼티를 저장한다. 여러 함수를 이용해 계산된 프로퍼티를 선언한다. 이들 함수는 일반 프로퍼티에 접근하듯이 초기 데이터에 접근할 수 있다.

### methods 프로퍼티

메서드는 호출할 수 있는 대상이며, 초기 데이터와 계산된 프로퍼티 모두에 접근할 수 있다. 메서드는 일반 프로퍼티에 접근하듯이 계산된 프로퍼티에 접근할 수 있으므로 함수를 호출할 필요가 없다.

각 설정 객체는 세 가지 방법으로 this를 해석한다. data에서 this는 아무 프로퍼티도 포함하지 않는다. computed에서 각 함수는 마치 객체의 일부에 접근하듯이 this를 이용해 data의 반환값에 접근할 수 있다. methods에서 각 메서드는 computed와 같은 방식으로 this를 이용해 data와 계산된 프로퍼티에 접근할 수 있다.

```
const instance = create({
  data() {
    return {
      firstName: "Stefan",
      lastName: "Baumgartner",
    };
  },
  computed: {
    fullName() {
      // data의 반환 객체에 접근할 수 있음
      return this.firstName + " " + this.lastName;
    },
  },
  methods: {
    hi() {
      // 일반 프로퍼티를 사용하듯이 계산된 프로퍼티를 사용함
      alert(this.fullName.toLowerCase());
    },
```

```
    },
  });
```

---

이는 특별하지만 흔히 볼 수 있는 기능이다. 이런 동작을 사용하려면 좋은 형식이 필요하다.

> **노트** 구현 코드의 세부 사항은 이 장에서 다루는 주제와 관련이 없으므로 이 절에서는 구현 코드가 아니라 형식에 집중한다.

각 프로퍼티의 형식을 만들어 보자. Options라는 형식을 정의한 다음 단계별로 완성한다. 먼저 data 함수를 살펴보자. data는 사용자가 정의할 수 있으므로 제네릭 형식 매개변수로 data를 지정한다. 특히 여기서는 data 함수의 반환 형식이 핵심이다.

```
type Options<Data> = {
  data(this: {})?: Data;
};
```

data 함수의 실제 반환값을 지정했으므로 Data 플레이스홀더는 실제 객체 형식으로 치환된다. this가 빈 객체를 가리키도록 설정했는데, 이는 설정 객체에서 다른 프로퍼티에 접근하지 않음을 의미한다.

다음으로 computed를 살펴보자. computed는 함수들의 객체다. Computed라는 다른 제네릭 형식 매개변수를 추가하고 Computed의 값은 사용처에 따라 형식이 추론되도록 한다. 여기서 this는 Data의 모든 프로퍼티로 바뀐다. data 함수에서 했듯이 this를 설정하지 않으므로 내장 헬퍼 형식 ThisType을 이용할 수 있으며 이를 제네릭 형식 매개변수 Data로 설정한다.

```
type Options<Data, Computed> = {
  data(this: {})?: Data;
  computed?: Computed & ThisType<Data>;
};
```

---

이제 이전 예제에서처럼 this.firstName에 접근할 수 있다. 마지막으로 methods를 살펴보자. methods는 this로 Data에 접근할 수 있을 뿐 아니라 프로퍼티로 모든 계산된 프로퍼티와 메서드에 접근할 수 있는 특이한 프로퍼티다.

Computed는 모든 계산된 프로퍼티를 함수로 보관한다. 하지만 이들의 값(즉, 함수들의 반환 값)이 필요하다. 프로퍼티 접근 방식으로 fullName에 접근하면 string일 것이라 예상한다.

MapFnToProp이라는 헬퍼 형식을 만든다. 이 형식은 함수의 객체 형식을 받아 함수의 반환값 형식으로 매핑한다. 이 상황에는 내장 헬퍼 형식 ReturnType이 적합하다.

```
// 함수들을 포함하는 객체 ...
type FnObj = Record<string, () => any>;

// ... 이를 반환 형식을 포함하는 객체로 변환한다.
type MapFnToProp<FunctionObj extends FnObj> = {
  [K in keyof FunctionObj]: ReturnType<FunctionObj[K]>;
};
```

MapFnToProp을 이용해 새로 추가된 Methods라는 제네릭 형식 매개변수에 ThisType 을 설정할 수 있다. 또한 Data와 Methods를 혼합했다. Computed 제네릭 형식 매개변수를 MapFnToProp으로 전달하려면 형식 매개변수를 FnObj로 제약(MapFnToProp의 첫 매개변수 FunctionObj와 같은 제약)해야 한다.

```
type Options<Data, Computed extends FnObj, Methods> = {
  data(this: {})?: Data;
  computed?: Computed & ThisType<Data>;
  methods?: Methods & ThisType<Data & MapFnToProp<Computed> & Methods>;
};
```

이렇게 형식을 완성했다! 모든 제네릭 형식 프로퍼티를 가져다 create라는 팩토리 함수에 추 가한다.

```
declare function create<Data, Computed extends FnObj, Methods>(
  options: Options<Data, Computed, Methods>
): any;
```

사용 방법에 따라 모든 제네릭 형식 매개변수가 적절히 치환된다. Options의 형식을 지정한 방식 덕분에 [그림 4-1]과 비슷한 문제가 발생하지 않도록 필요한 모든 자동 완성 기능을 얻을 수 있다.

이 예제는 타입스크립트가 내부적으로 많은 객체를 변환하는 API에 형식을 추가하는 데 얼마나 도움을 주는지 보여준다.[1]

```
96   create({
97     data() {
98       // @ts-expect-error
99       this.firstname;
100      // @ts-expect-error
101      this.getRandom();
102      // @ts-expect-error
103      this.data();
104
105      return {
106        firstName: "Stefan",
107        lastName: "Baumgartner",
108        age: 40,
109      };
110    },
111    computed: {
112      fullName() {
113        return `${this.firstName} ${this.lastName}`;
114      },
115    },
116    methods: {
117      getRandom() {
118        return Math.random();
119      },
120      hi() {
121        alert(this.lastNa  ⬡ age          (property) age: number
122        alert(this.fullNa  ⬡ firstName
123        alert(this.getRan  ⬡ fullName
124      },                   ⬡ getRandom
125      test() {             ⬡ hi
126        console.log(this.) ⬡ lastName
127      },                   ⬡ test
128    },
129  });
130
```

그림 4-1 팩토리 함수의 methods 설정은 이제 모든 올바른 프로퍼티에 접근할 수 있다.

........................................

1  훌륭한 예제를 제공한 타입 챌린지(Type Challenges, *https://oreil.ly/pHc9j*)의 저자들에게 감사한다.

# 4.9 제네릭 형식 매개변수에 const 컨텍스트 추가하기

**문제** 복잡한 리터럴값을 함수로 전달할 때, 타입스크립트는 형식을 일반적인 방향으로 확장한다. 대부분 상황에서는 도움을 주는 동작이지만, 때로는 넓어진 형식 대신 리터럴 형식 그대로가 필요하다.

**해결** 제네릭 형식 매개변수 앞에 const 변경자를 붙여 전달된 값이 const 컨텍스트에서 유지되게 한다.

**논의** 싱글 페이지 애플리케이션single-page application(SPA) 프레임워크는 브라우저의 많은 기능을 자바스크립트로 재구현하는 경향이 있다. 예를 들어 History API(*https://oreil.ly/KMBgj*)는 일반 탐색 동작을 오버라이드하도록 허용하므로 SPA 프레임워크는 이를 이용해 페이지를 다시 불러오지 않고도 페이지의 콘텐츠와 브라우저의 URL을 바꾼다.

페이지 간을 이동하는 라우터router라는 기능을 이용하는 간단한 SPA 프레임워크가 있다고 가정하자. **컴포넌트**component로 페이지를 정의하며 ComponentConstructor 인터페이스는 웹 사이트의 새 요소를 인스턴스화하고 렌더링하는 방법을 안다.

```
interface ComponentConstructor {
  new(): Component;
}

interface Component {
  render(): HTMLElement;
}
```

**라우터**는 컴포넌트 목록과 관련 경로를 받아 string으로 저장한다. router 함수로 라우터를 만들 때 원하는 경로를 탐색할 수 있도록 navigate라는 객체를 반환한다.

```
type Route = {
  path: string;
  component: ComponentConstructor;
};

function router(routes: Route[]) {
  return {
    navigate(path: string) {
```

```
      // ...
    },
  };
}
```

현재 관심사는 탐색을 어떻게 구현하는지가 아니라 함수 인터페이스의 형식을 어떻게 구성하는지다.

라우터는 의도한 대로 동작한다. 즉, 라우터는 Route 객체 배열을 받아 navigate 함수를 포함하는 객체를 반환한다. 이 객체를 이용해 한 URL에서 다른 URL로 탐색할 수 있으며 이때마다 새 컴포넌트를 그린다.

```
const rtr = router([
  {
    path: "/",
    component: Main,
  },
  {
    path: "/about",
    component: About,
  },
])

rtr.navigate("/faq");
```

이들 형식은 너무 넓다는 사실을 한눈에 알 수 있다. 모든 가능한 문자열을 탐색하도록 허용하므로 아무 데도 연결되지 않는 가짜 경로를 사용하지 못하게 막을 수 없다. 이미 준비되어 있고 사용할 수 있는 정보에 대한 일종의 오류 처리를 구현해야 한다.

우선 제네릭 형식 매개변수를 구체적 형식으로 바꾼다. 리터럴 형식이 있으면 타입스크립트는 하위 형식을 만드는 방식으로 제네릭 치환을 처리한다. Route 대신 T, string 대신 T["path"]를 사용하면 원하는 바에 근접한 동작을 구현할 수 있다.

```
function router<T extends Route>(routes: T[]) {
  return {
    navigate(path: T["path"]) {
      // ...
    },
```

```
    };
  }
```

이론적으로 이 코드는 동작한다. 타입스크립트가 리터럴을 어떻게 처리하는지 떠올려보자. 이 예제에서는 기본 형식을 리터럴로 사용했는데, 이 값은 리터럴 형식으로 좁혀질 것임을 기대할 수 있다.

```
function getPath<T extends string>(route: T): T {
  return route;
}

const path = getPath("/"); // "/"
```

4.3절에서 이 동작을 더 자세히 확인할 수 있다. 이전 예제에서 반환값이 불변형immutable이므로 path는 const 컨텍스트였음을 눈여겨보자.

객체와 배열을 처리할 때 한 가지 문제가 있다. 타입스크립트는 객체의 형식을 넓히고, 배열의 값은 변할 수 있으므로 배열의 형식은 더 폭넓게 일반화한다는 점이다. 중첩된 객체로 이와 비슷한 예제를 살펴보자. 여기서 타입스크립트는 더 넓은 형식을 대신 취한다.

```
type Routes = {
  paths: string[];
};

function getPaths<T extends Routes>(routes: T): T["paths"] {
  return routes.paths;
}

const paths = getPaths({ paths: ["/", "/about"] }); // string[]
```

객체에서 paths의 const 컨텍스트는 콘텐츠가 아니라 변수 바인딩 전용이다. 이 때문에 navigate의 형식을 올바로 정의하는 데 필요한 일부 정보를 잃게 된다.

상호적으로 const 컨텍스트를 적용해 이 제한을 피할 수 있다. 그러려면 입력 매개변수를 readonly로 재정의한다.

```
function router<T extends Route>(routes: readonly T[]) {
  return {
    navigate(path: T["path"]) {
      history.pushState({}, "", path);
    },
  };
}

const rtr = router([
  {
    path: "/",
    component: Main,
  },
  {
    path: "/about",
    component: About,
  },
] as const);

rtr.navigate("/about");
```

이 코드는 동작하지만, 코딩 시 아주 중요한 세부 사항을 잊으면 안 된다는 단점이 있다. 이렇게 무엇인가를 기억해야 한다는 사실은 언젠가 반드시 문제를 일으킨다.

다행히도 타입스크립트는 제네릭 형식 매개변수에서 const 컨텍스트를 요청하도록 허용한다. 값에 const 컨텍스트를 적용하는 대신, 제네릭 형식 매개변수를 구체적인 값으로 치환할 때 제네릭 형식 매개변수에 const 변경자를 추가해서 이 동작이 const 컨텍스트에서 발생하도록 강제한다.

```
function router<const T extends Route>(routes: T[]) {
  return {
    navigate(path: T["path"]) {
      // 구현 중
    },
  };
}
```

이제 라우터를 기존처럼 사용할 수 있으며 가능한 경로값을 자동 완성 기능으로 얻을 수 있다.

```
const rtr = router([
  {
    path: "/",
    component: Main,
  },
  {
    path: "/about",
    component: About,
  },
])

rtr.navigate("/about");
```

심지어 존재하지 않는 값을 전달하려 하면 오류가 발생한다.

```
const rtr = router([
  {
    path: "/",
    component: Main,
  },
  {
    path: "/about",
    component: About,
  },
])

rtr.navigate("/faq");
//            ^
// '"/faq"' 형식의 인수는 '"/" | "/about"' 형식의 매개변수에
// 할당될 수 없습니다.ts(2345)
```

함수의 API에서는 이 모든 세부 내용이 숨겨진다는 점이 특히 훌륭하다. 원하는 바를 더 명확하게 전달할 수 있고, 인터페이스는 제약이 무엇인지 알려주며, router를 이용해 형식 안전성을 확보하면서도 추가 작업이 필요하지 않다.

# CHAPTER 5

# 조건부 형식

이 장에서는 타입스크립트의 전용 기능인 **조건부 형식**conditional type을 살펴본다. 조건부 형식을 이용하면 하위 형식 확인을 기반으로 형식을 선택할 수 있으므로 형식 공간을 자유롭게 이동하고, 인터페이스와 함수 시그니처를 좀 더 유연하게 원하는 방식으로 설계할 수 있다.

조건부 형식을 이용하면 필요할 때 바로 형식을 만들 수 있다. 놀라움과 멋짐이 공존하는 깃허브 이슈(*https://oreil.ly/igPhB*)에서 보여주듯이, 조건부 형식 덕분에 타입스크립트의 형식 시스템 튜링turing이 완벽해진다. 너무 많은 기능이 주어진 나머지 정말로 필요한 형식이 무엇인지에 집중하지 못한 채 막다른 길에 다다르거나 이해하기가 너무 힘든 형식을 만드는 상황이 발생할 수 있다. 이 책에서는 조건부 형식을 사용하는 방법을 자세히 살펴보며, 우리가 하는 일이 실제로 원하는 목표로 이어지는지를 항상 재평가할 것이다.

이 장은 다른 장보다 내용이 적은 편이다. 이는 조건부 형식과 관련해 다룰 내용이 적어서가 아니라 오히려 그 반대다. 실제로 이후 장들에서 조건부 형식을 어떻게 활용할 수 있는지 살펴본다. 이 장에서는 조건부 형식의 핵심에 집중하고 형식과 관련해 사용할 용어를 정리한다.

## 5.1 복잡한 함수 시그니처 관리하기

**문제** 매개변수와 반환 형식이 다양한 함수를 구현하려 한다. 모든 가능성을 함수 오버로드로 충당하자니 상황이 너무 복잡하다.

**해결** 조건부 형식을 이용해 매개변수와 반환 형식의 규칙 집합을 정의한다.

**논의** 사용자 정의 입력에 기반해 특정 속성을 레이블로 표시하는 소프트웨어를 개발하는 중이라고 가정하자. 다양한 필터 작업과 검색을 지원하도록 StringLabel, NumberLabel을 구분한다.

```
type StringLabel = {
  name: string;
};

type NumberLabel = {
  id: number;
};
```

사용자 입력은 문자열이나 숫자 중 한 가지다. createLabel 함수는 기본 형식을 입력으로 받아 StringLabel이나 NumberLabel 객체 중 하나를 만들어 반환한다.

```
function createLabel(input: number | string): NumberLabel | StringLabel {
  if (typeof input === "number") {
    return { id: input };
  } else {
    return { name: input };
  }
}
```

기본 기능은 완성했지만 형식이 너무 넓다. number를 입력하면 NumberLabel이 반환되는데, createLabel의 형식은 여전히 NumberLabel | StringLabel이다. 이 문제를 어떻게 해결해야 할까? 2.6절에서 배운 함수 오버로드 기법을 활용해 명확하게 형식 관계를 정의하는 함수를 추가할 수 있다.

```
function createLabel(input: number): NumberLabel;
function createLabel(input: string): StringLabel;
function createLabel(input: number | string): NumberLabel | StringLabel {
  if (typeof input === "number") {
    return { id: input };
  } else {
    return { name: input };
  }
}
```

각 오버로드 정의는 사용 방식에 따른 형식을 정의하지만, 가장 마지막 정의는 함수 본문을 구현하는 데 필요한 형식을 정의한다. createLabel 함수로 string을 전달해 StringLabel을 얻거나 number를 전달해 NumberLabel을 얻는다. StringLabel과 NumberLabel은 함수 외부에서 사용할 수 있는 형식이다.

하지만 미리 입력 형식을 충분히 좁힐 수 없는 상황이라면 현재 함수에서 문제가 발생한다. 현재 함수는 number 또는 string일 수 있는 입력을 허용하지 않는다.

```
function inputToLabel(input: string | number) {
  return createLabel(input);
  //                     ^
  // 이 호출과 일치하는 오버로드가 없습니다.
  // 오버로드 1/2('(input: number): NumberLabel')에서 다음 오류가
  // 발생했습니다.
  // 'string | number' 형식의 인수는 'number' 형식의 매개변수에
  // 할당될 수 없습니다.
  // 'string' 형식은 'number' 형식에 할당할 수 없습니다.
  // 오버로드 2/2('(input: string): StringLabel')에서 다음 오류가
  // 발생했습니다.
  // 'string | number' 형식의 인수는 'string' 형식의 매개변수에
  // 할당될 수 없습니다.
  // 'number' 형식은 'string' 형식에 할당할 수 없습니다.ts(2769)
}
```

아주 넓은 입력 형식을 허용하는 또 다른 오버로드를 추가해 이 문제를 해결한다.

```
function createLabel(input: number): NumberLabel;
function createLabel(input: string): StringLabel;
function createLabel(input: number | string): NumberLabel | StringLabel;
```

```
function createLabel(input: number | string): NumberLabel | StringLabel {
  if (typeof input === "number") {
    return { id: input };
  } else {
    return { name: input };
  }
}
```

벌써 세 개의 오버로드 함수와 이 기능의 가장 기본 기능을 설명하는 함수 시그니처 정의를 포함해 네 개의 정의를 추가했다. 문제는 지금부터 상황이 더 나빠질 수 있다는 점이다.

현재 함수가 기존의 `StringLabel`, `NumberLabel` 객체를 복제할 수 있도록 확장하려 한다. 이를 지원하려면 오버로드를 더 추가해야 한다.

```
function createLabel(input: number): NumberLabel;
function createLabel(input: string): StringLabel;
function createLabel(input: StringLabel): StringLabel;
function createLabel(input: NumberLabel): NumberLabel;
function createLabel(input: string | StringLabel): StringLabel;
function createLabel(input: number | NumberLabel): NumberLabel;
function createLabel(
  input: number | string | StringLabel | NumberLabel
): NumberLabel | StringLabel;
function createLabel(
  input: number | string | StringLabel | NumberLabel
): NumberLabel | StringLabel {
  if (typeof input === "number") {
    return { id: input };
  } else if (typeof input === "string") {
    return { name: input };
  } else if ("id" in input) {
    return { id: input.id };
  } else {
    return { name: input.name };
  }
}
```

형식 힌트를 어떻게 사용하느냐에 따라 함수 오버로드 개수가 줄어들거나 늘어난다. 어쨌든 한 가지 확실한 점은 다양성을 지원할수록 더 복잡한 함수 시그니처가 필요하다는 사실이다.

이런 상황에서는 타입스크립트의 조건부 형식이라는 도구를 활용하면 좋다. 조건부 형식을 이용하면 서브 형식 검사 결과에 따라 형식을 선택할 수 있다. 정해진 제네릭 형식 매개변수가 특정 하위 형식인지 묻고, 그렇다면 true 분기에서 해당 형식을 반환하며 그렇지 않다면 false 분기에서 해당 형식을 반환한다.

예를 들어 다음은 입력 매개변수 T가 string(모든 문자열 또는 특정 문자열)의 하위 형식이면 T 형식을 반환하며 그렇지 않으면 never를 반환하는 예다.

```
type IsString<T> = T extends string ? T : never;

type A = IsString<string>; // string
type B = IsString<"hello" | "world">; // string
type C = IsString<1000>; // never
```

타입스크립트는 자바스크립트의 삼항 연산자 문법을 그대로 빌렸다. 따라서 타입스크립트에서는 이를 이용해 특정 조건이 유효한지 검사할 수 있다. 하지만 타입스크립트 형식 시스템은 프로그래밍 언어에서 아는 일반적인 집합 조건을 활용하지 않고, 입력 형식의 값이 검사 대상 집합에 포함되는지만 확인한다.

이 도구를 이용해 GetLabel<T>라 부르는 조건부 형식을 구현한다. 입력이 string이나 StringLabel 중 하나인지 검사한다. 검사 결과가 참이면 StringLabel을 반환하고 그렇지 않으면 NumberLabel을 반환한다.

```
type GetLabel<T> = T extends string | StringLabel ? StringLabel : NumberLabel;
```

이 형식은 입력 문자열, StringLabel, numberLabel, NumberLabel이 else 분기에 있는지만 확인한다. NumberLabel을 반환할 수 있는 입력 형식을 검사하는 조건부 형식을 기존 조건부 형식에 중첩하면 조금 더 완벽한 코드가 된다.

```
type GetLabel<T> = T extends string | StringLabel
  ? StringLabel
  : T extends number | NumberLabel
  ? NumberLabel
  : never;
```

이제 지금까지 만든 제네릭을 활용한다. createLabel에 모든 가능한 입력 형식으로 제한된 새로운 제네릭 형식 매개변수 T를 추가한다. 이 매개변수 T는 GetLabel<T>의 입력으로 사용되며 알맞은 반환 형식을 생산한다.

```typescript
function createLabel<T extends number | string | StringLabel | NumberLabel>(
  input: T
): GetLabel<T> {
  if (typeof input === "number") {
    return { id: input } as GetLabel<T>;
  } else if (typeof input === "string") {
    return { name: input } as GetLabel<T>;
  } else if ("id" in input) {
    return { id: input.id } as GetLabel<T>;
  } else {
    return { name: input.name } as GetLabel<T>;
  }
}
```

이렇게 한 행의 코드로 모든 가능한 형식 조합을 처리할 준비를 마쳤으며, getLabel에서 올바른 형식을 얻을 수 있게 되었다.

코드를 조금 더 자세히 살펴보면 반환 형식과 관련해 형식 확인 작업이 조금 더 필요함을 알 수 있다. 안타깝게도 타입스크립트에서 제네릭 및 조건부 형식을 사용할 때는 적절한 흐름 제어 분석을 할 수 없다. 약간의 형식 어서션을 사용해 타입스크립트에 현재 올바른 반환 형식을 처리하고 있음을 알릴 수 있다.

조건부 형식을 가진 함수 시그니처를 기존의 넓은 형식을 갖던 함수의 오버로드로 추가하는 방법도 있다.

```typescript
function createLabel<T extends number | string | StringLabel | NumberLabel>(
  input: T
): GetLabel<T>;
function createLabel(
  input: number | string | StringLabel | NumberLabel
): NumberLabel | StringLabel {
  if (typeof input === "number") {
    return { id: input };
  } else if (typeof input === "string") {
    return { name: input };
```

```
  } else if ("id" in input) {
    return { id: input.id };
  } else {
    return { name: input.name };
  }
}
```

이런 방식으로 입력에 따라 정확히 어떤 결과를 얻는지 바깥 세계에 알려주는 유연한 형식을 얻는다. 구현 측면에서도 넓은 형식 집합을 활용해 완전한 유연성을 얻는다.

그렇다면 모든 상황에 함수 오버로드보다는 조건부 형식을 사용하는 편이 좋다는 말일까? 그렇진 않다. 12.7절에서는 함수 오버로드를 사용하는 편이 더 좋은 상황을 설명한다.


## 5.2 never로 거르기

**문제** 다양한 형식을 포함하는 유니온이 있지만, 이 대신 문자열의 모든 하위 형식이 필요하다.

**해결** 분배 조건부 형식을 이용해 올바른 형식으로 거른다.

**논의** 제이쿼리[jQuery] 같은 프레임워크를 재구현하는 예전 코드가 애플리케이션에 남아있다고 가정하자. HTMLElement 형식의 객체에 클래스명을 추가 또는 제거하거나 이벤트 리스너를 이벤트로 바인딩하는 헬퍼 함수를 보유한 ElementList와 같은 기능도 존재한다.

인덱스를 이용해 목록의 각 요소에 접근할 수 있다. 숫자 인덱스 접근 형식과 일반 문자열 프로퍼티 키로 ElementList의 형식을 설명할 수 있다.

```
type ElementList = {
  addClass: (className: string) => ElementList;
  removeClass: (className: string) => ElementList;
  on: (event: string, callback: (ev: Event) => void) => ElementList;
  length: number;
  [x: number]: HTMLElement;
};
```

유연한 인터페이스를 갖도록 자료구조를 설계했다. 즉, addClass나 removeClass 같은 메서드를 호출하면 기존 객체가 반환되므로 메서드를 연쇄 호출할 수 있다.

다음은 이들 메서드의 예제 구현 코드다.

```typescript
// 발췌 시작
addClass: function (className: string): ElementList {
  for (let i = 0; i < this.length; i++) {
    this[i].classList.add(className);
  }
  return this;
},
removeClass: function (className: string): ElementList {
  for (let i = 0; i < this.length; i++) {
    this[i].classList.remove(className);
  }
  return this;
},
on: function (event: string, callback: (ev: Event) => void): ElementList {
  for (let i = 0; i < this.length; i++) {
    this[i].addEventListener(event, callback);
  }
  return this;
},
// 발췌 끝
```

Array, NodeList 같은 내장 컬렉션의 확장 덕분에 HTMLElement 객체 집합을 쉽게 조작할 수 있다.

```typescript
declare const myCollection: ElementList;

myCollection
  .addClass("toggle-off")
  .removeClass("toggle-on")
  .on("click", (e) => {});
```

이제 제이쿼리 구현을 유지 보수해야 하는데, 요소에 직접 접근하는 동작은 안전하지 않다는 사실을 발견했다. 애플리케이션의 일부가 직접 요소를 바꿀 수 있으므로 ElementList 자료구조를 주의해서 설계하지 않는다면 어디에서 상황이 바뀌었는지 알아내기가 쉽지 않다.

```
myCollection[1].classList.toggle("toggle-on");
```

이미 너무 많은 기능이 의존하고 있는 기존 라이브러리 코드는 바꾸기 어려우므로, 기존의 ElementList를 Proxy로 감싸기로 한다.

Proxy는 원본 대상 객체와 접근을 어떻게 처리할지 정의하는 핸들러 객체를 인수로 받는다. 다음은 프로퍼티 키의 형식이 string이고, 숫자를 표현하는 문자열이 아닌 상황에서만 읽기 전용으로 접근을 허용하는 Proxy 예다.

```
const safeAccessCollection = new Proxy(myCollection, {
  get(target, property) {
    if (
      typeof property === "string" &&
      property in target &&
      "" + parseInt(property) !== property
    ) {
      return target[property as keyof typeof target];
    }
    return undefined;
  },
});
```

> **노트** Proxy의 핸들러 객체는 오직 문자열이나 심볼 프로퍼티만 받는다. 0과 같은 숫자로 인덱스 접근을 시도하면 자바스크립트는 이를 문자열 "0"으로 변환한다.

자바스크립트에서는 문제가 없는 정상 동작이지만, 타입스크립트에서는 형식이 맞지 않는다. Proxy 생성자의 반환 형식은 ElementList이므로 숫자 인덱스 접근은 그대로 유지된다.

```
// 타입스크립트로는 동작하지만 자바스크립트에서는 오류 발생
safeAccessCollection[0].classList.toggle("toggle-on");
```

새 형식을 정의해서 숫자 인덱스 접근을 허용하지 않는 객체를 처리하고 있음을 타입스크립트에 알려야 한다.

ElementList의 키를 살펴보자. keyof 연산자를 사용하면 ElementList 형식의 객체에서 제공하는 모든 접근 메서드의 유니온 형식을 얻는다.

```
// "addClass" | "removeClass" | "on" | "length" | number로 해석됨
type ElementListKeys = keyof ElementList;
```

따라서 결과 유니온은 네 문자열과 number를 포함한다. 이 유니온을 이용해 문자열이 아닌 모든 것을 제거하는 조건부 형식을 만든다.

```
type JustStrings<T> = T extends string ? T : never;
```

JustStrings<T>를 **분배 조건부 형식**distributive conditional type이라 부른다. T는 객체나 배열에 감싸지지 않은 상태이므로 타입스크립트는 유니온의 조건부 형식을 조건부 형식의 유니온으로 처리한다. 결과적으로 타입스크립트는 유니온 T의 모든 멤버에 같은 조건 검사를 수행한다.

예제에서는 keyof ElementList의 모든 멤버에 이 동작을 적용해 다음과 같은 결과가 나타난다.

```
type JustElementListStrings =
  | "addClass" extends string ? "addClass" : never
  | "removeClass" extends string ? "removeClass" : never
  | "on" extends string ? "on" : never
  | "length" extends string ? "length" : never
  | number extends string ? number : never;
```

false 분기로 빠지는 유일한 조건은 바로 마지막 조건에서 number가 string의 하위 형식인지 검사하는 행뿐이다(물론 참이 될 수 없다). 모든 조건을 해석한 결과로 새 유니온 형식이 탄생한다.

```
type JustElementListStrings =
  | "addClass"
  | "removeClass"
  | "on"
  | "length"
  | never;
```

never를 유니온에 사용하면 never가 사라진다. 가능한 값이 없는 집합을 값의 집합과 유니온으로 연결하면 값만 남기 때문이다.

```
type JustElementListStrings =
  ¦ "addClass"
  ¦ "removeClass"
  ¦ "on"
  ¦ "length";
```

이렇게 안전하게 접근할 수 있는 키 목록을 얻었다! Pick 헬퍼 함수로 string 형식의 모든 키만 가져와서 ElementList의 상위 형식을 만든다.

```
type SafeAccess = Pick<ElementList, JustStrings<keyof ElementList>>;
```

편집기로 결과 형식을 확인해보면 원하던 결과와 같음을 확인할 수 있다.

```
type SafeAccess = {
  addClass: (className: string) => ElementList;
  removeClass: (className: string) => ElementList;
  on: (event: string, callback: (ev: Event) => void) => ElementList;
  length: number;
};
```

이 형식을 safeAccessCollection의 애너테이션으로 추가해보자. 하위 형식을 상위 형식에 할당할 수 있으므로 타입스크립트는 이 시점부터 safeAccessCollection을 숫자 인덱스 접근이 불가능한 형식으로 취급한다.

```
const safeAccessCollection: Pick<
  ElementList,
  JustStrings<keyof ElementList>
> = new Proxy(myCollection, {
  get(target, property) {
    if (
      typeof property === "string" &&
      property in target &&
      "" + parseInt(property) !== property
    ) {
```

```
      return target[property as keyof typeof target];
    }
    return undefined;
  },
});
```

safeAccessCollection에서 요소에 접근하려 시도하면 타입스크립트는 오류를 일으킨다.

```
safeAccessCollection[1].classList.toggle("toggle-on");
// ^ '1' 형식의 식을 'Pick<ElementList, "addClass" ¦ "removeClass" ¦ "on" ¦
//   "length">' 인덱스 형식에 사용할 수 없으므로 요소에 암시적으로
//   'any' 형식이 있습니다.
//   'Pick<ElementList, "addClass" ¦ "removeClass" ¦ "on" ¦ "length">' 형식에 '1'
//   속성이 없습니다.ts(7053)
```

이렇게 필요한 기능을 완성했다. 분배 조건부 형식은 유니온 멤버를 바꾸는 힘을 제공한다.
5.3절에서는 내장 헬퍼 형식을 활용하는 다른 예제를 소개한다.

# 5.3 kind로 요소 그룹화하기

**문제** 4.5절의 Group 형식은 동작에는 문제가 없지만, 그룹의 각 항목의 형식이 너무 넓다.

**해결** Extract 헬퍼 형식을 이용해 유니온 형식에서 올바른 멤버를 선택한다.

**논의** 3.1절과 4.5절의 장난감 가게 예제로 돌아가보자. 모든 가능한 값의 정보를 정확히 얻을
수 있도록 구별된 유니온 형식을 이용해 잘 설계된 모델로 시작한다.

```
type ToyBase = {
  name: string;
  description: string;
  minimumAge: number;
};

type BoardGame = ToyBase & {
  kind: "boardgame";
```

```
    players: number;
  };

  type Puzzle = ToyBase & {
    kind: "puzzle";
    pieces: number;
  };

  type Doll = ToyBase & {
    kind: "doll";
    material: "plush" | "plastic";
  };

  type Toy = Doll | Puzzle | BoardGame;
```

그리고 Toy에서 GroupedToys라는 형식을 **도출**했는데, GroupedToys는 kind 프로퍼티의 유니온 형식 멤버를 매핑된 형식의 프로퍼티 키(각 프로퍼티의 형식은 Toy[])로 취한다.

```
  type GroupedToys = {
    [k in Toy["kind"]]?: Toy[];
  };
```

제네릭을 이용해 다양한 시나리오에서 재사용할 수 있는 Group<Collection, Selector>라는 헬퍼 형식을 정의했다.

```
  type Group<
    Collection extends Record<string, any>,
    Selector extends keyof Collection
  > = {
    [K in Collection[Selector]]: Collection[];
  };

  type GroupedToys = Partial<Group<Toy, "kind">>;
```

헬퍼 형식은 잘 동작하지만 한 가지 문제가 있다. 생성된 형식을 확인해보면 Group<Collection, Selector>은 Toy 유니온 형식의 구별자를 잘 선택하지만, 모든 프로퍼티는 아주 넓은 Toy[]를 가리킨다.

```
type GroupedToys = {
  boardgame?: Toy[] | undefined;
  puzzle?: Toy[] | undefined;
  doll?: Toy[] | undefined;
};
```

이 정보는 충분하지 않다. 예를 들어 boardgame의 실제 형식은 BoardGame[]임에도 boardgame은 Toy[]를 가리킨다. puzzle과 doll을 포함해 컬렉션에 추가하는 모든 장난감에 같은 일이 발생한다. 실제로는 다음과 같은 형식이어야 한다.

```
type GroupedToys = {
  boardgame?: BoardGame[] | undefined;
  puzzle?: Puzzle[] | undefined;
  doll?: Doll[] | undefined;
};
```

Collection 유니온 형식에서 관련 멤버를 **추출**해서 이를 달성할 수 있다. 다행히 Extract<T, U>라는 헬퍼 형식을 이용할 수 있는데, T는 컬렉션이며 U는 T의 일부다.

다음은 Extract<T, U>의 정의다.

```
type Extract<T, U> = T extends U ? T : never;
```

조건에서 T는 다른 객체로 감싸지 않은 네이키드 형식<sup>naked type</sup>(T는 분배 조건부 형식)이므로 타입스크립트는 T의 각 멤버가 U의 하위 형식인지 확인하며, 그렇다면 유니온 형식에 이 멤버를 유지한다. 어떻게 이 기능을 이용해 Toy에서 올바른 장난감 그룹을 선택할 수 있을까?

Toy에서 Doll을 선택하는 상황을 생각해보자. Doll은 여러 프로퍼티를 포함하는데, 그중에서 kind 프로퍼티는 다른 형식과 구별해주는 역할을 한다. Toy에서 Doll 형식을 찾으려면 { kind: "doll" }을 포함하는 형식을 추출하면 된다.

```
type ExtractedDoll = Extract<Toy, { kind: "doll" }>;
```

분배 조건부 형식에서 유니온의 조건부 형식은 조건부 형식의 유니온이므로 다음 예제처럼 U로 T의 모든 멤버를 검사한다.

```
type ExtractedDoll =
  BoardGame extends { kind: "doll" } ? BoardGame : never ¦
  Puzzle extends { kind: "doll" } ? Puzzle : never ¦
  Doll extends { kind: "doll" } ? Doll : never;
```

BoardGame과 Puzzle 모두 { kind: "doll" }의 하위 형식이 아니므로 이들은 never로 해석된다. 하지만 Doll은 { kind: "doll" }의 하위 형식이므로 Doll로 해석된다.

```
type ExtractedDoll = never ¦ never ¦ Doll;
```

never에 유니온 동작을 수행하면 never가 사라진다. 따라서 결과 형식은 Doll이다.

```
type ExtractedDoll = Doll;
```

원하던 기능을 얻었다. Group 헬퍼 형식을 확인해보자. 다행히 그룹 컬렉션에서 특정 형식을 추출하는 데 필요한 기능이 이미 있다.

- Collection 자체는 Toy로 치환될 플레이스홀더다.
- Selector의 구별자 프로퍼티는 "kind"로 치환된다.
- 추출하려는 구별자 형식은 문자열이며 Group: K에서 매핑될 프로퍼티 키도 문자열이다.

Group<Collection, Selector>에서 Extract<Toy, { kind: "doll" }>의 제네릭 버전은 다음과 같다.

```
type Group<
  Collection extends Record<string, any>,
  Selector extends keyof Collection
> = {
  [K in Collection[Selector]]: Extract<Collection, { [P in Selector]: K }>[];
};
```

Collection을 Toy로, Selector를 "kind"로 바꾸면 다음과 같은 의미다.

[K in Collection[Selector]]

Toy["kind"]의 각 멤버("boardgame", "puzzle", "doll")를 새 객체 형식의 프로퍼티 키로 취한다.

Extract<Collection, …>

Collection(Toy의 유니온 형식)에서 추출한 각 멤버는 …의 하위 형식이다.

{ [P in Selector]: K }

Selector(예제에서는 "kind")의 각 멤버를 반복하면서 알맞은 객체 형식을 만든다. 예를 들어 프로퍼티 키가 "boardgame"이면 "boardgame"을 가리키는 객체를, "puzzle"이면 "puzzle"을 가리키는 객체를 만든다.

이런 방식으로 프로퍼티 키를 이용해 알맞은 Toy의 멤버를 선택한다. 이제 다음과 같은 결과를 예상할 수 있다.

```
type GroupedToys = Partial<Group<Toy, "kind">>;
// 다음으로 해석됨
type GroupedToys = {
  boardgame?: BoardGame[] | undefined;
  puzzle?: Puzzle[] | undefined;
  doll?: Doll[] | undefined;
};
```

멋지다! 이제 형식이 훨씬 깔끔해졌으며 보드게임을 선택했을 때 퍼즐을 처리해야 할 필요가 없다. 하지만 새로운 문제가 몇 가지 발생했다.

group의 프로퍼티는 아주 세부적인 형식을 가리키지만, 타입스크립트는 toy가 잠재적으로 모든 장난감이 될 수 있다고 생각하는 점이 문제다. 세 가지 방법 중 하나로 이 문제를 해결할 수 있다.

첫째, 각 멤버를 개별적으로 확인한다. 타입스크립트는 toy를 아주 넓은 형식으로 간주하므로 범위를 좁혀 관계를 재정리한다.

```
function groupToys(toys: Toy[]): GroupedToys {
  const groups: GroupedToys = {};
  for (let toy of toys) {
    switch (toy.kind) {
      case "boardgame":
        groups[toy.kind] = groups[toy.kind] ?? [];
        groups[toy.kind]?.push(toy);
        break;
      case "doll":
        groups[toy.kind] = groups[toy.kind] ?? [];
        groups[toy.kind]?.push(toy);
        break;
      case "puzzle":
        groups[toy.kind] = groups[toy.kind] ?? [];
        groups[toy.kind]?.push(toy);
        break;
    }
  }
  return groups;
}
```

원하는 대로 동작은 하지만 중복되거나 반복되는 코드가 많아졌다.

둘째, 타입스크립트가 인덱스 접근을 보장하도록 형식 어서션을 이용해 groups[toy.kind]의 형식을 넓힌다.

```
function groupToys(toys: Toy[]): GroupedToys {
  const groups: GroupedToys = {};
  for (let toy of toys) {
    (groups[toy.kind] as Toy[]) = groups[toy.kind] ?? [];
    (groups[toy.kind] as Toy[])?.push(toy);
  }
  return groups;
}
```

이제 마지막 GroupedToys 예제처럼 동작하며, 형식 어서션을 이용해 형식을 바꿔서 형식 오류를 제거했음을 알린다.

셋째, 약간 간접적인 방법을 활용한다. toy를 그룹에 직접 추가하지 않고 헬퍼 함수 assign(제네릭 활용)을 이용한다.

```
function groupToys(toys: Toy[]): GroupedToys {
  const groups: GroupedToys = {};
  for (let toy of toys) {
    assign(groups, toy.kind, toy);
  }
  return groups;
}

function assign<T extends Record<string, K[]>, K>(
  groups: T,
  key: keyof T,
  value: K
) {
  // 사용할 수 없으면 초기화
  groups[key] = groups[key] ?? [];
  groups[key]?.push(value);
}
```

타입스크립트의 제네릭 치환을 이용해 유니온 Toy의 올바른 멤버로 좁혔다.

- groups는 T이며 Record<string, K[]>다. K[]는 잠재적으로 넓은 형식이다.
- key는 T와 관계를 갖는다(T의 keyof 프로퍼티).
- value는 K 형식이다.

세 가지 함수의 모든 매개변수는 서로 관련되어 있으며 형식 관계를 설계한 방식 덕분에 안전하게 groups[key]로 접근하고 배열에 value를 푸시할 수 있다.

assign을 호출할 때 각 매개변수의 형식은 우리가 설정한 제네릭 형식 제약을 수행한다. 더 자세한 사항은 12.6절에서 확인할 수 있다.

## 5.4 특정 객체 프로퍼티 삭제하기

**문제** 프로퍼티명이 아니라 형식에 기반해 프로퍼티를 선택하는 객체 헬퍼 형식을 만들려고 한다.

**해결** 프로퍼티 키를 매핑할 때 조건부 형식과 형식 어서션으로 거른다.

**논의** 타입스크립트에서는 다른 형식에 기반해 새 형식을 만들 수 있으므로 파생형을 일일이 유지 보수하지 않고 최신으로 유지할 수 있다. 4.5절에서 관련 예제를 살펴봤다. 다음 시나리오에서는 프로퍼티의 형식에 기반해 기존 객체 형식을 조정하려 한다. 다음 Person 형식을 살펴보자.

```
type Person = {
  name: string;
  age: number;
  profession?: string;
};
```

Person 형식은 두 개의 문자열(profession, name)과 숫자(age)를 포함한다. 이제 다음처럼 두 개의 문자열 형식 프로퍼티를 포함하는 형식을 만든다.

```
type PersonStrings = {
  name: string;
  profession?: string;
};
```

타입스크립트는 프로퍼티명으로 거르는 동작을 수행하는 헬퍼 형식을 제공한다. 예를 들어, 매핑된 형식 Pick<T>은 객체의 키 하위 집합을 가져다 이들 키만을 포함하는 새 객체를 만든다.

```
type Pick<T, K extends keyof T> = {
  [P in K]: T[P];
}

// "name"만 포함
type PersonName = Pick<Person, "name">;

// "name"과 "profession"을 포함
type PersonStrings = Pick<Person, "name" | "profession">;
```

Omit<T>을 이용해 특정 프로퍼티를 제거할 수 있다. 사용 방법은 Pick<T>과 비슷하지만 Omit<T>은 포함하고 싶지 않은 프로퍼티 집합으로 매핑한다는 점이 다르다.

```
type Omit<T, K extends string | number | symbol> = {
  [P in Exclude<keyof T, K>]: T[P];
}

// age 제거. 따라서 "name"과 "profession" 포함
type PersonWithoutAge = Omit<Person, "age">;
```

이름이 아니라 형식에 따라 올바른 프로퍼티를 선택하려면 이와 비슷한 헬퍼 형식을 만들어야 한다. 이 헬퍼 형식은 원하는 형식을 가리키는 프로퍼티명 집합(동적으로 생성됨)을 매핑한다. 5.2절에서 유니온 형식에 조건부 형식을 사용할 때 **never**를 이용해 요소를 유니온에서 거를 수 있음을 살펴봤다.

첫 번째 시도로 Person의 모든 프로퍼티 키를 매핑하면서 Person[K]가 원하는 형식의 하위 형식인지 검사한다. 그렇다면 해당 형식을, 그렇지 않으면 **never**를 반환한다.

```
// 아직 미완성
type PersonStrings = {
  [K in keyof Person]: Person[K] extends string ? Person[K] : never;
};
```

결과는 좋아 보이지만 한 가지 문제가 있다. 검사하는 형식들이 유니온 소속이 아니라 매핑된 형식에서 온다는 점이다. 따라서 프로퍼티 키를 필터링하는 대신 **never** 형식을 가리키는 프로퍼티를 얻는다. 결과적으로 특정 프로퍼티는 설정할 수 없게 된다.

형식을 **undefined**로 설정하므로 프로퍼티를 선택형으로 취급하는 방법도 있다. 하지만 3.11절에서 배웠듯이, 빠진 프로퍼티와 정의되지 않은 값은 서로 다르다.

특정 형식을 가리키는 프로퍼티 키를 제거하는 것이 우리의 목표다. 조건을 객체의 오른편이 아니라 프로퍼티가 생성되는 왼편에 추가해서 이를 달성할 수 있다.

**Omit** 형식과 마찬가지로 특정 프로퍼티 집합으로 매핑해야 한다. **keyof Person**을 매핑할 때 형식 어서션으로 프로퍼티 키의 형식을 바꿀 수 있다. 일반 형식 어서션처럼 안전장치가 존재한다. 즉, 형식 어서션은 프로퍼티 키의 경계 내로만 설정할 수 있다.

Person[K] 집합의 K 부분이 string 형식인지 어서선으로 확인한다. 참이면 K를 유지하고, 그렇지 않으면 집합의 요소를 never로 거른다. never가 객체의 왼편에 있으므로 해당 프로퍼티는 제거된다.

```
type PersonStrings = {
  [K in keyof Person as Person[K] extends string ? K : never]: Person[K];
};
```

이런 방식으로 문자열값을 가리키는 프로퍼티만 선택한다. 다만 (undefined도 가능한 값에 포함되므로) 선택형 문자열은 일반 문자열보다 넓다는 사실을 기억하자. 유니온 형식을 이용해 선택형 프로퍼티도 유지한다.

```
type PersonStrings = {
  [K in keyof Person as Person[K] extends string ¦ undefined
    ? K
    : never]: Person[K];
};
```

이제 제네릭 형식을 만든다. Person을 O, string을 T로 치환해 Select<O, T> 형식을 만든다.

```
type Select<O, T> = {
  [K in keyof O as O[K] extends T ¦ undefined ? K : never]: O[K];
};
```

새 헬퍼 형식은 용도가 다양하다. 이 헬퍼를 사용해 객체 형식에서 특정 형식의 프로퍼티를 선택할 수 있다.

```
type PersonStrings = Select<Person, string>;
type PersonNumbers = Select<Person, number>;
```

또한 문자열 프로토타입에서 어떤 함수가 숫자를 반환하는지 알아낼 수도 있다.

```
type StringFnsReturningNumber = Select<String, (...args: any[]) => number>;
```

Remove<O, T>는 Select<O, T>와 반대로 동작하는 헬퍼 형식으로, 특정 형식의 프로퍼티 키를 제거한다. 둘은 true 분기에서 never를 반환한다는 점이 다르다.

```
type Remove<O, T> = {
  [K in keyof O as O[K] extends T | undefined ? never : K]: O[K];
};

type PersonWithoutStrings = Remove<Person, string>;
```

이는 객체 형식의 직렬화 버전을 만들 때 특히 유용하다.

```
type User = {
  name: string;
  age: number;
  profession?: string;
  posts(): string[];
  greeting(): string;
};

type SerializeableUser = Remove<User, Function>;
```

키를 매핑하면서 조건부 형식을 수행할 수 있다는 사실 덕분에 폭넓은 범위의 헬퍼 형식에 접근할 수 있다. 더 자세한 내용은 8장에서 설명한다.

## 5.5  조건식에서 형식 추론하기

문제 객체를 직렬화할 때 직렬화할 수 없는 프로퍼티(예: 함수)를 객체에서 모두 제거하는 클래스를 만들려 한다. 객체에 serialize 함수가 있으면 직렬화 중인 객체 대신 함수의 반환값을 사용한다. 이를 어떻게 형식으로 표현할까?

해결 재귀 조건부 형식을 이용해 기존 객체 형식을 바꾼다. serialize를 구현하는 객체에는 infer 키워드를 이용해 제네릭 형식을 구체적 형식으로 고정한다.

자료구조나 객체를 저장하거나 전달할 수 있는 형식으로 변환하는 작업을 직렬화
serialization라 한다. 자바스크립트 객체의 데이터를 디스크에 저장했다가 나중에 다시 비직렬화해
자바스크립트로 가져오는 상황을 생각해보자.

자바스크립트 객체는 기본 형식(예: 문자열, 숫자)뿐 아니라 복합 형식(예: 객체, 함수)을 지
원한다. 특히 함수는 데이터를 포함하지 않지만 동작(직렬화할 수 없음)을 포함하는 흥미로운
대상이다. 자바스크립트 객체에서 함수를 제거해서 직렬화를 달성하는 방법이 있다. 이 장에서
는 이 기법을 사용한다.

Person이라는 단순한 객체를 사용한다. Person 객체는 사람의 이름 및 나이 데이터와 문자열
을 반환하는 hello라는 메서드를 포함한다.

```
type Person = {
  name: string;
  age: number;
  hello: () => string;
};
```

Person 형식의 객체를 직렬화해 보자. Serializer 클래스는 빈 생성자와 serialize라는 제
네릭 함수를 포함한다. 여기서 클래스가 아닌 serialize에 제네릭 형식 매개변수를 추가했음
에 주목하자. 이 덕분에 다른 객체 형식에 serialize를 재활용할 수 있다. 직렬화 작업의 결과
는 Serialize<T>라는 제네릭 형식을 갖는다.

```
class Serializer {
  constructor() {}
  serialize<T>(obj: T): Serialize<T> {
    // 구현 중...
  }
}
```

구현은 뒤에서 설명하고 지금은 Serialize<T> 형식에 초점을 맞춘다. 우선 함수 프로퍼티를
제거하는 방법을 살펴보자. 5.4절에서 살펴본 Remove<O, T>를 이용하면 특정 형식의 프로퍼
티를 제거할 수 있다.

```
type Remove<O, T> = {
  [K in keyof O as O[K] extends T | undefined ? never : K]: O[K];
};

type Serialize<T> = Remove<T, Function>;
```

첫 번째 작업을 간단하게 마쳤고 한 단계 수준 깊이의 객체에 완벽하게 동작한다. 하지만 실생활의 객체는 이보다 더 복잡하다. 예를 들어 Person에는 함수를 포함하는 다른 객체가 있을 수 있다.

```
type Person = {
  name: string;
  age: number;
  profession: {
    title: string;
    level: number;
    printProfession: () => void;
  };
  hello: () => string;
};
```

각 프로퍼티가 다른 객체의 프로퍼티인지 확인하고 그렇다면 다시 Serialize<T>를 적용한다. NestSerialization이라는 매핑된 형식은 조건부 형식에서 각 프로퍼티가 object 형식인지 확인하고, true 분기에서 직렬화된 버전의 형식을 반환하고 false 분기에서는 형식을 그대로 반환한다.

```
type NestSerialization<T> = {
  [K in keyof T]: T[K] extends object ? Serialize<T[K]> : T[K];
};
```

NestSerialization에서 Serialize<T>에 Remove<T, Function>를 감싸서 Serialize<T> 형식을 재정의한다. 결과적으로 재귀 형식이 만들어진다. Serialize<T>는 NestSerialization<T>를 사용하고, 다시 NestSerialization<T>는 Serialize<T>를 사용하는 형태다.

```
type Serialize<T> = NestSerialization<Remove<T, Function>>;
```

타입스크립트는 형식 재귀를 특정 깊이까지 처리할 수 있다. 이때 NestSerialization에 형식 재귀 탈출 조건이 존재한다.

이렇게 직렬화 형식을 완성했다! 이제 함수 구현은 형식 선언을 자바스크립트로 변환하는 과정이다. 프로퍼티가 객체인 모든 프로퍼티가 있으면 serialize를 다시 호출한다. 그 외에 함수가 아닌 프로퍼티는 그대로 유지한다.

```
class Serializer {
  constructor() {}
  serialize<T>(obj: T): Serialize<T> {
    const ret: Record<string, any> = {};

    for (let k in obj) {
      if (typeof obj[k] === "object") {
        ret[k] = this.serialize(obj[k]);
      } else if (typeof obj[k] !== "function") {
        ret[k] = obj[k];
      }
    }
    return ret as Serialize<T>;
  }
}
```

serialize 안에서 새 객체를 생성해야 하므로 처음에는 아주 넓은 Record<string, any>로 시작한다. 그리고 생성된 객체를 반환 형식에 맞도록 어서션으로 조정한다. 새 객체를 만들 때 흔히 사용하는 기법이지만, 우리가 하는 모든 작업이 100% 올바르다는 확신이 필요하다. 따라서 함수를 광범위하게 테스트해야 한다.

첫 번째 구현을 완성했으므로 Person이라는 새 객체 형식을 만들어 새로 만든 직렬화 함수로 전달해보자.

```
const person: Person = {
  name: "Stefan",
  age: 40,
  profession: {
    title: "Software Developer",
    level: 5,
    printProfession() {
      console.log(`${this.title}, Level ${this.level}`);
```

```
    },
  },
  hello() {
    return `Hello ${this.name}`;
  },
};

const serializer = new Serializer();
const serializedPerson = serializer.serialize(person);
console.log(serializedPerson);
```

결과는 예상대로다. serializedPerson 형식은 메서드와 함수 정보를 포함하지 않는다. serializedPerson을 로그로 출력해 봐도 모든 메서드와 함수가 사라졌음을 알 수 있다. 형식은 구현 결과와 일치한다.

```
[LOG]: {
  "name": "Stefan",
  "age": 40,
  "profession": {
    "title": "Software Developer",
    "level": 5
  }
}
```

하지만 아직 작업이 끝나지 않았다. Serializer는 특별한 기능을 포함한다. 객체는 serialize 메서드를 구현할 수 있으며 이때 Serializer는 직렬화하는 객체 대신 이 메서드의 결과를 취한다. Person 형식이 serialize 메서드를 포함하도록 기능을 확장해보자.

```
type Person = {
  name: string;
  age: number;
  profession: {
    title: string;
    level: number;
    printProfession: () => void;
  };
  hello: () => string;
  serialize: () => string;
};
```

```
const person: Person = {
  name: "Stefan",
  age: 40,
  profession: {
    title: "Software Developer",
    level: 5,
    printProfession() {
      console.log(`${this.title}, Level ${this.level}`);
    },
  },
  hello() {
    return `Hello ${this.name}`;
  },
  serialize() {
    return `${this.name}: ${this.profession.title} L${this.profession.level}`;
  },
};
```

Serialize<T>을 조금 바꿔야 한다. NestSerialization을 실행하기 전에 조건부 형식에서 객체가 serialize 메서드를 구현하는지(T가 serialize 메서드를 포함하는 하위 형식인지) 검사한다. 그렇다면 이는 직렬화 결과이므로 반환 형식을 얻는다.

이제 infer 키워드를 사용할 때가 되었다. infer는 조건에서 형식을 받아 true 분기에서 형식 매개변수로 사용한다. 조건이 참이면 발견된 형식을 취해서 제공하도록 타입스크립트에 지시한다.

```
type Serialize<T> = T extends { serialize(): infer R }
  ? R
  : NestSerialization<Remove<T, Function>>;
```

처음에 R은 any라고 생각하자. Person을 { serialize(): any }과 비교했을 때 Person은 serialize 함수를 포함(유효한 하위 형식)하므로 true 분기로 점프한다. 하지만 any는 넓으며 any 위치의 특정 형식을 원한다. infer 키워드는 정확한 형식을 선택할 수 있다. 따라서 Serialize<T>를 다음처럼 해석할 수 있다.

- T가 serialize 메서드를 포함하면 반환 형식을 가져다 반환한다.
- 그렇지 않으면 Function 형식의 모든 프로퍼티를 깊숙이[deeply] 제거하면서 직렬화를 시작한다.

이 형식의 동작을 자바스크립트 구현에도 반영하고 싶다. 몇 가지 형식 검사(serialize가 존재하며 함수인지 확인)를 한 다음 이를 호출한다. 이 함수가 반드시 존재해야 하므로 타입스크립트는 명시적으로 형식을 보호하도록 요구한다.

```
class Serializer {
  constructor() {}
  serialize<T>(obj: T): Serialize<T> {
    if (
      // 객체
      typeof obj === "object" &&
      // null 아님
      obj &&
      // serialize 사용 가능
      "serialize" in obj &&
      // 그리고 함수임
      typeof obj.serialize === "function"
    ) {
      return obj.serialize();
    }

    const ret: Record<string, any> = {};

    for (let k in obj) {
      if (typeof obj[k] === "object") {
        ret[k] = this.serialize(obj[k]);
      } else if (typeof obj[k] !== "function") {
        ret[k] = obj[k];
      }
    }
    return ret as Serialize<T>;
  }
}
```

이제 serializedPerson은 string이며 예상했던 결과를 얻는다.

```
[LOG]: "Stefan: Software Developer L5"
```

이 강력한 도구는 객체를 생성하는 데 큰 도움을 준다. 선언형 메타언어, 즉 타입스크립트의 형식 시스템을 이용해 형식을 만들었고 명령형 언어 자바스크립트로 구현된 같은 결과를 확인할 수 있다는 점이 이 기법의 매력이다.

# CHAPTER 6

# 문자열 템플릿 리터럴 형식

타입스크립트의 형식 시스템에서 모든 값은 값이면서 동시에 형식이다. 이를 리터럴 형식이라 부르며 다른 리터럴 형식과 유니온을 만들어서 허용하는 값의 집합을 명확하게 형식으로 정의할 수 있다. string의 하위 집합을 예로 살펴보자. 집합의 일부가 되어야 하는 문자열을 정확히 정의하고 수많은 오류를 배제할 수 있다. 반대편 끝은 다시 전체 문자열 집합이 된다.

하지만 중간에 무엇인가 존재한다면 어떻게 될까? 특정 문자열 패턴이 존재하는지 확인하고 나머지는 더 유연하게 동작하도록 형식을 정의할 수 있다면 어떨까? **문자열 템플릿 리터럴 형식** string template literal type은 정확히 이런 기능을 제공한다. 이를 이용해 문자열의 특정 부분은 미리 정의하고 나머지 부분은 다양하게 활용할 수 있도록 유용하게 열린 형식으로 정의할 수 있다.

심지어 조건부 형식과 함께 하면 문자열을 아주 작은 조각으로 나누고 같은 조각을 새 형식에 재활용할 수 있다. 이는 정말 강력한 도구다. 특히 많은 자바스크립트 코드가 문자열의 패턴에 의존하는 상황이라면 더욱 그렇다.

이 장에서는 문자열 템플릿 리터럴 형식을 더 다양하게 활용하는 방법을 살펴본다. 단순한 문자열 패턴을 준수하는 것부터 시작해 문자열 형태에 따라 매개변수와 형식을 추출하는 기능까지 문자열을 형식으로 파싱하는 힘을 확인할 수 있다.

이 책에서 소개하는 시나리오는 실생활에서 가져온 예제다. 문자열 템플릿 리터럴 형식으로 할 수 있는 일은 무궁무진하다. 사람들은 문자열 템플릿 리터럴 형식을 활용해 철자 검사기(*https://oreil.ly/63z2Y*)나 SQL 파서(*https://oreil.ly/foSvx*)등을 구현했다. 이 멋진 기능으로 불가능한 것은 아무것도 없어 보일 정도다.

# 6.1 사용자 정의 이벤트 시스템 정의하기

**문제** 사용자 정의 이벤트 시스템을 만들 때 모든 이벤트명은 "on"으로 시작하도록 이름 규칙을 정하려 한다.

**해결** 문자열 템플릿 리터럴 형식을 이용해 문자열 패턴을 기술한다.

**논의** 자바스크립트 이벤트 시스템에서는 흔히 이벤트 앞에 특정 문자열을 붙인다. 보통 이벤트와 이벤트 핸들러는 on으로 시작한다(물론 구현마다 다르다).

이런 규칙을 준수하는 이벤트 시스템을 만들려 한다. 타입스크립트의 문자열 형식에서는 모든 가능한 문자열이나 문자열 리터럴 형식으로 구성된 유니온 형식의 하위 집합을 받아들일 수 있다. 모든 문자열은 너무 넓지만 유니온 형식은 유연성이 떨어져 우리의 필요를 충족하지 못한다. 이름 규칙이 존재하더라도 실생활에서는 가능한 모든 이벤트명을 미리 정의할 수 없기 때문이다.

다행히 **문자열 템플릿 리터럴 형식**(줄여서 **템플릿 리터럴 형식**)은 우리가 원하는 기능을 제공한다. 템플릿 리터럴 형식을 이용하면 유연성을 유지하면서도 문자열 리터럴을 정의할 수 있다.

예를 들어 다음은 on으로 시작하는 모든 문자열을 허용하는 형식이다.

```
type EventName = `on${string}`;
```

템플릿 리터럴 형식은 자바스크립트의 **템플릿 문자열**의 문법을 빌렸다. 자바스크립트에서는 백틱(`)으로 템플릿 문자열을 표현한다.

${} 문법을 이용해 변수, 함수 호출 등 자바스크립트 표현식을 문자열에 추가할 수 있다.

```
function greet(name: string) {
  return `Hi, ${name}!`;
}

greet("Stefan"); // "Hi, Stefan!"
```

타입스크립트의 템플릿 리터럴 형식도 비슷하다. 타입스크립트에서는 자바스크립트 표현식 대신 형식을 값의 집합으로 추가할 수 있다. HTML의 헤딩 요소를 표현하는 문자열 형식을 다음처럼 정의할 수 있다.

```
type Levels = 1 | 2 | 3 | 4 | 5 | 6;

// "H1" | "H2" | "H3" | "H4" | "H5" | "H6"으로 해석됨
type Headings = `H${Levels}`;
```

Levels는 number의 하위 집합이고, Headings는 'H로 시작해야 하고 뒤로는 Levels와 호환되는 값이 와야 함'이라는 의미다.

EventName으로 돌아가보자.

```
type EventName = `on${string}`;
```

EventName은 '"on"으로 시작하는 문자열(빈 문자열 포함)'을 의미한다. EventName을 이용해 간단한 이벤트 시스템을 만들어보자. 첫 번째 단계로 콜백 함수를 수집한다.

한 개의 매개변수 EventObject를 갖는 Callback이라는 함수 형식을 정의한다. EventObject는 이벤트 정보의 값을 포함하는 제네릭 형식이다.

```
type EventObject<T> = {
  val: T;
};

type Callback<T = any> = (ev: EventObject<T>) => void;
```

또한 모든 등록된 이벤트 콜백을 저장할 Events 형식도 필요하다.

```
type Events = {
  [x: EventName]: Callback[] | undefined;
};
```

EventName은 string의 유효한 하위 집합이므로 이를 인덱스 접근자로 사용한다. 지금까지 정의한 형식을 활용해 EventSystem 클래스를 만든다.

```
class EventSystem {
  events: Events;
  constructor() {
```

```
    this.events = {};
  }

  defineEventHandler(ev: EventName, cb: Callback): void {
    this.events[ev] = this.events[ev] ?? [];
    this.events[ev]?.push(cb);
  }

  trigger(ev: EventName, value: any) {
    let callbacks = this.events[ev];
    if (callbacks) {
      callbacks.forEach((cb) => {
        cb({ val: value });
      });
    }
  }
}
```

생성자는 새 이벤트 저장소를 만들고 defineEventHandler는 EventName과 Callback을 인수로 받아 이벤트 저장소에 저장한다. Trigger는 EventName을 인수로 받아 콜백이 등록되었다면 EventObject로 모든 등록된 콜백을 실행한다.

첫 번째 단계를 완료했다. 이벤트를 정의할 때 형식 안전성을 갖췄다.

```
const system = new EventSystem();
system.defineEventHandler("click", () => {});
// ^ '"click"' 형식의 인수는 '`on${string}`' 형식의
//    매개변수에 할당될 수 없습니다.ts(2345)
system.defineEventHandler("onClick", () => {});
system.defineEventHandler("onchange", () => {});
```

6.2절에서는 문자열 조작 형식과 키 매핑으로 이 시스템을 개선하는 방법을 설명한다.

## 6.2 문자열 조작 형식과 키 매핑으로 이벤트 콜백 만들기

**문제** 아무 객체를 받아 각 프로퍼티에 와쳐 함수를 추가하는 watch 함수를 제공해서 이벤트 콜백을 정의하도록 허용하려 한다.

**해결** 키 매핑을 이용해 새 문자열 프로퍼티 키를 만든다. 와쳐 함수가 적절한 낙타 표기법<sup>camel</sup> <sup>casing</sup>을 사용하도록 문자열 조작 형식을 이용한다.

**논의** 6.1절의 이벤트 형식 시스템은 어느 정도 완성된 상태다. 이벤트 핸들러를 등록하고 이벤트를 발생시킬 수 있다. 이제 감시<sup>watch</sup> 기능을 추가해보자. 콜백을 등록할 수 있도록 유효한 객체를 확장하고, 프로퍼티가 바뀌면 등록된 콜백을 실행한다. person 객체를 정의한다고 가정하면 onAgeChanged와 onNameChanged 이벤트를 리스닝할 수 있다.

```
let person = {
  name: "Stefan",
  age: 40,
};

const watchedPerson = system.watch(person);

watchedPerson.onAgeChanged((ev) => {
  console.log(ev.val, "changed!!");
});

watchedPerson.age = 41; // 콜백 호출
```

각 프로퍼티는 on으로 시작해 Changed로 끝나며 이벤트 객체 매개변수를 포함하는 콜백을 수락하는 메서드가 있다.

WatchedObject<T>라는 헬퍼 형식(이를 이용해 이전에 설명한 메서드를 추가할 수 있음)으로 새 이벤트 핸들러 메서드를 정의한다.

```
type WatchedObject<T> = {
  [K in string & keyof T as `on${K}Changed`]: (
    ev: Callback<T[K]>
  ) => void;
};
```

많은 내용이 담겨있으므로 한 가지씩 살펴보자.

1 T의 모든 키를 반복하므로 매핑된 형식을 정의한다. string 문자열 키에만 관심이 있으므로 string & keyof T 인터섹션을 이용해 심볼이나 숫자를 제거한다.

2 다음으로 이 키를 새 문자열로 재매핑remap하므로 문자열 템플릿 리터럴 형식을 정의한다. 이 형식은 on으로 시작하며 매핑 과정에서 K 키를 취한 다음 Changed를 붙인다.

3 프로퍼티 키는 콜백을 수락하는 함수를 가리킨다. 콜백 자체는 이벤트 객체를 인수로 받으며 이 객체의 제네릭을 올바로 치환해서 이 이벤트 객체가 감시 중인 객체의 원래 형식을 포함함을 확신할 수 있다.

현재 기능은 멋지지만 중요한 세부 사항이 빠졌다. WatchObject를 person에 사용할 때 모든 생성된 이벤트 메서드에는 on 뒤에 대문자가 오지 않는다. 내장 **문자열 조작 형식**을 이용해 문자열 형식을 대문자로 바꿀 수 있다.

```
type WatchedObject<T> = {
  [K in string & keyof T as `on${Capitalize<K>}Changed`]: (
    ev: Callback<T[K]>
  ) => void;
};
```

Capitalize 외에 Lowercase, Uppercase, Uncapitalize 등도 있다. 편집기로 WatchedObject<typeof person>의 형식을 확인해보면 다음처럼 생성된 형식을 확인할 수 있다.

```
type WatchedPerson = {
  onNameChanged: (ev: Callback<string>) => void;
  onAgeChanged: (ev: Callback<number>) => void;
};
```

이제 형식 설정을 마쳤으므로 구현을 시작한다. 먼저 두 헬퍼 함수를 만든다.

```
function capitalize(inp: string) {
  return inp.charAt(0).toUpperCase() + inp.slice(1);
}

function handlerName(name: string): EventName {
  return `on${capitalize(name)}Changed` as EventName;
}
```

두 헬퍼 함수가 재매핑, 문자열 조작 두 가지 타입스크립트 동작을 흉내 내도록 한다. capitalize는 문자열의 첫 번째 글자를 대문자로 바꾸고, handleName은 접두어나 접미어를 추가한다. handlerName에서는 타입스크립트에 형식이 바뀌었음을 알려줄 약간의 형식 어서 션이 필요하다. 자바스크립트에서는 다양한 방법으로 문자열을 변형할 수 있는데, 타입스크립트에서는 그 결과가 대문자 버전이 될 것인지를 알 수 없다.

다음으로 이벤트 시스템에 watch 기능을 구현한다. 임의의 객체를 받아 기존 프로퍼티와 와쳐 프로퍼티를 모두 포함하는 객체를 반환하는 제네릭 함수를 만든다.

Proxy 객체를 이용해 get과 set 호출을 가로채면, 프로퍼티가 바뀌었을 때 이벤트 핸들러를 실행하도록 할 수 있다.

```
class EventSystem {
  // 지면상 생략
  watch<T extends object>(obj: T): T & WatchedObject<T> {
    const self = this;
    return new Proxy(obj, {
      get(target, property) {
        // (1)
        if (
          typeof property === "string" &&
          property.startsWith("on") &&
          property.endsWith("Changed")
        ) {
          // (2)
          return (cb: Callback) => {
            self.defineEventHandler(property as EventName, cb);
          };
        }
        // (3)
        return target[property as keyof T];
      },
      // 완료로 설정...
    }) as T & WatchedObject<T>;
  }
}
```

WatchedObject<T>의 프로퍼티에 접근하면 get이 호출된다.

- 프로퍼티명이 on으로 시작해 Changed로 끝난다.
- 이런 상황이라면 콜백을 허용하는 함수를 반환한다. 함수 자체는 defineEventHandler를 통해 콜백을 이벤트 저장소로 추가한다.
- 이 외의 모든 상황에서는 일반 프로퍼티 접근으로 처리한다.

이제 원래 객체의 값을 설정할 때마다 저장된 이벤트가 발생한다. 따라서 모든 set 호출을 바꿔야 한다.

```
class EventSystem {
  // ...지면상 생략
  watch<T extends object>(obj: T): T & WatchedObject<T> {
    const self = this;
    return new Proxy(obj, {
      // 위에서 가져옴...
      set(target, property, value) {
        if (property in target && typeof property === "string") {
          // (1)
          target[property as keyof T] = value;
          // (2)
          self.trigger(handlerName(property), value);
          return true;
        }
        return false;
      },
    }) as T & WatchedObject<T>;
  }
}
```

다음과 같은 과정이 실행된다.

1 값을 설정한다. 어쨌든 객체를 갱신해야 한다.
2 trigger 함수를 호출해 모든 등록된 콜백을 실행한다.

타입스크립트가 올바른 방향으로 나아가도록 몇 가지 형식 어서션을 사용해야 한다. 결과적으로 새 객체를 만든다.

작업을 완료했다! 예제 코드를 처음부터 실행하면서 이벤트 시스템이 어떻게 동작하는지 확인해보자.

```
let person = {
  name: "Stefan",
  age: 40,
};

const watchedPerson = system.watch(person);

watchedPerson.onAgeChanged((ev) => {
  console.log(ev.val, "changed!!");
});

watchedPerson.age = 41; // "41 changed!!" 기록
```

문자열 템플릿 리터럴 형식은 문자열 조작 형식, 키 재매핑과 함께 새 객체를 즉석에서 만들 수 있도록 돕는다. 이런 강력한 도구를 이용하면 고급 자바스크립트 객체를 더 튼튼하게 만들 수 있다.

## 6.3 포맷 함수 구현하기

**문제** 포맷 문자열을 받아 실젯값으로 플레이스홀더를 치환하는 함수의 형식을 만들어야 한다.

**해결** 문자열 템플릿 리터럴 형식에서 플레이스홀더명을 추론하는 조건부 형식을 만든다.

**논의** 응용 프로그램은 중괄호로 플레이스홀더를 정의하는 포맷 문자열을 만들 수 있다. 두 번째 매개변수는 포맷 문자열에 정의된 플레이스홀더 치환에 사용할 객체를 받는다. 따라서 각 플레이스홀더는 포맷 문자열로 정의되며 프로퍼티 키마다 연관된 값이 따라온다.

```
format("Hello {world}. My name is {you}.", {
  world: "World",
  you: "Stefan",
});
```

이 함수는 사용자가 필요한 프로퍼티를 빠뜨리지 않고 모두 추가하도록 상기시킨다. 우선 아주 넓은 형식으로 함수 인터페이스를 정의한다. 포맷 문자열의 형식은 **string**이며 포매팅 매개변수는 **string** 키와 임의의 값을 갖는 Record 형식이다.

```
function format(fmtString: string, params: Record<string, any>): string {
  throw "unimplemented";
}
```

다음으로 제네릭을 추가해 인수를 구체적인 값이나 리터럴 형식으로 고정하려 한다. fmtString을 제네릭 형식 **T**(**string**의 하위 집합)로 바꾸었다. 여전히 문자열을 함수로 전달할 수 있는 상황인데, 실제로 리터럴 문자열을 전달하면 해당 리터럴 형식을 분석해 패턴을 확인한다(더 자세한 내용은 4.3절 참고).

```
function format<T extends string>(
  fmtString: T,
  params: Record<string, any>
): string {
  throw "unimplemented";
}
```

**T**로 형식을 고정했으므로 fmtString을 **FormatKeys** 제네릭 형식의 형식 매개변수로 전달할 수 있다. 이 조건부 형식은 포맷 문자열이 중괄호와 호환되는지 검사한다.

```
type FormatKeys<
  T extends string
> = T extends `${string}{${string}}${string}`
  ? T
  : never;
```

포맷 문자열을 다음처럼 확인한다.

- 문자열로 시작한다. 이 문자열은 빈 문자열일 수 있다.
- 그 뒤로 {, 문자열, }이 차례로 등장한다.
- 그 뒤에는 다시 문자열이 등장한다.

포맷 문자열에 딱 한 개의 플레이스홀더가 존재하는지 확인하는 것이다. 그렇다면 전체 포맷 문자열을 반환하고 그렇지 않으면 **never**를 반환한다.

```
type A = FormatKeys<"Hello {world}">; // "Hello {world}"
type B = FormatKeys<"Hello">; // never
```

FormatKeys는 전달한 문자열이 포맷 문자열인지 아닌지 알려준다. 하지만 우리는 포맷 문자열의 특정 부분(중괄호를 감싼 부분)에 더 관심이 있다. 타입스크립트의 infer 키워드를 이용해 타입스크립트에 포맷 문자열이 이 패턴과 일치하면 중괄호 사이에 등장하는 리터럴 형식을 붙잡아 형식 변수로 추가하도록 지시한다.

```
type FormatKeys<
  T extends string
> = T extends `${string}{${infer Key}}${string}`
  ? Key
  : never;
```

이런 식으로 하위 문자열을 추출하고 필요한 때 재활용할 수 있다.

```
type A = FormatKeys<"Hello {world}">; // "world"
type B = FormatKeys<"Hello">; // never
```

멋지다! 첫 번째 플레이스홀더명을 추출했다. 이제 나머지를 확인해보자. 여러 플레이스홀더가 존재할 수 있으므로 첫 번째 플레이스홀더 이후의 모든 내용을 가져다 Rest라는 형식 변수로 저장한다. Rest는 빈 문자열이거나 다시 분석해야 할 문자열을 포함할 수 있으므로 이 조건은 항상 참이다.

Rest를 가져다가 true 분기에서 Key와 유니온 형식을 취하면서 FormatKeys<Rest>를 호출한다.

```
type FormatKeys<
  T extends string
> = T extends `${string}{${infer Key}}${infer Rest}`
  ? Key | FormatKeys<Rest>
  : never;
```

이는 **재귀 조건부 형식**이다. 플레이스홀더들의 유니온(즉, 포매팅 객체의 키로 사용할 수 있는 유니온)이 결과다.

```
type A = FormatKeys<"Hello {world}">; // "world"
type B = FormatKeys<"Hello {world}. I'm {you}.">; // "world" | "you"
type C = FormatKeys<"Hello">; // never
```

이제 FormatKeys를 완성해보자. T를 고정했으므로 이를 FormatKeys의 인수로 전달할 수 있으며 이 결과를 다시 Record의 인수로 사용한다.

```
function format<T extends string>(
  fmtString: T,
  params: Record<FormatKeys<T>, any>
): string {
  throw "unimplemented";
}
```

이제 모든 형식을 준비했으니 구현을 살펴보자! 지금까지 정의한 형식을 아름답게 뒤집으면 구현이 된다. params의 모든 키를 반복하면서 중괄호의 모든 내용물을 관련 값으로 치환한다.

```
function format<T extends string>(
  fmtString: T,
  params: Record<FormatKeys<T>, any>
): string {
  let ret: string = fmtString;
  for (let k in params) {
    ret = ret.replaceAll(`{${k}}`, params[k as keyof typeof params]);
  }
  return ret;
}
```

두 가지 형식에 특히 주목하자.

- ret의 형식을 string으로 설정했고, fmtString은 T(string의 하위 형식)로 설정했다. 따라서 ret도 T다. 값을 바꾸면 T의 형식이 바뀌므로 값을 바꿀 수 없음을 의미한다. string이라는 넓은 형식으로 바꾸면 ret을 쉽게 바꿀 수 있다.
- 객체 키 k가 params의 실제 키인지 확인해야 한다. 이는 타입스크립트의 실패 안전장치 때문에 필요한 해결책이다. 더 자세한 내용은 9.1절에서 확인할 수 있다.

9.1절의 정보를 이용해 일부 형식 어서션을 제거하고 최종 버전의 **format** 함수를 만든다.

```
function format<T extends string, K extends Record<FormatKeys<T>, any>>(
  fmtString: T,
  params: K
): string {
```

```
  let ret: string = fmtString;
  for (let k in params) {
    ret = ret.replaceAll(`${k}`, params[k]);
  }
  return ret;
}
```

문자열을 분리하고 프로퍼티 키를 추출하는 기능은 정말 강력하다. 전 세계의 타입스크립트 개발자들은 이 패턴을 이용해 형식을 강화한다. 예를 들어 익스프레스(*https://expressjs.com*) 웹 서버 개발자들이 그러하다. 앞으로 이 도구를 이용해 더 좋은 형식을 얻는 다양한 예제를 살펴본다.

## 6.4 포맷 매개변수 형식 추출하기

**문제** 플레이스홀더의 형식을 정의할 수 있도록 6.3절의 포맷 함수를 확장하려 한다.

**해결** 중첩된 조건부 형식을 만들고 형식 맵으로 형식을 찾는다.

**논의** 이전에 살펴본 예제를 확장해보자. 이번에는 모든 플레이스홀더 정보뿐 아니라 플레이스홀더에 특정 형식 집합을 정의하는 기능을 추가하려 한다. 형식은 선택형이어야 하며 플레이스홀더명 뒤에는 콜론을 붙여야 하고 자바스크립트의 기본 형식 중 하나여야 한다. 잘못된 형식의 값을 전달하면 형식 오류가 발생하길 기대한다.

```
format("Hello {world:string}. I'm {you}, {age:number} years old.", {
  world: "World",
  age: 40,
  you: "Stefan",
});
```

참고로 6.3절의 원래 구현을 살펴보자.

```
type FormatKeys<
  T extends string
```

```
> = T extends `${string}{${infer Key}}${infer Rest}`
  ? Key | FormatKeys<Rest>
  : never;


function format<T extends string>(
  fmtString: T,
  params: Record<FormatKeys<T>, any>
): string {
  let ret: string = fmtString;
  for (let k in params) {
    ret = ret.replace(`{${k}}`, params[k as keyof typeof params]);
  }
  return ret;
}
```

이를 달성하려면 두 가지 작업을 해야 한다.

**1** params 형식을 Record<FormatKeys<T>, any>에서 각 프로퍼티와 관련된 적절한 형식을 포함하는 실제 객체 형식으로 바꾼다.

**2** 자바스크립트 기본형을 추출할 수 있도록 FormatKeys 내에서 문자열 템플릿 리터럴 형식을 적용한다.

우선 FormatObj<T>라는 새 형식을 소개한다. 이 형식은 FormatKeys처럼 동작하지만, 단순히 문자열 키를 반환하는 대신 같은 키를 새 객체 형식으로 매핑한다. 따라서 유니온 형식 대신 인터섹션 형식을 이용해 재귀(각 재귀에서 프로퍼티를 더 추가함)를 연결해야 하고 종료 조건을 never에서 {}로 바꿔야 한다. never와 인터섹션을 수행하면 전체 결과 형식은 never가 된다. 이런 방식으로 새 프로퍼티를 결과 형식에 포함하지 않는다.

```
type FormatObj<
  T extends string
> = T extends `${string}{${infer Key}}${infer Rest}`
  ? { [K in Key]: any } & FormatObj<Rest>
  : {};
```

FormatObj<T>는 Record<FormatKeys<T>, any>와 같은 방식으로 동작한다. 아직 어떤 플레이스홀더 형식도 추출하지 않았지만, 전체 객체 형식을 제어할 수 있으므로 각 객체 형식을 쉽게 설정할 수 있다.

다음으로 콜론 분리자를 찾도록 FormatObj<T>의 파싱 조건을 바꾼다. : 문자를 찾았으면 Type에서 이후 문자열 리터럴 형식을 추론하고 이를 매핑된 키의 형식으로 사용한다.

```
type FormatObj<
  T extends string
> = T extends `${string}{${infer Key}:${infer Type}}${infer Rest}`
  ? { [K in Key]: Type } & FormatObj<Rest>
  : {};
```

이제 원하는 기능을 거의 완성했지만 한 가지 문제가 남았다. 우리는 **문자열** 리터럴 형식을 추론한다. 예를 들어 {age:number}를 파싱할 때 age의 형식은 리터럴 문자열 "number"다. 이 문자열을 실제 형식으로 변환해야 한다. 다른 조건부 형식을 수행하거나 맵 형식을 검색할 수 있다.

```
type MapFormatType = {
  string: string;
  number: number;
  boolean: boolean;
  [x: string]: any;
};
```

그렇게 하면 어떤 형식이 어떤 키와 연관되는지 간단히 확인할 수 있고 다른 모든 문자열과 관련해서는 멋진 폴백fallback을 가질 수 있다.

```
type A = MapFormatType["string"]; // string
type B = MapFormatType["number"]; // number
type C = MapFormatType["notavailable"]; // any
```

MapFormatType을 FormatObj<T>에 적용해 보자.

```
type FormatObj<
  T extends string
> = T extends `${string}{${infer Key}:${infer Type}}${infer Rest}`
  ? { [K in Key]: MapFormatType[Type] } & FormatObj<Rest>
  : {};
```

거의 완성했다! 하지만 모든 플레이스홀더는 형식(선택형)을 정의할 수 있어야 한다. 하지만 현재 파싱 조건에서는 : 분리자를 명시적으로 요구하므로 형식을 정의하지 않는 모든 플레이스홀더는 프로퍼티를 만들어내지 않는다.

플레이스홀더를 검사한 이후에 형식을 검사하면 이 문제를 해결할 수 있다.

```
type FormatObj<
  T extends string
> = T extends `${string}{${infer Key}}${infer Rest}`
  ? Key extends `${infer KeyPart}:${infer TypePart}`
    ? { [K in KeyPart]: MapFormatType[TypePart] } & FormatObj<Rest>
    : { [K in Key]: any } & FormatObj<Rest>
  : {};
```

다음처럼 형식을 이해할 수 있다.

**1** 플레이스홀디가 있는지 검사한다.

**2** 플레이스홀더가 있으면 형식 애너테이션이 있는지 검사한다. 있으면 키를 포맷 형식으로 매핑하고 없으면 원래 키를 any로 매핑한다.

**3** 이 외의 상황에는 빈 객체를 반환한다.

이렇게 기능을 완성했다. 한 가지 실패 안전장치를 추가할 수 있다. 형식 정의를 포함하지 않는 플레이스홀더를 any 형식으로 설정하는 대신 해당 형식이 적어도 toString()을 구현하도록 기대할 수 있다. 이를 이용해 문자열을 얻을 수 있기 때문이다.

```
type FormatObj<
  T extends string
> = T extends `${string}{${infer Key}}${infer Rest}`
  ? Key extends `${infer KeyPart}:${infer TypePart}`
    ? { [K in KeyPart]: MapFormatType[TypePart] } & FormatObj<Rest>
    : { [K in Key]: { toString(): string } } & FormatObj<Rest>
  : {};
```

이를 새 형식 format에 적용하고 구현을 갱신한다.

```
function format<T extends string, K extends FormatObj<T>>(
  fmtString: T,
```

```
      params: K
    ): string {
      let ret: string = fmtString;
      for (let k in params) {
        let val = `${params[k]}`;
        let searchPattern = new RegExp(`{${k}:?.*?}`, "g");
        ret = ret.replaceAll(searchPattern, val);
      }
      return ret;
    }
```

정규표현식을 이용해 이름을 가능한 형식 애너테이션으로 치환한다. 타입스크립트가 알아서 모든 것을 처리할 수 있으므로 함수 내에서는 형식을 검사할 필요가 없다.

문자열 템플릿 리터럴 형식을 재귀, 형식 검색 등 다른 도구와 결합한 조건부 형식을 이용하면 몇 줄의 코드로도 복잡한 관계를 지정할 수 있음을 알았다. 형식은 더 좋아졌고, 코드는 튼튼해졌다. 개발자라면 누구나 이런 API를 사용하고 싶을 것이다.

## 6.5 재귀 한계 처리하기

**문제** 문자열을 유효한 프로퍼티 키로 변환하는 문자열 템플릿 리터럴 형식을 만들었다. 헬퍼 형식을 설정하다 보니 재귀 한계에 다다랐다.

**해결** 누적 기법을 이용해 꼬리 호출 최적화tail-call optimization를 진행한다.

**논의** 타입스크립트의 문자열 템플릿 리터럴 형식과 조건부 형식을 합치면 즉석에서 새 문자열 형식을 만들 수 있다. 이를 프로퍼티 키로 사용하거나 유효 문자열을 검사하는 데 사용할 수 있다.

이때 재귀가 일어난다. 즉, 함수의 재귀 호출처럼 같은 형식을 반복 호출할 수 있는데, 반복 호출할 수 있는 깊이에 한계가 있다.

예를 들어 Trim<T>는 문자열의 처음과 끝에 존재하는 공백을 제거하는 형식이다.

```
type Trim<T extends string> =
```

```
T extends ` ${infer X}` ? Trim<X> :
T extends `${infer X} ` ? Trim<X> :
T;
```

이 형식은 먼저 시작 부분에 공백이 있는지 검사하고, 나머지를 추론하면서 같은 작업을 반복한다. 앞쪽의 공백을 모두 제거했다면 문자열 뒤쪽으로 같은 검사를 반복한다. 앞, 뒤의 모든 공백을 제거하면 작업이 끝나면서 마지막 분기로 이동해 남은 문자열을 반환한다.

```
type Trimmed = Trim<"    key    ">; // "key"
```

형식을 반복 호출하는 재귀가 일어났다. 타입스크립트는 재귀 호출이 형식 내에서 자체적으로 일어남을 알 수 있으며 이를 꼬리 호출 최적화로 평가할 수 있다. 즉, 다음 재귀 과정을 같은 호출 스택 프레임에서 처리할 수 있다.

> **노트** 자바스크립트의 호출 스택을 더 자세히 알고 싶다면 토머스 헌터Thomas Hunter의 책 『Distributed Systems with Node.js(*https://learning.oreilly.com/library/view/distributed-systems-with/9781492077282)*』를 참고하자.

조건부 형식을 재귀 호출하는 타입스크립트의 기능을 이용해 임의의 문자열에서 공백이나 유효하지 않은 문자를 제거하고 유효한 문자열을 만들려 한다.

우선 공백을 제거하는 Trim<T>과 비슷한 헬퍼 형식을 만든다.

```
type RemoveWhiteSpace<T extends string> = T extends `${infer A} ${infer B}`
  ? RemoveWhiteSpace<`${Uncapitalize<A>}${Capitalize<B>}`>
  : T;
```

공백이 있는지 검사하고, 공백 앞이나 뒤의 문자열(빈 문자열일 수 있음)을 추론한 다음, 새로 만든 문자열 형식으로 같은 형식을 다시 호출한다. 첫 번째 추론 결과의 첫 문자를 소문자로 만들고 두 번째 추론 결과의 첫 문자를 대문자로 만든다. 따라서 낙타 표기법을 따르는 문자열 식별자가 완성된다.

모든 공백을 제거할 때까지 이를 반복한다.

```
type Identifier = RemoveWhiteSpace<"Hello World!">; // "helloWorld!"
```

다음으로 남은 문자열이 유효한지 검사한다. 이번에도 재귀를 이용한다. 문자열을 한 문자를 포함하는 문자열로 쪼개어 대문자와 소문자 버전을 각각 만든다.

```
type StringSplit<T extends string> = T extends `${infer Char}${infer Rest}`
  ? Capitalize<Char> | Uncapitalize<Char> | StringSplit<Rest>
  : never;

type Chars = StringSplit<"abcdefghijklmnopqrstuvwxyz">;
// "a" | "A" | "b" | "B" | "c" | "C" | "d" | "D" | "e" | "E" |
// "f" | "F" | "g" | "G" | "h" | "H" | "i" | "I" | "j" | "J" |
// "k" | "K" | "l" | "L" | "m" | "M" | "n" | "N" | "o" | "O" |
// "p" | "P" | "q" | "Q" | "r" | "R" | "s" | "S" | "t" | "T" |
// "u" | "U" | "v" | "V" | "w" | "W" | "x" | "X" | "y" | "Y" |
// "z" | "Z"
```

첫 번째 글자를 가져와 대문자, 소문자를 만들고 더 이상 문자열에 문자가 없을 때까지 이를 반복한다. 이 재귀에서는 각 단계의 결과를 유니온 형식과 함께 호출하므로 꼬리 호출 최적화를 할 수 없다. 여기서 50개의 문자를 처리할 때 재귀 한계에 다다른다(타입스크립트 컴파일러의 상한<sup>hard limit</sup>). 따라서 기본 알파벳만 사용하면 문제가 없다!

하지만 다음 단계에서 `Identifier`를 만들려 할 때 첫 번째 한계에 부딪힌다. 여기서는 문자 유효성을 검사한다. 우선 `RemoveWhiteSpace<T>` 형식을 호출해 공백을 제거하고 낙타 표기법으로 문자열을 변환한다. 그리고 이 결과 문자열이 유효한지 검사한다.

`StringSplit<T>`처럼 첫 번째 문자를 가져와서 추가로 추론 결과 내에서 형식 검사를 수행한다. 가져온 문자가 유효한지 확인하고 나머지를 가져온다. 그리고 유효한 문자열을 다시 붙이고 남은 문자열을 재귀적으로 검사한다. 첫 번째 문자가 유효하지 않으면 나머지 문자열로 `CreateIdentifier<T>`를 호출한다.

```
type CreateIdentifier<T extends string> =
  RemoveWhiteSpace<T> extends `${infer A extends Chars}${infer Rest}`
  ? `${A}${CreateIdentifier<Rest>}`
//  ^ 형식 인스턴스화는 깊이가 매우 깊으며 무한할 수도 있습니다.ts(2589)
  : RemoveWhiteSpace<T> extends `${infer A}${infer Rest}`
```

```
  ? CreateIdentifier<Rest>
  : T;
```

이때 첫 번째 재귀 한계가 등장한다. 타입스크립트는 이 형식을 인스턴스화할 때 무한하고 너무 깊은 반복이 일어날 수 있다는 경고를 한다. 문자열 템플릿 리터럴 형식에서 재귀 호출을 사용하면 호출 스택 오류가 일어날 수 있음을 의미한다. 게다가 여기서는 꼬리 호출 최적화도 할 수 없다.

이를 해결할 방법이 있다. 꼬리 호출 최적화를 활성화하려면 재귀 호출이 독립적으로 일어나야 한다. **누적자 기법**accumulator technique을 이용해 이를 달성할 수 있다. Acc라 부르는 두 번째 문자열 형식 매개변수를 전달하고 빈 문자열로 인스턴스화한다. 이를 누적자로 사용한다. 즉, 중간 결과를 누적자로 저장하고 다음 호출 시 이를 전달하는 방식이다.

```
type CreateIdentifier<T extends string, Acc extends string = ""> =
  RemoveWhiteSpace<T> extends `${infer A extends Chars}${infer Rest}`
  ? CreateIdentifier<Rest, `${Acc}${A}`>
  : RemoveWhiteSpace<T> extends `${infer A}${infer Rest}`
  ? CreateIdentifier<Rest, Acc>
  : Acc;
```

이제 결과는 두 번째 매개변수로 저장되며, 재귀 호출은 독립적으로 일어난다. 필요한 재귀 호출을 모두 마치면(재귀 종료 분기를 통해), 최종 결과를 저장한 누적자를 반환한다.

```
type Identifier = CreateIdentifier<"Hello Wor!ld!">; // "helloWorld"
```

물론 문자열을 식별자로 만드는 더 좋은 방법도 많다. 하지만 조건부 형식을 재귀와 활용하는 상황에서는 언제든 이러한 문제를 겪을 수 있다. 이런 상황에서는 누적자 기법을 이용해 문제를 해결한다.

## 6.6 템플릿 리터럴을 구별자로 사용하기

**문제** 백엔드 요청 상태를 pending에서 error나 success로 변경하는 상태 머신을 모델링하려 한다. 다양한 백엔드 요청에 이들 상태를 적용하면서 내부 형식은 하나로 유지해야 한다.

**해결** 문자열 템플릿 리터럴을 구별된 유니온의 구별자로 사용한다.

**논의** 백엔드에서 데이터를 가져올 때 항상 같은 작업이 일어난다. 요청을 보내고 나면 응답을 기다리거나(pending), 결과 데이터를 얻거나(success), 요청이 거부되어 오류가 반환된다(error). 예를 들어 다음은 사용자의 로그인 요청 관련 상태를 보여준다.

```
type UserRequest =
  | {
      state: "USER_PENDING";
    }
  | {
      state: "USER_ERROR";
      message: string;
    }
  | {
      state: "USER_SUCCESS";
      data: User;
    };
```

사용자의 주문을 가져올 때도 이 상태를 재활용할 수 있다. 성공했을 때 각 상태의 이름과 페이로드payload만 요청 형식에 맞게 조절한다.

```
type OrderRequest =
  | {
      state: "ORDER_PENDING";
    }
  | {
      state: "ORDER_ERROR";
      message: string;
    }
  | {
      state: "ORDER_SUCCESS";
      data: Order;
    };
```

리덕스<sup>Redux</sup> (*https://redux.js.org*) 같은 전역 상태 처리 기법을 사용할 때도 이런 식별자로 상태를 구분한다. 하지만 상태 형식을 조금 더 좁히고 싶다.

타입스크립트에서는 템플릿 리터럴 형식의 구별자를 이용해 구별된 유니온 형식을 만들 수 있다. 따라서 이 패턴을 이용해 모든 백엔드 요청을 합칠 수 있다.

```typescript
type Pending = {
  state: `${Uppercase<string>}_PENDING`;
};

type Err = {
  state: `${Uppercase<string>}_ERROR`;
  message: string;
};

type Success = {
  state: `${Uppercase<string>}_SUCCESS`;
  data: any;
};

type BackendRequest = Pending | Err | Success;
```

확실히 전보다 좋아졌다. 각 유니온 형식 멤버의 상태 프로퍼티는 대문자로 시작하는 문자열이며, 뒤로 밑줄과 관련 상태 문자열이 등장함을 알 수 있다. 그리고 늘 그랬듯이 이를 하위 형식으로 좁힐 수 있다.

```typescript
function execute(req: BackendRequest) {
  switch (req.state) {
    case "USER_PENDING":
      // req: Pending
      console.log("Login pending...");
      break;
    case "USER_ERROR":
      // req: Err
      throw new Error(`Login failed: ${req.message}`);
    case "USER_SUCCESS":
      // req: Success
      login(req.data);
      break;
    case "ORDER_PENDING":
```

```
        // req: Pending
        console.log("Fetching orders pending");
        break;
      case "ORDER_ERROR":
        // req: Err
        throw new Error(`Fetching orders failed: ${req.message}`);
      case "ORDER_SUCCESS":
        // req: Success
        displayOrder(req.data);
        break;
    }
  }
```

전체 문자열을 구별자의 첫 구분자로 사용하는 것은 다소 과할 수 있다. 알려진 다양한 요청의
하위 집합을 만들고 문자열 조작 형식을 이용하면 올바른 하위 형식을 얻을 수 있다.

```
type RequestConstants = "user" | "order";

type Pending = {
  state: `${Uppercase<RequestConstants>}_PENDING`;
};

type Err = {
  state: `${Uppercase<RequestConstants>}_ERROR`;
  message: string;
};

type Success = {
  state: `${Uppercase<RequestConstants>}_SUCCESS`;
  data: any;
};
```

이렇게 오타의 가능성을 줄였다! 또한 모든 데이터를 Data 형식의 전역 상태 객체에 저장했다.
이제 이를 이용해 모든 가능한 BackendRequest 형식을 도출할 수 있다. keyof Data를 이용
해 BackendRequest 상태를 구성하는 문자열 키를 얻는다.

```
type Data = {
  user: User | null;
  order: Order | null;
};
```

```
type RequestConstants = keyof Data;

type Pending = {
  state: `${Uppercase<RequestConstants>}_PENDING`;
};

type Err = {
  state: `${Uppercase<RequestConstants>}_ERROR`;
  message: string;
};
```

Pending과 Err에는 잘 동작하지만, "user"나 "order" 등과 관련된 실제 데이터 형식이 필요한 Success는 아직 동작하지 않는다.

인덱스 접근을 이용해 Data에서 알맞은 data 프로퍼티 형식을 얻을 수 있다.

```
type Success = {
  state: `${Uppercase<RequestConstants>}_SUCCESS`;
  data: NonNullable<Data[RequestConstants]>;
};
```

> **팁** NonNullable<T>를 이용해 유니온 형식의 null과 undefined을 제거할 수 있다. strictNullChecks를 켜면 null과 undefined가 모든 형식에서 제외된다. 따라서 널 종류의 상태가 필요하면 수동으로 추가하고 반대로 필요하지 않을 땐 수동으로 제거해야 한다.

하지만 모든 백엔드 요청 시 data는 User나 Order가 될 수 있으며 요청의 종류를 추가하면 data의 형식도 늘어난다. 모든 RequestConstants를 반복하면서 상태 객체를 만들고, RequestConstants의 인덱스 접근을 이용해 유니온 형식을 다시 만들어 식별자와 관련 데이터 형식 간의 연결고리를 끊었다.

```
type Success = {
  [K in RequestConstants]: {
    state: `${Uppercase<K>}_SUCCESS`;
    data: NonNullable<Data[K]>;
  };
}[RequestConstants];
```

드디어 Success는 수동으로 만든 유니온 형식과 같아졌다.

```
type Success = {
  state: "USER_SUCCESS";
  data: User;
} | {
  state: "ORDER_SUCCESS";
  data: Order;
};
```

# CHAPTER 7

# 가변 튜플 형식

튜플 형식은 각 요소의 형식이 정해지고 길이가 고정된 배열이다. 튜플은 리액트 같은 라이브러리에서 많이 활용하는 형식으로 쉽게 비구조화할 수 있으며 요소에 이름을 붙일 수 있다. 또한 객체의 대안으로 좋은 평판을 얻고 있다.

**가변 튜플 형식**variadic tuple type은 정해진 길이와 각 요소의 형식은 알려졌지만 **정확한 모양**은 아직 정의되지 않은 형식이다. 기본적으로 가변 튜플 형식은 타입 시스템에 어떤 요소들이 여기 있지만 무엇이 어떤 형식이 될지 모른다고 지시한다. 이들은 제네릭으로 나중에 실제 형식으로 치환된다.

이런 튜플의 특징이 처음에는 지루하게 들릴 수 있겠지만, 이를 함수 시그니처에도 사용(튜플을 함수 호출 인수로 펼칠 수 있음)할 수 있다는 사실을 알면 점점 흥미를 느낄 것이다. 가변 튜플 형식을 이용해 함수, 함수 호출, 함수를 매개변수로 받는 함수에서 얻는 정보를 극대화할 수 있다.

이 장에서는 가변 튜플로 함수의 매개변수를 구현하고 이로부터 많은 정보를 얻을 수 있는 다양한 예제를 살펴본다. 가변 튜플이 없었다면 대부분 예제를 구현하기가 어렵거나 불가능했을 것이다. 이 장을 학습하고 나면 가변 튜플 형식이 함수형 프로그래밍 패턴의 핵심 기능임을 알게 된다.

# 7.1 concat 함수 형식화하기

**문제** 두 배열을 가져다 연결하는 concat이라는 함수가 있다. 이때 정확한 형식을 갖고 싶은데 함수 오버로드를 이용하자니 너무 귀찮다.

**해결** 가변 튜플 형식을 이용한다.

**논의** concat은 두 배열을 가져다 연결하는 헬퍼 함수다. 배열을 펼치기를 사용하는 짧고, 멋지며, 쉽게 읽을 수 있는 함수다.

```
function concat(arr1, arr2) {
  return [...arr1, ...arr2];
}
```

하지만 이 함수의 형식을 만들기는 어렵다. 특히 여러분이 어떤 형식을 기대한다면 더욱 그렇다. 두 배열을 전달하는 일은 쉽지만, 합친 배열의 반환 형식은 어떻게 정의해야 할까? 한 개의 배열 형식으로 만족할 수 있을까, 아니면 배열에 있는 각 요소의 형식을 알아야 할까?

배열에 있는 각 요소의 형식을 알아야 한다고 가정하자. 튜플을 이용하면 이 함수로 전달하는 각 요소의 형식을 알 수 있다. 모든 가능한 시나리오를 고려하면 다음처럼 수많은 오버로드를 추가해 이 함수의 형식을 만들 수 있다.

```
// 두 번째 배열이 빈 상황을 고려한 7개의 오버로드
function concat(arr1: [], arr2: []): [];
function concat<A>(arr1: [A], arr2: []): [A];
function concat<A, B>(arr1: [A, B], arr2: []): [A, B];
function concat<A, B, C>(arr1: [A, B, C], arr2: []): [A, B, C];
function concat<A, B, C, D>(arr1: [A, B, C, D], arr2: []): [A, B, C, D];
function concat<A, B, C, D, E>(
  arr1: [A, B, C, D, E],
  arr2: []
): [A, B, C, D, E];
function concat<A, B, C, D, E, F>(
  arr1: [A, B, C, D, E, F],
  arr2: []
): [A, B, C, D, E, F];
// 한 개의 요소를 포함하는 두 번째 배열을 고려한 추가 7개의 오버로드
```

```
function concat<A2>(arr1: [], arr2: [A2]): [A2];
function concat<A1, A2>(arr1: [A1], arr2: [A2]): [A1, A2];
function concat<A1, B1, A2>(arr1: [A1, B1], arr2: [A2]): [A1, B1, A2];
function concat<A1, B1, C1, A2>(
  arr1: [A1, B1, C1],
  arr2: [A2]
): [A1, B1, C1, A2];
function concat<A1, B1, C1, D1, A2>(
  arr1: [A1, B1, C1, D1],
  arr2: [A2]
): [A1, B1, C1, D1, A2];
function concat<A1, B1, C1, D1, E1, A2>(
  arr1: [A1, B1, C1, D1, E1],
  arr2: [A2]
): [A1, B1, C1, D1, E1, A2];
function concat<A1, B1, C1, D1, E1, F1, A2>(
  arr1: [A1, B1, C1, D1, E1, F1],
  arr2: [A2]
): [A1, B1, C1, D1, E1, F1, A2];
// 기타 등등
```

이 오버로드는 최고 여섯 개 요소를 포함하는 배열만을 고려한다. 이렇게 오버로드 조합으로 모든 상황에 대처하기는 쉽지 않다. 가변 튜플 형식을 이용하면 이를 쉽게 해결할 수 있다.

타입스크립트의 튜플 형식은 다음과 같은 기능이 있는 배열이다.

- 배열의 길이가 정해짐.
- 각 요소의 형식을 알고 있음(형식이 같을 필요는 없음).

다음 튜플 형식의 예다.

```
type PersonProps = [string, number];

const [name, age]: PersonProps = ['Stefan', 37];
```

**가변** 튜플 형식은 프로퍼티는 같지만(정해진 길이, 알려진 요소 형식) **정확한 모양**은 정해지지 않은 튜플이다. 형식과 길이를 아직 모르는 상황이므로 제네릭에는 오직 가변 튜플 형식만 사용할 수 있다.

```
type Foo<T extends unknown[]> = [string, ...T, number];

type T1 = Foo<[boolean]>;  // [string, boolean, number]
type T2 = Foo<[number, number]>;  // [string, number, number, number]
type T3 = Foo<[]>;  // [string, number]
```

이는 함수의 나머지 요소와 비슷하지만, 가변 튜플 형식은 튜플의 어디에서나 또 몇 번이고 반복해서 등장할 수 있다는 점이 다르다.

```
type Bar<
  T extends unknown[],
  U extends unknown[]
> = [...T, string, ...U];

type T4 = Bar<[boolean], [number]>;  // [boolean, string, number]
type T5 = Bar<[number, number], [boolean]>;  // [number, number, string, boolean]
type T6 = Bar<[], []>;  // [string]
```

이를 concat 함수에 적용할 때 두 제네릭 매개변수를 각 배열에 사용했다. 두 매개변수 모두 배열로 제한된다. 두 배열의 형식을 합쳐 새로 만든 튜플 형식으로 만들어 반환 형식을 완성한다.

```
function concat<T extends unknown[], U extends unknown[]>(
  arr1: T,
  arr2: U
): [...T, ...U] {
  return [...arr1, ...arr2];
}

// const test: (string | number)[]
const test = concat([1, 2, 3], [6, 7, "a"]);
```

이 코드는 실제로 자바스크립트의 **concat** 기능과 아주 비슷한 아름다운 문법을 보여준다. 바로 사용할 수 있는 (string | number)[]라는 훌륭한 결과도 얻었다.

하지만 우리는 튜플 형식을 사용한다. 어떤 요소를 연결하는지 **정확히** 알려면 제네릭 배열 형식을 튜플 형식으로 펼쳐 배열 형식을 튜플 형식으로 변환해야 한다.

```
function concat<T extends unknown[], U extends unknown[]>(
  arr1: [...T],
  arr2: [...U]
): [...T, ...U] {
  return [...arr1, ...arr2];
}
```

이렇게 해서 튜플 형식도 얻는다.

```
// const test: [number, number, number, number, number, string]
const test = concat([1, 2, 3], [6, 7, "a"]);
```

다행히 우리는 아무것도 잃지 않는다. 요소를 미리 알 수 없는 배열을 전달했을 때도 배열 형식을 얻는다.

```
declare const a: string[]
declare const b: number[]

// const test: (string | number)[]
const test = concat(a, b);
```

이 동작을 한 형식으로 기술할 수 있으므로 함수 오버로드로 모든 가능성을 정의하는 방법보다 훨씬 유연하며 가독성이 좋아진다.

## 7.2 promisify 함수 형식화하기

**문제** 콜백 스타일의 함수를 프로미스Promise로 바꾸고 동시에 완벽히 형식화하려 한다.

**해결** 함수 인수는 튜플 형식이다. 가변 튜플 형식으로 인수를 제네릭으로 만든다.

**논의** 자바스크립트에 프로미스가 존재하기 전에는 콜백을 이용해 비동기 프로그래밍을 구현하는 것이 상식이었다. 콜백 함수는 인수 목록과 콜백 함수를 받는다. 실행을 마쳐 결과(예: 파일 불러오기, HTTP 요청 수행)가 준비되면 콜백 함수를 실행한다.

```
function loadFile(
  filename: string,
  encoding: string,
  callback: (result: File) => void
) {
  // 구현 중
}

loadFile("./data.json", "utf-8", (result) => {
  // 파일을 이용한 작업 수행
});

function request(url: URL, callback: (result: JSON) => void) {
  // 구현 중
}

request("https://typescript-cookbook.com", (result) => {
  // 구현 중
});
```

파일 불러오기와 HTTP 요청 예제 모두 같은 패턴을 사용한다. 인수가 먼저 등장하고 결과는 마지막에 콜백과 함께 등장한다. 당장 문제는 없지만 많은 동기 호출을 처리(즉, 콜백 안에서 콜백을 처리)하는 상황에서는 '콜백 지옥(*http://callbackhell.com*)' 같은 문제가 발생한다.

```
loadFile("./data.txt", "utf-8", (file) => {
  // pseudo API
  file.readText((url) => {
    request(url, (data) => {
      // 데이터를 이용한 작업 수행
    })
  })
})
```

프로미스를 이용해 이 문제를 해결한다. 프로미스는 비동기 호출을 중첩하는 대신 연쇄로 호출할 수 있게 도우며, 추가로 async/await을 이용해 비동기 코드를 마치 동기 코드처럼 간단히 구현할 수 있다.

```
loadFilePromise("./data.txt", "utf-8")
  .then((file) => file.text())
```

```
  .then((url) => request(url))
  .then((data) => {
      // 데이터를 이용한 작업 수행
  });

// async/await 사용

const file = await loadFilePromise("./data.txt". "utf-8");
const url = await file.text();
const data = await request(url);
// 데이터를 이용한 작업 수행
```

훨씬 좋아졌다! 다행히 콜백 패턴을 따르는 모든 함수를 Promise로 바꿀 수 있다. 이 작업을
자동으로 처리해 줄 promisify라는 함수를 만들어 보자.

```
function promisify(fn: unknown): Promise<unknown> {
  // 구현 중
}

const loadFilePromise = promisify(loadFile);
const requestPromise = promisify(request);
```

그런데 이들 형식은 어떻게 정의할까? 가변 튜플 형식을 이용하면 된다!

모든 함수 헤드는 튜플 형식으로 정의할 수 있다.

```
declare function hello(name: string, msg: string): void;
```

예를 들어 앞의 함수를 다음처럼 바꿀 수 있다.

```
declare function hello(...args: [string, string]): void;
```

아주 유연하게 함수를 정의할 수 있다.

```
declare function h(a: string, b: string, c: string): void;
// 다음과 같음
declare function h(a: string, b: string, ...r: [string]): void;
// 다음과 같음
```

```
declare function h(a: string, ...r: [string, string]): void;
// 다음과 같음
declare function h(...r: [string, string, string]): void;
```

이를 **나머지 요소**라 부르기도 한다. 자바스크립트에서는 나머지 요소를 이용해 개수의 제한이 없는 인수 목록이 있는 함수를 정의할 수 있다. 나머지 요소는 함수 인수의 가장 마지막에 등장하며 모든 추가 인수는 이 나머지 요소로 흡수된다.

예를 들어 이 제네릭 튜플 함수는 any 형식의 인수 목록을 받아 튜플을 생성한다.

```
function tuple<T extends any[]>(...args: T): T {
  return args;
}

const numbers: number[] = getArrayOfNumbers();
const t1 = tuple("foo", 1, true);  // [string, number, boolean]
const t2 = tuple("bar", ...numbers);  // [string, ...number[]]
```

나머지 요소는 항상 마지막에 와야 한다. 자바스크립트에서는 중간에 나머지 요소를 정의할 수 없다. 하지만 가변 튜플 형식을 이용하는 타입스크립트에서는 원하는 위치에 나머지 요소를 정의할 수 있다.

loadFile과 request 함수를 다시 살펴보자. 다음은 두 함수의 매개변수를 튜플로 정의한 버전이다.

```
function loadFile(...args: [string, string, (result: File) => void]) {
  // 구현 중
}

function request2(...args: [URL, (result: JSON) => void]) {
  // 구현 중
}
```

두 함수의 비슷한 점을 찾아보자. 두 함수 모두 결과 형식이 다른 콜백으로 끝난다. 이 다른 결과 형식을 제네릭으로 바꿔서 두 콜백의 형식을 하나로 만들 수 있다. 나중에 이 함수를 사용할 때 제네릭을 실제 형식으로 치환한다. JSON과 File을 제네릭 형식 매개변수 Res로 대체한다.

Res 이전의 매개변수를 살펴보자. 이들의 형식은 서로 다르지만 한 가지 공통점이 있다. 이들은 튜플 내의 요소라는 사실이다. 이를 가변 튜플이라 부른다. 고정된 길이와 구체적인 형식을 갖는다는 사실을 알지만, 현재는 플레이스홀더로 이들을 대신한다. 이들을 Args라 부른다.

이제 두 함수의 시그니처를 다음 함수 형식으로 대체할 수 있다.

```
type Fn<Args extends unknown[], Res> = (
  ...args: [...Args, (result: Res) => void]
) => void;
```

새 형식을 사용해 보자.

```
type LoadFileFn = Fn<[string, string], File>;
type RequestFn = Fn<[URL], JSON>;
```

promisify 함수에 꼭 필요했던 기능이다. 모든 관련 매개변수(콜백 앞의 매개변수들과 반환 형식)를 추출해 다른 순서로 정렬할 수 있다.

새로 만든 함수 형식을 promisify 함수 시그니처에 넣어보자.

```
function promisify<Args extends unknown[], Res>(
  fn: (...args: [...Args, (result: Res) => void]) => void
): (...args: Args) => Promise<Res> {
  // 곧 구현함
}
```

promisify는 다음 기능을 제공한다.

- 배열(또는 튜플) Args와 Res라는 두 개의 제네릭 형식 매개변수가 있다.
- promisify의 매개변수는 함수다. 이 함수의 첫 인수는 Args의 요소고, 마지막 인수는 Res 형식의 매개변수를 받는 함수다.
- primisify는 Args를 매개변수로 받아 Res의 Promise를 반환하는 함수를 반환한다.

promisify의 새 형식을 직접 사용해보면 원하는 형식을 정확히 얻는다는 사실을 알 수 있다.

하지만 이를 조금 더 개선할 수 있다. 함수 시그니처를 보면 현재 인수가 가변이고 나중이 실제 형식으로 치환될 것이지만, 기대하는 인수가 무엇인지 명확한 상태다. promisify 구현과 같은 형식을 사용할 수 있다.

```
function promisify<Args extends unknown[], Res>(
  fn: (...args: [...Args, (result: Res) => void]) => void
): (...args: Args) => Promise<Res> {
  return function (...args: Args) { ❶
    return new Promise((resolve) => { ❷
      function callback(res: Res) { ❸
        resolve(res);
      }
      fn.call(null, ...[...args, callback]); ❹
    });
  };
}
```

그래서 이 함수는 어떤 작업을 수행하는 걸까?

❶ 콜백을 제외한 모든 매개변수를 받는 함수를 반환한다.

❷ 새로 만든 Promise를 반환한다.

❸ 아직 콜백이 없으므로 콜백을 만들어야 한다. 콜백은 어떤 일을 할까? 콜백은 Promise의 resolve 함수를 호출해 결과를 만든다.

❹ 나누어진 요소를 다시 합친다. 콜백을 인수에 추가한 다음 원래 함수를 호출한다.

이렇게 기능을 완성했다. 함수들이 사용할 primisify 함수는 콜백 패턴을 따른다. 완벽하게 형식화했다.

## 7.3 curry 함수 형식화하기

**문제** curry 함수를 구현한다. 커링<sup>currying</sup>이란 여러 인수를 받는 함수를 한 개의 인수를 받는 일련의 함수로 변환하는 기법을 의미한다.
이때 형식을 훌륭하게 제공하려 한다.

**해결** 조건부 형식에 가변 튜플 형식을 조합한다. 이때 항상 첫 매개변수를 잘라낸다.

**논의** 커링은 함수형 프로그래밍에서 아주 잘 알려진 기법으로, 여러 인수를 받는 함수를 한 개의 인수를 받는 일련의 함수로 변환하는 기법이다.

기본적으로 커링은 '함수 인수 중 일부만 적용'한다는 개념을 활용한다. 이를 이용하면 함수 재사용성을 극대화할 수 있다. 가장 기초적인 ("Hello, World!" 같은) 커링 구현의 예로 두 번째 인수를 나중에 부분 적용할 수 있는 add 함수가 있다.

```
function add(a: number, b: number) {
  return a + b;
}

const curriedAdd = curry(add); // 변환: (a: number) => (b: number) => number
const add5 = curriedAdd(5); // 첫 인수 적용. (b: number) => number
const result1 = add5(2); // 두 번째 인수. 결과: 7
const result2 = add5(3); // 두 번째 인수. 결과: 8
```

한눈에도 긴 인수 목록을 처리할 때 이 기능을 유용하게 사용할 수 있겠다는 생각이 든다. 다음은 HTMLElement에 클래스를 추가하거나 제거하는 일반화된 함수 코드다.

마지막 이벤트를 제외한 모든 것을 준비할 수 있다.

```
function applyClass(
  this: HTMLElement, // 타입스크립트 전용
  method: "remove" | "add",
  className: string,
  event: Event
) {
  if (this === event.target) {
    this.classList[method](className);
  }
}

const applyClassCurried = curry(applyClass); // 변환
const removeToggle = applyClassCurried("remove")("hidden");

document.querySelector(".toggle")?.addEventListener("click", removeToggle);
```

이런 방식으로 removeToggle을 여러 요소의 다양한 이벤트에 재사용한다. 다양한 상황에서 applyClass도 활용할 수 있다.

프로그래밍 언어 하스켈Haskell에서 커링은 중요한 개념으로, 수학자 하스켈 브룩스 커리Haskell Brooks Curry의 이름을 딴 것이다. 하스켈에서는 모든 연산이 커리이며 프로그래머들은 이를 잘 활용한다.

자바스크립트는 함수형 프로그래밍 언어의 기능을 많이 빌렸으며, 내장 바인딩 기능을 이용해 부분 적용을 구현할 수 있다.

```
function add(a: number, b: number, c: number) {
  return a + b + c;
}

// 부분 적용
const partialAdd5And3 = add.bind(this, 5, 3);
const result = partialAdd5And3(2); // 세 번째 인수
```

자바스크립트에서 함수는 일급 시민이므로 함수를 인수로 갖는 curry 함수를 만들 수 있으며 함수를 실행하기 전에 모든 인수를 모을 수 있다.

```
function curry(fn) {
  let curried = (...args) => {
    // 충분히 인수를 모으지 않았다면
    if (fn.length !== args.length) {
      // 인수를 부분 적용하고
      // 콜렉터 함수를 반환
      return curried.bind(null, ...args);
    }
    // 그렇지 않으면 모든 함수 호출
    return fn(...args);
  };
  return curried;
}
```

모든 함수가 자신의 인수 길이를 length 프로퍼티에 저장하는 기법을 사용했다. 이를 활용해 전달된 함수를 적용하기 전에 모든 필요한 인수를 재귀적으로 수집할 수 있다.

지금까지 무엇을 빠뜨렸을까? 바로 형식이다! 인수가 단 한 개이며 실행 순서가 정해진 모든 함수를 만드는 커링 패턴에 적용할 형식을 만들어보자. curry 함수 내에서 curried 함수가 수행하던 작업의 정반대로 인수를 제거하는 작업을 수행하는 조건부 형식을 만들어 이를 해결한다.

Curried<F> 형식을 만든다. 우선 형식이 실제 함수인지 검사한다.

```
type Curried<F> = F extends (...args: infer A) => infer R
  ? /* 구현 예정 */
  : never; // 함수가 아님. 발생하지 말아야 할 상황
```

인수를 A로 추론하고 반환 형식을 R로 설정한다. 다음으로 첫 번째 인수를 F로 잘라내고 나머지 모든 인수는 L('last'의 첫 글자)에 저장한다.

```
type Curried<F> = F extends (...args: infer A) => infer R
  ? A extends [infer F, ...infer L]
    ? /* 구현 예정 */
    : () => R
  : never;
```

인수가 없으면 인수를 받지 않는 함수를 반환한다. 마지막으로 남은 매개변수가 비었는지 검사한다. 이는 인수 목록에서 마지막 인수까지 모두 삭제했음을 의미한다.

```
type Curried<F> = F extends (...args: infer A) => infer R
  ? A extends [infer F, ...infer L]
    ? L extends []
      ? (a: F) => R
      : (a: F) => Curried<(...args: L) => R>
    : () => R
  : never;
```

인수가 남았으면 남은 매개변수로 Curried 형식을 다시 호출한다. 이런 식으로 한 번에 매개변수 한 개씩을 잘라낸다. 이 과정을 자세히 보면 curried 함수에서와 거의 같은 과정을 반복함을 발견할 수 있다. Curried<F>의 매개변수를 비구조화하고 curried(fn)에서 이들을 다시 수집한다.

완성한 형식을 curry에 추가한다.

```
function curry<F extends Function>(fn: F): Curried<F> {
  let curried: Function = (...args: any) => {
    if (fn.length !== args.length) {
      return curried.bind(null, ...args);
```

```
    }
    return fn(...args);
  };
  return curried as Curried<F>;
}
```

형식의 유연함 때문에 몇 가지 어서션과 any가 필요하다. 하지만 as와 any 키워드를 이용해 어떤 부분이 안전하지 않은 형식인지 표시할 수 있다.

완성했다. 이제 커리를 사용할 수 있다!

# 7.4 유연한 curry 함수 형식화하기

**문제** 7.3절에서 살펴본 curry 함수는 임의의 인수를 허용하지만, 형식은 한 번에 한 인수만 허용한다.

**해결** 모든 가능한 튜플 조합을 덮는 함수 오버로드를 만들어 형식을 확장한다.

**논의** 7.3절에서는 한 번에 한 개의 인수를 갖는 함수를 적용하는 함수 형식을 완성했다.

```
function addThree(a: number, b: number, c: number) {
  return a + b + c;
}

const adder = curried(addThree);
const add7 = adder(5)(2);
const result = add7(2);
```

하지만 curry 함수 자체는 정해지지 않은 수의 인수를 받는다.

```
function addThree(a: number, b: number, c: number) {
  return a + b + c;
}

const adder = curried(addThree);
const add7 = adder(5, 2); // 다른 부분
const result = add7(2);
```

이를 이용하면 함수를 덜 호출하면서 같은 작업을 처리할 수 있다. 따라서 curry 경험을 최대한 활용할 수 있도록 형식을 바꿔보자.

> **노트** 이 예제는 형식 시스템이 어떻게 자바스크립트 위에서 얇은 계층으로 동작하는지 잘 보여준다. 적절한 위치에 어서션과 any를 추가함으로써 curry 동작을 효과적으로 정의할 수 있으며 동시에 함수 자체의 유연성이 높아진다. 복잡한 기능에 복잡한 형식을 정의할 때는 주의해야 한다. 이 때문에 원하는 목표에 도달하기 어려워질 수 있으며, 결국 형식이 어떻게 동작하는지는 우리 손에 달렸기 때문이다. 적절하게 기능을 테스트해야 한다.

부분 적용할 수 있는 모든 함수 시그니처를 만드는 것이 목표다. 다음은 addThree 함수의 모든 가능한 형식을 보여준다.

```
type Adder = (a: number) => (b: number) => (c: number) => number;
type Adder = (a: number) => (b: number, c: number) => number;
type Adder = (a: number, b: number) => (c: number) => number;
type Adder = (a: number, b: number, c: number) => number;
```

모든 호출 가능성 그래프를 시각화한 [그림 7-1]을 참고하자.

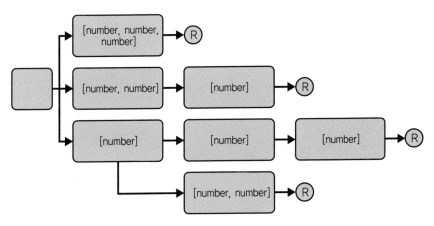

**그림 7-1** addThree를 커링했을 때 가능한 모든 함수 호출 조합을 보여주는 그래프. 처음에는 세 가지 분기로 시작하며 네 가지 결과 분기가 나온다.

우선 Curried 헬퍼 형식을 호출하는 방식을 조금 바꿔야 한다. 원래 형식에서는 헬퍼 형식에서 함수 인수와 반환 형식을 추론했다. 이제 형식을 여러 번 호출하는 동안 반환값을 전달해야 하므로 curry 함수에서 직접 반환 형식과 인수를 추출한다.

```
function curry<A extends any[], R extends any>(
  fn: (...args: A) => R
): Curried<A, R> {
  // 이전 코드 참고. 구현은 달라지지 않음
}
```

다음으로 Curried 형식을 재정의한다. 현재 인수를 가리키는 A와 반환 형식을 가리키는 R이라는 두 개의 제네릭 형식 매개변수를 사용한다. 첫 번째로 인수가 튜플 요소를 포함하는지 검사한다. 첫 번째 요소 F와 모든 나머지 요소 L을 추출한다. 남은 요소가 없으면 반환 형식 R을 반환한다.

```
type Curried<A extends any[], R extends any> = A extends [infer F, ...infer L]
  ? // 구현 중
  : R;
```

나머지 연산자로는 여러 튜플을 추출할 수 없으므로 첫 번째 요소를 잘라내고 L의 나머지 요소를 수집해야 한다. 부분 적용을 수행하려면 적어도 한 개의 매개변수가 필요하다.

true 분기에서 함수 정의를 만든다. 기존 예제에서는 재귀 호출을 반환하는 함수를 반환했다. 이제 모든 가능한 부분 적용을 제공해야 한다.

함수 인수는 튜플일 뿐이므로(7.2절 참조) 함수 오버로드 인수는 튜플 형식의 유니온으로 표현할 수 있다. Overloads 형식은 함수 인수 튜플을 받아 모든 부분 적용을 만든다.

```
type Overloads<A extends any[]> = A extends [infer A, ...infer L]
  ? [A] | [A, ...Overloads<L>] | []
  : [];
```

튜플을 전달하면 빈 튜플에서 시작해 인수가 한 개, 두 개 등 모든 인수를 포함할 때까지 증가한다.

```
// type Overloaded = [] | [string, number, string] | [string] | [string, number]
type Overloaded = Overloads<[string, number, string]>;
```

모든 오버로드를 정의할 수 있으므로 원래 함수 인수 목록에서 남은 인수를 가져와 첫 인수를 포함한 모든 가능한 함수 호출 조합을 만든다.

```
type Curried<A extends any[], R extends any> = A extends [infer F, ...infer L]
  ? <K extends Overloads<L>>(
      arg: F,
      ...args: K
    ) => /* 구현 중 */
  : R;
```

이전 addThree 예제에 이를 적용하면 첫 인수 F를 number로 만든 다음 이를 [], [number], [number, number]와 합친다.

반환 형식을 살펴보자. 7.2절에서처럼 이번에도 Curried 재귀 호출이다. 함수를 시퀀스로 연결했다는 사실을 기억하자. 같은 반환 형식(이 부분은 곧 살펴봄)을 전달했으나 함수 오버로드에서 펼쳐지지 않은 모든 나머지 인수도 전달해야 한다. addThree를 number로 호출하면 두 개의 남은 숫자는 다음 Curried 반복의 인수로 제공한다. 이렇게 가능한 호출 트리를 만든다.

가능한 조합을 얻으려면 함수 시그니처에서 이미 서술한 인수를 나머지 인자에서 제거해야 한다. 헬퍼 형식 Remove<T, U>는 두 튜플을 탐색하면서 두 튜플 중 하나가 텅 빌 때까지 각각 하나씩 요소를 잘라낸다.

```
type Remove<T extends any[], U extends any[]> = U extends [infer _, ...infer UL]
  ? T extends [infer _, ...infer TL]
    ? Remove<TL, UL>
    : never
  : T;
```

Curried에 이를 적용해 최종 결과를 얻는다.

```
type Curried<A extends any[], R extends any> = A extends [infer F, ...infer L]
  ? <K extends Overloads<L>>(
      arg: F,
      ...args: K
    ) => Curried<Remove<L, K>, R>
  : R;
```

Curried<A, R>은 이제 [그림 7-1]과 같은 호출 그래프를 만들면서 동시에 curry에 전달할 수 있는 모든 함수에 유연하게 사용할 수 있다. 유연성과 적절한 형식 안전이라는 두 마리 토끼를 모두 잡았다(타입 챌린지<sup>Type Challenges</sup> 솔루션에서 누락된 부분을 제공한 깃허브 사용자 아키라 마츠자키<sup>Akira Matsuzaki</sup>에게 감사를 전한다).

## 7.5 가장 단순한 curry 함수 형식화하기

**문제** curry 함수와 관련 형식화는 유용하지만 아직 많은 문제가 남았다. 조금 더 단순한 해결책은 없을까?

**해결** 한 개의 순차적 단계만을 포함하는 curry 함수를 만든다. 그러면 타입스크립트가 자체적으로 적절한 형식을 알아낸다.

**논의** curry 3부작의 마지막 절을 본격적으로 시작하기 전에, 7.3절과 7.4절에서 살펴본 내용을 잠시 생각해보자. 타입스크립트의 메타프로그래밍 기능을 이용해 실제 구현과 거의 비슷하게 동작하는 아주 복잡한 형식을 만들었다. 인상적인 결과였지만 아직 몇 가지 주의해야 할 점이 있다.

- 7.3절과 7.4절에서는 조금 다른 방식으로 형식을 구현했는데, 그 결과는 매우 달랐다. 하지만 기본 curry 함수는 그대로다. 인수에 any를 사용했고, 반환 형식의 형식 어서션을 사용한 덕분이다. 즉, 타입스크립트가 우리의 세계관을 따르도록 강제함으로써 형식 검사를 사실상 비활성화한다는 뜻이다. 이는 좋은 기능이며, 때로는 꼭 필요한 상황(예: 새 객체 생성)도 있다. 하지만 구현과 형식이 복잡해지면서 역효과가 날수 있다. 따라서 형식과 구현을 모두 테스트해야 한다. 형식 테스트와 관련한 자세한 내용은 12.4절을 참고하자.
- 정보를 잃는다. 특히 커링 과정에서 어떤 인수가 이미 적용되었는지 알려면 인수 이름을 유지해야 한다. 기존 솔루션으로는 인수 이름을 유지할 수 없었고, 기본적으로 제네릭 a나 args를 사용했다. 예를 들어 인수 형식이 모두 문자열이라면 현재 어떤 문자열을 기록 중인지 알 수 없다.
- 7.4절의 예제에서는 적절한 형식 검사를 제공한다. 하지만 형식의 특성상 자동 완성 기능은 제한된다. 입력을 시작해야만 두 번째 인수가 필요하다는 사실을 알 수 있기 때문이다. 타입스크립트의 주요 기능 중 하나는 생산성을 높이는 적절한 도구와 정보를 제공한다는 점이다. 유연한 Curried 형식을 사용하면 다시 추측할 필요가 없으므로 생산성을 높일 수 있다.

다시 강조하자면 이들 형식은 인상적이지만 몇 가지 큰 단점이 있다. 그렇다면 과연 이 기법을 사용해야 할까? 달성하려는 목표에 따라 답은 달라진다.

커링과 부분 적용과 관련해서는 두 가지 의견을 갖는 진영이 존재한다. 첫 번째 진영은 함수형 프로그래밍 패턴을 좋아하며 자바스크립트의 함수형 기능을 최대한 활용하고 싶어 한다. 이들은 고급 커링 기능을 활용해 부분 적용을 적극 재사용하길 원한다. 두 번째 진영은 일부 상황 (예: 다양한 이벤트를 제공할 마지막 매개변수를 기다리는 함수)에서만 함수형 프로그래밍 패턴이 유용하다고 생각한다. 이들은 가능한 한 많은 기능을 적용하고 두 번째 단계에서 나머지를 제공한다.

지금까지는 첫 번째 진영을 따라왔다. 여러분이 두 번째 진영에 속한다면 아마 몇 개의 매개변수를 부분 적용(나머지는 두 번째 단계로 전달)할 때만 커링이 필요하다고 생각할 것이다. 한 인수로 구성된 순서가 없는 매개변수와 원하는 수의 인수를 적용할 수 있는 유연성은 제공하지 않는다. 다음은 이를 반영한 이상적인 인터페이스다.

```
function applyClass(
  this: HTMLElement, // 타입스크립트 전용
  method: "remove" | "add",
  className: string,
  event: Event
) {
  if (this === event.target) {
    this.classList[method](className);
  }
}

const removeToggle = curry(applyClass, "remove", "hidden");

document.querySelector("button")?.addEventListener("click", removeToggle);
```

curry는 다른 함수 f를 인수로 받은 다음 f 매개변수의 시퀀스 t를 받는 함수다. curry 함수는 가능한 모든 매개변수 u로 f를 호출하는 함수를 반환한다. 다음은 자바스크립트로 구현한 curry의 모습이다.

```
function curry(f, ...t) {
  return (...u) => f(...t, ...u);
}
```

나머지 연산자와 펼침 연산자 덕분에 한 행으로 curry를 구현할 수 있다. 이제 형식을 추가해보자! 아직 알 수 없는 매개변수를 처리하려면 제네릭이 필요하다. 함수 인수의 T와 U뿐 아니라 반환 형식 R이 필요하다.

f의 인수를 구성하는 제네릭 형식 매개변수 T와 U를 사용해 다음처럼 f의 형식을 구현한다.

```
type Fn<T extends any[], U extends any[]> =
    (...args: [...T, ...U]) => any;
```

함수 인수는 튜플로 기술할 수 있는데, 여기서 이들 함수 인수가 두 부분으로 나누어진다. 이 형식을 curry에 추가하고 또 다른 제네릭 형식 매개변수를 반환 형식 R에 사용한다.

```
function curry<T extends any[], U extends any[], R>(
  f: (...args: [...T, ...U]) => R,
  ...t: T
) {
  return (...u: U) => f(...t, ...u);
}
```

단순하고, 이해하기 쉬우며, 실제 구현과 거의 비슷해 보이는 형식을 만들었다. 몇 개의 가변 튜플 형식을 이용해 다음을 달성했다.

- 100% 형식 안전성을 얻었다. 타입스크립트는 사용처에서 제네릭 형식을 직접 정확하게 추론한다. 조건부 형식과 재귀 등으로 힘겹게 형식을 만들 필요가 없다.
- 가능한 모든 솔루션을 자동 완성 기능으로 제공한다. 콤마( , ) 추가는 인수의 다음 단계를 시작한다는 의미이므로 타입스크립트를 이에 맞는 형식을 적용한 다음 개발자의 기대에 부응하는 힌트를 제공한다.
- 어떤 정보도 잃지 않는다. 새로운 형식을 만들지 않으므로 타입스크립트는 원래 형식의 레이블을 유지하며 예상 인수를 안다.

현재 curry는 원래 버전만큼 유연하지 않지만, 다양한 상황에서 이 curry가 더 유용할 수 있다. 활용 사례에 따라 어떤 절충안을 선택하느냐의 문제일 뿐이다.

> **팁**  튜플을 자주 사용한다면 튜플 형식 요소에 이름을 붙일 수 있다(type Person = [name: string, age: number];). 이들 레이블은 애너테이션일 뿐이므로 자바스크립트로 변환 과정에서 사라진다.

궁극적으로 curry 함수와 다양한 구현은 타입스크립트로 특정 문제를 해결하는 방법이 얼마나 다양한지 보여준다. 완전한 형식 시스템을 활용해 아주 복잡하고 정교한 형식에 활용할 수도 있고, 컴파일러가 알아서 처리하도록 범위를 조금 줄일 수도 있다. 여러분이 달성하려는 목표에 맞는 방법을 선택하면 된다.

## 7.6 튜플로 열거형 만들기

**문제** 열거형을 이용하면 유효한 값을 쉽게 선택할 수 있다. 하지만 3.12절에서 알아본 열거형의 문제들을 피하고 싶다.

**해결** 튜플을 열거형으로 만든다. 조건부 형식, 가변 튜플 형식, "length" 프로퍼티로 자료구조 형식을 만든다.

**논의** 3.12절에서는 숫자와 문자열 열거형을 사용할 때 발생할 수 있는 모든 문제를 살펴봤다. 결국 형식 시스템에 훨씬 더 가까우면서 일반 열거형과 같은 개발자 경험을 제공하는 패턴을 만들었다.

```
const Direction = {
  Up: 0,
  Down: 1,
  Left: 2,
  Right: 3,
} as const;

// Direction의 상숫값 얻음
type Direction = (typeof Direction)[keyof typeof Direction];

// (typeof Direction)[keyof typeof Direction] yields 0 | 1 | 2 | 3
function move(direction: Direction) {
  // 미정
}

move(30); // 동작하지 않음!
```

```
move(0); // 동작함!

move(Direction.Left); // 이 역시 동작함!
```

이는 별로 놀라울 일이 없는 아주 간단한 패턴이지만, 아주 많은 문자열 열거형 항목을 처리하려 하면 귀찮은 작업을 해야 한다.

```
const Commands = {
  Shift: "shift",
  Xargs: "xargs",
  Tail: "tail",
  Head: "head",
  Uniq: "uniq",
  Cut: "cut",
  Awk: "awk",
  Sed: "sed",
  Grep: "grep",
  Echo: "echo",
} as const;
```

중복된 내용이 많으며, 오타가 있다면 예상하지 못한 동작이 쉽게 일어나는 상황이다. 이런 열거형을 생성하는 헬퍼 함수를 이용하면 반복과 중복 문제를 쉽게 처리할 수 있다. 다음과 같은 컬렉션이 있다고 가정하자.

```
const commandItems = [
  "echo",
  "grep",
  "sed",
  "awk",
  "cut",
  "uniq",
  "head",
  "tail",
  "xargs",
  "shift",
] as const;
```

createEnum이라는 헬퍼 함수는 모든 항목을 반복하면서 첫 글자를 대문자로 만든 키(입력 매개변수에 따라 문자열이나 숫잣값을 가리킴)가 있는 객체를 만든다.

```
function capitalize(x: string): string {
  return x.charAt(0).toUpperCase() + x.slice(1);
}

// 타이핑해야 할 코드
function createEnum(arr, numeric) {
  let obj = {};
  for (let [i, el] of arr.entries()) {
    obj[capitalize(el)] = numeric ? i : el;
  }
  return obj;
}

const Command = createEnum(commandItems); // string 열거형
const CommandN = createEnum(commandItems, true); // number 열거형
```

이제 형식을 추가해 보자! 두 가지를 처리해야 한다.

- 튜플을 이용해 객체를 만든다. 키의 첫 글자는 대문자로 만든다.

- 각 프로퍼티 키의 값은 문자나 숫자로 설정한다. 숫자는 0에서 시작하며 단계마다 1씩 증가한다.

객체 키를 만들 때 매핑할 수 있는 유니온 형식이 필요하다. 모든 객체 키를 얻으려면 튜플을 유니온 형식으로 변환해야 한다. TupleToUnion 헬퍼 형식은 문자열 튜플을 받아 유니온 형식으로 변환한다. 왜 오직 문자열 튜플만 받을까? 객체 키가 필요할 때 문자열 키가 가장 사용하기 쉽기 때문이다.

TupleToUnion<T>은 재귀 형식이다. 지금까지와 같이 요소를 한 개(이번에는 튜플의 마지막 요소) 잘라낸 다음 남은 요소를 이용해 다시 형식을 호출한다. 각 호출을 유니온으로 추가하므로 튜플 요소의 유니온 형식을 얻는다.

```
type TupleToUnion<T extends readonly string[]> = T extends readonly [
  ...infer Rest extends string[],
  infer Key extends string
]
  ? Key | TupleToUnion<Rest>
  : never;
```

맵 형식과 문자열 조작 형식을 이용해 Enum<T>의 문자열 열거형 버전을 만든다.

```
type Enum<T extends readonly string[], N extends boolean = false> = Readonly<
  {
    [K in TupleToUnion<T> as Capitalize<K>]: K
  }
>;
```

숫자 열거형 버전을 만들려면 각 값에 대응하는 숫자 표현을 얻어야 한다. 원래 데이터는 어딘가에 이미 저장했다. TupleToUnion이 네 개의 요소를 포함하는 튜플을 어떻게 처리하는지 살펴보자.

```
// 유니온으로 변환하려는 형식
type Direction = ["up", "down", "left", "right"];

// 헬퍼 형식 호출
type DirectionUnion = TupleToUnion<Direction>;

// 마지막 요소를 추출한 다음 나머지 요소를 이용해 재귀적으로 TupleToUnion을 호출
type DirectionUnion = "right" | TupleToUnion<["up", "down", "left"]>;

// 마지막 요소를 추출한 다음 나머지 요소를 이용해 재귀적으로 TupleToUnion을 호출
type DirectionUnion = "right" | "left" | TupleToUnion<["up", "down"]>;

// 마지막 요소를 추출한 다음 나머지 요소를 이용해 재귀적으로 TupleToUnion을 호출
type DirectionUnion = "right" | "left" | "down" | TupleToUnion<["up"]>;

// 마지막 요소를 추출한 다음 빈 튜플을 이용해 재귀적으로 TupleToUnion을 호출
// Extracting the last, recursively calling TupleToUnion with an empty tuple
type DirectionUnion = "right" | "left" | "down" | "up" | TupleToUnion<[]>;

// 조건부 형식이 else 분기로 빠지면서 never를 유니온에 추가함
type DirectionUnion = "right" | "left" | "down" | "up" | never;

// 유니온에 추가한 never는 사라짐
type DirectionUnion = "right" | "left" | "down" | "up";
```

이 과정을 자세히 보면 형식을 호출할 때마다 튜플이 길이가 짧아짐을 알 수 있다. 처음엔 세 개의 요소가 있었지만, 하나씩 줄어들어 마지막엔 요소가 없다. 배열의 길이와 배열 각 위치의 형식으로 튜플을 정의한다. 타입스크립트는 튜플의 길이를 숫자로 저장하며 "length" 프로퍼티로 이 값에 접근할 수 있다.

```
type DirectionLength = Direction["length"]; // 4
```

따라서 각 재귀 호출이 일어날 때마다 남은 요소의 길이를 알 수 있고 이를 열거형의 값으로 사용한다. 열거형 키를 바로 반환하지 않고 키와 가능한 숫잣값을 객체로 반환한다.

```
type TupleToUnion<T extends readonly string[]> = T extends readonly [
  ...infer Rest extends string[],
  infer Key extends string
]
  ? { key: Key; val: Rest["length"] } | TupleToUnion<Rest>
  : never;
```

새로 만든 객체를 이용해 열거형에서 숫잣값을 원하는지 아니면 문자열값을 원하는지 결정하는 데 사용할 수 있다.

```
type Enum<T extends readonly string[], N extends boolean = false> = Readonly<
  {
    [K in TupleToUnion<T> as Capitalize<K["key"]>]: N extends true
      ? K["val"]
      : K["key"];
  }
>;
```

완성했다! 새로 만든 Enum<T, N> 형식을 createEnum 함수에 적용한다.

```
type Values<T> = T[keyof T];

function createEnum<T extends readonly string[], B extends boolean>(
  arr: T,
  numeric?: B
) {
  let obj: any = {};
  for (let [i, el] of arr.entries()) {
    obj[capitalize(el)] - numeric ? i : el;
  }
  return obj as Enum<T, B>;
}
```

```
const Command = createEnum(commandItems, false);
type Command = Values<typeof Command>;
```

형식 시스템에서 튜플의 길이에 접근하는 기능은 타입스크립트의 숨은 보석이다. 예제에서도 알 수 있듯이, 이 기능 덕분에 많은 일을 할 수 있으며 형식 시스템으로 계산기처럼 재미있는 기능도 구현할 수 있다. 타입스크립트의 다른 기능과 마찬가지로 현명하게 사용하자.

## 7.7 함수 시그니처의 모든 요소 분할하기

**문제** 함수 안의 함수에서 인수 형식과 반환 형식을 얻는 방법은 알지만, 이들 형식을 외부에서도 사용하려 한다.

**해결** 내장 헬퍼 형식 `Parameters<F>`와 `ReturnType<F>`을 사용한다.

**논의** 이 장에서는 헬퍼 형식을 사용해 인수로 사용된 함수의 정보를 얻는 방법을 살펴봤다. 예를 들어 `defer` 함수는 함수와 그 함수의 모든 인수를 인수로 받아 이를 실행할 다른 함수를 반환한다. 여기에 제네릭 형식을 이용하면 필요한 모든 정보를 얻을 수 있다.

```
function defer<Par extends unknown[], Ret>(
  fn: (...par: Par) => Ret,
  ...args: Par
): () => Ret {
  return () => fn(...args);
}

const log = defer(console.log, "Hello, world!");
log();
```

함수를 인수로 전달했을 때 필요한 세부 정보를 얻고 재활용할 수 있으므로 이 코드는 잘 동작한다. 하지만 함수의 인수와 반환 형식을 제네릭 함수 밖에서 사용해야 하는 상황도 있다. 다행히 타입스크립트가 제공하는 내장 헬퍼 형식을 이용해 이 문제를 해결할 수 있다. `Parameters<F>`로 함수 인수를 튜플로 얻고, `ReturnType<F>`을 이용해 함수의 반환 형식을 얻는다. 따라서 이전 살펴본 `defer` 함수를 다음처럼 재구현할 수 있다.

```
type Fn = (...args: any[]) => any;

function defer<F extends Fn>(
  fn: F,
  ...args: Parameters<F>
): () => ReturnType<F> {
  return () => fn(...args);
}
```

Parameters<F>와 ReturnType<F> 모두 함수/튜플 형식에 의존하는 아주 비슷한 조건부 형식이다. Parameters<F>에서 인수를 추론하며 ReturnType<F>에서 반환 형식을 추론한다.

```
type Parameters<F extends (...args: any) => any> =
  F extends (...args: infer P) => any ? P : never;

type ReturnType<F extends (...args: any) => any> =
  F extends (...args: any) => infer R ? R : any;
```

다음처럼 함수 외부에서 함수 인수를 준비할 때 이들 헬퍼 형식을 사용할 수 있다. search 함수를 살펴보자.

```
type Result = {
  page: URL;
  title: string;
  description: string;
};

function search(query: string, tags: string[]): Promise<Result[]> {
  throw "to be done";
}
```

Parameters<typeof search>를 이용해 어떤 매개변수를 기대하는지 알 수 있다. 함수 호출 외부에서 이들을 정의하며 호출할 때는 인수로 펼친다.

```
const searchParams: Parameters<typeof search> = [
  "Variadic tuple tpyes",
  ["TypeScript", "JavaScript"],
```

```
    ];

    search(...searchParams);
    const deferredSearch = defer(search, ...searchParams);
```

새 형식을 만들 때도 두 헬퍼를 유용하게 활용한다. 관련 예제를 4.8절에서 확인할 수 있다.

# CHAPTER 8

# 헬퍼 형식

타입스크립트의 강점 중 하나는 다른 형식에서 원하는 형식을 파생할 수 있다는 점이다. 또한 한 형식이 바뀌면 다른 모든 파생된 형식에 자동으로 바뀐 내용이 적용된다. 이 덕분에 유지 보수에 들이는 시간이 줄어들며 궁극적으로 더 강력한 형식 설정을 구현할 수 있다.

보통 파생 형식을 만들 때 같은 형식 변경자를 다른 조합으로 적용한다. 타입스크립트는 다양한 내장 유틸리티 형식(*https://oreil.ly/inM2y*)을 제공하며, 지금까지 일부 내장 헬퍼를 살펴보았다. 하지만 내장 헬퍼로 충분하지 못할 때가 있다. 상황에 따라 원하는 결과를 얻으려고 알려진 기법을 다른 방식으로 적용하거나, 형식 시스템의 내부 동작을 깊숙이 파고들어야 한다. 따라서 직접 헬퍼 형식을 만들어야 할 상황이 발생한다.

이 장에서는 헬퍼 형식의 개념을 소개하고 사용자 정의 헬퍼 형식으로 다른 형식을 파생하는 능력을 엄청나게 확장하는 다양한 사례를 설명한다. 각 형식은 다양한 상황에서 동작하도록 설계되었으며, 각 형식에서 형식 시스템의 새로운 면을 배울 수 있다. 물론 이 책에서는 완전한 형식 목록을 설명하지 않지만, 앞으로 지식을 확장하는 데 도움이 되는 출발점과 다양한 리소스를 제공한다.

결국 타입스크립트의 형식 시스템을 자체적인 함수형 메타프로그래밍 언어로 생각할 수 있다. 이 형식 시스템에서 단일 목적의 작은 헬퍼 형식을 더 큰 헬퍼 형식과 합쳐서 마치 기존 모델에 한 형식을 적용하듯이 쉽게 형식 파생을 만들 수 있다.

# 8.1 특정 프로퍼티를 선택형으로 설정하기

**문제** 특정 프로퍼티를 선택형으로 설정한 형식을 파생하고 싶다.

**해결** 두 객체 형식의 인터섹션을 수행하는 `SetOptional`이라는 사용자 정의 헬퍼 형식을 만든다. 이때 한 객체는 모든 선택된 형식을 선택형으로 매핑된 형식 변경자로 매핑하는 데 사용하며, 다른 객체는 나머지 프로퍼티를 매핑하는 데 사용한다.

**논의** 타입스크립트 프로젝트에 모든 모델을 설정하고 정의했으며 코드에서 이들을 참조하려 한다.

```
type Person = {
  name: string;
  age: number;
  profession: string;
};
```

Person 같은 형식이 있는데 모든 프로퍼티를 설정하지 않고 일부만 설정해도 되는 상황(프로퍼티 중 일부는 **선택형**)이 꽤 자주 발생한다. 이렇게 API를 설계하면 모양은 비슷하지만 필드가 한두 개 정도 부족한 구조나 형식으로 API를 사용하는 데 도움을 준다. 다양한 형식을 유지 보수하는 일은 피해야 하므로(12.1절 참고) 현재 사용 중인 원래 모델에서 형식을 파생하려 한다.

타입스크립트는 모든 프로퍼티를 선택형으로 변경하는 `Partial<T>`라는 내장 헬퍼 형식을 제공한다.

```
type Partial<T> = { [P in keyof T]?: T[P]; };
```

이 헬퍼 형식은 모든 키에 선택형 매핑 형식 변경자를 사용해 프로퍼티를 선택형으로 만드는 매핑된 형식이다. `SetOptional` 형식을 구현하려면 먼저 선택형으로 설정할 키 집합을 추려야 한다.

```
type SelectPartial<T, K extends keyof T> = {
  [P in K]?: T[P]
};
```

SelectPartial<T, K extends keyof T>에서 모든 키가 아니라 제공된 하위 집합 키만 매핑한다. extends keyof T 제네릭 제약 덕분에 유효한 프로퍼티 키만 전달할 수 있다. SelectPartial이 Person의 "age"를 선택하도록 적용하면 선택형으로 설정된 age **프로퍼티만** 포함하는 결과를 얻는다.

```
type Age = SelectPartial<Person, "age">;

// type Age = { age?: number | undefined };
```

원하는 프로퍼티를 선택형으로 설정하며 절반의 작업을 완성했다. 하지만 나머지 프로퍼티는 사라진 상태다. 다시 객체 형식으로 돌아가보자.

기존 객체 형식에 프로퍼티를 추가해 확장하는 가장 쉬운 방법은 다른 객체 형식과 인터섹션 형식을 취해 새 형식을 만드는 것이다. 따라서 SelectPartial의 결과와 나머지 키를 포함하는 형식의 인터섹션을 취한다.

Exclude 헬퍼 형식을 이용해 모든 나머지 키를 얻는다. Exclude<T, U>는 두 집합을 비교하는 **조건부 형식**이다. 집합 T의 요소가 U에 존재하면 never를 이용해 해당 요소를 제거하고 그렇지 않으면 형식에 그대로 둔다.

```
type Exclude<T, U> = T extends U ? never : T;
```

이는 5.3절에 설명한 Extract<T, U>와 정반대의 동작이다. Extract<T, U>는 분배 조건부 형식(5.2절 참고)으로 유니온의 모든 요소에 조건부 형식을 분배 적용한다.

```
// 이 예제는 타입스크립트가 어떻게 헬퍼 형식을 평가하는지 단계별로 보여준다.

type ExcludeAge = Exclude<"name" | "age", "age">;

// 1. 분배
type ExcludeAge =
```

```
  "name" extends "age" ? never : "name" |
  "age" extends "age" ? never : "age";

// 2. 평가
type ExcludeAge = "name" | never;

// 3. 불필요한 `never` 제거
type ExcludeAge = "name";
```

원하는 기능을 구현했다! SetOptional에서 모든 선택된 키를 **골라서** 선택형으로 만드는 형식을 만들었고 객체의 모든 키를 포함하는 더 큰 집합에서 해당 키를 **제외**했다.

```
type SetOptional<T, K extends keyof T> = {
  [P in K]?: T[P];
} &
  {
    [P in Exclude<keyof T, K>]: T[P];
  };
```

두 형식의 인터섹션 결과로 만들어진 새 객체 형식을 원하는 모델에 사용할 수 있다.

```
type OptionalAge = SetOptional<Person, "age">;

/*
type OptionalAge = {
  name: string;
  age?: number | undefined;
  profession: string;
};
*/
```

여러 키를 선택형으로 만들고 싶을 때는 다음처럼 유니온 형식으로 프로퍼티 키를 제공한다.

```
type OptionalAgeAndProf = SetOptional<Person, "age" | "profession">;
```

타입스크립트에서는 이렇게 직접 형식을 정의할 수 있지만, 내장 헬퍼 형식을 조합해 비슷한 효과를 구현할 수도 있다. 다음처럼 헬퍼 형식만을 활용해 SetOptional 형식을 구현한다.

```
type SetOptional<T, K extends keyof T> = Partial<Pick<T, K>> & Omit<T, K>;
```

- Pick<T, K>은 객체 T에서 키 K를 선택한다.
- Omit<T, K>은 객체 T에서 K를 제외한 나머지를 선택한다(내부적으로 Exclude를 활용한다).
- Partial<T>는 이미 배웠다.

사람마다 편차가 있지만, 개발자 사이에서 잘 알려진 헬퍼 형식을 조합하면 보통 더 쉽게 읽고 이해할 수 있다.

한 가지 문제가 남았다. 새로 만들어진 형식을 편집기로 확인해보면 타입스크립트는 실제 프로퍼티가 무엇인지가 아니라 형식이 어떻게 만들어졌는지를 보여준다. 8.3절의 **Remap** 헬퍼 형식을 이용하면 형식을 더 쉽게 읽고 사용할 수 있다.

```
type SetOptional<T, K extends keyof T> = Remap<
  Partial<Pick<T, K>> & Omit<T, K>
>;
```

형식 인수를 함수 인터페이스로 간주하면 형식 매개변수도 고려해야 한다. 두 번째 인수(선택된 객체 키)를 기본값으로 설정하는 최적화 기법이 있다.

```
type SetOptional<T, K extends keyof T = keyof T> = Remap<
  Partial<Pick<T, K>> & Omit<T, K>
>;
```

K extends keyof T = keyof T를 이용해 모든 프로퍼티 키를 선택형으로 만들었으므로 필요한 프로퍼티만 선택할 수 있다. 덕분에 헬퍼 형식이 조금 더 유연해졌다.

지금까지 예제와는 반대로 일부 키가 꼭 필요한 상황이라면 **SetRequired** 같은 형식을 직접 구현할 수 있다.

```
type SetRequired<T, K extends keyof T = keyof T> = Remap<
  Required<Pick<T, K>> & Omit<T, K>
>;
```

또는 제공한 모든 키를 요구하고 나머지를 선택형으로 만드는 `OnlyRequired`라는 형식을 만든다.

```
type OnlyRequired<T, K extends keyof T = keyof T> = Remap<
  Required<Pick<T, K>> & Partial<Omit<T, K>>
>;
```

요점은 여러 프로젝트에서 사용할 다양한 헬퍼 형식을 확보할 수 있다는 것이다.


## 8.2 중첩된 객체 바꾸기

**문제** Partial, Required, Readonly 등의 헬퍼 객체 헬퍼 형식은 객체의 첫 번째 수준만을 바꿀 수 있으며 중첩된 객체 프로퍼티는 처리하지 못한다.

**해결** 중첩된 객체에 같은 동작을 반복 수행할 재귀형 헬퍼 형식을 만든다.

**논의** 사용자가 조절할 수 있는 다양한 설정을 제공하는 애플리케이션이 있다고 가정하자. 시간이 지나면서 설정을 쉽게 확장할 수 있도록 기본 설정과 사용자가 설정의 다른 부분만 저장한다.

```
type Settings = {
  mode: "light" | "dark";
  playbackSpeed: number;
  subtitles: {
    active: boolean;
    color: string;
  };
};

const defaults: Settings = {
  mode: "dark",
  playbackSpeed: 1.0,
  subtitles: {
    active: false,
    color: "white",
  },
};
```

applySettings는 기본 설정과 사용자 설정을 둘 다 받는다. 사용자는 **일부** 키만 제공하고 나머지는 기본 설정을 적용하므로 이들을 Partial<Settings>로 설정한다.

```
function applySettings(
  defaultSettings: Settings,
  userSettings: Partial<Settings>
): Settings {
  return { ...defaultSettings, ...userSettings };
}
```

첫 번째 수준에 있는 프로퍼티를 설정할 때는 문제없이 동작한다.

```
let settings = applySettings(defaults, { mode: "light" });
```

하지만 subtitles의 active처럼 조금 더 깊숙한 객체 프로퍼티를 바꾸려 하면 문제가 생긴다.

```
let settings = applySettings(defaults, { subtitles: { active: true } });
//                                                  ^
// 'color' 속성이 '{ active: true; }' 형식에 없지만
// '{ active: boolean; color: string; }' 형식에서 필수입니다.ts(2741)
```

타입스크립트는 subtitles를 바꾸려면 전체 객체를 제공해야 한다고 불평한다. 이는 Partial<T> (그리고 같은 식구인 Required<T>, Readonly<T>를 포함해) 이 객체의 첫 수준에서만 동작하기 때문이다. 중첩된 객체를 단순한 값으로 취급한다.

모든 프로퍼티를 재귀적으로 탐색하며 각 수준에서 **선택형 매핑 형식 변경자**를 적용하도록 DeepPartial<T>이라는 새 형식을 만들어야 한다.

```
type DeepPartial<T> = {
  [K in keyof T]?: DeepPartial<T[K]>;
};
```

타입스크립트는 기본형값을 만났을 때 재귀가 멈추므로 이 간단한 코드가 잘 동작한다. 하지만 읽을 수 없는 결과가 나올 수 있다. 오직 객체일 때만 더 깊숙이 들어가도록 조건을 추가하면 형식이 더 튼튼해지며 결과를 더 읽기 쉬워진다.

```
type DeepPartial<T> = T extends object
  ? {
      [K in keyof T]?: DeepPartial<T[K]>;
    }
  : T;
```

다음 예제는 DeepPartial<Settings>의 결과를 보여준다.

```
type DeepPartialSettings = {
  mode?: "light" | "dark" | undefined;
  playbackSpeed?: number | undefined;
  subtitles?: {
    active?: boolean | undefined;
    color?: string | undefined;
  } | undefined;
};
```

원하던 결과물이다. applySettings에서 DeepPartial<Settings>을 사용해보면, applySettings 자체는 동작하지만 또 다른 타입스크립트 오류가 발생함을 확인할 수 있다.

```
function applySettings(
  defaultSettings: Settings,
  userSettings: DeepPartial<Settings>
): Settings {
  return { ...defaultSettings, ...userSettings };
//           ^
// '{ mode: "light" | "dark"; playbackSpeed: number; subtitles:
//   { active?: boolean | undefined; color?: string | undefined; }; }'
//   형식은 'Settings' 형식에 할당할 수 없습니다.
}
```

DeepPartial의 결과물을 Settings로 할당할 수 없을 가능성이 있으므로 두 객체를 합친 결과를 Settings에 설정할 수 없다는 타입스크립트 오류가 발생한다. 이는 사실이다! 비구조화를 이용한 객체 합치기도 Partial<T>처럼 오직 첫 수준에서만 동작한다. 기존처럼 applySettings를 호출하면 settings와는 전혀 다른 형식을 얻는다는 의미다.

```
let settings = applySettings(defaults, { subtitles: { active: true } });
```

```
// 결과는 다음과 같다.

let settings = {
  mode: "dark",
  playbackSpeed: 1,
  subtitles: {
    active: true
  }
};
```

color가 완전히 사라졌다! 타입스크립트가 얼핏 보기에는 직관적이지 않은 것 같은 상황이다. 객체 변경 형식은 어째서 첫 번째 수준에서만 동작할까? 자바스크립트 자체가 오직 한 수준의 깊이만 처리하기 때문이다. 하지만 궁극적으로는 다른 방법으로는 발견하지 못했을 버그를 지적해 준다.

재귀적으로 설정을 적용해서 이 상황을 해결한다. 이 기능은 직접 구현하기가 까다로운 편이므로 lodash와 lodash의 merge 함수를 활용해 이 기능을 구현한다.

```
import { merge } from "lodash";

function applySettings(
  defaultSettings: Settings,
  userSettings: DeepPartial<Settings>
): Settings {
  return merge(defaultSettings, userSettings)
}
```

merge는 두 객체의 인터섹션을 만들도록 인터페이스를 정의한다.

```
function merge<TObject, TSource>(
  object: TObject, source: TSource
): TObject & TSource {
  // ...
}
```

원하는 결과를 다시 얻었다. Settings와 DeepPartial<Settings>의 인터섹션은 형식의 특성에 따라 다시 Settings(둘의 인터섹션)를 생성한다.

이렇게 예상되는 내용을 정확히 알려주는 표현력 있는 형식과 올바른 출력 결과를 얻었고 새로운 헬퍼 형식을 도구 저장소에 추가했다. 비슷한 방법으로 DeepReadonly와 DeepRequired를 만들 수 있다.

## 8.3 형식 재매핑하기

**문제** 형식을 직접 만들면 유연하고 자체 유지 보수되는 형식을 만들 수 있지만, 편집기 힌트 측면에서는 아쉬운 점이 많다.

**해결** Remap<T>, DeepRemap<T> 헬퍼 형식을 이용해 편집기 힌트를 개선한다.

**논의** 타입스크립트의 형식 시스템으로 새 형식을 만들었는데, 편집기 힌트는 해독하기 아주 어려운 힌트를 제공할 때가 있다.

8.1절의 OnlyRequired를 살펴보자. 이 형식은 네 개의 헬퍼 형식과 한 개의 인터섹션을 이용해 새 형식을 만든다. 이 형식은 두 번째 매개변수로 제공한 모든 키를 필수로 설정하고 나머지는 선택형으로 설정한다.

```
type OnlyRequired<T, K extends keyof T = keyof T> =
  Required<Pick<T, K>> & Partial<Omit<T, K>>;
```

이런 식으로 형식을 구현하면 무슨 일이 일어나는지 쉽게 알 수 있다. 헬퍼 형식을 어떻게 서로 조합하느냐에 따라 어떤 기능을 수행하는지 확인할 수 있다. 하지만 이들 형식을 실제 모델에 사용할 때는 단순히 실제 형식을 만드는 것 이상의 정보를 얻고 싶을 때가 많다.

```
type Person = {
  name: string;
  age: number;
  profession: string;
};

type NameRequired = OnlyRequired<Person, "name">;
```

NameRequired의 형식을 편집기로 확인해보면 제공한 매개변수에 따라 형식이 어떻게 만들어 졌는지에 관한 정보를 얻을 수 있다. 하지만 편집기는 이들 헬퍼 형식으로 만들어지는 최종 형식 결과를 보여주지 않는다. [그림 8-1]과 같은 편집기 피드백을 확인할 수 있다.

```
type NameRequired = Required<Pick<Person, "name">> &
Partial<Omit<Person, "name">>
type NameRequired = OnlyRequired<Person, "name">;
```

**그림 8-1** 편집기 힌트는 복합 형식을 너무 얕게 확장한다. 따라서 내부에서 사용한 형식과 기능을 알지 못하면 결과를 이해하기가 어렵다.

Remap이라는 단순하며 효율적인 형식을 이용하면 실제 형식과 비슷한 최종 결과물을 얻을 수 있으며 모든 프로퍼티도 확인할 수 있다.

```
type Remap<T> = {
  [K in keyof T]: T[K];
};
```

Remap<T>은 모든 프로퍼티를 반복하면서 정의된 값으로 매핑하는 객체 형식이다. 갱신과 필터링은 일어나지 않으며 입력한 내용을 그대로 쏟아낸다. 따라서 [그림 8-2]에서 보여주듯이 타입스크립트는 매핑된 형식의 모든 프로퍼티를 출력하므로 실제 형식을 확인할 수 있다.

```
type NameRequired = {
    name: string;
    age?: number | undefined;
    profession?: string | undefined;
}
type NameRequired = Remap<OnlyRequired<Person, "name">>;
```

**그림 8-2** Remap<T>을 이용하면 NameRequired를 쉽게 이해할 수 있다.

멋지다! 타입스크립트 유틸리티 형식 라이브러리에 또 하나의 필수 항목을 추가했다. 이를 Debug나 Simplify라 부르기도 한다. Remap은 같은 도구를 가리키는 또 다른 이름일 뿐이므로 모두 같은 결과를 보여준다.

다른 매핑된 형식 Partial<T>, Readonly<T>, Required<T>와 마찬가지로 Remap<T>도 첫 수준에서만 동작한다. Settings 같은 Subtitles 형식을 포함하는 중첩된 형식은 재매핑 후에도 같은 결과를 출력하므로 편집기 피드백도 달라지지 않는다.

```typescript
type Subtitles = {
  active: boolean;
  color: string;
};

type Settings = {
  mode: "light" | "dark";
  playbackSpeed: number;
  subtitles: Subtitles;
};
```

하지만 8.2절에서 보았듯이 **모든** 중첩된 객체 형식을 재매핑하도록 재귀 버전을 만들 수 있다.

```typescript
type DeepRemap<T> = T extends object
  ? {
      [K in keyof T]: DeepRemap<T[K]>;
    }
  : T;
```

DeepRemap<T>을 Settings에 적용하면 Subtitles도 확장됨을 알 수 있다.

```typescript
type SettingsRemapped = DeepRemap<Settings>;

// 결과는 다음과 같다

type SettingsRemapped = {
    mode: "light" | "dark";
    playbackSpeed: number;
    subtitles: {
        active: boolean;
        color: string;
```

```
    };
  };
```

Remap 적용 여부는 취향의 문제다. 구현을 자세히 알고 싶을 때도 있고, 확장 버전보다 중첩된 형식을 간단하게 표현하면 더 읽기 쉬울 때도 있다. 하지만 다른 시나리오에서는 결과 자체에 주의해야 한다. 이러한 상황에서는 헬퍼 형식 Remap<T>을 이용하면 확실히 도움이 된다.


## 8.4 모든 필수 키 얻기

**문제** 객체에서 모든 **필수**required 프로퍼티를 추출하는 형식을 만들어야 한다.

**해결** 필수 키를 이용한 하위 형식 검사로 키를 거르는 매핑된 헬퍼 형식 GetRequired<T>를 만든다.

**논의** 선택형 프로퍼티는 형식 호환성에 큰 영향을 미친다. 예를 들어, 물음표 같은 간단한 형식 변경자는 기존 형식을 크게 넓힌다. 이를 이용해 객체에 존재할 수도 있는 필드를 정의할 수 있지만, 실제 이 필드를 사용하려면 추가 검사를 수행해야 한다.

이를 활용하면 일부 프로퍼티를 포함하지 않는 형식을 우리의 함수 및 인터페이스와 호환되도록 만들 수 있다.

```
type Person = {
  name: string;
  age?: number;
};

function printPerson(person: Person): void {
  // ...
}


type Student = {
  name: string;
  semester: number;
```

```
  };

  const student: Student = {
    name: "Stefan",
    semester: 37,
  };

  printPerson(student); // 동작함!
```

Person은 age를 정의했지만 Student는 age를 포함하지 않는다. age는 선택형이므로 Student 형식의 객체를 printPerson에 사용할 수 있다. age를 포함하지 않는 객체 형식을 이용할 수 있으므로 호환값의 집합이 넓어진다.

타입스크립트는 선택형 프로퍼티에 undefined를 부착해 이 문제를 처리한다. 이는 '존재할 수도 있음'이라는 의미를 가장 잘 표현하는 방식이다.

프로퍼티 키가 필수인지를 검사하려면 반드시 이 사실을 기억해야 한다. 가장 기초적인 검사부터 수행한다. 어떤 객체의 모든 키가 필수인지 검사하려 한다. 모든 프로퍼티를 필수로 바꾸는 헬퍼 형식 Required<T>를 사용한다. 예를 들어 Name이라는 객체 형식이 있다면 Name이 Required<T>를 Name에 적용한 결과의 하위 집합인지 확인하는 방법이 가장 간단하다.

```
  type Name = {
    name: string;
  };

  type Test = Name extends Required<Name> ? true : false;
  // type Test = true
```

Required<T>로 모든 프로퍼티를 required로 바꿨으므로 Test는 true다. 하지만 선택형 프로퍼티를 포함하는 객체가 있다면 상황이 달라진다.

```
  type Person = {
    name: string;
    age?: number;
  };

  type Test = Person extends Required<Person> ? true : false;
  // type Test = false
```

Required<Person>은 age를 반드시 설정하도록 요구하지만 Person 형식에서 age는 선택형 프로퍼티이므로 더 넓은 값의 집합을 허용한다. 따라서 Test는 false다. Required<Person>와 Person을 서로 바꿔서 검사를 수행하면 Required<Person>의 결과로 좁아진 형식은 Person의 하위 집합임을 알 수 있다.

```
type Test = Required<Person> extends Person ? true : false;
// type Test = true
```

지금까지 객체 전체가 필수 키만 포함하는 검사를 했다. 그러나 실제로는 필수 프로퍼티 키만을 포함하는 객체를 얻기를 원한다. 그러려면 각 프로퍼티 키로 이 검사를 반복 수행해야 한다. 검사를 반복 수행해야 한다면 매핑된 형식이 자연스럽게 떠오를 것이다.

다음으로 각 프로퍼티의 하위 집합 검사를 수행하는 매핑된 형식을 만들어 결괏값이 undefined를 포함하는지 확인한다.

```
type RequiredPerson = {
  [K in keyof Person]: Person[K] extends Required<Person[K]> ? true : false;
};

/*
type RequiredPerson = {
    name: true;
    age?: true | undefined;
}
*/
```

이 코드는 추측하기에 좋은 정보를 제공하지만, 결과적으로는 제대로 동작하지 않는다. undefined가 **없는** 값 형식에만 하위 집합 검사를 수행하므로 각 프로퍼티는 true로 설정된다. Required<T>는 기본형이 아닌 객체 형식에만 동작하기 때문이다. 더 튼튼한 결과를 얻으려면 Person[K]에 null 가능한 값이 포함되었는지 확인하는 것이 좋다. NonNullable<T>는 undefined와 null을 제거한다.

```
type RequiredPerson = {
  [K in keyof Person]: Person[K] extends NonNullable<Person[K]> ? true : false;
};
```

```
/*
type RequiredPerson = {
    name: true;
    age?: false | undefined;
}
*/
```

이전보다 좋은 결과를 얻었지만 아직 부족한 점이 있다. 프로퍼티 변경자 때문에 undefined가 다시 추가되었다. 또한 형식에 age 프로퍼티가 아직 남아있는데, 이를 제거해야 한다.

가능한 키 집합을 줄여야 한다. 키를 매핑하면서 값을 검사하는 대신 각 프로퍼티에 조건부 검사를 수행한다. Person[K]이 Required<Person>[K]의 하위 집합인지 검사(큰 하위 집합으로 적절히 검사)한다. 조건을 만족하면 K를 출력하고 그렇지 않으면 never를 이용해 해당 프로퍼티를 제거한다(5.2절 참고).

```
type RequiredPerson = {
  [K in keyof Person as Person[K] extends Required<Person>[K]
    ? K
    : never]: Person[K];
};
```

이제 원하는 결과를 얻었다. Person을 제네릭 형식 매개변수로 치환해 GetRequired<T>를 완성한다.

```
type GetRequired<T> = {
  [K in keyof T as T[K] extends Required<T>[K]
    ? K
    : never]: T[K];
};
```

이제 GetRequired<T> 같은 형식의 변형을 파생할 수 있다. 그러나 선택형 프로퍼티를 검사하는 작업은 필수 키 검사와 달리 쉽지 않다. 대신 GetRequired<T>와 keyof 연산자를 이용하면 모든 필수 프로퍼티 키를 비교적 쉽게 얻을 수 있다.

```
type RequiredKeys<T> = keyof GetRequired<T>;
```

그리고 Omit<T>을 이용해 대상 객체에서 이들 프로퍼티를 **제거**omit한다.

```
type GetOptional<T> = Omit<T, RequiredKeys<T>>;
```

이렇게 여러 헬퍼 형식을 이용해 자체 유지 보수되는 형식을 파생했다.


## 8.5 최소한 한 개의 프로퍼티 허용하기

**문제** 어떤 형식을 사용할 때 최소한 한 개의 프로퍼티는 설정하도록 강제하고 싶다.

**해결** 객체를 한 개의 프로퍼티를 포함하는 여러 객체 유니온으로 분리하는 헬퍼 형식 Split<T>를 만든다.

**논의** 다음처럼 URL 집합(비디오 포맷을 키 식별자로 사용)을 포함하는 객체를 정의하는 애플리케이션이 있다.

```
type VideoFormatURLs = {
  format360p: URL;
  format480p: URL;
  format720p: URL;
  format1080p: URL;
};
```

loadVideo 함수는 이들 비디오 포맷 URL 중 한 개 이상의 URL을 가져온다.

loadVideo는 VideoFormatURLs 형식의 매개변수를 받는데, 사용자는 모든 비디오 포맷 URL을 제공한다.

```
function loadVideo(formats: VideoFormatURLs) {
  // 구현 중
}

loadVideo({
  format360p: new URL("..."),
  format480p: new URL("..."),
```

```
    format720p: new URL("..."),
    format1080p: new URL("..."),
  });
```

하지만 일부 비디오 포맷은 존재하지 않을 수 있으므로 Partial<VideoFormatURLs>를 이용
해 매개변수 형식을 조절한다.

```
function loadVideo(formats: Partial<VideoFormatURLs>) {
  // 구현 중
}

loadVideo({
  format480p: new URL("..."),
  format720p: new URL("..."),
});
```

이제 모든 키가 선택형이므로 빈 객체를 인수로 전달할 수 있다.

```
loadVideo({});
```

그러면 loadVideo가 동작하지 않는다. 비디오를 불러오려면 최소한 한 개의 URL이 필요하기
때문이다.

최소한 한 개의 비디오 포맷을 제공하도록 강제하는 형식이 필요하다. 즉, 모든 비디오 포맷 URL
을 제공하거나 일부만 제공하도록 허용하지만 빈 목록을 제공하는 일은 허용하지 말아야 한다.

'오직 한 개'의 비디오 형식 URL을 제공하는 상황을 먼저 살펴본다. 다음처럼 한 개의 프로퍼
티만 설정하는 모든 상황을 포함하는 유니온 형식을 만들어 보자.

```
type AvailableVideoFormats =
  | {
      format360p: URL;
    }
  | {
      format480p: URL;
    }
  | {
      format720p: URL;
```

```
    }
  | {
      format1080p: URL;
    };
```

이 형식을 이용해 한 개의 프로퍼티 집합만 포함하는 객체를 전달할 수 있다. 다음으로 두 개의 프로퍼티 집합을 포함하는 상황을 형식에 추가해보자.

```
type AvailableVideoFormats =
  | {
      format360p: URL;
    }
  | {
      format480p: URL;
    }
  | {
      format720p: URL;
    }
  | {
      format1080p: URL;
    };
```

잠깐! 형식이 달라지지 않았다! 유니온 형식이 그렇게 동작하기 때문이다. 구별된 유니온 형식 (3.2절 참고)이 아니므로 유니온 형식은 [그림 8-3]에서처럼 모든 교차 지점에 있는 값을 허용한다.

각 유니온 멤버는 가능한 값 집합을 정의한다. 교차점은 두 형식이 겹치는 부분을 가리킨다. 이 유니온은 모든 가능한 조합을 표현한다.

이렇게 형식을 쉽게 얻었다. 이제 원래 형식에 이를 적용해보자. 객체 형식을 한 개의 프로퍼티만 포함하는 유니온 형식의 멤버로 분할하고 싶다.

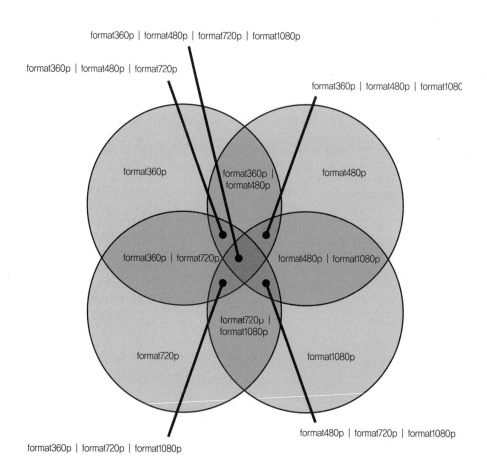

format360p | format480p | format720p | format1080p

format360p | format480p | format720p

format360p | format480p | format108C

format360p

format360p |
format480p

format480p

format360p | format720p

format480p | format1080p

format720p |
format1080p

format720p

format1080p

format360p | format720p | format1080p

format480p | format720p | format1080p

**그림 8-3** 유니온 형식 AvailableVideoFormats

keyof 연산자를 VideoFormatURLs에 적용하면 유니온 형식을 얻을 수 있다.

```
type AvailableVideoFormats = keyof VideoFormatURLs;
```

결과로 유니온 키 **"format360p"** ¦ **"format480p"** ¦ **"format720p"** ¦ **"format1080p"**를 얻는다. **keyof** 연산자로 원래 형식에 인덱스 접근을 수행한다.

```
type AvailableVideoFormats = VideoFormatURLs[keyof VideoFormatURLs];
```

결과로 URL을 얻는다. 이 URL은 값의 형식이 모인 유니온의 일부다. 이제 각 프로퍼티 키와 연관된 실제 객체 형식을 표현하는 적절한 값을 찾아야 한다.

'각 프로퍼티 키와 연관된'이라는 문구를 생각해보자. 자연스럽게 매핑된 형식이 떠오를 것이다! `VideoFormatURLs`를 매핑하면서 객체의 오른편으로 프로퍼티 키를 얻는다.

```
type AvailableVideoFormats = {
  [K in keyof VideoFormatURLs]: K;
};

/* 다음 결과를 얻음
type AvailableVideoFormats = {
  format360p: "format360p";
  format480p: "format480p";
  format720p: "format720p";
  format1080p: "format1080p";
}; */
```

이를 이용해 매핑된 형식에 인덱스 접근을 수행해 각 요소의 값 형식을 얻는다. 하지만 여기서 키를 오른편에 설정할 뿐 아니라 이 문자열을 프로퍼티 키로 받아 대응하는 값 형식으로 매핑하는 또 다른 객체 형식도 만들었다.

```
type AvailableVideoFormats = {
  [K in keyof VideoFormatURLs]: {
    [P in K]: VideoFormatURLs[P]
  };
};

/* 다음 결과를 얻음
type AvailableVideoFormats = {
  format360p: {
    format360p: URL;
  };
  format480p: {
    format480p: URL;
  };
  format720p: {
    format720p: URL;
  };
  format1080p: {
```

```
    format1080p: URL;
  };
};
```

다시 인덱스 접근을 이용해 오른편의 각 형식 값을 유니온 멤버로 바꿀 수 있다.

```
type AvailableVideoFormats = {
  [K in keyof VideoFormatURLs]: {
    [P in K]: VideoFormatURLs[P]
  };
}[keyof VideoFormatURLs];

/* 다음 결과를 얻음
type AvailableVideoFormats =
  | {
      format360p: URL;
    }
  | {
      format480p: URL;
    }
  | {
      format720p: URL;
    }
  | {
      format1080p: URL;
    };
*/
```

드디어 원하는 결과를 얻었다! 이제 구체적 형식을 가져와 제네릭으로 치환해 헬퍼 형식 Split<T>을 완성한다.

```
type Split<T> = {
  [K in keyof T]: {
    [P in K]: T[P];
  };
}[keyof T];
```

새로운 헬퍼 형식을 도구함에 추가했다. loadVideo에 이 헬퍼 형식을 이용해 원하는 목적을 달성할 수 있다.

```
function loadVideo(formats: Split<VideoFormatURLs>) {
  // 구현 중
}

loadVideo({});
//        ^
// '{}' 형식의 인수는 'Split<VideoFormatURLs>' 형식의
// 매개변수에 할당될 수 없습니다.ts(2345)

loadVideo({
  format480p: new URL("..."),
}); // 동작함
```

Split<T>은 기존 형식 시스템 기능이 어떻게 우리 인터페이스를 크게 바꾸는지 그리고 매핑된
형식, 인덱스 접근 형식 등의 기법과 프로퍼티 키를 이용해 작지만 강력한 헬퍼 형식을 어떻게
만드는지 보여준다.

## 8.6 정확히 한 개 허용, 모두 허용, 아무것도 허용하지 않기

**문제** 8.5절에서는 적어도 한 개 이상의 프로퍼티를 요구했지만, 정확히 한 개만 허용하거나 모두 허용하거나 아무것도 허용하지 않아야 할 때가 있다.

**해결** ExactlyOne<T>과 AllOrNone<T, K>을 만든다. 두 형식 모두 Split<T>의 파생형과 **선택형** never 기법을 사용한다.

**논의** 8.5절에서는 Split<T>을 이용해 **최소한 한 개** 매개변수를 제공하도록 하는 헬퍼 형식을 만들어 문제를 해결했다. 일반 유니온 형식으로는 불가능하지만, Partial<T>을 이용해 문제를 해결할 수 있다.

여기 적용한 아이디어를 활용해 사용자가 **정확히 한 개**의 매개변수만 추가하도록 한다.

여기서는 3.8절에서 살펴본 선택형 never 기법을 이용한다. 허용하지 않는 나머지 프로퍼티는 모두 선택형으로 설정하고 값은 never로 설정한다. 따라서 프로퍼티명을 만들 때 타입스크립트는 never와 호환하는 값으로 프로퍼티를 설정하도록 요청하는데, never와 호환되는 값은

없으므로 프로퍼티를 만들 수 없다.

모든 프로퍼티명을 독점적 또는 관계로 추가하는 유니온 형식이 핵심이다. Split<T>를 이용해 각 프로퍼티를 포함하는 유니온 형식을 얻는다.

```
type Split<T> = {
  [K in keyof T]: {
    [P in K]: T[P];
  };
}[keyof T];
```

이제 각 요소와 남은 키에 인터섹션을 수행해 이를 선택형 never로 설정한다.

```
type ExactlyOne<T> = {
  [K in keyof T]: {
    [P in K]: T[P];
  } &
    {
      [P in Exclude<keyof T, K>]?: never; // 선택형 never
    };
}[keyof T];
```

이제 결과 형식은 조금 더 복잡해졌지만 최소한 어떤 프로퍼티를 정확히 제외해야 하는지 알 수 있다.

```
type ExactlyOneVideoFormat = ({
  format360p: URL;
} & {
  format480p?: never;
  format720p?: never;
  format1080p?: never;
}) | ({
  format480p: URL;
} & {
  format360p?: never;
  format720p?: never;
  format1080p?: never;
}) | ({
  format720p: URL;
} & {
```

```
    format320p?: never;
    format480p?: never;
    format1080p?: never;
  }) | ({
    format1080p: URL;
  } & {
    format320p?: never;
    format480p?: never;
    format720p?: never;
  });
```

의도대로 동작한다.

```
function loadVideo(formats: ExactlyOne<VideoFormatURLs>) {
  // 구현 중
}

loadVideo({
  format360p: new URL("..."),
}); // 동작함

loadVideo({
  format360p: new URL("..."),
  format1080p: new URL("..."),
});
// ^
// '{ format360p: URL; format1080p: URL; }' 형식의 인수는
// 'ExactlyOne<VideoFormatURLs>' 형식의 매개변수에 할당될 수 없습니다.
```

ExactlyOne<T>은 Split<T>와 비슷하므로 선택형 never 패턴을 포함하도록 Split<T>의 기
능을 확장할 수 있다.

```
type Split<T, OptionalNever extends boolean = false> = {
  [K in keyof T]: {
    [P in K]: T[P];
  } &
    (OptionalNever extends false
      ? {}
      : {
          [P in Exclude<keyof T, K>]?: never;
        });
```

```
}[keyof T];

type ExactlyOne<T> = Split<T, true>;
```

기본값이 false인 제네릭 형식 매개변수 OptionalNever를 추가한다. 새로 만든 객체와 조건부 형식(OptionalNever가 false인지 검사)에 인터섹션을 수행한다. OptionalNever가 false면 빈 객체와 인터섹션을 수행하고(기존 객체는 유지함) 그렇지 않으면 선택형 never 부분을 객체로 추가한다. 이렇게 ExactlyOne<T>를 Split<T, true>으로 리팩토링하면서 OptionalNever 플래그를 추가했다.

모든 인수를 제공하거나 아무 인수도 제공하지 않는 시나리오는 Split<T>나 ExactlyOne<T>와 아주 비슷하다. 비디오 포맷을 표준 화질standard definition(SD: 360p, 480p)과 고화질high definition(HD: 720, 1080p)로 나눠 생각해보자. 사용자가 SD 포맷을 제공했다면 가능한 모든 포맷을 제공해야 한다. 한 개의 HD 포맷을 제공해도 괜찮다.

이번에도 선택형 never 기법을 사용한다. 모든 선택된 키를 요구하거나 한 개만 제공했을 때는 이를 never로 설정하는 형식이 필요하다.

```
type AllOrNone<T, Keys extends keyof T> = (
  | {
      [K in Keys]-?: T[K]; // 모두 사용할 수 있음
    }
  | {
      [K in Keys]?: never; // 또는 아무것도 사용할 수 없음
    }
);
```

인터섹션으로 나머지를 추가해 확실히 **모든** HD 포맷을 제공하도록 한다.

```
type AllOrNone<T, Keys extends keyof T> = (
  | {
      [K in Keys]-?: T[K];
    }
  | {
      [K in Keys]?: never;
    }
) & {
```

```
    [K in Exclude<keyof T, Keys>]: T[K] // 나머지는 정의된 대로
}
```

HD 형식이 선택형이라면 Partial<T>로 이들을 추가한다.

```
type AllOrNone<T, Keys extends keyof T> = (
  ¦ {
      [K in Keys]-?: T[K];
    }
  ¦ {
      [K in Keys]?: never;
    }
) & Partial<Omit<T, Keys>>; // 나머지는 선택형으로
```

8.5절에서처럼 아무 형식도 포함하지 않는 값을 제공하는 문제가 있다. Split<T>와 AllOrNone 변형에 인터섹션을 수행해 원하는 결과를 얻는다.

```
type AllOrNone<T, Keys extends keyof T> = (
  ¦ {
      [K in Keys]-?: T[K];
    }
  ¦ {
      [K in Keys]?: never;
    }
) & Split<T>;
```

의도대로 동작한다.

```
function loadVideo(
  formats: AllOrNone<VideoFormatURLs, "format360p" ¦ "format480p">
) {
  // 구현 중
}

loadVideo({
  format360p: new URL("..."),
  format480p: new URL("..."),
}); // 동작함
```

```
loadVideo({
  format360p: new URL("..."),
  format480p: new URL("..."),
  format1080p: new URL("..."),
}); // 동작함

loadVideo({
  format1080p: new URL("..."),
}); // 동작함

loadVideo({
  format360p: new URL("..."),
  format1080p: new URL("..."),
});
// ^ '{ format360p: URL; format1080p: URL; }' 형식의 인수는
// '({ format360p: URL; format480p: URL; } & { format360p: URL; }) |
// ({ format360p: URL; format480p: URL; } & { format480p: URL; }) |
// ({ format360p: URL; format480p: URL; } & { ...; }) | ({ ...; } &
// { ...; }) | ({ ...; } & { ...; }) | ({ ...; } & [ ...; })' 형식의
// 매개변수에 할당될 수 없습니다.
```

AllOrNone을 자세히 살펴보면 내장 헬퍼 형식으로 이를 더 쉽게 구현할 수 있음을 알 수 있다.

```
type AllOrNone<T, Keys extends keyof T> = (
  | Required<Pick<T, Keys>>
  | Partial<Record<Keys, never>>
) &
  Split<T>;
```

내장 헬퍼 형식 덕분에 가독성을 개선할 뿐만 아니라 형식 시스템에서 메타프로그래밍을 더 잘 활용할 수 있다. 현재 보유한 다양한 헬퍼 형식을 조합해 새 헬퍼 형식을 만든다. 이는 마치 함수형 프로그래밍 언어에서 수행하는 것과 비슷하지만, 우리는 형식 시스템에서 값의 집합에 이 작업을 수행한다.

# 8.7 유니온을 인터섹션 형식으로 변환하기

**문제** 여러 변형을 포함하는 유니온 형식으로 모델을 정의했다. 여기서 다른 형식을 파생하려면 유니온 형식을 인터섹션 형식으로 먼저 변환해야 한다.

**해결** 반변contravariant 위치를 사용하는 헬퍼 형식 UnionToIntersection<T>을 만든다.

**논의** 8.5절에서는 한 모델을 변형을 포함하는 유니온 형식으로 분리하는 방법을 살펴봤다. 필요에 따라 애초에 여러 변형을 포함하는 유니온 형식을 모델로 정의할 수 있다.

```
type BasicVideoData = {
  // 구현 중
};

type Format320 = { urls: { format320p: URL } };
type Format480 = { urls: { format480p: URL } };
type Format720 = { urls: { format720p: URL } };
type Format1080 = { urls: { format1080p: URL } };

type Video = BasicVideoData & (Format320 | Format480 | Format720 | Format1080);
```

Video 형식에서는 다양한 포맷을 정의할 수 있지만, 한 가지 이상의 포맷을 반드시 정의하도록 요구한다.

```
const video1: Video = {
  // ...
  urls: {
    format320p: new URL("https://..."),
  },
}; // 동작함

const video2: Video = {
  // ...
  urls: {
    format320p: new URL("https://..."),
    format480p: new URL("https://..."),
  },
}; // 동작함
```

```
const video3: Video = {
  // ...
  urls: {
    format1080p: new URL("https://..."),
  },
}; // 동작함
```

하지만 이들을 유니온으로 만들면 부작용(예: 사용할 수 있는 모든 키가 필요한 상황)이 생긴다.

```
type FormatKeys = keyof Video["urls"];
// FormatKeys = never

// 의도한 결과가 아님!
function selectFormat(format: FormatKeys): void {
  // 구현 중
}
```

FormatKeys가 urls에 중첩된 모든 키의 유니온 형식을 제공하길 기대했다. 하지만 유니온 형식에 인덱스 접근을 하면 가장 낮은 분모를 찾으려 시도하는데, 이 예제에서는 존재하지 않는다. 모든 포맷 키의 유니온 형식을 얻으려면 한 형식에 모든 키를 저장해야 한다.

```
type Video = BasicVideoData & {
  urls: {
    format320p: URL;
    format480p: URL;
    format720p: URL;
    format1080p: URL;
  };
};

type FormatKeys = keyof Video["urls"];
// type FormatKeys =
//    "format320p" | "format480p" | "format720p" | "format1080p";
```

유니온 형식을 인터섹션 형식으로 바꿔 이런 객체를 만들 수 있다.

> **노트** 8.5절에서는 데이터를 한 형식으로 모델링했지만, 이번에는 유니온 형식으로 모델링하는 방법이 더 적합하다. 사실 모델을 정의하는 방법에 정해진 답은 없다. 애플리케이션 도메인에 가장 적합하고 방해가 되지 않는 표현을 사용하는 것이 답이다. 중요한 것은 필요할 때 다른 형식에서 새 형식을 파생할 수 있어야 한다는 점이

다. 그래야 유지 보수 노력을 줄일 수 있으며 더 탄탄한 형식을 만들 수 있다. 12장(특히 12.1절)에서는 '유지 보수가 쉬운 형식low maintenance type'을 자세히 살펴본다.

유니온 형식을 인터섹션 형식으로 바꾸는 일은 평범한 작업이 아니므로 형식 시스템이 내부적으로 어떻게 동작하는지를 깊이 이해해야 한다. 먼저 완성된 형식을 확인한 다음 내부적으로 어떤 일이 일어나는지 살펴보면서 이들 개념을 확인한다.

```
type UnionToIntersection<T> =
  (T extends any ? (x: T) => any : never) extends
  (x: infer R) => any ? R : never;
```

이 코드는 많은 궁금증을 자아낸다.

- 두 개의 조건부 형식이 있다. 첫 번째는 항상 true 분기를 수행하는 것 같은데, 그러면 왜 이 조건부 형식이 필요할까?
- 첫 번째 조건부 형식은 함수 인수로 형식을 감싸며wrap 두 번째 조건부 형식은 이를 푼다unwrap. 왜 이런 과정이 필요할까?
- 두 조건부 형식은 어떻게 유니온 형식을 인터섹션 형식으로 변환할까?

UnionToIntersection<T>를 단계별로 분석해 보자.

UnionToIntersection<T>의 첫 번째 조건에서 제네릭 형식 인수를 네이키드 형식으로 사용했다.

```
type UnionToIntersection<T> =
  (T extends any ? (x: T) => any : never) //...
```

따라서 다른 형식으로 감싸지 않고 바로 T가 하위 형식 조건에 해당하는지 검사한다.

```
type Naked<T> = T extends ...; // 네이키드 형식

type NotNaked<T> = { o: T } extends ...; // 네이키드 형식이 아님
```

조건부 형식에서 네이키드 형식은 몇 가지 기능을 갖는다. T가 유니온이면 유니온의 각 구성 요소에 조건부 형식을 실행한다. 따라서 네이키드 형식에서는 **유니온 형식의 조건부가 조건부 형식의 유니온으로 바뀐다.**

```
type WrapNaked<T> =  T extends any ? { o: T } : never;

type Foo = WrapNaked<string | number | boolean>;

// 네이키드 형식이므로 다음과 같다.

type Foo =
  WrapNaked<string> | WrapNaked<number> | WrapNaked<boolean>;

// 다음과 같다.

type Foo =
  string extends any ? { o: string } : never |
  number extends any ? { o: number } : never |
  boolean extends any ? { o: boolean } : never;

type Foo =
  { o: string } | { o: number } | { o: boolean };
```

네이키드 형식이 아닌 버전과 비교해보자.

```
type WrapNaked<T> = { o: T } extends any ? { o: T } : never;

type Foo = WrapNaked<string | number | boolean>;

// 네이키드 형식이 아니므로 다음과 같다.

type Foo =
  { o: string | number | boolean } extends any ?
  { o: string | number | boolean } : never;

type Foo = { o: string | number | boolean };
```

미묘한 차이지만 복잡한 형식에서는 완전히 결과가 달라진다!

예제에서는 네이키드 형식을 사용했고 이 형식이 any를 확장하는지 묻는다. any는 모든 상위 형식을 허용하므로 이는 항상 참이다.

```
type UnionToIntersection<T> =
  (T extends any ? (x: T) => any : never) //...
```

이 조건은 항상 참이므로 제네릭 형식을 함수에서 감쌌다. 여기서 T는 함수 매개변수의 형식이다. 하지만 왜 이런 작업이 필요할까?

두 번째 조건을 보면 답을 얻을 수 있다.

```
type UnionToIntersection<T> =
  (T extends any ? (x: T) => any : never) extends
  (x: infer R) => any ? R : never
```

첫 번째 조건은 항상 참(따라서 형식을 함수 형식 안에서 감쌈)이므로 다른 조건도 항상 참이 된다. 기본적으로 방금 만든 형식이 자신의 하위 형식인지 검사하는 일을 수행한다. 하지만 T를 통해 전달하지 않고 새 형식 R을 추론하며 이 추론된 형식을 반환한다.

함수 형식으로 T를 감싸고 풀었다.

함수 인수로 이 과정을 수행함므로써 새 추론 형식 R을 **반변 위치**로 가셔온다.

**반변**이란 무엇을 의미할까? 반변의 반대는 **공변***covariance*이며 다음처럼 일반 하위 형식에서 발생한다.

```
declare let b: string;
declare let c: string | number;

c = b // 할당할 수 있음
```

string은 string | number의 하위 형식이다. string의 모든 요소는 string | number에 포함되므로 b를 c에 할당할 수 있다. c는 여전히 처음 의도대로 동작한다. 이를 공변이라 한다.

반면 다음은 동작하지 않는다.

```
type Fun<X> = (...args: X[]) => void;

declare let f: Fun<string>;
declare let g: Fun<string | number>;

g = f // 할당할 수 없음
```

f는 숫자를 인수로 호출할 수 없으므로 f를 g에 할당할 수 없다. g의 일부를 제공하지 못하기 때문이다. 이것이 반변이다.

반변은 인터섹션처럼 동작한다. f가 string을 받고, g는 string | number를 받을 때 둘이
공통으로 받는 것은 (string | number) & string(즉, string)이다.

---

### 공변과 반변

Originate.com(*https://oreil.ly/dX3DM*)에 따르면 "변형[variance]은 매개변수화된 형식의 인스턴
스가 서로의 하위 형식이나 상위 형식이 되는 방식을 결정한다".

타입스크립트는 변형을 이용해 한 표현식에서 형식이 다른 형식으로 입증될 수 있는지 검사한
다. [그림 8-4]는 라이스 대학교[Rice University]의 자료(*https://oreil.ly/ftfP7*) 기반이며, 공변과
반변이 어떻게 작용하는지 보여준다.

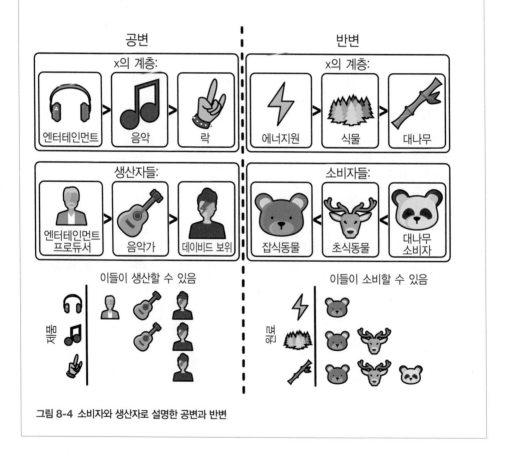

**그림 8-4** 소비자와 생산자로 설명한 공변과 반변

조건부 형식 내에서 형식을 반변 위치에 놓으면 타입스크립트는 **인터섹션**을 만든다. 즉, 함수 인수를 이용해 추론하므로 타입스크립트는 계약을 온전히 이행해야 한다는 사실을 알고 유니온의 모든 구성요소로 인터섹션을 만든다.

기본적으로 **유니온을 인터섹션으로** 만든다.

다음을 살펴보자.

```
type UnionToIntersection<T> =
  (T extends any ? (x: T) => any : never) extends
  (x: infer R) => any ? R : never;

type Intersected = UnionToIntersection<Video["urls"]>;

// 다음과 같다.

type Intersected = UnionToIntersection<
  { format320p: URL } |
  { format480p: URL } |
  { format720p: URL } |
  { format1080p: URL }
>;
```

네이키드 형식이 있으므로 조건의 유니온을 수행할 수 있다.

```
type Intersected =
  | UnionToIntersection<{ format320p: URL }>
  | UnionToIntersection<{ format480p: URL }>
  | UnionToIntersection<{ format720p: URL }>
  | UnionToIntersection<{ format1080p: URL }>;
```

UnionToIntersection<T>을 확장해보자.

```
type Intersected =
  | ({ format320p: URL } extends any ?
      (x: { format320p: URL }) => any : never) extends
      (x: infer R) => any ? R : never
  | ({ format480p: URL } extends any ?
      (x: { format480p: URL }) => any : never) extends
      (x: infer R) => any ? R : never
```

```
    | ({ format720p: URL } extends any ?
      (x: { format720p: URL }) => any : never) extends
      (x: infer R) => any ? R : never
    | ({ format1080p: URL } extends any ?
      (x: { format1080p: URL }) => any : never) extends
      (x: infer R) => any ? R : never;
```

첫 번째 조건을 평가한다.

```
type Intersected =
    | ((x: { format320p: URL }) => any) extends (x: infer R) => any ? R : never
    | ((x: { format480p: URL }) => any) extends (x: infer R) => any ? R : never
    | ((x: { format720p: URL }) => any) extends (x: infer R) => any ? R : never
    | ((x: { format1080p: URL }) => any) extends (x: infer R) => any ? R : never;
```

R을 추론하는 두 번째 조건을 평가한다.

```
type Intersected =
    | { format320p: URL } | { format480p: URL }
    | { format720p: URL } | { format1080p: URL };
```

잠깐! 반변 위치에서 R을 추론했다. 따라서 인터섹션을 수행해야 한다. 그렇지 않으면 형식 호
환성을 잃는다.

```
type Intersected =
    { format320p: URL } & { format480p: URL } &
    { format720p: URL } & { format1080p: URL };
```

드디어 원하던 기능을 완성했다! 이를 원래 예제에 적용한다.

```
type FormatKeys = keyof UnionToIntersection<Video["urls"]>;
```

FormatKeys는 "format320p" | "format480p" | "format720p" | "format1080p"다. 기
존 유니온에 새 형식을 추가하면 FormatKeys는 자동으로 갱신된다. 한 곳에서만 유지 보수하
고 모든 곳에서 사용한다.

# 8.8 type-fest 사용하기

**문제** 지금까지 얻은 여러 헬퍼 형식을 쉽게 사용할 수 있도록 유틸리티 라이브러리를 만들려 한다.

**해결** 필요한 모든 기능을 **type-fest**에서 이미 제공할 것이다.

**논의** 이 장에서는 표준 타입스크립트에서 제공하지 않는 유용한 몇 가지 헬퍼 형식을 소개하면서 다양한 시나리오에서 얼마나 유연하게 이들을 사용할 수 있는지 살펴봤다. 한 가지 목적이 있는 제네릭 헬퍼 형식을 서로 합치고 조합해 기존 모델에 필요한 형식을 파생했다. 모델을 한 번 구현하면 다른 모든 형식은 자동으로 갱신된다. 다른 형식에서 파생해 **유지 보수가 쉬운 형식**을 만든다는 사상은 타입스크립트만의 독특한 아이디어로 복잡한 애플리케이션이나 라이브러리를 만드는 수많은 개발자가 높이 평가하는 개념이다.

점점 이런 헬퍼 형식이 많아지면 유틸리티 라이브러리로 이들을 저장해 쉽게 접근할 수 있다. 하지만 알고 보니 이미 기존 라이브러리에서 필요한 기능을 제공할 때도 있다. 이렇게 잘 정의된 헬퍼 형식 집합을 만드는 것은 그다지 새로운 일이 아니며, 지금까지 살펴본 모든 헬퍼를 인터넷에서도 쉽게 찾을 수 있다. 기능은 같지만 이름이 다르거나, 아이디어는 비슷하지만 다른 방식으로 문제를 해결하기도 한다. 기본 기능은 대부분의 형식 라이브러리에서 제공하는데, 그 중에서도 type-fest(*https://oreil.ly/Cw4Kc*)는 유용하고, 활발하게 유지되고, 문서화가 잘되었고, 널리 사용하는 라이브러리다.

type-fest에는 몇 가지 특징이 있다. 첫째는 광범위한 문서화다. 특정 헬퍼 형식의 사용법에서 시작해 이를 어디에서 사용할 수 있는지를 보여주는 사용 사례와 시나리오도 제공한다. 일례로 입력한 숫자에 소수점이 없는지 확인하는 `Integer<T>`를 살펴보자.

type-fest의 유틸리티 코드를 이 책에서 다루고자 했으나, 일부 코드만으로도 이 형식을 사용하는 데 필요한 모든 정보를 얻을 수 있으므로 그러지 않았다.

```
/**
A `number` that is an integer.
You can't pass a `bigint` as they are already guaranteed to be integers.
Use-case: Validating and documenting parameters.

@example
```

```
```
import type {Integer} from 'type-fest';
declare function setYear<T extends number>(length: Integer<T>): void;
```
```
@see NegativeInteger
@see NonNegativeInteger
@category Numeric
*/
// `${bigint}` is a type that matches a valid bigint
// literal without the `n` (ex. 1, 0b1, 0o1, 0x1)
// Because T is a number and not a string we can effectively use
// this to filter out any numbers containing decimal points

export type Integer<T extends number> = `${T}` extends `${bigint}` ? T : never;
```

파일의 나머지 부분에서는 음의 정수, 음이 아닌 정수, 부동 소수점 숫자 등을 다룬다. 형식이 어떻게 만들어졌는지 궁금하다면 보물 창고 같은 이 파일을 확인해보자.

둘째로 type-fest는 경계 상황도 처리한다. 8.2절에서는 재귀 형식과 정의된 DeepPartial<T>을 배웠다. type-fest는 이에 대응하는 기능으로 조금 더 광범위한 PartialDeep<T>을 제공한다.

```
export type PartialDeep<T, Opts extends PartialDeepOptions = {}> =
  T extends BuiltIns
  ? T
  : T extends Map<infer KeyType, infer ValueType>
    ? PartialMapDeep<KeyType, ValueType, Opts>
    : T extends Set<infer ItemType>
      ? PartialSetDeep<ItemType, Opts>
      : T extends ReadonlyMap<infer KeyType, infer ValueType>
        ? PartialReadonlyMapDeep<KeyType, ValueType, Opts>
        : T extends ReadonlySet<infer ItemType>
          ? PartialReadonlySetDeep<ItemType, Opts>
          : T extends ((...arguments: any[]) => unknown)
            ? T | undefined
            : T extends object
              ? T extends ReadonlyArray<infer ItemType>
                ? Opts['recurseIntoArrays'] extends true
                  ? ItemType[] extends T
                    ? readonly ItemType[] extends T
                      ? ReadonlyArray<PartialDeep<ItemType | undefined, Opts>>
```
```

```
                        : Array<PartialDeep<ItemType | undefined, Opts>>
                      : PartialObjectDeep<T, Opts>
                  : T
                : PartialObjectDeep<T, Opts>
              : unknown;
```

```
/**
`PartialDeep`과 같지만 오직 `Map`을 입력으로 받는다.
`PartialDeep`의 내부 헬퍼.
*/
type PartialMapDeep<KeyType, ValueType, Options extends PartialDeepOptions> =
  {} & Map<PartialDeep<KeyType, Options>, PartialDeep<ValueType, Options>>;
```

```
/**
`PartialDeep`과 같지만 오직 `Set`을 입력으로 받는다.
`PartialDeep`의 내부 헬퍼.
*/
type PartialSetDeep<T, Options extends PartialDeepOptions> =
  {} & Set<PartialDeep<T, Options>>;
```

```
/**
`PartialDeep`과 같지만 오직 `ReadonlyMap`을 입력으로 받는다.
`PartialDeep`의 내부 헬퍼.
*/
type PartialReadonlyMapDeep<
  KeyType, ValueType,
  Options extends PartialDeepOptions
> = {} & ReadonlyMap<
    PartialDeep<KeyType, Options>,
    PartialDeep<ValueType, Options>
  >;
```

```
/**
`PartialDeep`과 같지만 오직 `ReadonlySet `을 입력으로 받는다.
`PartialDeep`의 내부 헬퍼.
*/
type PartialReadonlySetDeep<T, Options extends PartialDeepOptions> =
  {} & ReadonlySet<PartialDeep<T, Options>>;
```

```
/**
`PartialDeep`과 같지만 오직 `object`를 입력으로 받는다.
`PartialDeep`의 내부 헬퍼.
*/
type PartialObjectDeep<
```

```
  ObjectType extends object,
  Options extends PartialDeepOptions
> = {
  [KeyType in keyof ObjectType]?: PartialDeep<ObjectType[KeyType], Options>
};
```

전체 구현을 살펴볼 필요는 없지만, 이를 통해 특정 유틸리티 형식의 구현을 어떻게 개선하는지 아이디어를 얻을 수 있다.

> **노트** PartialDeep<T>은 광범위하며 발생할 수 있는 모든 경계 상황을 다룬다. 하지만 이 때문에 구현이 아주 복잡해지며 타입스크립트 형식 검사기가 이를 소화하기 어려워진다. 프로젝트의 특성에 따라 8.2절의 단순한 버전을 사용하는 편이 좋을 수도 있다.

셋째, 헬퍼 형식을 추가할 목적으로 형식을 추가하는 일은 없다. Readme 파일은 거절된 형식 목록과 함께 거절 이유를 제공한다. 보통 사용 사례가 제한적이거나 더 좋은 대안이 있을 때 형식 추가를 거절한다. 이들이 헬퍼 형식을 선택한 이유도 아주 훌륭하게 문서화되었다.

넷째, type-fest는 기존 헬퍼 형식을 배울 기회를 제공한다. 타입스크립트의 여러 헬퍼 형식은 오랫동안 존재했음에도 제대로 문서화되지 못했다. 몇 년 전에 공식 문서에 유틸리티 형식 섹션(*https://oreil.ly/K5cXq*)이 추가되기 전까지 필자의 블로그(*https://oreil.ly/eRtx9*)로 내장 헬퍼 형식의 리소스를 제공하려 시도했다. 타입스크립트를 사용한다고 해서 쉽게 유틸리티 형식을 사용할 수 있는 것은 아니다. 어떤 유틸리티 형식이 있는지 알고 이해해야 한다. type-fest는 이 내장 형식만을 설명하는 섹션에서 예제와 사용 방법 등도 제공한다.

마지막으로, 많은 사람이 type-fest를 사용하며 오픈 소스 개발자들 덕에 안정적으로 개발이 진행 중이다. type-fest를 만든 신드레 소르후스[Sindre Sorhus](*https://oreil.ly/thSin*)는 수십 년간 오픈 소스 프로젝트에 참여했으며 다양한 멋진 프로젝트를 만들었다. type-fest는 그의 훌륭한 작품 중 하나다. 앞으로 여러분은 이를 활용할 가능성이 높다.

type-fest 덕분에 여러분은 프로젝트에 추가할 헬퍼 형식 리소스를 한 개 더 확보했다. 작은 집합의 헬퍼 형식을 사용할지 아니면 커뮤니티가 구현하는 헬퍼 형식을 사용할지는 각자가 상황에 맞게 결정할 문제다.

# CHAPTER 9

# 표준 라이브러리 및 외부 형식 정의

타입스크립트의 수석 아키텍트인 아네르스 하일스베르Anders Hejlsberg는 "타입스크립트가 자바스크립트의 스위스가 되길 바란다"라고 말한 적이 있다. 이는 타입스크립트가 특정 프레임워크와의 호환성만 선호하거나 유지하는 것이 아니라 모든 자바스크립트 프레임워크와 기능을 수용하려고 노력한다는 의미다. 타입스크립트는 직접 데코레이터를 구현하기도 했다. 구글이 타입스크립트에 데코레이터를 더한 자바스크립트 방언인 앵귤러Angular용 AtScript(*https://oreil.ly/ZrcKR*)를 지지하지 않도록 설득하기 위해서였다. 타입스크립트 데코레이터 구현은 ECMAScript 데코레이터 제안(*https://oreil.ly/76JuE*)에서 템플릿으로도 활용한다. 또한 타입스크립트는 JSX 구문 확장을 이해하므로 리액트나 프리액트Preact 같은 프레임워크에서 제한 없이 타입스크립트를 사용할 수 있다.

하지만 타입스크립트가 모든 자바스크립트 개발자를 만족시키고 수많은 프레임워크에 새롭고 유용한 기능을 통합하려고 많은 노력을 기울인다 해도, 여전히 할 수 없거나 하지 않을 일이 존재한다. 특정 기능의 용도가 너무 특별해 틈새시장에서만 유용해서일 수도 있고, 어떤 결정이 너무 많은 개발자에게 큰 영향을 미쳐서일 수도 있다.

이런 이유로 타입스크립트는 기본적으로 확장 가능하도록 설계되었다. 네임스페이스, 모듈, 인터페이스와 같은 타입스크립트의 많은 기능은 선언 합치기를 허용하므로 원하는 대로 형식 정의를 추가할 수 있다.

이 장에서는 타입스크립트가 모듈, 배열, 객체와 같은 표준 자바스크립트 기능을 어떻게 처리하는지 살펴본다. 몇 가지 제한 사항을 살펴보고, 제한 사항의 원인을 분석하고, 합리적인 해결 방법을 제시한다. 타입스크립트는 합리적인 기본값부터 시작하여 필요할 때는 확장할 기회를 제공하는 등 자바스크립트의 다양한 기능을 그대로 살리며 유연하게 설계되었음을 알게 될 것이다.

# 9.1 Object.keys로 객체 반복하기

**문제** 객체의 키로 객체를 반복하면서 프로퍼티에 접근할 때 타입스크립트는 "'string'을 인덱스 형식에 사용할 수 없습니다"라는 경고와 함께 물결선을 보여준다.

**해결** Object.keys 대신 for-in 루프를 사용하고 제네릭 형식 매개변수로 형식을 잠근다.

**논의** 키로 객체를 반복하면서 객체 프로퍼티에 접근하려고 하면 예상하지 못한 문제가 자주 일어난다. 자바스크립트에서는 아주 평범한 동작이지만, 타입스크립트는 이러한 동작을 수행하지 못하도록 막으려는 느낌이 든다. 다음처럼 한 행으로 객체 프로퍼티를 반복할 수 있다.

```
Object.keys(person).map(k => person[k])
```

그러면 타입스크립트는 물결선으로 경고("'string' 형식의 식을 'Person' 인덱스 형식에 사용할 수 없으므로 요소에 암시적으로 'any' 형식이 있습니다")를 보내며, 개발자들을 당황하게 한다. 경험이 많은 자바스크립트 개발자라면 타입스크립트가 이상하게 동작한다고 느낄 것이다. 하지만 타입스크립트가 이렇게 동작하는 데는 그만한 이유가 있다.

그 이유를 살펴보자. 다음과 같은 함수가 있다.

```
type Person = {
  name: string;
  age: number;
};

function printPerson(p: Person) {
  Object.keys(p).forEach((k) => {
```

```
    console.log(k, p[k]);
//                ^
// 'string' 형식의 식을 'Person' 인덱스 형식에
// 사용할 수 없으므로 요소에 암시적으로 'any'
// 형식이 있습니다.
// 'Person' 형식에서 'string' 형식의 매개변수가
// 포함된 인덱스 시그니처를 찾을 수 없습니다.ts(7053)
  });
}
```

Person의 키를 반복하면서 모든 필드를 출력하는 코드다. 타입스크립트는 이를 허용하지 않는다. Object.keys(p)는 string[]을 반환하는데, 이는 범위가 너무 넓어서 Person이라는 객체에 접근하도록 허용할 수 없다.

왜 그럴까? Object.keys를 이용했으므로 오직 존재하는 키만 접근하는데 뭐가 문제일까? 하지만 이때 Person의 하위 형시 객체도 전달할 수 있어야 하는데, Person의 하위 객체는 더 많은 프로퍼티를 포함할 수 있다.

```
const me = {
  name: "Stefan",
  age: 40,
  website: "https://fettblog.eu",
};

printPerson(me); // 동작함!
```

printPerson은 문제없이 동작한다. 이 함수는 문제를 일으키지 않고 추가 프로퍼티를 출력한다. me의 모든 프로퍼티는 p의 키이므로, 모든 me의 프로퍼티에 접근할 수 있다. 하지만 p만 접근하는 것이 아니라면 어떨까?

Object.keys가 (keyof Person)[]를 반환한다고 생각해보자. 다음과 같은 함수를 쉽게 구현할 수 있다.

```
function printPerson(p: Person) {
  const you: Person = {
    name: "Reader",
    age: NaN,
  };
```

```
  Object.keys(p).forEach((k) => {
    console.log(k, you[k]);
  });
}

const me = {
  name: "Stefan",
  age: 40,
  website: "https://fettblog.eu",
};

printPerson(me);
```

Object.keys(p)가 keyof Person[] 형식의 배열을 반환한다면 Person의 다른 객체에도 접근할 수 있다. 따라서 예상하지 못한 결과가 나올 수 있다. 예제에서는 undefined를 출력한다. 이 값으로 어떤 동작을 수행하면 어떻게 될까? 런타임에 오류가 발생한다.

타입스크립트는 이런 시나리오가 발생하는 일을 예방한다. 보통 개발자들은 Object.keys가 keyof Person과 같다고 생각할 수 있으나 실제로 Object.keys는 그 이상의 기능을 포함한다.

형식 가드를 이용해 이 문제를 해결한다.

```
function isKey<T>(x: T, k: PropertyKey): k is keyof T {
  return k in x;
}

function printPerson(p: Person) {
  Object.keys(p).forEach((k) => {
    if (isKey(p, k)) console.log(k, p[k]); // 잘 동작함!
  });
}
```

하지만 이때 필요 없는 과정이 추가된다.

for-in 루프로 객체를 반복하는 방법도 있다.

```
function printPerson(p: Person) {
  for (let k in p) {
    console.log(k, p[k]);
```

```
  //                        ^
  // 'string' 형식의 식을 'Person' 인덱스 형식에
  // 사용할 수 없으므로 요소에 암시적으로 'any'
  // 형식이 있습니다.
  // 'Person' 형식에서 'string' 형식의 매개변수가
  // 포함된 인덱스 시그니처를 찾을 수 없습니다.ts(7053)
    }
}
```

여전히 다음과 같은 작업을 수행할 수 있으므로 이전과 같은 이유로 같은 오류가 발생한다.

```
function printPerson(p: Person) {
  const you: Person = {
    name: "Reader",
    age: NaN,
  };

  for (let k in p) {
    console.log(k, you[k]);
  }
}

const me = {
  name: "Stefan",
  age: 40,
  website: "https://fettblog.eu",
};

printPerson(me);
```

그리고 이 코드는 런타임에 오류를 일으킨다. 하지만 `Object.keys` 버전보다 약간 좋은 점이 있다. 제네릭을 여기 추가하면 타입스크립트가 더 정확해질 수 있다.

```
function printPerson<T extends Person>(p: T) {
  for (let k in p) {
    console.log(k, p[k]); // 동작함
  }
}
```

p를 Person 형식으로 설정해서 Person의 모든 하위 형식과 호환되도록 하는 대신, Person의 하위 형식인 새로운 제네릭 형식 매개변수 T를 추가했다. 이 함수 시그니처와 호환되는 모든 형식을 이용할 수 있지만, p를 사용하는 순간 Person의 넓은 상위 형식이 아니라 구체적인 하위 형식을 다룬다.

T를 Person과 호환되는 형식으로 치환할 때 타입스크립트는 이 형식이 충분히 구체적 형식이므로 오류를 일으킬 필요가 없다고 판단한다.

따라서 이 코드는 잘 동작한다. k는 keyof T 형식이다. 덕분에 T 형식인 p에 접근할 수 있다. 이 기법은 특정 프로퍼티를 빠뜨린 형식에 접근하지 못하도록 한다.

```
function printPerson<T extends Person>(p: T) {
  const you: Person = {
    name: "Reader",
    age: NaN,
  };
  for (let k in p) {
    console.log(k, you[k]);
//                ^
// 'Extract<keyof T, string>' 형식을 인덱스 형식
// 'Person'에 사용할 수 없습니다.ts(2536)
  }
}
```

keyof T로 Person에 접근할 수 없다. 둘이 서로 같다는 보장이 없기 때문이다. T는 Person의 하위 형식이므로 정확한 프로퍼티명을 안다면 여전히 프로퍼티를 할당할 수 있다.

```
p.age = you.age
```

원하는 기능을 완성했다.

이 예제에서 타입스크립트는 형식과 관련해 아주 보수적인 태도를 보여주는데, 처음에는 이 동작이 이상하게 느껴질 수 있다. 하지만 실제로는 예상하지도 못한 시나리오에서 오류가 발생하는 일을 막아준다. 바로 이러한 부분에서 많은 자바스크립트 개발자가 컴파일러와 '싸움'을 하게 되는데, 알고 보면 타입스크립트 컴파일러가 개발자들을 구해 주는 것이다. 이런 과정이 너무 불편하다면 피할 수 있는 옵션도 제공한다.

## 9.2 형식 어서션과 unknown으로 안전하지 않은 동작을 명시적으로 표시하기

**문제** JSON 동작으로 임의의 데이터를 파싱할 때 데이터가 올바르지 않으면 문제가 발생할 수 있다. 타입스크립트의 기본 기능에는 안전하지 않은 동작을 방지하는 장치가 없다.

**해결** 형식 애너테이션 대신 형식 어서션으로 안전하지 않은 동작을 표시하고 원래 형식을 unknown으로 강제한다.

**논의** 3.9절에서 형식 어서션을 효율적으로 사용하는 방법을 살펴봤다. 형식 어서션이란 형식 시스템에 어떤 형식이 다른 형식일 것이라 명시적으로 지시한다는 의미이며 몇 가지 가드레일 (예: number가 실제로는 string이라고 말하지 않는 것)에 따라 타입스크립트는 이 값을 새로운 형식으로 취급한다.

타입스크립트의 풍부하고 광범위한 형식 시스템 때문에 형식 어서션을 사용해야 할 때가 있다. fetch API를 사용해 백엔드에서 JSON 데이터를 가져오는 3.9절의 예제와 같이 형식 어서션이 필요할 때가 있다. fetch 호출 결과를 애너테이션 형식에 할당하는 방법이 있다.

```
type Person = {
  name: string;
  age: number;
};

const ppl: Person[] = await fetch("/api/people").then((res) => res.json());
```

res.json()은 any를 반환하며[1] any는 형식 어서션을 통해 다른 모든 형식으로 바뀔 수 있다. 따라서 결과가 실제 Person[]이라는 보장이 없다.

형식 애너테이션 대신 형식 어서션을 사용하는 방법도 있다.

```
const ppl = await fetch("/api/people").then((res) => res.json()) as Person[];
```

----

**1** API 정의가 만들어졌을 때만 해도 unknown은 존재하지 않았다. 또한 타입스크립트는 개발자의 생산성에 중점을 두었고, res.json()은 널리 사용하는 메서드였으므로 수많은 애플리케이션이 망가졌을 것이다.

형식 시스템에서도 마찬가지이지만, 잠재적 문제를 쉽게 발견할 수 있다. 입력값의 형식을 검증하지 않는 상황이라면(예: 조드$^{Zod}$ 사용, 12.5절 참조), 형식 어서션을 사용하면 안전하지 않은 연산을 효과적으로 강조할 수 있다.

형식 시스템에서는 **안전하지 않은** 동작이란, 어떤 값이 특정 형식이라고 형식 시스템에 단언하지만, 형식 시스템 내에서 이 단언이 실제로 참이라고 보장할 수 없는 상황을 의미한다. 이는 주로 애플리케이션의 경계에서 발생하며, 외부에서 데이터를 로드하거나 사용자 입력을 처리하거나 내장된 메서드로 데이터를 파싱할 때 발생한다.

형식 시스템에는 안전하지 않은 동작을 표현하는 데 사용하는 몇 가지 키워드가 있다. 형식 어서션(as), 형식 찬반(is), 어서션 시그니처(assert) 등의 키워드가 그 예다. 상황에 따라 타입스크립트는 개발자가 타입스크립트의 형식 관점을 준수하거나 명시적으로 규칙을 바꾸도록 강제한다. 하지만 항상 그렇지는 않다.

백엔드로부터 데이터를 가져올 때 형식 어서션을 구현하는 것만큼이나 쉽게 형식 애너테이션을 추가할 수 있다. 올바른 기법을 사용하는지 항상 자문하지 않는다면 이런 선택사항이 존재함을 간과할 수 있다.

타입스크립트가 올바로 동작하도록 도울 수 있다. `lib.dom.d.ts`의 Body 인터페이스에서 제공하는 `res.json()` 호출에서 문제가 발생한다.

```
interface Body {
  readonly body: ReadableStream<Uint8Array> | null;
  readonly bodyUsed: boolean;
  arrayBuffer(): Promise<ArrayBuffer>;
  blob(): Promise<Blob>;
  formData(): Promise<FormData>;
  json(): Promise<any>;
  text(): Promise<string>;
}
```

`json()`는 Promise<any>를 반환하며 any는 타입스크립트 형식 검사를 무력화한다. 여기서는 any와 비슷하지만 다른 unknown이 필요하다. 선언 합치기를 이용해 Body 형식 정의를 덮어쓸 수 있으므로 `json()`의 정의를 조금 더 제한적으로 바꿀 수 있다.

```
interface Body {
  json(): Promise<unknown>;
}
```

형식 애너테이션을 추가하는 순간 타입스크립트는 unknown을 Person[]에 할당할 수 없음을
알려준다.

```
const ppl: Person[] = await fetch("/api/people").then((res) => res.json());
//        ^
// 'unknown' 형식을 'Person[]' 형식에 할당할 수 없습니다.ts(2322)
//
```

하지만 형식 어서션을 수행하면 오류가 사라진다.

```
const ppl = await fetch("/api/people").then((res) => res.json()) as Person[];
```

어서션을 이용해 안전하지 않은 동작을 표현하도록 할 수 있다.[2]


# 9.3 defineProperty 사용하기

**문제** Object.defineProperty를 사용해 프로퍼티를 즉석에서 정의했는데, 타입스크립트는 이 변화를
인식하지 못한다.

**해결** 래퍼 함수를 만들고 어서션 시그니처를 사용해 객체의 형식을 바꾼다.

**논의** 자바스크립트에서는 Object.defineProperty로 객체 프로퍼티를 즉석에서 정의할 수
있다. 특히 프로퍼티를 읽기 전용으로 만들 때 유용하다. 덮어쓰면 안 되는 최댓값을 포함하는
저장소 객체를 생각해보자.

---

**2** 이 주제와 관련한 영감을 제공한 댄 밴더캄(Dan Vanderkam)의 Effective TypeScript 블로그(*https://effectivetypescript.com*)
에 감사한다.

```
const storage = {
  currentValue: 0
};

Object.defineProperty(storage, 'maxValue', {
  value: 9001,
  writable: false
});

console.log(storage.maxValue); // 9001

storage.maxValue = 2;

console.log(storage.maxValue); // 여전히 9001
```

defineProperty와 속성 설명자는 매우 복잡하다. 대부분 상황에서는 이를 이용해 내장 객체 용으로 예약된 프로퍼티로 모든 작업을 수행할 수 있다. 따라서 대규모 코드베이스에서는 흔히 이를 사용한다. 타입스크립트의 **defineProerty**에는 문제가 있다.

```
const storage = {
  currentValue: 0
};

Object.defineProperty(storage, 'maxValue', {
  value: 9001,
  writable: false
});

console.log(storage.maxValue);
//                  ^
// '{ currentValue: number; }' 형식에 'maxValue' 속성이 없습니다.ts(2339)
```

명시적으로 새 형식을 어서션하지 않으면 `storage` 형식에 있는 `maxValue`를 얻을 수 없다. 하지만 간단한 상황이라면 어서션 시그니처로 직접 문제를 해결할 수 있다.

> **노트** Object.defineProperty를 사용할 때 타입스크립트에서 객체 변경을 지원하지 않을 수도 있지만, 향후에는 이런 상황에 사용하도록 형식이나 특수 동작을 추가할 가능성이 있다. 예를 들어, in 키워드를 사용해 객체에 특정 프로퍼티가 있는지 확인하는 동작은 지난 수년간 형식에 영향을 미치지 않았다. 하지만 이는 2022년에 타입스크립트 4.9(*https://oreil.ly/YpyGG*)에서 바뀌었다.

어떤 값이 number 형식인지 검사하는 assertIsNumber 함수가 있다. number 형식이 아니면 이 함수는 오류를 일으킨다. 이는 Node.js의 **assert** 함수와 비슷하게 동작한다.

```
function assertIsNumber(val: any) {
  if (typeof val !== "number") {
    throw new AssertionError("Not a number!");
  }
}

function multiply(x, y) {
  assertIsNumber(x);
  assertIsNumber(y);
  // 사람이라면 이 시점에서 x와 y는 숫자임을 확신할 수 있다.
  // 어서션 조건이 참이 아니라면 이 위치에 도달할 수 없기 때문이다.
  return x * y;
}
```

이런 동작을 제대로 수행하려면 타입스크립트에 assertIsNumber를 호출한 다음의 형식이 무엇인지 어서션 시그니처로 알려줘야 한다.

```
function assertIsNumber(val: any) : asserts val is number
  if (typeof val !== "number") {
    throw new AssertionError("Not a number!");
  }
}
```

if, switch 같은 조건 기반 흐름 제어를 사용하지 않았음에도 형식 찬반형(3.5절 참고)처럼 동작한다.

```
function multiply(x, y) {
  assertIsNumber(x);
  assertIsNumber(y);
  // 이제 타입스크립트도 x와 y가 숫자임을 안다.
  return x * y;
}
```

코드를 자세히 보면 어서션이 **즉석에서 매개변수나 변수의 형식을 바꾼다**는 사실을 알 수 있다. Object.defineProperty도 이런 동작을 수행한다.

다음 헬퍼는 완벽하거나 정확한 예제는 아니다. 코드에 오류를 포함할 수도 있고, definedProperty 명세의 모든 경계 상황을 잘 처리하지 못할 수 있기 때문이다. 하지만 이 코드는 적어도 기본 기능을 제공한다. 우선 Object.defineProperty를 감싸는 데 사용할 definedProperty라는 새 함수를 정의한다.

```
function defineProperty<
  Obj extends object,
  Key extends PropertyKey,
  PDesc extends PropertyDescriptor>
  (obj: Obj, prop: Key, val: PDesc) {
  Object.defineProperty(obj, prop, val);
}
```

세 개의 제네릭을 사용했다.

- Obj 형식의 바꾸려는 객체. object의 하위 형식이다.
- PropertyKey(내장, string | number | symbol)의 상위 형식인 Key.
- PropertyDescriptor(내장)의 상위 형식 PDesc. 이를 이용해 모든 기능(쓰기, 열거, 재설정)을 포함하는 프로퍼티를 정의한다.

타입스크립트는 제네릭을 특정 단위 형식으로 좁힐 수 있으므로 제네릭을 사용한다. 예를 들어 PropertyKey는 모든 숫자, 문자열, 심볼을 포함한다. 하지만 Key extends PropertyKey를 사용하면 prop을 "maxValue" 형식으로 고정할 수 있다. 프로퍼티를 추가해 원래 형식을 바꿀 때 유용하다.

Object.defineProperty 함수는 객체를 바꾸거나 뭔가 잘못되었을 때 오류를 던진다. 어서션 함수가 동작하는 방식과 정확히 일치한다. 사용자 정의 헬퍼 defineProperty도 이처럼 동작한다.

어서션 시그니처를 추가해보자. definePrperty를 성공적으로 실행했다면 객체는 또 다른 프로퍼티를 포함한다. 이를 수행하는 데 사용할 몇 가지 헬퍼 형식을 만든다. 시그니처를 먼저 살펴보자.

```
function defineProperty<
  Obj extends object,
```

```
    Key extends PropertyKey,
    PDesc extends PropertyDescriptor>
      (obj: Obj, prop: Key, val: PDesc):
        asserts obj is Obj & DefineProperty<Key, PDesc> {
    Object.defineProperty(obj, prop, val);
  }
```

obj는 Obj(제네릭으로 좁혀짐)와 새로 정의한 프로퍼티를 포함한다.

다음은 DefineProperty 헬퍼 형식이다.

```
  type DefineProperty<
    Prop extends PropertyKey,
    Desc extends PropertyDescriptor> =
      Desc extends { writable: any, set(val: any): any } ? never :
      Desc extends { writable: any, get(): any } ? never :
      Desc extends { writable: false } ? Readonly<InferValue<Prop, Desc>> :
      Desc extends { writable: true } ? InferValue<Prop, Desc> :
      Readonly<InferValue<Prop, Desc>>;
```

먼저 PropertyDescriptor의 writable 프로퍼티를 살펴보자. 이는 원래 프로퍼티 설명자가
동작하는 방식과 관련해 몇 가지 경계 케이스와 조건을 정의하는 조건 집합이다.

- writable과 프로퍼티 접근자(get, set)를 설정하면 실패한다. never는 오류가 발생했음을 의미한다.
- writable을 false로 설정하면 프로퍼티는 읽기 전용이 된다. InferValue 헬퍼 형식으로 넘긴다.
- writable을 true로 설정하면 속성은 읽기 전용이 아니다. 이 역시 InferValue 헬퍼 형식으로 넘긴다.
- 마지막 기본값은 writable: false다. 즉, Readonly<InferValue<Prop, Desc>>다(Readonly<T>는
  내장 형식).

다음은 value 프로퍼티 설정을 처리하는 InferValue 헬퍼 형식이다.

```
  type InferValue<Prop extends PropertyKey, Desc> =
    Desc extends { get(): any, value: any } ? never :
    Desc extends { value: infer T } ? Record<Prop, T> :
    Desc extends { get(): infer T } ? Record<Prop, T> : never;
```

이번에도 여러 조건이 등장한다.

- 게터와 값 집합을 포함하는가? Object.defineProperty는 오류를 던지므로 never다.
- 값을 설정했다면 이 값의 형식을 추론하고 정의된 프로퍼티 키와 값 형식으로 객체를 만든다.
- 또는 게터의 반환 형식에서 형식을 추론한다.
- 이 외의 상황은 무시한다. 이 객체는 never이므로 타입스크립트는 이 객체로 사용하도록 허용하지 않는다.

여러 헬퍼 형식을 사용했지만, 20행 정도로 동작하는 코드를 구현할 수 있다.

```
type InferValue<Prop extends PropertyKey, Desc> =
  Desc extends { get(): any, value: any } ? never :
  Desc extends { value: infer T } ? Record<Prop, T> :
  Desc extends { get(): infer T } ? Record<Prop, T> : never;

type DefineProperty<
  Prop extends PropertyKey,
  Desc extends PropertyDescriptor> =
    Desc extends { writable: any, set(val: any): any } ? never :
    Desc extends { writable: any, get(): any } ? never :
    Desc extends { writable: false } ? Readonly<InferValue<Prop, Desc>> :
    Desc extends { writable: true } ? InferValue<Prop, Desc> :
    Readonly<InferValue<Prop, Desc>>

function defineProperty<
  Obj extends object,
  Key extends PropertyKey,
  PDesc extends PropertyDescriptor>
  (obj: Obj, prop: Key, val: PDesc):
    asserts  obj is Obj & DefineProperty<Key, PDesc> {
  Object.defineProperty(obj, prop, val)
}
```

이제 타입스크립트에서 어떤 일이 일어나는지 살펴보자.

```
const storage = {
  currentValue: 0
};

defineProperty(storage, 'maxValue', {
  writable: false, value: 9001
```

```
});

storage.maxValue; // number
storage.maxValue = 2; // 오류! 읽기 전용

const storageName = 'My Storage';
defineProperty(storage, 'name', {
  get() {
    return storageName
  }
});

storage.name; // string

// 값과 게터를 설정할 수 없음
defineProperty(storage, 'broken', {
  get() {
    return storageName
  },
  value: 4000
});

// 나쁜 프로퍼티 설명자를 포함하므로 storage는 never임
storage;
```

모든 것을 다룰 수는 없지만, 지금까지 단순한 프로퍼티 정의와 관련된 많은 내용을 살펴봤다.

## 9.4 Array.prototype.includes의 형식 확장하기

**문제** 타입스크립트는 아주 좁은 튜플이나 배열에서 string이나 number 같은 넓은 형식의 요소를 찾지 못한다.

**해결** 형식 매개변수 간의 관계를 바꾸는 형식 찬반형으로 제네릭 헬퍼 형식을 만든다.

**논의** 실행하려는 작업(문자열 형식으로 구성됨)의 집합을 포함하는 actions라는 배열을 만든다. 이 actions 배열의 결과 형식은 string[]이다.

execute 함수는 임의의 문자열을 인수로 받는다. 이 작업이 유효한지 확인하고, 유효하다면 작업을 수행한다.

```
// actions: string[]
const actions = ["CREATE", "READ", "UPDATE", "DELETE"];

function execute(action: string) {
  if (actions.includes(action)) {
    // action으로 뭔가 수행함
  }
}
```

string[]을 조금 더 구체적인 모든 문자열의 하위 집합으로 줄이기가 쉽지 않다. as const 로 **const 컨텍스트**를 추가하면 actions를 readonly ["CREATE", "READ", "UPDATE", "DELETE"]로 줄일 수 있다.

사용할 수 있는 모든 액션 사례를 전수 검사하려는 상황에서 이를 유용하게 사용할 수 있다. 하지만 actions.includes는 이처럼 동작하지 않는다.

```
// const 컨텍스트 추가
// actions: readonly ["CREATE", "READ", "UPDATE", "DELETE"]
const actions = ["CREATE", "READ", "UPDATE", "DELETE"] as const;

function execute(action: string) {
  if (actions.includes(action)) {
//                       ^
// 'string' 형식의 인수는 '"CREATE" | "READ" | "UPDATE" | "DELETE"'
// 형식의 매개변수에 할당될 수 없습니다.ts(2345)
  }
}
```

무슨 일일까? Array<T>와 ReadonlyArray<T>를 살펴보자(const 컨텍스트 때문에 후자를 사용한다).

```
interface Array<T> {
/**
  * 배열이 특정 요소를 포함하는지를 결정해 true나 false를 반환한다.
  * @param searchElement 검색할 요소.
```

```
    * @param fromIndex searchElement로 검색을 시작할 위치.
    */
  includes(searchElement: T, fromIndex?: number): boolean;
}

interface ReadonlyArray<T> {
  /**
    * 배열이 특정 요소를 포함하는지를 결정해 true나 false를 반환한다.
    * @param searchElement 검색할 요소.
    * @param fromIndex searchElement로 검색을 시작할 위치.
    */
  includes(searchElement: T, fromIndex?: number): boolean;
}
```

찾으려는 요소(searchElement)는 배열 자체와 같은 형식이어야 한다. 따라서 Array<string>
(또는 string[]이나 ReadonlyArray<string>)가 있다면 오직 문자열만 찾을 수 있다. 현재
예제에 이를 적용하면 actions는 "CREATE" ¦ "READ" ¦ "UPDATE" ¦ "DELETE" 형식이어
야 한다는 의미다.

갑자기 프로그램이 동작하지 않는 상태가 되었다. 형식이 네 문자열 중 하나라고 알려주는데
왜 무엇인가를 검색해야 할까? action 형식을 "CREATE" ¦ "READ" ¦ "UPDATE" ¦ "DELETE"로
바꾸면 actions.includes는 쓸모없게 된다. 변경하지 않으면 당연히 타입스크립트 오류가
발생한다!

타입스크립트에는 상한 제네릭과 같이 반변 형식을 검사하는 기능이 없다는 문제가 있다.
extends 등을 형식 T에 사용했을 때는 해당 형식이 T의 하위 집합임을 알 수 있지만, 어떤 형
식이 T의 상위 집합인지는 알 수 없다. 적어도 아직까진 그렇다!

그러면 어떻게 해야 할까?

## 방법 1: ReadonlyArray 재선언

ReadonlyArray의 includes 동작을 바꾸는 한 가지 방법이 있다. 선언 합치기를 이용하면 다
음처럼 인수를 조금 느슨하게 받고, 구체적인 결과를 반환하도록 ReadonlyArray 구현을 바꿀
수 있다.

```
interface ReadonlyArray<T> {
  includes(searchElement: any, fromIndex?: number): searchElement is T;
}
```

덕분에 더 넓은 searchElement 값의 집합(any)을 전달할 수 있으며 조건이 참이면 타입스크립트에 searchElement is T(우리가 찾는 하위 형식)라는 형식 찬반형을 사용하도록 지시한다.

이를 직접 사용해 보면 잘 동작함을 알 수 있다.

```
const actions = ["CREATE", "READ", "UPDATE", "DELETE"] as const;

function execute(action: string) {
  if(actions.includes(action)) {
    // action: "CREATE" | "READ" | "UPDATE" | "DELETE"
  }
}
```

하지만 한 가지 문제가 있다. 이 기법은 동작 자체에는 문제가 없지만 무엇이 올바르며 무엇을 검사해야 한다는 가정을 포함한다. action을 number로 바꾸면 number 형식을 찾을 수 없으므로 타입스크립트는 오류를 일으킨다. actions는 오직 string만 포함하므로 number를 찾는다는 것은 말이 안되기 때문이다. 이 오류를 붙잡아야 한다.

```
// number 형식은 액션과 아무 관련이 없다
function execute(action: number) {
  if(actions.includes(action)) {
    // 필요한 작업 수행
  }
}
```

ReadOnlyArray를 바꾸면서 searchElement는 any이므로 검사 과정이 무력화된다. action.includes의 기능은 여전히 의도한 대로 작동하지만, 함수 시그니처를 바꾸는 과정에서 제대로 문제를 발견하지 못할 수 있다.

또한 더 중요한 것은 내장 형식의 동작을 바꿨다는 점이다. 이러면 다른 곳의 형식 검사 동작을 바꾸는 결과를 초래하므로 장기적으로 문제가 발생할 수 있다!

다른 방법으로 이 문제를 해결할 수 있다.

## 방법 2: 형식 어서션을 이용한 헬퍼

기존에 언급했듯이, 타입스크립트에는 어떤 값이 제네릭 매개변수의 **상위 집합**에 속하는지 확
인하는 기능이 없다는 점이 문제다. 헬퍼 함수를 이용해 이 관계를 바꿀 수 있다.

```
function includes<T extends U, U>(coll: ReadonlyArray<T>, el: U): el is T {
  return coll.includes(el as T);
}
```

includes 함수는 ReadonlyArray<T>를 인수로 받아 형식이 U인 요소를 검색한다. 제네릭 바운
드를 통해 T가 U를 확장(T extends U)하는지, 즉 U가 T의 상위 집합인지(또는 T가 U의 **하위 집합**
인지) 확인한다. 메서드가 **true**를 반환하면 el이 더 **좁은** 타입의 U라고 확실히 말할 수 있다.

Array.prototype.includes에 el을 전달하는 순간 약간의 형식 어서션을 수행하면 구현이
동작한다. 기존의 문제는 여전히 존재한다! 하지만 함수 시그니처에서 발생할 수 있는 문제를
확인했으므로 형식 어서션 el as T를 사용할 수 있다.

예를 들어 action을 number로 바꾸는 순간 코드 전체에서 적절한 오류가 발생한다.

```
function execute(action: number) {
  if(includes(actions, action)) {
//                ^
// 'readonly ["CREATE", "READ", "UPDATE", "DELETE"]' 형식의 인수는
// 'readonly number[]' 형식의 매개변수에 할당될 수 없습니다.
  }
}
```

이렇게 원하는 기능을 구현했다. 타입스크립트는 우리가 찾는 요소가 아니라 배열을 바꾸도록
권장한다는 점이 핵심이다. 이는 제네릭 형식 매개변수 간의 관계 때문이다.

**팁** Array.prototype.indexOf에서 발생하는 비슷한 문제에도 이 해결 방법을 적용할 수 있다.

타입스크립트는 모든 표준 자바스크립트 기능을 올바르게 구현하는 것을 목표로 하지만 때로는 절충해야 한다. 예상보다 느슨한 인수 목록을 허용할지, 아니면 형식 정보가 부족할 때 오류를 발생시킬지 타협해야 한다.

형식 어서션, 선언 합치기 및 기타 도구는 형식 시스템만으로 해결할 수 없는 문제를 해결하는 데 도움이 된다. 형식 공간에서 더 멀리 나아가야만 문제를 해결할 수 있는 상황이 존재한다.

## 9.5 널 종류의 값 거르기

**문제** 배열에서 널 종류의 값nullish을 거르는 Boolean 생성자를 사용하려 하는데 타입스크립트는 여전히 null과 undefined를 포함한 같은 형식을 반환한다.

**해결** 선언 합치기로 Array의 filter 메서드를 오버로드한다.

**논의** 때로 컬렉션은 **널 종류의 값**(undefined나 null)을 포함한다.

```
// const array: (number | null | undefined)[]
const array = [1, 2, 3, undefined, 4, null];
```

작업을 진행하려면 컬렉션에서 널 종류의 값을 제거해야 한다. 보통 Array의 filter 메서드로 값의 진실성(참으로 평가되는 값) 검사해 원하는 값을 제거한다. null과 undefined는 거짓으로 평가되는 값이므로 필터링 시 제거된다.

```
const filtered = array.filter((val) => !!val);
```

Boolean 생성자로 값을 전달해 진실성을 확인할 수 있다. 다음 코드처럼 간단하고 읽기 쉬운 코드로 이 작업을 수행한다.

```
// const array: (number ¦ null ¦ undefined)[]
const filtered = array.filter(Boolean);
```

안타깝게도 이 코드는 형식을 바꾸지 않는다. 필터링을 수행한 결과는 여전히 null과 undefined 형식을 포함한다.

Array 인터페이스에 filter라는 또 다른 선언을 추가함으로써 원하는 특정 동작을 오버로드로 추가한다.

```
interface Array<T> {
  filter(predicate: BooleanConstructor): NonNullable<T>[]
}

interface ReadonlyArray<T> {
  filter(predicate: BooleanConstructor): NonNullable<T>[]
}
```

이렇게 하면 널 종류의 값을 제거해 배열 콘텐츠 형식을 더 명확하게 만들 수 있다.

```
// const array: number[]
const filtered = array.filter(Boolean);
```

깔끔해졌다. 주의해야 할 점이 있을까? 리터럴 튜플과 배열이다. BooleanConstructor는 null 값뿐만 아니라 거짓으로 평가되는 값도 거른다. NonNullable<T>를 반환할 뿐만 아니라 진실성을 검사하는 형식을 이용해야 올바른 요소를 얻을 수 있다.

```
type Truthy<T> = T extends "" ¦ false ¦ 0 ¦ 0n ? never : T;

interface Array<T> {
  filter(predicate: BooleanConstructor): Truthy<NonNullable<T>>[];
}

interface ReadonlyArray<T> {
  filter(predicate: BooleanConstructor): Truthy<NonNullable<T>>[];
}

// as const는 읽기 전용 튜플을 만든다.
```

```
const array = [0, 1, 2, 3, ``, -0, 0n, false, undefined, null] as const;

// const filtered: (1 | 2 | 3)[]
const filtered = array.filter(Boolean);

const nullOrOne: Array<0 | 1> = [0, 1, 0, 1];

// const onlyOnes: 1[]
const onlyOnes = nullOrOne.filter(Boolean);
```

> **노트** 이 예제에는 BigInt 형식의 0인 0n이 등장한다. 이 형식은 ECMAScript 2020 이상에서만 사용할 수 있다.

이로써 예상되는 형식과 관련한 올바른 아이디어를 얻을 수 있지만, ReadonlyArray<T>는 튜플 형식 자체가 아닌 튜플의 요소 형식을 취하므로 튜플 내의 형식 순서 정보를 잃는다.

기존 타입스크립트 형식을 확장할 때와 마찬가지로 부작용이 발생할 수 있다는 점을 유의하자. 지역으로 범위를 지정하고 신중하게 사용해야 한다.


## 9.6 모듈 확장하기

> **문제** 프리액트나 리액트처럼 HTML 요소의 자체 뷰를 제공하는 라이브러리를 사용 중이다. 하지만 이들의 형식 정의가 최신 기능을 포함하지 않을 때가 있어서 패치하고 싶다.

> **해결** 모듈과 인터페이스 수준에서 선언 합치기를 사용한다.

> **논의** JSX는 자바스크립트의 확장 문법으로, XML과 비슷한 방식으로 컴포넌트를 설명하고 중첩하는 기능을 제공한다. 기본적으로 요소의 트리로 설명할 수 있는 모든 것을 JSX로 표현할 수 있다. 유명한 리액트 프레임워크의 개발자가 자바스크립트 내에서 HTML과 유사한 방식으로 컴포넌트를 작성하고 중첩할 수 있도록 JSX를 도입했으며, 내부적으로는 일련의 함수 호출로 트랜스파일된다.

```
<button onClick={() => alert('YES')}>Click me</button>

// 다음으로 트랜스파일됨

React.createElement("button", { onClick: () => alert('YES') }, 'Click me');
```

리액트와 거의 또는 전혀 관련이 없더라도, 지금까지 많은 프레임워크에서 JSX를 선택했다. 10장에서 JSX를 더 자세히 살펴본다.

타입스크립트용 리액트 형식은 가능한 모든 HTML 요소에 사용할 수 있도록 많은 인터페이스를 제공한다. 하지만 브라우저, 프레임워크, 여러분의 코드는 이 형식보다 조금 더 앞설 때가 있다.

크롬<sup>Chrome</sup>의 최신 이미지 기능을 사용하는 상황에서 이미지를 게으르게 불러오고 싶다고 가정해보자. 이는 점진적으로 개선되는 기능이므로 최신 브라우저만이 이를 해석할 수 있다. 모든 브라우저는 충분히 견고하므로 해석 문제를 신경 쓰지 않아도 된다.

```
<img src="/awesome.jpg" loading="lazy" alt="What an awesome image" />
```

하지만 타입스크립트 JSX 코드는 어떨까? 오류가 발생한다.

```
function Image({ src, alt }) {
  // 'loading' 프로퍼티는 존재하지 않음
  return <img src={src} alt={alt} loading="lazy" />;
}
```

자체 프로퍼티를 포함하도록 인터페이스를 확장해 문제를 해결할 수 있다. 이를 **선언 합치기**라 한다.

@types 폴더를 만들고 안에 jsx.d.ts 파일을 추가한다. 타입스크립트 설정에서 추가 형식을 허용하도록 컴파일러 옵션을 설정한다.

```
{
  "compilerOptions": {
    ...
    /* 형식 선언을 컴파일에 포함 */
```

```
    "types": ["@types/**"],
  },
  ...
}
```

정확한 모듈과 인터페이스 구조를 다시 만든다.

- 모듈은 'react'라 부른다.

- 인터페이스는 ImgHTMLAttributes<T> extends HTMLAttributes<T>다.

우리는 원래 형식을 통해 이를 안다. 이제 원하는 속성을 추가한다.

```
import "react";

declare module "react" {
  interface ImgHTMLAttributes<T> extends HTMLAttributes<T> {
    loading?: "lazy" | "eager" | "auto";
  }
}
```

이때, 대체 텍스트(alt)도 잊지 말고 추가한다.

```
import "react";

declare module "react" {
  interface ImgHTMLAttributes<T> extends HTMLAttributes<T> {
    loading?: "lazy" | "eager" | "auto";
    alt: string;
  }
}
```

훨씬 좋다! 타입스크립트는 원래 정의를 가져와 선언을 합친다. 자동 완성 기능은 사용 가능한 모든 옵션을 제공한다. 그리고 대체 텍스트를 깜빡 잊으면 오류가 발생한다.

프리액트(*https://preactjs.com*)를 이용하면 상황이 더 복잡해진다. 원래 HTML 형식은 아주 관대하며 리액트 형식만큼 구체적이지 않다. 따라서 더 명확하게 이미지를 정의해야 한다.

```
declare namespace JSX {
  interface IntrinsicElements {
    img: HTMLAttributes & {
      alt: string;
      src: string;
      loading?: "lazy" | "eager" | "auto";
    };
  }
}
```

이렇게 하면 alt와 src를 모두 사용할 수 있으며 loading이라는 새로운 속성이 추가된다. 하지만 선언 합치기라는 같은 기법을 사용했을 뿐이다. 선언 합치기는 네임스페이스, 인터페이스 및 모듈 수준에서 동작한다.

## 9.7 전역 네임스페이스에 추가하기

**문제** ResizeObserver와 같은 브라우저 기능을 사용했는데, 현재 타입스크립트 설정에서 해당 기능을 사용할 수 없음을 확인했다.

**해결** 전역 네임스페이스에 사용자 정의 형식 정의를 추가한다.

**논의** 타입스크립트는 lib.dom.d.ts에 모든 DOM API 형식을 저장한다. 이들 파일은 웹 IDL 파일을 통해 자동 생성된다. **웹 IDL**이란 **웹 인터페이스 정의 언어**Web Interface Definition Language를 의미하며, W3C와 WHATWG에서 웹 API 인터페이스를 정의하는 데 사용하는 형식이다.

예를 들어 Resize Observer(*https://oreil.ly/XeSUG*)의 표준을 W3C(*https://www.w3.org*)에서 읽을 때 정의의 일부나 전체를 규격 명세에서 찾을 수 있다. 예를 들면 다음과 같다.

```
enum ResizeObserverBoxOptions {
  "border-box", "content-box", "device-pixel-content-box"
};

dictionary ResizeObserverOptions {
  ResizeObserverBoxOptions box = "content-box";
```

```
};

[Exposed=(Window)]
interface ResizeObserver {
  constructor(ResizeObserverCallback callback);
  void observe(Element target, optional ResizeObserverOptions options);
  void unobserve(Element target);
  void disconnect();
};

callback ResizeObserverCallback = void (
  sequence<ResizeObserverEntry> entries,
  ResizeObserver observer
);

[Exposed=Window]
interface ResizeObserverEntry {
  readonly attribute Element target;
  readonly attribute DOMRectReadOnly contentRect;
  readonly attribute FrozenArray<ResizeObserverSize> borderBoxSize;
  readonly attribute FrozenArray<ResizeObserverSize> contentBoxSize;
  readonly attribute FrozenArray<ResizeObserverSize> devicePixelContentBoxSize;
};

interface ResizeObserverSize {
  readonly attribute unrestricted double inlineSize;
  readonly attribute unrestricted double blockSize;
};

interface ResizeObservation {
  constructor(Element target);
  readonly attribute Element target;
  readonly attribute ResizeObserverBoxOptions observedBox;
  readonly attribute FrozenArray<ResizeObserverSize> lastReportedSizes;
};
```

브라우저는 이를 가이드라인으로 삼아 각 API를 구현한다. 타입스크립트는 이러한 IDL 파일을 사용해 `lib.dom.d.ts`를 생성한다. 타입스크립트 및 자바스크립트 라이브러리 생성기 TypeScript and JavaScript lib generator 프로젝트(*https://oreil.ly/WLcLB*)는 웹 표준을 스크래핑하여 IDL 정보를 추출한다. 그런 다음 IDL에서 타입스크립트로 변환하는 생성기가 IDL 파일을 파싱해 올바른 형식을 생성한다.

스크래핑할 페이지는 수동으로 유지 관리된다. 사양이 충분히 완성되고 모든 주요 브라우저에서 지원되기 시작하면, 사람들은 새로운 리소스를 추가하고 곧 출시될 타입스크립트 버전에서 변경 사항을 확인할 수 있다. 따라서 `lib.dom.d.ts`에 `ResizeObserver`이 추가되는 것은 시간문제일 뿐이다.

기다릴 수 없다면 현재 작업 중인 프로젝트에만 직접 형식을 추가할 수 있다.

`ResizeObserver`의 형식을 만들었다고 가정해보자. `resize-observer.d.ts`라는 파일에 결과를 저장한다. 다음은 출력 결과다.

```
type ResizeObserverBoxOptions =
  "border-box" |
  "content-box" |
  "device-pixel-content-box";

interface ResizeObserverOptions {
  box?: ResizeObserverBoxOptions;
}

interface ResizeObservation {
  readonly lastReportedSizes: ReadonlyArray<ResizeObserverSize>;
  readonly observedBox: ResizeObserverBoxOptions;
  readonly target: Element;
}

declare var ResizeObservation: {
  prototype: ResizeObservation;
  new(target: Element): ResizeObservation;
};

interface ResizeObserver {
  disconnect(): void;
  observe(target: Element, options?: ResizeObserverOptions): void;
  unobserve(target: Element): void;
}

export declare var ResizeObserver: {
  prototype: ResizeObserver;
  new(callback: ResizeObserverCallback): ResizeObserver;
};
```

```
interface ResizeObserverEntry {
  readonly borderBoxSize: ReadonlyArray<ResizeObserverSize>;
  readonly contentBoxSize: ReadonlyArray<ResizeObserverSize>;
  readonly contentRect: DOMRectReadOnly;
  readonly devicePixelContentBoxSize: ReadonlyArray<ResizeObserverSize>;
  readonly target: Element;
}

declare var ResizeObserverEntry: {
  prototype: ResizeObserverEntry;
  new(): ResizeObserverEntry;
};

interface ResizeObserverSize {
  readonly blockSize: number;
  readonly inlineSize: number;
}

declare var ResizeObserverSize: {
  prototype: ResizeObserverSize;
  new(): ResizeObserverSize;
};

interface ResizeObserverCallback {
  (entries: ResizeObserverEntry[], observer: ResizeObserver): void;
}
```

프로토타입과 생성자 함수를 정의하는 객체인 var ResizeObserver 등을 포함해 수많은 인터페이스와 인터페이스를 구현하는 변수를 선언한다.

```
declare var ResizeObserver: {
  prototype: ResizeObserver;
  new(callback: ResizeObserverCallback): ResizeObserver;
};
```

이미 많은 도움이 된다. 비교적 긴 형식 선언을 사용하여 필요한 파일에 직접 넣을 수 있다. 그리고 ResizeObserver를 사용할 수 있게 된다! 하지만 어디에서나 ResizeObserver를 사용하고 싶다.

타입스크립트의 선언 합치기 기능 덕분에 필요에 따라 네임스페이스와 인터페이스를 확장할 수 있다. 이번에는 전역 네임스페이스를 확장해보자.

전역 네임스페이스에는 전 세계에서 사용할 수 있는 모든 객체와 인터페이스를 포함한다. window 객체(그리고 Window 인터페이스)를 비롯해 자바스크립트 실행 컨텍스트의 일부가 되어야 하는 다른 모든 객체가 여기에 포함된다. 전역 네임스페이스를 보강하고 ResizeObserver 객체를 추가한다.

```
declare global { // 네임스페이스 개방
  var ResizeObserver: { // 여기에 ResizeObserver 합치기
    prototype: ResizeObserver;
    new(callback: ResizeObserverCallback): ResizeObserver;
  }
}
```

resize-observer.d.ts를 @types라는 폴더에 넣는다. 이 폴더를 타입스크립트의 구문 분석할 소스에 추가하는 것을 잊지 말자. 또한 tsconfig.json의 형식 선언 폴더 목록에 이 폴더를 추가한다.

```
{
  "compilerOptions": {
    //...
    "typeRoots": ["@types", "./node_modules/@types"],
    //...
  },
  "include": ["src", "@types"]
}
```

대상 브라우저에서 ResizeObserver를 아직 사용할 수 없을 가능성이 크므로 ResizeObserver 객체를 정의되지 않은 상태로 만든다. 이렇게 하면 객체를 사용할 수 있는지 확인할 수 있다.

```
declare global {
  var ResizeObserver: {
    prototype: ResizeObserver;
    new(callback: ResizeObserverCallback): ResizeObserver;
  } | undefined
}
```

애플리케이션에서는 다음처럼 사용한다.

```
if (typeof ResizeObserver !== 'undefined') {
  const x = new ResizeObserver((entries) => {});
}
```

이렇게 하면 ResizeObserver로 최대한 안전하게 작업할 수 있다!

앰비언트 선언 파일과 전역 형식을 타입스크립트가 인식하지 못할 때도 있다. 이런 일이 발생하면 다음을 확인한다.

- tsconfig.json의 include 속성으로 @types 폴더를 파싱한다.
- 앰비언트 형식 선언 파일을 tsconfig.json 컴파일러 옵션의 types나 typeRoots에 추가하여 해당 파일을 인식한다.
- 앰비언트 선언 파일의 끝에 export {}를 추가하면 타입스크립트는 이 파일을 모듈로 인식한다.

## 9.8 자바스크립트가 아닌 모듈을 모듈 그래프로 추가하기

**문제** 웹팩과 같은 번들러로 자바스크립트에서 .css나 이미지와 같은 파일을 불러왔는데, 타입스크립트는 이러한 파일을 인식하지 못한다.

**해결** 파일명 확장자에 기반해 모듈을 전역으로 선언한다.

**논의** 웹 개발 업계에서는 자바스크립트를 모든 것의 기본 진입점으로 삼고 임포트 문으로 모든 관련 자산을 처리하도록 하는 경향이 있다. 그러려면 코드를 분석하고 올바른 부산물artifact을 생성하는 빌드 도구인 번들러가 필요하다. 보통 웹팩(*https://webpack.js.org*)을 널리 사용한다. 웹팩은 CSS, 마크다운, SVG, JPEG 등 모든 것을 번들링할 수 있는 자바스크립트 번들러다.

```
// 다음처럼
import "./Button.css";

// 또는 다음처럼
import styles from "./Button.css";
```

웹팩은 **로더**라는 개념을 사용해 파일 엔딩을 살펴본 다음 특정 번들링 개념을 활성화한다. 자바스크립트에서 .css 파일을 가져오는 것은 기본 기능이 아니다. 이 기능은 웹팩(또는 사용 중인 번들러)의 일부다. 하지만 이와 같은 파일을 이해하도록 타입스크립트를 가르칠 수 있다.

타입스크립트는 '물리적으로' 존재하지 않지만 환경에 있거나 도구를 통해 접근할 수 있는 모듈에도 **앰비언트 모듈 선언**ambient module declaration을 지원한다. 한 가지 예로 타입스크립트 문서에 설명된 대로 url이나 http, path와 같은 Node의 주요 내장 모듈을 들 수 있다.

```
declare module "path" {
  export function normalize(p: string): string;
  export function join(...paths: any[]): string;
  export var sep: string;
}
```

이 방법은 정확한 이름을 아는 모듈에 유용하다. 와일드카드 패턴에도 동일한 기법을 사용할 수 있다. 모든 .css 파일에 일반 앰비언트 모듈을 선언해보자.

```
declare module '*.css' {
  // 할 일
}
```

패턴이 준비되었다. 임포트하려는 모든 .css 파일을 리스닝한다. 이때 컴포넌트에 추가할 수 있는 클래스 이름 목록을 기대한다. .css 파일에 어떤 클래스가 정의되었는지 알 수 없으므로 모든 문자열 키를 받아 문자열을 반환하는 객체를 사용한다.

```
declare module '*.css' {
  interface IClassNames {
    [className: string]: string
  }
  const classNames: IClassNames;
  export default classNames;
}
```

이제 파일을 다시 컴파일할 수 있다. 유일한 단점은 자동 완성 등의 기능에서 정확한 클래스 이름을 사용할 수 없다는 것이다. 형식 파일을 자동으로 생성해 이 문제를 해결한다. NPM에는 이 문제를 해결하는 데 사용할 다양한 패키지를 제공한다. 기호에 따라 자유롭게 선택하자..

MDX와 같은 것을 모듈로 가져오는 일은 조금 더 쉽다. MDX를 사용하면 마크다운을 작성할 수 있고, 이 마크다운은 일반 리액트(또는 JSX) 컴포넌트로 파싱된다(리액트에 관한 자세한 내용은 10장 참고하자).

우리는 JSX 엘리먼트를 반환하는 함수형 컴포넌트(프로퍼티를 전달할 수 있음)를 기대한다.

```
declare module '*.mdx' {
  let MDXComponent: (props) => JSX.Element;
  export default MDXComponent;
}
```

짜잔! 이제 자바스크립트에서 .mdx 파일을 불러와 컴포넌트로 사용할 수 있다.

```
import About from '../articles/about.mdx';

function App() {
  return <>
    <About/>
  </>
}
```

무엇을 기대해야 할지 모르겠다면 편하게 생각하자. 모듈을 선언하기만 하면 된다. 형식을 제공할 필요가 없다. 타입스크립트는 이를 로딩하지만 형식 안전성은 제공하지 않는다.

```
declare module '*.svg';
```

앱에서 앰비언트 모듈을 사용하려면 프로젝트 어딘가(아마도 루트 수준)에 @types 폴더를 만드는 것이 좋다. 이 폴더에 모듈 정의가 포함된 .d.ts 파일을 얼마든지 추가할 수 있다. tsconfig.json에 이 폴더의 참조를 추가하면 나머지는 타입스크립트가 알아서 처리한다.

```
{
  ...
```

```
  "compilerOptions": {
    ...
    "typeRoots": [
      "./node_modules/@types",
      "./@types"
    ],
    ...
  }
}
```

모든 자바스크립트 버전에 적용할 수 있다는 점은 타입스크립트의 주요 특징이다. 일부는 기본 제공되지만, 일부는 사용자가 추가로 패치해야 한다.

# CHAPTER 10

# 타입스크립트 및 반응

리액트는 최근 몇 년간 매우 인기를 끈 자바스크립트 라이브러리다. 간단한 컴포넌트 구성과 접근 방식 덕분에 프런트엔드(그리고 어느 정도는 백엔드) 애플리케이션 구현 방식을 바꿨으며, JSX라는 자바스크립트 구문 확장자를 사용하여 선언적declaratively으로 UI 코드를 작성할 수 있다. 리액트의 간단한 원리 덕분에 쉽게 익히고 이해할 수 있으며, 수십 개의 다른 라이브러리에도 영향을 미쳤다.

JSX는 자바스크립트 세계의 판도를 바꾸어 놓았으며, 모든 자바스크립트 개발자를 지원하려는 타입스크립트의 목표에 따라 타입스크립트에 포함되었다. 사실 타입스크립트는 완벽한 JSX 컴파일러다. 추가 번들링이나 도구를 사용하지 않는 프로젝트에서는 타입스크립트만으로 리액트 앱을 실행할 수 있다. 타입스크립트도 엄청나게 인기가 있다. 이 글을 쓰는 시점에 NPM의 리액트 형식은 매주 2천만 다운로드를 기록했다. VS Code의 환상적인 툴링과 뛰어난 형식 덕분에 타입스크립트는 전 세계 리액트 개발자들이 가장 선호하는 언어가 되었다.

리액트 개발자들 사이에서 타입스크립트의 인기는 식을 줄 모르지만, 리액트에서 타입스크립트를 사용하는 일을 까다롭게 만드는 한 가지 문제가 있다. 다른 JSX 기반 라이브러리는 대부분 타입스크립트로 구현되었으므로 기본적으로 훌륭한 형식을 제공한다. 하지만 리액트 팀은 플로우Flow(*https://flow.org*)라는 자체 정적 형식 검사기를 사용하는데, 이는 타입스크립트와 유사하지만 궁극적으로는 호환되지 않는다. 즉, 수백만 명의 개발자가 의존하는 리액트 형식을 커뮤니티 기여자 그룹에서 만들어 Definitely Typed에 게시한다. `@types/react`는 비교적 훌륭하지만, 리액트처럼 복잡한 라이브러리를 형식화하기에는 여전히 부족하다. 따라서 필연적으로 격차가 벌어진다. 이 장에서는 두드러진 격차를 해결할 가이드를 제공한다.

리액트는 쉽게 사용할 수 있어야 하는데, 때로 해결하기 어려운 복잡한 타입스크립트 오류 메시지가 발생한다. 이 장에서는 이러한 메시지가 무엇을 의미하는지, 어떻게 해결하는지, 장기적으로 어떤 해결책이 도움이 되는지 살펴본다. 또한 다양한 개발 패턴과 그 장점을 확인하고 타입스크립트에 내장된 JSX 지원 기능을 사용하는 방법도 알아본다.

리액트 및 타입스크립트와 관련한 기본 설정 가이드는 제공하지 않는다. 이 생태계는 아주 방대하고 풍부해서 다양한 방법으로 목표를 달성할 수 있다. 프레임워크의 문서 페이지에서 타입스크립트를 찾아보자. 이 장에서는 여러분이 어느 정도 리액트 경험이 있다고 가정한다. 주로 리액트 형식을 다루는 방법을 살펴본다.

이 장에서는 리액트에 중점을 두지만, 배운 내용을 응용해 다른 JSX 기반 프레임워크와 라이브러리에도 적용할 수 있다.

## 10.1 프록시 컴포넌트 작성하기

**문제** 표준 HTML 컴포넌트를 많이 사용하는데, 이때 필요한 모든 프로퍼티를 항상 설정하는 작업이 번거롭다.

**해결** 시나리오에 사용할 수 있도록 프록시 컴포넌트를 만들고 몇 가지 패턴을 적용한다.

**논의** 대부분 웹 애플리케이션은 버튼을 사용한다. 버튼은 type 프로퍼티(기본값은 submit)를 포함한다. HTTP를 통해 작업을 수행하며, 서버 측 API에 콘텐츠를 POST로 전송하는 폼이 있다고 가정하면 submit은 합리적인 기본값이라 할 수 있다. 하지만 사이트에 대화형 요소만 있다면 submit보다는 button이 더 적합한 형식이다. 이는 미적 선택일 뿐만 아니라 접근성 측면에서도 중요하다.

```
<button type="button">Click me!</button>
```

리액트를 이용할 때 submit 형식으로 서버에 양식을 제출하기보다는 button 형식의 버튼과 상호 작용을 더 많이 할 가능성이 높다. 프록시 컴포넌트를 구현해 이런 상황을 처리할 수 있다. 프록시 컴포넌트는 HTML 요소를 흉내 내며, 몇 가지 프로퍼티를 미리 설정한다.

```
function Button(props) {
  return <button type="button" {...props} />;
}
```

Button의 프로퍼티는 HTML button과 같으며, 이 속성을 HTML 요소로 펼치는 기법을 사용한다. 속성을 HTML 요소로 펼치는 기법은 어떤 프로퍼티를 설정할지 미리 알지 못하는 상황에서도 특정 요소에 있는 모든 HTML 프로퍼티를 설정할 수 있는 좋은 기능이다. 하지만 어떻게 형식을 정의해야 할까?

JSX에서 사용할 수 있는 모든 HTML 요소는 JSX 네임스페이스의 내부 요소로 정의한다. 리액트를 로드하면 JSX 네임스페이스가 파일에 전역 네임스페이스로 나타나고 인덱스로 모든 엘리먼트에 접근할 수 있다. 따라서 JSX.IntrinsicElements는 Button의 프로퍼티 형식을 정의한다.

> 노트  JSX.IntrinsicElements의 대안으로 클래스와 함수 컴포넌트를 포함하는 리액트 패키지 내의 제네릭
> 형식 React.ElementType이 있다. 프록시 컴포넌트라면 JSX.IntrinsicElements로 충분하며, 컴포넌트가 프
> 리액트(유사 리액트 프레임워크)와도 호환된다는 장점을 덤으로 얻는다.

JSX.IntrinsicElements는 전역 JSX 네임스페이스에 존재하는 형식이다. 이 네임스페이스를 유효범위$^{scope}$에 포함한 다음 타입스크립트에서 JSX 기반 프레임워크와 호환되는 기본 요소를 선택할 수 있다.

```
type ButtonProps = JSX.IntrinsicElements["button"];

function Button(props: ButtonProps) {
  return <button type="button" {...props} />;
}
```

이때 자식들도 함께 펼친다! 예제에서는 버튼의 형식을 button으로 설정했다. 프롭스$^{props}$는 자바스크립트 객체일 뿐이므로 프로퍼티로 설정하여 type을 오버라이드한다. 같은 이름의 키가

두 개 정의되면 나중에 정의한 키가 승리한다. 상황에 따라 이는 바람직한 동작일 수 있지만, 때로는 나를 포함한 누군가가 type을 재정의하지 못하도록 해야 할 수 있다. JSX button에서 모든 프로퍼티를 가져오면서 재정의하지 말아야 할 키는 Omit<T, K> 헬퍼 형식으로 삭제한다.

```
type ButtonProps = Omit<JSX.IntrinsicElements["button"], "type">;

function Button(props: ButtonProps) {
  return <button type="button" {...props} />;
}

const aButton = <Button type="button">Hi</Button>;
//                       ^
// '{ children: string; type: string; }' 형식은 'IntrinsicAttributes
// & ButtonProps' 형식에 할당할 수 없습니다.
// IntrinsicAttributes & ButtonProps' 형식에 'type' 속성이
// 없습니다.ts(2322)
```

submit할 type이 필요하면 다른 프록시 컴포넌트를 만든다.

```
type SubmitButtonProps = Omit<JSX.IntrinsicElements["button"], "type">;

function SubmitButton(props: SubmitButtonProps) {
  return <button type="submit" {...props} />;
}
```

더 많은 프로퍼티를 미리 설정하고 싶다면 프로퍼티 생략 기능을 확장한다. 디자인 시스템을 고수하면서 클래스 이름을 임의로 설정하고 싶지 않을 수도 있다.

```
type StyledButton = Omit<
  JSX.IntrinsicElements["button"],
  "type" | "className" | "style"
> & {
  type: "primary" | "secondary";
};

function StyledButton({ type, ...allProps }: StyledButton) {
  return <Button type="button" className={`btn-${type}`} {...allProps}/>;
}
```

이렇게 하면 type 프로퍼티명을 재사용할 수 있다.

형식 정의에서 몇 가지 프롭스를 삭제하고 적절한 기본값을 미리 설정했다. 이제 사용자가 이 미지의 alt와 src 등의 속성 설정을 잊지 않도록 해야 한다.

선택형 플래그를 제거하는 MakeRequired 헬퍼 형식을 만든다.

```
type MakeRequired<T, K extends keyof T> = Omit<T, K> & Required<Pick<T, K>;
```

이제 프롭스를 만들어 보자.

```
type ImgProps
  = MakeRequired<
    JSX.IntrinsicElements["img"],
    "alt" | "src"
  >;

export function Img(props: ImgProps) {
  return <img {...props} />;
}

const anImage = <Img />;
//                    ^
// '{}' 형식에
// 'Required<Pick<DetailedHTMLProps<ImgHTMLAttributes<HTMLImageElement>
// , HTMLImageElement>, "alt" | "src">>' 형식의 alt, src 속성이
// 없습니다.ts(2739)
```

기존 내부 요소와 프록시 컴포넌트를 조금만 바꾸면 코드의 견고성과 접근성을 높이고 오류 발생을 줄일 수 있다.

# 10.2 제어 컴포넌트 구현하기

**문제** 입력input과 같은 양식form 요소의 상태를 브라우저와 리액트 중 어디에서 관리할지 결정해야 하므로 상황이 복잡해진다.

**해결** 런타임에 비제어uncontrolled에서 제어controlled로 전환되지 않도록 구별된 유니온과 선택형 never 기법을 사용하는 프록시 컴포넌트를 구현한다.

**논의** 리액트는 폼 요소를 **제어되는 컴포넌트**controlled component와 **비제어 컴포넌트**uncontrolled component로 구분한다. input, textarea, select 같은 일반 폼 요소를 사용할 때는 HTML 요소가 자체적으로 상태를 제어한다는 점을 기억하자. 반면, 리액트에서는 요소의 상태도 **리액트에서** 정의한다.

value 속성을 설정하면 리액트는 요소의 값도 리액트의 상태 관리에 따라 제어된다고 가정하므로, 요소 상태를 관리할 때 반드시 useSate와 관련 세터 함수를 사용해야 한다.

두 가지 방법으로 이를 처리할 수 있다. 첫째, value 대신 defaultValue를 프로퍼티로 선택한다. 이렇게 하면 첫 번째 렌더링에서만 입력 value를 설정하고 이후에는 모든 처리를 브라우저에 맡긴다.

```
function Input({
  value = "", ...allProps
}: Props) {
  return (
    <input
      defaultValue={value}
      {...allProps}
    />
  );
}
```

또는 리액트의 상태 관리 기능으로 value를 내부적으로 관리할 수 있다. 보통은 원래 입력 요소의 프로퍼티를 자체 형식과 인터섹션 하기만 해도 충분하다. 예제에서는 내부 요소의 value를 삭제하고 필수 string으로 추가한다.

```
type ControlledProps =
  Omit<JSX.IntrinsicElements["input"], "value"> & {
    value: string;
  };
```

그런 다음 input 요소를 프록시 컴포넌트로 감싼다. 프록시 컴포넌트 내부에 상태를 유지하는 일은 피해야 하며, 그 대신 외부에서 useState를 사용해 관리한다. 또한 원래 입력 프롭스에서 전달한 onChange 핸들러를 전달한다.

```
function Input({
  value = "", onChange, ...allProps
}: ControlledProps) {
  return (
    <input
      value={value}
      {...allProps}
      onChange={onChange}
    />
  );
}

function AComponentUsingInput() {
  const [val, setVal] = useState("");
  return <Input
    value={val}
    onChange={(e) => {
      setVal(e.target.value);
    }}
  />
}
```

리액트는 런타임에 비제어에서 제어로 전환할 때 흥미로운 경고를 표시한다.

컴포넌트가 제어되지 않는 입력을 제어되도록 바꾸고 있습니다. 이는 정의되지 않은 값이 정의된 값으로 변경되어 발생했을 가능성이 높으며, 이런 일은 일어나지 말아야 합니다. 컴포넌트의 수명 주기 동안 제어되는 입력 요소와 제어되지 않는 입력 요소 중 어느 쪽을 사용할지 결정해주세요.

컴파일 시 정의된 문자열 value를 제공하거나 defaultValue를 둘 중 하나(둘 다 제공하면 안 됨)를 제공하면 이 경고를 방지할 수 있다. 이 문제는 구별된 유니온 형식과 선택형 never 기법을 사용하고(3.8절 참고), 8.1절의 OnlyRequired 헬퍼 형식으로 JSX. IntrinsicElements["input"]에서 사용할 수 있는 프로퍼티를 도출하여 해결할 수 있다.

```
import React, { useState } from "react";

// 몇몇 프로퍼티를 필수로 설정하는 헬퍼 형식
type OnlyRequired<T, K extends keyof T = keyof T> = Required<Pick<T, K>> &
  Partial<Omit<T, K>>;

// 분기 1: "value", "onChange"를 필수로 설정하고, `defaultValue` 제거
type ControlledProps = OnlyRequired<
  JSX.IntrinsicElements["input"],
  "value" | "onChange"
> & {
  defaultValue?: never;
};

// 분기 2: `value`, `onChange`를 제거하고, `defaultValue`를 필수로 설정
type UncontrolledProps = Omit<
  JSX.IntrinsicElements["input"],
  "value" | "onChange"
> & {
  defaultValue: string;
  value?: never;
  onChange?: never;
};

type InputProps = ControlledProps | UncontrolledProps;

function Input({ ...allProps }: InputProps) {
  return <input {...allProps} />;
}

function Controlled() {
  const [val, setVal] = useState("");
  return <Input value={val} onChange={(e) => setVal(e.target.value)} />;
}

function Uncontrolled() {
```

```
  return <Input defaultValue="Hello" />;
}
```

그 외의 모든 경우에 형식 시스템은 선택형 value를 사용하거나 defaultValue를 사용하여 값을 제어하려고 시도하는 동작을 금지한다.

## 10.3 사용자 정의 훅 형식 정의하기

**문제** 사용자 정의 훅<sup>hook</sup>을 정의하고 적절한 형식을 얻으려 한다.

**해결** 튜플 형식이나 const 컨텍스트를 사용한다.

**논의** 리액트에서 사용자 정의 훅을 만들고 평범한 리액트 훅처럼 명명 규칙(비구조화할 수 있는 배열이나 튜플을 반환하는 규칙)을 준수한다. 예를 들어, 다음 useState를 살펴보자.

```
const [state, setState] = useState(0);
```

배열을 사용하는 이유는 무엇일까? 배열의 필드에는 이름이 없고 사용자가 직접 이름을 설정할 수 있기 때문이다.

```
const [count, setCount] = useState(0);
const [darkMode, setDarkMode] = useState(true);
```

따라서 비슷한 패턴이 있다면 당연히 배열을 반환할 것이다. 다음은 사용자 정의 토글 훅 코드다.

```
export const useToggle = (initialValue: boolean) => {
  const [value, setValue] = useState(initialValue);
  const toggleValue = () => setValue(!value);
  return [value, toggleValue];
}
```

평범하다. 제네릭 매개변수의 형식만 설정하면 된다. 시도해보자.

```
export const Body = () => {
  const [isVisible, toggleVisible] = useToggle(false)
  return (
    <>
      <button onClick={toggleVisible}></button>
    { /* Error. See below */ }
      {isVisible && <div>World</div>}>}
    </>
  )
}
// 'boolean | (() => void)' 형식은
// 'MouseEventHandler<HTMLButtonElement>' 형식에 할당할 수 없습니다.
// 'boolean' 형식은 'MouseEventHandler<HTMLButtonElement>' 형식에 할당할
// 수 없습니다.ts(2322)
```

그렇다면 왜 실패할까? 오류 메시지가 조금 어렵게 느껴질 수 있지만, 그중에서도 주목해야 할 점은 첫 번째 형식인 boolean | (() => void)에 호환성 문제가 발생했다는 사실이다. 이는 수많은 요소를 담을 수 있는 배열을 반환하기 때문에 발생한다. 타입스크립트는 useToggle의 반환값으로 배열 형식을 유추한다. value의 형식은 boolean이고(훌륭하다!), toggleValue 의 형식은 (() => void)(아무것도 반환하지 않을 것으로 예상되는 함수)이므로 타입스크립트는 이 배열이 두 가지 형식 모두 포함할 수 있음을 알려준다.

이 때문에 onClick과의 호환성이 깨진다. onClick은 함수를 기대한다. toggleValue(또는 toggleVisible)는 함수이므로 문제는 없어 보인다. 하지만 타입스크립트에 따르면 Boolean 도 수용한다! 따라서 타입스크립트는 명시적으로 형식을 설정하거나 최소한 형식 검사를 수행 하도록 요구한다.

하지만 추가로 형식 검사를 할 필요는 없다. 코드는 매우 명확하며, 형식이 잘못되었다. 현재 배 열을 다루고 있지 않으므로 튜플을 사용해보자. 배열은 길이가 정해지지 않지만, 튜플에는 정확 히 몇 개의 값이 있는지 정해진다. 일반적으로 튜플에 포함된 각 요소의 형식도 알 수 있다.

따라서 useToggle에서 배열이 아니라 튜플을 반환한다. 자바스크립트에서 배열과 튜플을 서 로 구별할 수 없다는 문제가 발생한다. 타입스크립트의 형식 시스템은 둘을 구별할 수 있다.

첫 번째 방법은 반환 형식을 의도적으로 설정하는 것이다. 타입스크립트는 정확하게 배열을 추 론하므로, 타입스크립트에 배열이 아닌 튜플을 기대한다고 알려줘야 한다.

```
// 여기에 반환 형식 추가
export const useToggle = (initialValue: boolean): [boolean, () => void] => {
  const [value, setValue] = useState(initialValue);
  const toggleValue = () => setValue(!value);
  return [value, toggleValue];
};
```

[boolean, () => void]를 반환 형식으로 사용했으므로 타입스크립트는 이 함수가 튜플을 반환하는지 확인한다. 타입스크립트는 추론하는 것이 아니라 의도한 반환 형식이 실젯값과 일치하는지 확인한다. 그리고 코드가 더는 오류를 던지지 않는다.

두 번째 방법은 const 컨텍스트를 사용하는 것이다. 튜플을 사용하면 예상되는 요소의 수와 이러한 요소의 형식을 알 수 있다. 이는 const 어서션으로 형식을 고정하는 작업과 비슷하게 들린다.

```
export const useToggle = (initialValue: boolean) => {
  const [value, setValue] = useState(initialValue);
  const toggleValue = () => setValue(!value);
  // 여기서 배열을 튜플로 고정
  return [value, toggleValue] as const;
}
```

이제 반환 유형은 readonly [boolean, () => void]다. as const는 값을 변경할 수 없는 상수가 되도록 보장하기 때문이다. 이 형식은 의미상으론 조금 다르지만, 실제로 useToggle 외부에서는 반환하는 값을 변경할 수 없다. 따라서 readonly가 조금 더 정확하다.

# 10.4 제네릭 forwardRef 컴포넌트 형식화하기

**문제** 컴포넌트에 forwardRef를 사용하는데, 이를 제네릭으로 만들어야 한다.

**해결** 다양한 방법으로 이 문제를 해결할 수 있다.

**논의** 리액트로 컴포넌트 라이브러리와 디자인 시스템을 만든다면, 컴포넌트 내부의 DOM 요소를 가리키는 포워드 ref가 이미 존재할 수 있다.

기본 컴포넌트나 잎<sup>leaf</sup>을 **프록시 컴포넌트**로 감쌀 때(10.1 참고) 특히 유용하지만, 기존 방식대로 ref 프로퍼티를 사용하고 싶다.:

```
const Button = React.forwardRef((props, ref) => (
  <button type="button" {...props} ref={ref}>
    {props.children}
  </button>
));

// 사용 방법: 일반 버튼처럼 프록시를 사용할 수 있다!
const reference = React.createRef();
<Button className="primary" ref={reference}>Hello</Button>
```

React.forwardRef의 형식을 아주 쉽게 제공할 수 있다. @types/react에서 제공하는 형식에는 React.forwardRef를 호출할 때 설정할 수 있는 제네릭 형식 변수를 포함한다. 이런 상황에서는 형식에 명시적으로 애너테이션을 추가한다.

```
type ButtonProps = JSX.IntrinsicElements["button"];

const Button = React.forwardRef<HTMLButtonElement, ButtonProps>(
  (props, ref) => (
    <button type="button" {...props} ref={ref}>
      {props.children}
    </button>
  )
);

// 사용법
const reference = React.createRef<HTMLButtonElement>();
<Button className="primary" ref={reference}>Hello</Button>
```

지금까지는 좋다. 하지만 제네릭 프로퍼티를 허용하는 컴포넌트가 있다면 상황이 조금 복잡해진다. 다음 컴포넌트는 button 요소로 각 행을 선택할 수 있도록 목록 항목의 목록을 생성한다.

```
type ClickableListProps<T> = {
  items: T[];
  onSelect: (item: T) => void;
};
```

```
function ClickableList<T>(props: ClickableListProps<T>) {
  return (
    <ul>
      {props.items.map((item, idx) => (
        <li>
          <button key={idx} onClick={() => props.onSelect(item)}>
            Choose
          </button>
          {item}
        </li>
      ))}
    </ul>
  );
}

// 사용법
const items = [1, 2, 3, 4];
<ClickableList items={items}
  onSelect={(item) => {
    // item은 number 형식
    console.log(item);
  } } />
```

onSelect 콜백에서 안전한 형식의 item으로 작업할 수 있도록 형식 안전성을 추가하려 한다. 내부 ul 요소를 참조하는 ref를 만들려면 어떻게 해야 할까? ClickableList를 내부 함수 컴포넌트로 바꿔보자. 이 내부 함수는 ForwardRef를 받아 React.forwardRef 함수의 인수로 사용한다.

```
// `ref`로 확장한 원래 컴포넌트
function ClickableListInner<T>(
  props: ClickableListProps<T>,
  ref: React.ForwardedRef<HTMLUListElement>
) {
  return (
    <ul ref={ref}>
      {props.items.map((item, i) => (
        <li key={i}>
          <button onClick={(el) => props.onSelect(item)}>Select</button>
          {item}
        </li>
      ))}
```

```
    </ul>
  );
}

// `React.forwardRef`의 인수로 사용
const ClickableList = React.forwardRef(ClickableListInner)
```

컴파일은 되지만 한 가지 단점이 있다. ClickableListProps에 제네릭 형식 변수를 할당할 수 없다는 점이다. 기본적으로 unknown이 된다. any보다는 좋지만 여전히 성가시다. ClickableList를 사용할 때, 어떤 항목을 전달할지 알 수 있으므로 그것에 맞게 형식을 지정해야 한다! 어떻게 하면 될까? 해결하기 까다로운 문제지만 이를 해결할 몇 가지 방법이 있다.

첫 번째 방법은 원래 함수 시그니처를 복원하는 형식 어서션을 수행하는 것이다.

```
const ClickableList = React.forwardRef(ClickablcListInner) as <T>(
  props: ClickableListProps<T> & { ref?: React.ForwardedRef<HTMLULListElement> }
) => ReturnType<typeof ClickableListInner>;
```

제네릭 forwardRef 컴포넌트가 몇 가지 상황에만 필요할 때는 형식 어서션을 유용하게 사용할 수 있지만, 많은 컴포넌트로 작업할 때는 불편할 수 있다. 또한 기본적인 동작에 안전하지 않은 연산자를 도입하는 문제도 있다.

두 번째 방법은 래퍼 컴포넌트로 사용자 정의 참조를 만드는 것이다. ref는 리액트 컴포넌트용 예약어지만, 사용자 정의 프로퍼티로 동작을 비슷하게 모방할 수 있다. 이 방법도 잘 동작한다.

```
type ClickableListProps<T> = {
  items: T[];
  onSelect: (item: T) => void;
  mRef?: React.Ref<HTMLULListElement> | null;
};

export function ClickableList<T>(
  props: ClickableListProps<T>
) {
  return (
    <ul ref={props.mRef}>
      {props.items.map((item, i) => (
        <li key={i}>
```

```
            <button onClick={(el) => props.onSelect(item)}>Select</button>
            {item}
          </li>
        ))}
      </ul>
    );
  }
```

하지만 결과적으로 새로운 API를 만들었다. 참고로 래퍼 컴포넌트를 사용하면 **내부 컴포넌트**
안에서 forwardRef를 사용하고 사용자 정의 ref 프로퍼티를 외부에 노출할 수 있다.

```
function ClickableListInner<T>(
  props: ClickableListProps<T>,
  ref: React.ForwardedRef<HTMLUListElement>
) {
  return (
    <ul ref={ref}>
      {props.items.map((item, i) => (
        <li key={i}>
          <button onClick={(el) => props.onSelect(item)}>Select</button>
          {item}
        </li>
      ))}
    </ul>
  );
}

const ClickableListWithRef = forwardRef(ClickableListInner);

type ClickableListWithRefProps<T> = ClickableListProps<T> & {
  mRef?: React.Ref<HTMLUListElement>;
};

export function ClickableList<T>({
  mRef,
  ...props
}: ClickableListWithRefProps<T>) {
  return <ClickableListWithRef ref={mRef} {...props} />;
}
```

해당 참조의 전달이 목표라면 두 가지 모두 유효한 솔루션이다. 일관적인 API를 원한다면 다른 방법을 찾을 수 있다.

세 번째이자 마지막 방법은 고유한 형식 정의로 forwardRef를 보강하는 것이다. 타입스크립트에는 자유형 매개변수를 외부 함수로 전파할 수 있는 **고차 함수 형식 인퍼런스**higher-order function type inference(*https://oreil.ly/rVsq9*)라는 기능이 있다.

처음에는 forwardRef에서 원하는 것과 매우 비슷하게 들리지만, 현재 형식에서는 작동하지 않는다. 고차 함수 형식 인퍼런스가 평범한 함수 형식에서만 작동하기 때문이다. forwardRef 내부의 함수 선언은 defaultProps 등의 프로퍼티를 추가한다. 이는 클래스 컴포넌트 시절의 유물이며, 어차피 사용하고 싶지 않은 내용물이다.

따라서 추가 프로퍼티 없이도 고차 함수 형식 인퍼런스를 사용할 수 있어야 한다!

타입스크립트를 사용하므로 전역 module, namespace, interface 선언을 자체적으로 재선언하고 재정의할 수 있다. 선언 합치기는 강력한 도구이므로 이를 사용한다.

```
// forwardRef 재선언
declare module "react" {
  function forwardRef<T, P = {}>(
    render: (props: P, ref: React.Ref<T>) => React.ReactElement ¦ null
  ): (props: P & React.RefAttributes<T>) => React.ReactElement ¦ null;
}


// 기존과 같이 컴포넌트를 구현한다!

type ClickableListProps<T> = {
  items: T[];
  onSelect: (item: T) => void;
};
function ClickableListInner<T>(
  props: ClickableListProps<T>,
  ref: React.ForwardedRef<HTMLUListElement>
) {
  return (
    <ul ref={ref}>
      {props.items.map((item, i) => (
        <li key={i}>
          <button onClick={(el) => props.onSelect(item)}>Select</button>
```

```
        {item}
      </li>
    ))}
  </ul>
 );
}

export const ClickableList = React.forwardRef(ClickableListInner);
```

이 솔루션의 장점은 일반 자바스크립트를 다시 구현하고 형식 수준에서만 작업할 수 있다는 것이다. 또한 재선언은 모듈 범위로 한정되므로 다른 모듈의 **forwardRef** 호출에 영향을 주지 않는다!

# 10.5 컨텍스트 API에 형식 제공하기

**문제** 앱 전역에서 컨텍스트 API를 사용하고 싶지만, 형식 정의를 처리하는 가장 좋은 방법을 모르겠다.

**해결** 컨텍스트에 사용할 기본 프로퍼티를 설정하고 형식을 유추할 수 있게 하거나 컨텍스트 프로퍼티의 일부를 만들고 제네릭 형식 매개변수를 명시적으로 인스턴스화한다. 헬퍼 함수를 만들어 기본값이 없는 상태에서 모든 프로퍼티를 제공하도록 강제한다.

**논의** 리액트의 컨텍스트 API를 사용하면 전역 수준에서 데이터를 공유할 수 있다. 그러려면 두 가지가 필요하다.

## 공급자

공급자는 데이터를 하위 트리로 전달한다.

## 소비자

소비자는 렌더링 프롭스 내에서 전달된 데이터를 **소비하는** 컴포넌트다.

리액트 형식을 사용하면 보통 다른 작업을 하지 않고도 컨텍스트를 사용할 수 있다. 모든 것은 형식 추론과 제네릭으로 구성된다.

먼저 컨텍스트를 만든다. 테마 및 앱 언어 같은 전역 애플리케이션 설정과 전역 상태를 컨텍스트에 저장하려고 한다. 리액트 컨텍스트를 만들 때 기본 프로퍼티를 전달한다.

```
import React from "react";

const AppContext = React.createContext({
  authenticated: true,
  lang: "en",
  theme: "dark",
});
```

이제 형식에 필요한 모든 작업을 마쳤다. authenticated, lang, theme이라는 세 가지 프로퍼티는 boolean과 string 형식이다. 리액트 형식은 사용자가 필요할 때 이 형식 정보를 제공한다.

다음으로 컴포넌트 트리의 상위 컴포넌트(예: 애플리케이션의 루트 컴포넌트)가 컨텍스트를 제공해야 한다. 이 공급자는 설정한 값을 하위의 모든 소비자에게 전달한다.

```
function App() {
  return (
    <AppContext.Provider
      value={{
        authenticated: true,
        lang: "de",
        theme: "light",
      }}
    >
      <Header />
    </AppContext.Provider>
  );
}
```

현재 트리 내의 모든 컴포넌트는 이 컨텍스트를 사용할 수 있다. 프로퍼티를 잊어버리거나 잘못된 형식을 사용하면 형식 오류가 발생한다.

```
function App() {
  // '{ lang: string; }' 형식에 '{ authenticated: boolean; lang: string;
  // theme: string; }' 형식의 authenticated, theme 속성이
  // 없습니다.ts(2739)
    return (
```

```
    <AppContext.Provider
      value={{
        lang: "de",
      }}
    >
      <Header />
    </AppContext.Provider>
  );
}
```

이제 전역 상태를 사용해보자. render 프롭스를 이용해 컨텍스트를 소비할 수 있다. render 프롭스를 필요한 깊이로 비구조화해 처리하려는 프롭스를 얻는다.

```
function Header() {
  return (
    <AppContext.Consumer>
      {({ authenticated }) => {
        if (authenticated) {
          return <h1>Logged in!</h1>;
        }
        return <h1>You need to sign in</h1>;
      }}
    </AppContext.Consumer>
  );
}
```

useContext 훅으로 컨텍스를 사용하는 방법도 있다.

```
function Header() {
  const { authenticated } = useContext(AppContext);
  if (authenticated) {
    return <h1>Logged in!</h1>;
  }
  return <h1>You need to sign in</h1>;
}
```

앞서 올바른 형식으로 프로퍼티를 정의했으므로 이 시점에 authenticated는 불리언 형식이다. 다시 강조하지만, 어떤 작업도 하지 않고 형식 안전성을 추가로 확보했다.

이전 예제 전체는 기본 프로퍼티와 값이 있을 때 가장 잘 동작한다. 기본값이 없거나 설정하려는 프로퍼티를 더 유연하게 조정해야 할 때도 있다.

기본값에서 모든 것을 유추하는 대신, 전체 형식이 아닌 **Partial** 형식으로 제네릭 형식 매개변수에 명시적으로 애너테이션을 추가했다.

컨텍스트의 프로퍼티에 대한 형식을 만든다.

```
type ContextProps = {
  authenticated: boolean;
  lang: string;
  theme: string;
};
```

그리고 새 컨텍스트를 초기화한다.

```
const AppContext = React.createContext<Partial<ContextProps>>({});
```

컨텍스트의 기본 프로퍼티의 의미를 바꾸면 컴포넌트에도 몇 가지 부작용이 생긴다. 이제 모든 값을 제공할 필요 없이 빈 컨텍스트 객체로도 같은 기능을 수행할 수 있다! 모든 프로퍼티는 선택 사항이다.

```
function App() {
  return (
    <AppContext.Provider
      value={{
        authenticated: true,
      }}
    >
      <Header />
    </AppContext.Provider>
  );
}
```

이는 또한 모든 프로퍼티가 정의되었는지 확인해야 함을 의미한다. 이렇게 해도 boolean 값에 의존하는 코드는 변경되지 않지만, 다른 모든 프로퍼티는 undefined를 다시 확인해야 한다.

```
function Header() {
  const { authenticated, lang } = useContext(AppContext);
  if (authenticated && lang) {
    return <>
      <h1>Logged in!</h1>
      <p>Your language setting is set to {lang}</p>
    </> ;
  }
  return <h1>You need to sign in (or don't you have a language setting?)</h1>;
}
```

기본값을 제공할 수 없고 컨텍스트 제공자가 모든 프로퍼티를 공급하도록 하려면 헬퍼 함수를 사용한다. 여기서는 명시적으로 제네릭 인스턴스화해 형식을 제공하되, 컨텍스트를 사용할 때 정의되지 않은 모든 값이 올바르게 설정되도록 적절한 형식 가드를 제공한다.

```
function createContext<Props extends {}>() { ❶
  const ctx = React.createContext<Props | undefined>(undefined); ❷
  function useInnerCtx() { ❸
    const c = useContext(ctx);
    if (c === undefined) ❹
      throw new Error("Context must be consumed within a Provider");
    return c; ❺
  }
  return [useInnerCtx, ctx.Provider as React.Provider<Props>] as const; ❻
}
```

createContext에서 무슨 일이 일어나는 걸까?

❶ 함수 인수는 없고 제네릭 형식 매개변수만 포함하는 함수를 만든다. 함수 매개변수와 연결이 없으면 추론을 통해 Props를 인스턴스화할 수 없다. 즉, createContext로 적절한 형식을 제공하려면 이를 명시적으로 인스턴스화해야 한다.

❷ Props나 undefined를 허용하는 컨텍스트를 만든다. 형식에 undefined를 추가하면 undefined 값으로 전달할 수 있다. 기본값은 없다!

❸ createContext 내에서 사용자 정의 훅을 만든다. 이 훅은 새로 생성된 컨텍스트 ctx로 useContext를 감싼다.

❹ 그런 다음 형식 가드를 수행하여 반환된 Props에 undefined가 포함되는지 확인한다. createContext를 호출할 때 제네릭 형식 매개변수를 Props | undefined로 인스턴스화한다는 점을 기억하자. 이 줄은 유니온 형식에서 undefined를 다시 제거한다.

❺ 즉, 여기서 c는 Props이다.

❻ ctx.Provider가 undefined 값을 취하지 않는다고 가정한다. as const로 호출하여 [useInnerContext, ctx.Provider]를 튜플 형식으로 반환한다.

React.createContext와 비슷한 createContext를 사용한다.

```
const [useAppContext, AppContextProvider] = createContext<ContextProps>();
```

AppContextProvider를 사용할 때는 모든 값을 제공해야 한다.

```
function App() {
  return (
    <AppContextProvider
      value={{ lang: "en", theme: "dark", authenticated: true }}
    >
      <Hcader />
    </AppContextProvider>
  );
}

function Header() {
  // consuming Context doesn't change much
  const { authenticated } = useAppContext();
  if (authenticated) {
    return <h1>Logged in!</h1>;
  }
  return <h1>You need to sign in</h1>;
}
```

상황에 따라 다르지만, 너무 큰 오버헤드 없이 정확한 형식을 사용할 수 있다.

## 10.6 고차 컴포넌트 형식화하기

**문제** 다른 컴포넌트의 몇 가지 프로퍼티를 미리 설정할 수 있도록 고차[higher-order] 컴포넌트를 구현 중인데, 형식을 어떻게 정의해야 할지 모르겠다.

**해결** @types/react의 React.ComponentType<P> 형식을 이용해 설정된 속성을 확장하는 컴포넌트를 정의한다.

**논의** 리액트는 함수형 프로그래밍의 영향을 받았는데, 이는 컴포넌트 설계(함수), 조립(컴포지션), 갱신(무상태[stateless], 단방향 데이터 흐름) 방식에서 확인할 수 있다. 리액트 개발에 함수형 프로그래밍 기법과 패러다임을 도입하는 데는 그리 오랜 시간이 걸리지 않았다. 그중 두드러진 기법은 **고차 함수**에서 영감을 얻은 고차 컴포넌트다.

고차 함수는 하나 이상의 매개변수를 받아 새로운 함수를 반환한다. 예를 들어 7장의 모든 커링 기법에서처럼 특정한 다른 매개변수를 미리 채우는 데 이런 매개변수를 사용하기도 한다. 고차 컴포넌트도 비슷하다. 고차 컴포넌트는 하나 이상의 컴포넌트를 받아 다른 컴포넌트를 반환한다. 일반적으로 받은 컴포넌트를 이용해 나중에 바꿀 필요가 없는 프로퍼티를 미리 채운다.

title과 content를 문자열로 사용하는 범용 Card 컴포넌트를 생각해보자.

```typescript
type CardProps = {
  title: string;
  content: string;
};

function Card({ title, content }: CardProps) {
  return (
    <>
      <h2>{title}</h2>
      <div>{content}</div>
    </>
  );
}
```

이 카드를 사용하여 경고나 정보 풍선, 오류 메시지와 같은 이벤트를 표시할 수 있다. 가장 간단한 정보 카드의 제목은 "Info"다.

```
<Card title="Info" content="Your task has been processed" />;
```

문자열 중 특정 하위 집합만 title에 허용하도록 Card의 프로퍼티를 하위 집합화할 수도 있지만, 가능하다면 Card를 재사용할 수 있기를 원한다. 미리 title을 "Info"로 설정해 놓은 상태로 다른 프로퍼티만 설정할 수 있도록 새 컴포넌트를 만든다.

```
const Info = withInjectedProps({ title: "Info" }, Card);

// 동작함
<Info content="Your task has been processed" />;

// 오류 발생함
<Info content="Your task has been processed" title="Warning" />;
```

즉, 프로퍼티 하위 집합을 **주입**하고 나머지 프로퍼티를 새로 만든 컴포넌트로 설정한다. withInjectedProps 함수를 쉽게 구현할 수 있다.

```
function withInjectedProps(injected, Component) {
  return function (props) {
    const newProps = { ...injected, ...props };
    return <Component {...newProps} />;
  };
}
```

이 함수는 injected 프로퍼티와 Component를 매개변수로 받고, 나머지 프롭스를 매개변수로 받는 새 함수 컴포넌트를 반환하며, 합쳐진 프로퍼티로 원본 컴포넌트를 인스턴스화한다.

그렇다면 withInjectedProps의 형식은 어떻게 정할까? 결과를 보고 그 안에 무엇이 있는지 살펴보자.

```
function withInjectedProps<T extends {}, U extends T>( ❶
  injected: T,
  Component: React.ComponentType<U> ❷
) {
  return function (props: Omit<U, keyof T>) { ❸
    const newProps = { ...injected, ...props } as U; ❹
    return <Component {...newProps} />;
```

```
  };
}
```

다음과 같은 일이 일어난다.

❶ 두 개의 제네릭 형식 매개변수를 정의한다. T는 이미 주입한 프로퍼티이며 {}에서 확장되어 객체만 전달하도록 한다. U는 Component의 모든 프롭스의 제네릭 형식 매개변수다. U는 T를 **확장**하므로 T의 하위 집합이다. 즉, U에는 T보다 더 많은 프로퍼티가 있지만, T가 정의한 모든 것을 포함해야 한다.

❷ Component를 React.ComponentType<U> 형식으로 정의한다. Component는 클래스 컴포넌트뿐만 아니라 함수 컴포넌트도 포함하며, 프롭스는 U로 설정될 것이라는 의미다. T와 U의 관계와 withInjectedProps의 매개변수를 정의한 방식 덕분에 Component에 전달할 모든 것은 injected와 Component의 프로퍼티 하위 집합을 정의하도록 강제한다. 오타가 있으면 곧바로 오류 메시지가 나타난다!

❸ 반환될 함수 컴포넌트는 나머지 프로퍼티를 취한다. Omit<U, keyof T>를 사용해 미리 채워진 속성을 다시 설정하지 못하도록 한다.

❹ T와 Omit<U, keyof T>을 합치면 다시 U가 되지만, 제네릭 형식 매개변수는 언제든 다른 형식으로 인스턴스화할 수 있으므로 Component와 호환되지 않을 수 있다. 형식 어서션은 프로퍼티가 실제로 우리가 원하는 것이 맞는지 확인하는 데 도움을 준다.

드디어 완성했다! 이러한 새로운 형식을 사용해 적절한 자동 완성 기능 및 오류를 얻을 수 있다.

```
const Info = withInjectedProps({ title: "Info" }, Card);

<Info content="Your task has been processed" />;
<Info content="Your task has been processed" title="Warning" />;
//                                                    ^
// '{ content: string; }' 형식은 'IntrinsicAttributes & Omit<{ title:
// string; }, "title">' 형식에 할당할 수 없습니다.
// 'IntrinsicAttributes & Omit<{ title: string; }, "title">' 형식에
// 'content' 속성이 없습니다.ts(2322)
```

withInjectedProps는 매우 유연하여 다양한 상황에 맞는 고차 컴포넌트를 만드는 고차 함수(예제에서는 string 형식의 title 속성을 미리 채우는 withTitle)를 파생할 수 있다.

```
function withTitle<U extends { title: string }>(
  title: string,
  Component: React.ComponentType<U>
) {
```

```
    return withInjectedProps({ title }, Component);
  }
```

함수형 프로그래밍의 가능성은 무궁무진하다.

## 10.7 리액트의 합성 이벤트 시스템에서 콜백 형식화하기

**문제** 리액트의 모든 브라우저 이벤트에 사용할 아주 좋은 형식을 얻고 이를 활용해 형식 시스템이 콜백을 호환 가능한 요소로 제한하도록 하려 한다.

**해결** @types/react의 이벤트 형식을 사용하고 제네릭 형식 매개변수로 컴포넌트를 특화한다.

**논의** 웹 애플리케이션은 사용사 상호 작용으로 살아 움직인다. 모든 사용자 상호 작용은 이벤트를 일으킨다. 이벤트는 핵심이며, 타입스크립트의 리액트 형식은 이벤트를 훌륭하게 지원하지만, lib.dom.d.ts의 네이티브 이벤트를 사용해서는 안 된다. 그러면 리액트가 오류를 발생시킨다.

```
type WithChildren<T = {}> = T & { children?: React.ReactNode };

type ButtonProps = {
  onClick: (event: MouseEvent) => void;
} & WithChildren;

function Button({ onClick, children }: ButtonProps) {
  return <button onClick={onClick}>{children}</button>;
//                ^
// '(event: MouseEvent) => void' 형식은
// 'MouseEventHandler<HTMLButtonElement>' 형식에 할당할 수 없습니다.
// 'event' 및 'event' 매개변수의 형식이 호환되지 않습니다.
// 'MouseEvent<HTMLButtonElement, MouseEvent>' 형식에 'MouseEvent' 형식의
// offsetX, offsetY, x, y 외 14개 속성이 없습니다.ts(2322)
}
```

리액트는 **합성 이벤트**synthetic event라는 자체 이벤트 시스템을 사용한다. 합성 이벤트는 브라우저의 네이티브 이벤트를 둘러싼 브라우저 간 래퍼로, 네이티브 이벤트와 인터페이스는 같지만 호환성을 제공하도록 만들어졌다. **@types/react**의 형식을 사용하면 콜백 호환성 오류가 사라진다.

```
import React from "react";

type WithChildren<T = {}> = T & { children?: React.ReactNode };

type ButtonProps = {
  onClick: (event: React.MouseEvent) => void;
} & WithChildren;

function Button({ onClick, children }: ButtonProps) {
  return <button onClick={onClick}>{children}</button>;
}
```

브라우저의 MouseEvent와 React.MouseEvent는 타입스크립트의 **구조적** 형식 시스템 입장에서 서로 다르며, 이는 합성 객체에 누락된 프로퍼티가 있음을 의미한다. 앞의 오류 메시지에서 볼 수 있듯이, 원래 MouseEvent에는 React.MouseEvent보다 18개의 프로퍼티가 더 있으며, 그중 일부는 좌표나 오프셋과 같이 캔버스에 그림을 그릴 때 유용한 중요 프로퍼티다.

nativeEvent 프로퍼티를 이용해 원래 이벤트의 프로퍼티에 접근할 수 있다.

```
function handleClick(event: React.MouseEvent) {
  console.log(event.nativeEvent.offsetX, event.nativeEvent.offsetY);
}

const btn = <Button onClick={handleClick}>Hello</Button>};
```

지원되는 이벤트는 다음과 같다. AnimationEvent, ChangeEvent, ClipboardEvent, CompositionEvent, DragEvent, FocusEvent, FormEvent, KeyboardEvent, MouseEvent, PointerEvent, TouchEvent, TransitionEvent, WheelEvent, 기타 모든 이벤트의 SyntheticEvent다.

지금까지 적절한 형식을 적용해 컴파일러 오류가 없는지 확인했다. 충분히 쉬운 작업이다. 하지만 타입스크립트를 이용해 컴파일러가 불평하지 않도록 형식을 적용하면, 문제가 될 만한 상황을 방지할 수 있다.

버튼이나 링크(a 요소)를 생각해보자. 이들 요소는 클릭 유도가 목적이다. 하지만 브라우저에서는 모든 요소에서 클릭 이벤트를 수신할 수 있다. 모든 요소 중 의미론적 의미가 가장 적은 요소(한마디로 클릭을 한다는 게 말이 되지 않는 요소)인 div 요소에 onClick을 추가하지 못하도록 막는 것은 아무것도 없으며, 많은 속성을 추가하지 않는 한 어떤 보조 기술도 div가 MouseEvent를 수신할 수 있음을 알려주지 않는다.

동료(그리고 나 자신)가 **잘못된** 엘리먼트에 정의된 이벤트 핸들러를 사용하지 못하게 할 수 있다면 좋지 않을까? React.MouseEvent는 호환 가능한 엘리먼트를 첫 번째 형식으로 취하는 제네릭 형식이다. 보통 이 형식은 브라우저 모든 엘리먼트의 기본 형식인 Element로 설정한다. 하지만 이 제네릭 매개변수를 하위 형식화하여 호환 가능한 요소를 포함하는 작은 집합을 정의할 수 있다.

```
type WithChildren<T = {}> = T & { children?: React.ReactNode };

// 버튼은 HTMLButtonElement로 매핑된다.
type ButtonProps = {
  onClick: (event: React.MouseEvent<HTMLButtonElement>) => void;
} & WithChildren;

function Button({ onClick, children }: ButtonProps) {
  return <button onClick={onClick}>{children}</button>;
}

// handleClick은 HTMLButtonElement나 HTMLAnchorElement로부터 이벤트를
// 받는다.
function handleClick(
  event: React.MouseEvent<HTMLButtonElement | HTMLAnchorElement>
) {
  console.log(event.currentTarget.tagName);
}

let button = <Button onClick={handleClick}>Works</Button>;
let link = <a href="/" onClick={handleClick}>Works</a>;

let broken = <div onClick={handleClick}>Does not work</div>;
//                  ^
// '(event: MouseEvent<HTMLButtonElement | HTMLAnchorElement,
// MouseEvent>) => void' 형식은 'MouseEventHandler<HTMLDivElement>'
// 형식에 할당할 수 없습니다.
```

```
// 'event' 및 'event' 매개변수의 형식이 호환되지 않습니다.
// 'MouseEvent<HTMLDivElement, MouseEvent>' 형식은
// 'MouseEvent<HTMLButtonElement | HTMLAnchorElement, MouseEvent>'
// 형식에 할당할 수 없습니다.
// 'HTMLDivElement' 형식은 'HTMLButtonElement | HTMLAnchorElement' 형식에
// 할당할 수 없습니다.
// 'HTMLDivElement' 형식에 'HTMLAnchorElement' 형식의 charset, coords,
// download, hreflang 외 21개 속성이 없습니다.ts(2322)
```

리액트 형식은 일부 영역에서는 더 많은 유연성을 제공하지만, 어떤 영역의 기능은 부족하다. 예를 들어, @types/react는 브라우저 네이티브 InputEvent를 지원하지 않는다. 합성 이벤트 시스템은 브라우저 간 솔루션이므로, 리액트와 호환되는 브라우저 중 일부는 여전히 InputEvent 구현이 없는 상태. 브라우저가 이를 제대로 지원할 때까지는 기본 이벤트인 SyntheticEvent를 사용하는 편이 안전하다.

```
function onInput(event: React.SyntheticEvent) {
  event.preventDefault();
  // 필요한 작업 수행
}

const inp = <input type="text" onInput={onInput} />;
```

이제 **약간의** 형식 안전성을 보장한다.


## 10.8 다형성 컴포넌트 형식화하기

**문제** 다양한 HTML 요소 중 하나로 동작하는 프록시 컴포넌트(10.1절 참조)를 만드는데, 올바른 형식을 정의하기가 어렵다.

**해결** 전달된 프로퍼티를 any로 어서션하거나 직접 JSX 팩토리 React.createElement를 사용한다.

**논의** 리액트에서는 보통 미리 동작이 정의되며 다양한 요소로 사용할 수 있는 다형적(또는 as) 컴포넌트를 정의한다. 웹사이트로 연결하는 링크나 실제 HTML 버튼이 될 수 있는 콜투액

션<sup>call-to-action</sup>(CTA) 버튼을 생각해보자. 버튼과 비슷하게 스타일을 지정하고 비슷하게 동작해야 하는데, 컨텍스트에 따라 적합한 HTML 요소가 있어야 올바르게 동작할 수 있다.

> **노트** 올바른 요소 선택은 중요한 접근성 요소다. a와 button 요소는 사용자가 클릭할 수 있음을 나타내지만, a와 button의 의미는 근본적으로 다르다. a는 앵커<sup>anchor</sup>의 줄임말이며 목적지를 가리키는 참조(href)가 있어야 한다. button은 클릭할 수 있으며 동작은 보통 자바스크립트로 구현한다. 두 요소가 비슷하게 보이더라도 작동 방식은 다르다. 또한 스크린 리더와 같은 보조 기술을 사용하여 다르게 표시된다. 사용자를 고려해 목적에 맞는 요소를 선택해야 한다.

컴포넌트에 요소 형식을 선택하는 **as** 프로퍼티가 있다고 가정해보자. **as**의 요소 형식에 따라 그에 맞는 프로퍼티를 전달할 수 있다. 물론 이 패턴을 10.1절에서 본 모든 것과 결합할 수 있다.

```
<Cta as="a" href="https://typescript-cookbook.com">
  Hey hey
</Cta>


<Cta as="button" type="button" onClick={(e) => { /* do something */ }}>
  My my
</Cta>
```

타입스크립트에서 올바른 프로퍼티에는 자동 완성 기능을 제공하고, 잘못된 프로퍼티를 사용했을 때는 오류가 발생해야 한다. 예를 들어 타입스크립트에서 **button**에 **href**를 추가하면 물결선이 나타나야 한다.

```
// '{ children: string; as: "button"; type: "button"; href: string; }'
// 형식은 'IntrinsicAttributes & { as: "button"; } &
// ClassAttributes<HTMLButtonElement> &
// ButtonHTMLAttributes<HTMLButtonElement> & { ...; }' 형식에 할당할 수
// 없습니다.
// ... 형식에 'href' 속성이 없습니다 ... .ts(2322)
//                          v
<Cta as="button" type="button" href="" ref={(el) => el?.id}>
  My my
</Cta>
```

**Cta** 형식을 살펴보자. 먼저 형식이 없는 컴포넌트를 구현한다. 간단하게 자바스크립트로 함수를 구현할 수 있다.

```
function Cta({ as: Component, ...props }) {
  return <Component {...props} />;
}
```

as를 프롭스에서 추출해 이름을 Component로 바꾼다. 자바스크립트의 비구조화 기법은 타입스크립트의 애너테이션과 문법적으로 비슷하지만, 객체 자체(형식 애너테이션 필요)가 아니라 비구조화된 프로퍼티에서 동작한다는 점이 다르다. JSX로 인스턴스화할 수 있도록 대문자로 컴포넌트로 이름을 바꾼다. ...props에 나머지 프로퍼티를 수집했다가 컴포넌트를 만들 때 펼친다. ...props를 사용하여 자식을 펼칠 수도 있다(JSX의 작은 부작용임).

Cta의 형식 정의에 필요한 형식을 만든다. 10.1절에서 본 것과 비슷하게 "a"나 "button" 요소에 동작하며 JSX.IntrinsicElements의 나머지 프롭스를 취하는 CtaProps라는 형식을 만든다.

```
type CtaElements = "a" | "button";

type CtaProps<T extends CtaElements> = {
  as: T;
} & JSX.IntrinsicElements[T];
```

Cta에 형식을 사용해보면 몇 가지 애너테이션을 추가해 함수 시그니처가 아주 잘 작동함을 알 수 있다. 하지만 컴포넌트를 인스턴스화할 때 문제가 얼마나 심각한지 알려주는 상당히 정교한 오류가 발생한다.

```
function Cta<T extends CtaElements>({
  as: Component,
  ...props
}: CtaProps<T>) {
  return <Component {...props} />;
//          ^
// 'Omit<CtaProps<T>, "as">' 형식은 'IntrinsicAttributes &
// LibraryManagedAttributes<T, ClassAttributes<HTMLAnchorElement> &
// AnchorHTMLAttributes<HTMLAnchorElement> & ClassAttributes<...> &
// ButtonHTMLAttributes<...>>' 형식에 할당할 수 없습니다.
// 'Omit<CtaProps<T>, "as">' 형식은 'LibraryManagedAttributes<T,
// ClassAttributes<HTMLAnchorElement> &
// AnchorHTMLAttributes<HTMLAnchorElement> & ClassAttributes<...> &
// ButtonHTMLAttributes<...>>' 형식에 할당할 수 없습니다.ts(2322)
}
```

이 메시지는 어디서 발생했을까? 타입스크립트가 JSX에서 올바르게 작동하려면 JSX라는 전역 네임스페이스에 있는 형식 정의를 사용해야 한다. 이 네임스페이스가 범위 내에 있으면 타입스크립트는 컴포넌트가 아닌 어떤 요소를 인스턴스화할 수 있는지, 어떤 속성을 허용할 수 있는지 알 수 있다. 이 예제와 10.1절에서 사용하는 JSX.IntrinsicElements가 바로 이를 제공한다.

또한 LibraryManagedAttributes 형식을 정의해야 한다. 프레임워크 자체에서 정의한 속성 (예: key)이나 defaultProps 등으로 정의된 속성을 제공할 때 이 형식을 사용한다.

```
export interface Props {
  name: string;
}

function Greet({ name }: Props) {
  return <div>Hello {name.toUpperCase()}!</div>;
}
// LibraryManagedAttributes로 이동
Greet.defaultProps = { name: "world" };

// 형식 검사! 형식 어서션은 필요 없다!
let el = <Greet key={1} />;
```

리액트 형식은 조건부 형식을 사용해 LibraryManagedAttributes를 해결한다. 그리고 12.7 절에서 볼 수 있듯이 조건부 형식을 평가할 때 조건부 형식은 유니온 형식에서 가능한 모든 변형으로 확장되지 않는다. 즉, 타입스크립트는 LibraryManagedAttributes를 평가할 수 없으므로 형식이 컴포넌트에 맞는지 확인할 수 없다.

프로퍼티를 any로 어서션해 문제를 해결하는 방법이 있다.

```
function Cta<T extends CtaElements>({
  as: Component,
  ...props
}: CtaProps<T>) {
  return <Component {...(props as any)} />;
}
```

동작은 하지만, **안전하지 않다**는 표시다. JSX를 사용하지 않고 JSX 팩토리 React.createElement를 사용하는 방법도 있다.

모든 JSX 호출은 JSX 팩토리 호출의 문법적 설탕이다.

```
<h1 className="headline">Hello World</h1>

// 다음처럼 변환된다.
React.createElement("h1", { className: "headline" }, ["Hello World"]);
```

중첩된 컴포넌트를 사용할 때 createElement의 세 번째 매개변수에는 중첩된 팩토리 함수 호출을 포함한다. React.createElement는 JSX보다 쉽게 호출할 수 있으며, 타입스크립트는 새 엘리먼트를 만들 때 전역 JSX 네임스페이스에 의존하지 않는다. 예제의 문제를 완벽하게 해결할 방법처럼 들린다.

React.createElement는 컴포넌트, 프롭스, 자식이라는 세 가지 인수를 요구한다. 현재는 모든 자식 컴포넌트를 props와 함께 몰래 추가했지만, React.createElement에서는 명시적으로 이를 제공해야 한다. 따라서 children을 명시적으로 정의해야 한다.

WithChildren<T> 헬퍼 형식으로 이를 처리한다. 기존 형식을 받아 React.ReactNode 형식의 선택형 자식을 추가한다.

```
type WithChildren<T = {}> = T & { children?: React.ReactNode };
```

WithChildren은 아주 유연하다. 이를 이용해 프롭스의 형식을 감쌀 수 있다.

```
type CtaProps<T extends CtaElements> = WithChildren<{
  as: T;
} & JSX.IntrinsicElements[T]>;
```

또는 유니온을 만들 수도 있다.

```
type CtaProps<T extends CtaElements> = {
  as: T;
} & JSX.IntrinsicElements[T] & WithChildren;
```

T의 기본값은 {}이므로 이 형식을 보편적으로 사용할 수 있다. 따라서 필요할 때마다 쉽게 children을 붙일 수 있다. 다음 단계로 props에서 children을 비구조화하고 모든 인수를

React.createElement로 전달한다.

```
function Cta<T extends CtaElements>({
  as: Component,
  children,
  ...props
}: CtaProps<T>) {
  return React.createElement(Component, props, children);
}
```

이제 다형성 컴포넌트로 오류 없이 올바른 매개변수를 받을 수 있다.

CHAPTER **11**

# 클래스

2012년에 처음으로 타입스크립트가 출시되었을 때의 자바스크립트 생태계와 자바스크립트 언어의 기능은 오늘날과 비교할 수 없을 정도로 달랐다. 타입스크립트는 형식 시스템의 모양뿐만 아니라 모듈, 네임스페이스, 형식에 걸쳐 코드의 일부를 추상화할 수 있는 가능성을 더욱 풍부하게 만드는 문법도 도입했다.

이러한 특징 중 하나로 객체 지향 프로그래밍의 주요 요소인 클래스를 꼽을 수 있다. 타입스크립트 클래스는 원래 C#에서 많은 영향을 받았는데, 두 프로그래밍 언어의 배후에 있는 사람들의 정체를 안다면 이는 전혀 놀라운 일이 아니다. C#과 타입스크립트 모두 마이크로소프트 Microsoft에서 만들었고, 아네르스 하일스베르는 두 프로그래밍 언어에 크게 기여했다. 그러나 버려진 EMCAScript 4 제안서의 개념을 기반으로 이들을 설계했다.

시간이 흐르면서 자바스크립트는 타입스크립트와 다른 언어들이 개척한 많은 언어 기능을 얻었다. 클래스는 비공개 필드, 정적 블록, 데코레이터와 함께 이제 EMCAScript 표준의 일부가 되었고 브라우저와 서버의 언어 런타임으로 배포되었다.

덕분에 타입스크립트는 초기 언어에 가져온 혁신과 표준이라는 두 마리 토끼를 붙잡을 수 있었으며, 타입스크립트 팀은 앞으로 일어날 모든 형식 시스템의 기능 변화의 기준점으로 삼을 수 있었다. 원래 디자인은 자바스크립트와 가깝지만, 중요한 몇 가지 차이점이 있다.

이 장에서는 타입스크립트와 자바스크립트에서 클래스가 어떻게 동작하는지, 스스로 표현해야 할 부분은 무엇인지, 표준 디자인과 원래 디자인의 다른 점이 무엇인지 알아본다. 키워드, 형식, 제네릭을 살펴보고, 타입스크립트가 자바스크립트에 무엇을 추가하는지, 자바스크립트는 자체적으로 무엇을 제공하는지 스스로 찾아내는 능력을 기르도록 훈련한다.

## 11.1 올바른 가시성 변경자 선택하기

**문제** 타입스크립트에서는 프로퍼티 가시성과 접근을 두 가지 방법으로 제어한다. 하나는 public, protected, private이라는 특별한 키워드를 이용하는 방법이고, 다른 하나는 실제 자바스크립트 문법을 이용하는 방법(해시 기호로 시작하는 프로퍼티)이다. 어떤 방법을 선택해야 할까?

**해결** 런타임에 놓치고 싶지 않은 몇 가지 의미 때문에 자바스크립트 네이티브 문법을 선호할 때가 있다. 가시성 변경자 변형을 포함하는 복잡한 설정을 사용하는 상황이라면 타입스크립트를 사용하자. 이들은 사라지지 않는다.

**논의** 타입스크립트의 클래스는 꽤 오래 전에 등장했고 몇 년 후에는 ECMAScript 클래스에서 큰 영감을 얻었지만, 타입스크립트 팀은 당시 전통적인 클래스 기반 객체 지향 프로그래밍에서 유용하고 인기가 많았던 기능들도 타입스크립트에 도입하기로 했다.

이러한 기능 중 하나는 **접근 변경자**access modifier라고도 하는 **프로퍼티 가시성 변경자**property visibility modifier다. 가시성 변경자는 멤버(프로퍼티와 메서드) 앞에 추가할 수 있는 특별한 키워드다. 컴파일러에 소프트웨어의 다른 부분에서 어떻게 멤버를 보고 접근할 수 있는지 지시한다.

**노트** 프로퍼티뿐 아니라 메서드에도 모든 가시성 변경자와 자바스크립트 비공개 필드를 사용할 수 있다.

기본 가시성 변경자는 public이며 명시적으로 표현하거나 생략할 수 있다.

```
class Person {
  public name; // 변경자 public은 선택형
  constructor(name: string) {
    this.name = name;
  }
}

const myName = new Person("Stefan").name; // 동작함
```

또 다른 변경자는 protected이며, 클래스 및 하위 클래스의 가시성을 설정한다.

```
class Person {
  protected name;
  constructor(name: string) {
    this.name = name;
  }
  getName() {
    // 접근 동작함
    return this.name;
  }
}

const myName = new Person("Stefan").name;
//                                   ^
// 'name' 속성은 보호된 속성이며 'Person' 클래스 및
// 해당 하위 클래스 내에서만 접근할 수 있습니다.ts(2445)

class Teacher extends Person {
  constructor(name: string) {
    super(name);
  }

  getFullName() {
    // 접근 동작함
    return `Professor ${this.name}`;
  }
}
```

protected는 파생된 클래스에서 public으로 덮어쓸 수 있다. 또한 protected는 같은 하위 클래스가 아닌 클래스 참조에서 멤버에 접근하는 것을 금지한다. 따라서 다음 코드는 동작한다.

```
class Player extends Person {
  constructor(name: string) {
    super(name);
  }

  pair(p: Player) {
    // 동작함
    return `Pairing ${this.name} with ${p.name}`;
  }
}
```

기본 클래스나 다른 하위 클래스에서는 동작하지 않는다.

```typescript
class Player extends Person {
  constructor(name: string) {
    super(name);
  }

  pair(p: Person) {
    return `Pairing ${this.name} with ${p.name}`;
    //                                      ^
    // 'name' 속성은 보호되며 'Player' 클래스의 인스턴스를
    // 통해서만 접근할 수 있습니다. 이는 'Person'
    // 클래스의 인스턴스입니다.ts(2446)
  }
}
```

마지막 가시성 변경자는 private으로, 같은 클래스 내에서만 접근힐 수 있나.

```typescript
class Person {
  private name;
  constructor(name: string) {
    this.name = name;
  }
}

const myName = new Person("Stefan").name;
//                                   ^
// 'name' 속성은 private이며 'Person' 클래스
// 내에서만 접근할 수 있습니다.ts(2341)

class Teacher extends Person {
  constructor(name: string) {
    super(name);
  }

  getFullName() {
    return `Professor ${this.name}`;
    //                       ^
    // 'name' 속성은 private이며 'Person' 클래스
    // 내에서만 접근할 수 있습니다.ts(2341)
  }
}
```

생성자에서 가시성 변경자를 특성을 정의하고 초기화하는 지름길로 사용할 수도 있다.

```
class Category {
  constructor(
    public title: string,
    public id: number,
    private reference: bigint
  ) {}
}

// 다음으로 트랜스파일됨

class Category {
  constructor(title, id, reference) {
    this.title = title;
    this.id = id;
    this.reference = reference;
  }
}
```

여기에 설명하는 모든 기능을 포함해, 타입스크립트의 가시성 변경자는 컴파일 후에는 사라지는 컴파일 타임용 애너테이션이라는 점에 유의해야 한다. 이전 예제에서 보았듯이 클래스 설명이 아니라 생성자에서 프로퍼티를 초기화하면 전체 프로퍼티 선언이 사라질 수 있다.

또한 이들은 컴파일 타임 검사 시에만 유효하므로, 컴파일 이후에는 자바스크립트에서 타입스크립트의 **private** 프로퍼티에 자유롭게 접근할 수 있다. 따라서 인스턴스를 **as any**로 어서선해 **private** 접근 검사를 우회하거나 코드가 컴파일되면 직접 접근할 수 있다. 또한 프로퍼티를 **열거할 수 있으므로** `JSON.stringify`나 `Object.getOwnPropertyNames`로 직렬화될 때 이름과 값이 표시된다. 즉, 이때 형식 시스템에서 벗어나 일반 자바스크립트 클래스 멤버처럼 동작한다.

> **노트** 가시성 변경자 외에도 readonly 변경자를 클래스 프로퍼티에 추가할 수 있다.

프로퍼티 접근 제한은 형식 시스템뿐 아니라 일반적으로도 유용한 기능이므로 ECMAScript는 **비공개 필드**라는 개념을 일반 자바스크립트 클래스에 도입했다.

비공개 필드는 가시성 변경자 대신 멤버의 이름 앞에 해시(#) 기호를 붙이는 새로운 문법을 사용한다.

> **팁**　새로운 문법을 도입해 비공개 필드를 지원하면서 커뮤니티 내에서는 해시 기호의 유쾌함과 미학에 관한 열띤 논쟁이 벌어졌다. 일부 참여자들은 이를 엉망진창이라 부르기도 했다. 만약 해시 기호에 익숙해지기 힘들다면, 해시 기호를 모든 사람이 접근하지 않았으면 하는 것들 앞에 놓는 작은 울타리로 생각하면 도움이 된다. 생각을 전환하면 갑자기 해시 기호 문법이 훨씬 더 재미있어질 수 있다.

해시 기호는 프로퍼티 이름의 일부이므로 프로퍼티에 접근할 때 앞에 있는 기호를 포함해야 함을 의미한다.

```
class Person {
  #name: string;

  constructor(name: string) {
    this.#name = name;
  }

  // 게터를 사용할 수 있음!
  get name(): string {
    return this.#name.toUpperCase();
  }
}

const me = new Person("Stefan");
console.log(me.#name);
//             ^
// '#name' 속성은 프라이빗 식별자를 포함하기 때문에 'Person'
// 클래스 외부에서 접근할 수 없습니다.ts(18013)

console.log(me.name); // 동작함
```

비공개 필드는 자바스크립트 전체에 적용되며, 타입스크립트 컴파일러는 컴파일 이후에도 아무것도 제거하지 않고 그대로 기능을 유지(클래스 내부로 정보를 은닉)한다. 최신 EMCAScript 버전을 대상으로 한 컴파일된 결과물은 형식 애너테이션 없이도 타입스크립트 버전과 거의 비슷해 보인다.

```
class Person {
  #name;

  constructor(name) {
    this.#name = name;
  }

  get name() {
    return this.#name.toUpperCase();
  }
}
```

비공개 필드는 런타임 코드에서 접근할 수 없으며, 열거할 수도 없다. 즉, 콘텐츠의 정보가 어떤 방식으로든 유출되지 않는다.

문제는 이제 비공개 가시성 변경자와 비공개 필드가 모두 타입스크립트에 존재한다는 점이다. 가시성 변경자는 오랫동안 사용해왔으며 protected 멤버들과 결합하여 더 다양해졌다. 반면 비공개 필드는 자바스크립트에 아주 가까이 있으며, '형식을 표현하는 자바스크립트 문법'이라는 타입스크립트의 목표와 더불어 언어의 장기적인 계획이 거의 완벽하다. 그렇다면 어느 쪽을 선택해야 할까?

어떤 변경자를 선택하든 둘 다 컴파일 시점에 프로퍼티 접근이 있어서는 안 되는 곳에 프로퍼티 접근이 일어나면 이를 알려준다는 목표를 달성할 수 있다. 이는 무언가 잘못되었을 수 있음을 알려주는 첫 피드백이며, 이것이 바로 타입스크립트를 사용하는 이유기도 하다. 따라서 외부에 정보를 숨겨야 하는 상황이라면 두 가지 도구 모두 제 역할을 한다.

하지만 더 자세히 살펴보면 설정에 따라 상황이 달라진다. 이미 정교한 공개 규칙으로 프로젝트를 설정했다면 네이티브 자바스크립트 버전으로 즉시 마이그레이션하지 못할 수도 있다. 또한, 자바스크립트는 protected 가시성을 지원하지 않으므로 문제가 될 수 있다. 이미 작동하는 프로젝트라면 굳이 바꿀 필요가 없다.

숨기고 싶은 세부 정보가 런타임에 표시되는 데 문제가 있는 상황이거나 우리 코드를 라이브러리로 사용하는 사람이 모든 내부 정보에 접근할 수 없어야 한다면 비공개 필드를 사용하는 것이 좋다. 비공개 필드는 브라우저를 포함한 다양한 언어 런타임에서 잘 지원하며, 타입스크립트는 구형 플랫폼용 폴리필polyfill을 포함한다.

## 11.2 메서드 재정의를 명시적으로 정의하기

**문제** 기본 클래스를 확장한 하위 클래스에서 특정 메서드를 재정의한다. 기본 클래스를 리팩터링할 때 기본 클래스가 변경되었음을 알려줄 방법이 없으므로 사용하지 않는 오래된 메서드를 그대로 가져와야 할 수 있다.

**해결** noImplicitOverride 플래그를 켜고 override 키워드로 재정의함을 알린다.

**논의** 캔버스에 도형을 그리려 한다. 소프트웨어는 x와 y 좌표를 포함하는 점 컬렉션을 받아 특정 렌더링 함수를 기반으로 HTML 캔버스에 다각형, 직사각형 등의 요소를 그린다.

기본 클래스 Shape이 임의의 Point 요소 목록을 받아 이들을 선으로 연결하는 클래스 계층 구조를 사용하기로 했다. 이 클래스는 세터와 게터로 필요한 작업을 처리하며 render 함수도 구현한다.

```typescript
type Point = {
  x: number;
  y: number;
};

class Shape {
  points: Point[];
  fillStyle: string = "white";
  lineWidth: number = 10;

  constructor(points: Point[]) {
    this.points = points;
  }

  set fill(style: string) {
    this.fillStyle = style;
  }

  set width(width: number) {
    this.lineWidth = width;
  }

  render(ctx: CanvasRenderingContext2D) {
    if (this.points.length) {
      ctx.fillStyle = this.fillStyle;
```

```
      ctx.lineWidth = this.lineWidth;
      ctx.beginPath();
      let point = this.points[0];
      ctx.moveTo(point.x, point.y);
      for (let i = 1; i < this.points.length; i++) {
        point = this.points[i];
        ctx.lineTo(point.x, point.y);
      }
      ctx.closePath();
      ctx.stroke();
    }
  }
}
```

HTML 캔버스 요소에서 2D 컨텍스트와 새 Shape 인스턴스를 만든 다음 render 함수에 컨텍스트를 전달해 이 기능을 사용한다.

```
const canvas = document.getElementsByTagName("canvas")[0];
const ctx = canvas?.getContext("2d");

const shape = new Shape([
  { x: 50, y: 140 },
  { x: 150, y: 60 },
  { x: 250, y: 140 },
]);
shape.fill = "red";
shape.width = 20;

shape.render(ctx);
```

이제 준비된 기본 클래스를 이용해 직사각형처럼 특정 모양을 대표하는 하위 클래스를 파생하려고 한다. 기타 작업을 처리하는 메서드는 그대로 유지하며, 특히 constructor와 render 메서드는 재정의한다.

```
class Rectangle extends Shape {
  constructor(points: Point[]) {
    if (points.length !== 2) {
      throw Error(`Wrong number of points, expected 2, got ${points.length}`);
    }
    super(points);
```

```
  }

  render(ctx: CanvasRenderingContext2D) {
    ctx.fillStyle = this.fillStyle;
    ctx.lineWidth = this.lineWidth;
    let a = this.points[0];
    let b = this.points[1];
    ctx.strokeRect(a.x, a.y, b.x - a.x, b.y - a.y);
  }
}
```

Shape과 같은 방법으로 Rectangle을 사용한다.

```
const rectangle = new Rectangle([
  {x: 130, y: 190},
  {x: 170, y: 250}
]);
rectangle.render(ctx);
```

소프트웨어가 발전함에 따라 클래스, 메서드, 함수가 필연적으로 바뀌었으며, 누군가 render 메서드의 이름을 draw로 바꾸었다.

```
class Shape {
  // 이전 코드 참조

  draw(ctx: CanvasRenderingContext2D) {
    if (this.points.length) {
      ctx.fillStyle = this.fillStyle;
      ctx.lineWidth = this.lineWidth;
      ctx.beginPath();
      let point = this.points[0];
      ctx.moveTo(point.x, point.y);
      for (let i = 1; i < this.points.length; i++) {
        point = this.points[i];
        ctx.lineTo(point.x, point.y);
      }
      ctx.closePath();
      ctx.stroke();
    }
  }
}
```

이름 변경 자체로는 문제가 되지 않는다. 하지만 이 소프트웨어를 라이브러리로 게시하면서 테스트를 포함해 코드의 어느 곳에서도 Rectangle의 render 메서드를 사용하지 않는 상태라고 가정해보자. 원래 클래스는 바뀌었음에도 Rectangle의 render 메서드가 어딘가에 여전히 존재할 가능성이 있으며 이를 경고해 줄 장치가 전혀 없다.

이런 이유로 타입스크립트에서는 재정의하려는 메서드에 override 키워드로 애너테이션을 추가한다. 이는 타입스크립트에서 확장한 문법이므로 타입스크립트가 코드를 자바스크립트로 트랜스파일하는 순간 사라진다.

override 키워드를 메서드에 추가하면 타입스크립트는 기본 클래스에 이름과 시그니처가 같은 메서드가 존재하는지 확인한다. 이름을 render에서 draw로 바꾸면 타입스크립트는 기본 클래스 Shape에 render 메서드가 선언되지 않았음을 경고한다.

```
class Rectangle extends Shape {
  // 이전 코드 참고

  override render(ctx: CanvasRenderingContext2D) {
//          ^
// 이 멤버는 포함하는 클래스 'Rectangle'이(가) 다른 클래스를
// 확장하지 않으므로 'override' 한정자를 포함할 수 없습니다.ts(4112)
    ctx.fillStyle = this.fillStyle;
    ctx.lineWidth = this.lineWidth;
    let a = this.points[0];
    let b = this.points[1];
    ctx.strokeRect(a.x, a.y, b.x - a.x, b.y - a.y);
  }
}
```

이 오류는 이름을 바꾸거나 리팩토링할 때 기존 계약이 깨지지 않도록 하는 훌륭한 안전장치다.

> **노트**  constructor도 재정의된 메서드로 볼 수 있지만, 의미가 다르며 이를 처리하는 다른 규칙이 존재한다 (예: 하위 클래스를 인스턴스화할 때 super를 호출해야 함).

tsconfig.json에서 noImplicitOverride 플래그를 켜면 override 키워드로 함수를 표시해야 함을 강제할 수 있다. 그렇지 않으면, 타입스크립트에서 다른 오류가 발생한다.

```
class Rectangle extends Shape {
  // 이전 코드 참고

  draw(ctx: CanvasRenderingContext2D) {
// ^
// 이 멤버는 기본 클래스 'Shape'의 멤버를 재정의하므로 'override' 한정자를
// 포함해야 합니다.ts(4114)
    ctx.fillStyle = this.fillStyle;
    ctx.lineWidth = this.lineWidth;
    let a = this.points[0];
    let b = this.points[1];
    ctx.strokeRect(a.x, a.y, b.x - a.x, b.y - a.y);
  }
}
```

> **노트** 클래스의 기본 형태를 정의하는 인터페이스 구현 기술은 이런 문제를 방지하는 확실한 기준을 제공하므로 클래스 계층 구조를 만들 때는 override 키워드와 noImplictOverride를 추가 안전장치로 사용하는 것이 좋다.

클래스 계층 구조에 의존하는 소프트웨어를 구현할 때는 noImplicitAny와 함께 override를 사용하면 사소한 일도 잊어버리지 않게 할 수 있다. 클래스 계층 구조는 다른 계층 구조와 마찬가지로 시간이 지남에 따라 복잡해지는 경향이 있으므로 가능한 한 모든 안전장치를 마련하자.

## 11.3 생성자 및 프로토타입 설명하기

**문제** 특정 추상 클래스의 하위 클래스를 동적으로 인스턴스화하고 싶지만, 타입스크립트는 추상 클래스의 인스턴스화를 허용하지 않는다.

**해결** **생성자 인터페이스**constructor interface 패턴으로 클래스를 기술한다.

**논의** 타입스크립트에서 클래스 계층 구조를 사용할 때, 타입스크립트의 구조적 특징이 때때로 방해가 될 수 있다. 예를 들어, 다양한 규칙에 따라 요소 집합을 필터링하는 다음 클래스 계층 구조를 살펴보자.

```
abstract class FilterItem {
  constructor(private property: string) {};
  someFunction() { /* ... */ };
  abstract filter(): void;
}

class AFilter extends FilterItem {
  filter() { /* ... */ }
}


class BFilter extends FilterItem {
  filter() { /* ... */ }
}
```

FilterItem 추상 클래스는 다른 클래스에서 구현해야 한다. 이 예제에서는 FilterItem를 구체화한 AFilter와 BFilter를 기준으로 사용한다.

```
const some: FilterItem = new AFilter('afilter'); // 동작함
```

인스턴스로 바로 작업하지 않을 때 상황이 흥미로워진다. AJAX 호출에서 가져온 토큰을 기반으로 새 필터를 인스턴스화한다고 가정해보자. 더 쉽게 필터를 선택할 수 있도록 모든 필터를 맵에 저장한다.

```
declare const filterMap: Map<string, typeof FilterItem>;

filterMap.set('number', AFilter);
filterMap.set('stuff', BFilter);
```

맵의 제네릭은 string(백엔드의 토큰으로 사용)과 FilterItem의 형식 시그니처를 보완하는 모든 것으로 설정한다. 여기서는 typeof 키워드를 사용해 객체가 아닌 클래스를 맵에 추가한다. 결국 나중에 클래스를 인스턴스화해야 하기 때문이다.

지금까지는 모든 것이 예상대로 동작한다. 맵에서 클래스를 가져와 새 객체를 만들려고 할 때 문제가 발생한다.

```
let obj: FilterItem;
// 생성자 얻기
const ctor = filterMap.get('number');

if(typeof ctor !== 'undefined') {
  obj = new ctor();
//          ^
// 추상 클래스의 인스턴스를 만들 수 없습니다.ts(2511)
}
```

이것이 문제다! 타입스크립트는 이 시점에서 `FilterItem`을 반환한다는 사실을 알지만,
`FilterItem`은 인스턴스화할 수 없다. 추상 클래스는 형식 정보(**형식 네임스페이스**)와 실제 구
현(**값 네임스페이스**)을 혼합한다. 첫 번째 단계로 형식을 살펴보자. `filterMap`은 무엇을 반환
할까? `FilterItem`의 모양을 정의하는 인터페이스(또는 형식 별칭)를 만들어 보자.

```
interface IFilter {
  new(property: string): IFilter;
  someFunction(): void;
  filter(): void;
}

declare const filterMap: Map<string, IFilter>;
```

`new` 키워드에 주목하자. 타입스크립트에서는 `new` 키워드로 생성자 함수의 형식 시그니처
를 정의한다. 추상 클래스를 실제 인터페이스로 대체하면 많은 오류가 나타나기 시작한다.
`implements IFilter` 구문을 어디에 넣어도 계약을 만족하는 구현을 찾을 수 없다.

```
abstract class FilterItem implements IFilter { /* ... */ }
// ^
// 'FilterItem' 클래스가 'IFilter' 인터페이스를 잘못 구현합니다.
// 'FilterItem' 형식에 'IFilter' 형식의 someFunction,
// filter 속성이 없습니다.ts(2420)

filterMap.set('number', AFilter);
//                      ^
// 'typeof AFilter' 형식의 인수는 'IFilter' 형식의 매개변수에
// 할당될 수 없습니다.
// 'typeof AFilter' 형식에 'IFilter' 형식의 someFunction, filter
// 속성이 없습니다.ts(2345)
```

무슨 일이 일어나는 걸까? 구현이나 클래스 자체로는 인터페이스 선언에 정의된 모든 프로퍼티와 함수를 가져올 수 없는 것 같다. 왜 그럴까?

자바스크립트 클래스는 특별하다. 자바스크립트 클래스는 하나의 형식이 아니라 두 가지 형식(정적 측면 형식과 인스턴스 측면 형식)을 포함한다. 클래스를 ES6 이전의 생성자 함수와 프로토타입으로 트랜스파일하면 더 명확하게 이를 이해할 수 있다.

```
function AFilter(property) { // 정적 측면 형식
  this.property = property;  // 인스턴스 측면 형식
}

// 인스턴스 측면 함수
AFilter.prototype.filter = function() {/* ... */}

// 예제의 일부는 아니지만, 정적 측면 코드를 보여준다.
Afilter.something = function () { /* ... */ }
```

즉, 객체를 만드는 데 필요한 형식 한 개와 객체 자체의 형식 한 개가 있다. 이제 이를 두 개의 형식 선언으로 분할해보자.

```
interface FilterConstructor {
  new (property: string): IFilter;
}

interface IFilter {
  someFunction(): void;
  filter(): void;
}
```

첫 번째 형식인 FilterConstructor는 **생성자 인터페이스**이다. 생성자 인터페이스는 모든 정적 프로퍼티와 생성자 함수를 포함한다. 생성자 함수는 IFilter 인스턴스를 반환한다. IFilter는 인스턴스 측의 형식 정보를 포함한다. IFilter는 선언하는 모든 함수를 포함한다.

이를 분할하면 이후의 형식도 훨씬 더 명확해진다.

```
declare const filterMap: Map<string, FilterConstructor>;  /* 1 */

filterMap.set('number', AFilter);
```

```
filterMap.set('stuff', BFilter);

let obj: IFilter;  /* 2 */
const ctor = filterMap.get('number');
if(typeof ctor !== 'undefined') {
  obj = new ctor('a');
}
```

---

**1** FilterConstructor 형식의 인스턴스를 맵에 추가한다. 즉, 원하는 객체를 생성하는 클래스만 추가할 수 있다.

**2** 결국 원하는 것은 IFilter의 인스턴스다. 생성자 함수를 new로 호출하면 IFilter 인스턴스를 반환한다.

코드가 다시 컴파일되고 원하는 모든 자동 완성 및 도구 기능을 사용할 수 있다. 추상 클래스는 유효한 인스턴스를 생성하지 않으므로 맵에 추가할 수 없다는 장점이 있다.

---

```
filterMap.set('notworking', FilterItem);
//                          ^
// 추상 생성자 형식을 비추상 생성자 형식에 할당할 수 없습니다.ts(2345)
```

---

타입스크립트와 표준 라이브러리 전체에서 생성자 인터페이스 패턴을 사용한다. lib.es5.d.ts의 ObjectContructor 인터페이스를 살펴보면 더 많은 아이디어를 얻을 수 있다.


## 11.4 클래스에서 제네릭 사용하기

**문제** 타입스크립트 제네릭은 적절하게 추론되도록 설계되었지만, 클래스에서 항상 동작하는 것은 아니다.

**해결** 매개변수로 제네릭을 유추할 수 없으면 인스턴스화 시 제네릭에 명시적으로 애너테이션을 추가한다. 그렇지 않으면 기본값이 unknown으로 설정되므로 광범위한 값을 허용한다. 제네릭 제약 조건과 기본 매개변수를 사용해 추가 안전성을 확보한다.

**논의** 클래스에서도 제네릭을 사용할 수 있다. 함수뿐만 아니라 클래스에도 제네릭 형식 매개변수를 추가할 수 있다. 클래스 메서드의 제네릭 형식 매개변수는 함수 범위에서만 유효하지만, 클래스의 제네릭 형식 매개변수는 클래스 전체에서 유효하다.

일부 편의 함수를 포함하는 집합으로 배열을 감싸는 간단한 컬렉션을 만들어보자. Collection 의 클래스 정의에 T를 추가한 다음 전체 클래스에서 이 형식 매개변수를 재사용한다.

```
class Collection<T> {
  items: T[];
  constructor() {
    this.items = [];
  }

  add(item: T) {
    this.items.push(item);
  }

  contains(item: T): boolean {
    return this.items.includes(item);
  }
}
```

이제 T를 제네릭 형식 애너테이션으로 명시적으로 치환할 수 있다. 예를 들어 숫자나 문자열을 저장하는 컬렉션만 허용한다.

```
const numbers = new Collection<number>();
numbers.add(1);
numbers.add(2);

const strings = new Collection<string>();
strings.add("Hello");
strings.add("World");
```

개발자는 제네릭 형식 매개변수에 명시적으로 애너테이션을 추가할 필요가 없다. 타입스크립트는 보통 사용법에서 제네릭 형식을 유추하려 시도한다. 제네릭 형식 매개변수를 추가하는 것을 **잊어버리면** 타입스크립트는 이를 unknown으로 설정하므로 모든 것을 추가할 수 있게 된다.

```
const unknowns = new Collection();
unknowns.add(1);
unknowns.add("World");
```

잠시 이 부분을 살펴보자. 타입스크립트는 아주 정직하다. Collection의 새 인스턴스를 만들 때 우리는 항목의 형식을 알 수 없다. 컬렉션의 상태를 가장 정확하게 묘사하는 형식은 unknown이다. 하지만 unknown 형식에는 무엇이든 추가할 수 있고 값을 검색할 때마다 형식 검사를 수행해야 한다는 단점도 있다. 현재로서는 타입스크립트가 할 수 있는 최선이지만, 더 좋은 방법이 있을 수 있다. Collection이 제대로 작동하려면 T의 구체적 형식이 필요하다.

추론에 의존할 수 있는지 살펴보자. 타입스크립트의 클래스 추론은 함수에서와 같은 방식으로 동작한다. 특정 형식의 매개변수가 있으면 타입스크립트는 이 형식을 취해 제네릭 형식 매개변수를 대체한다. 클래스는 상태를 유지하도록 설계되었으므로 클래스 사용 중에 상태가 바뀐다. 상태는 또한 제네릭 형식 매개변수 T를 정의한다. T를 올바르게 추론하려면 클래스를 만들 때 매개변수(초깃값일 수 있음)를 요구해야 한다.

```
class Collection<T> {
  items: T[];
  constructor(initial: T) {
    this.items = [initial];
  }

  add(item: T) {
    this.items.push(item);
  }

  contains(item: T): boolean {
    return this.items.includes(item);
  }
}

// T는 number!
const numbersInf = new Collection(0);
numbersInf.add(1);
```

이 방법은 동작은 하지만 API 설계상 많은 아쉬움이 남는다. 초깃값이 없다면 어떨까? 다른 클래스에는 추론에 사용할 수 있는 매개변수가 있을 수 있지만, 다양한 항목이 모인 컬렉션에는 의미가 없을 수 있다.

Collection에서는 애너테이션으로 형식을 제공하는 일이 절대적으로 중요하다. 이제 남은 유일한 방법은 애너테이션 추가를 잊지 않도록 하는 것이다. 타입스크립트의 제네릭 기본 매개변수와 바닥 형식 never를 사용해 이 문제를 해결한다.

```
class Collection<T = never> {
  items: T[];
  constructor() {
    this.items = [];
  }

  add(item: T) {
    this.items.push(item);
  }

  contains(item: T): boolean {
    return this.items.includes(item);
  }
}
```

제네릭 형식 매개변수 T의 기본값을 never로 설정하여 클래스에 아주 흥미로운 동작을 추가했다. 여전히 명시적 애너테이션을 이용해 T를 원하는 형식으로 대체할 수 있으므로 이전과 똑같이 작동하지만, 애너테이션을 잊어버리는 순간 형식은 unknown이 아니라 never가 된다. 즉, 컬렉션과 호환되는 값이 없으므로 무언가를 추가하려고 하는 순간 많은 오류가 발생한다.

```
const nevers = new Collection();
nevers.add(1);
//        ^
// 'number' 형식의 인수는 'never' 형식의
// 매개변수에 할당될 수 없습니다.ts(2345)
nevers.add("World");
//         ^
// 'string' 형식의 인수는 'never' 형식의
// 매개변수에 할당될 수 없습니다.ts(2345)
```

이 폴백을 사용하면 제네릭 클래스를 훨씬 더 안전하게 사용할 수 있다.

# 11.5 클래스나 네임스페이스 사용 시기 결정하기

**문제** 타입스크립트는 네임스페이스나 정적 및 추상 클래스와 같은 객체 지향 개념을 지원하는 다양한 문법을 제공한다. 이러한 기능은 자바스크립트에는 존재하지 않는데 어떻게 해야 할까?

**해결** 형식을 추가 선언할 때는 네임스페이스 선언과 함께 사용하며, 가능하면 추상 클래스를 사용하지 않는다. 그리고 정적 클래스 대신 ECMAScript 모듈을 주로 사용한다.

**논의** Java나 C#과 같은 전통적인 객체 지향 프로그래밍 언어를 많이 사용한 사람들은 보통 모든 것을 클래스로 감싸려는 경향이 있다. 자바에서는 코드를 구조화하는 유일한 방법이 클래스이므로 대안이 없다. 자바스크립트(그리고 타입스크립트)에서는 추가 작업을 하지 않고도 원하는 작업을 수행할 수 있는 여러 대안이 있다. 그중 하나가 정적 클래스 또는 정적 메서드를 포함하는 클래스다.

```typescript
// Environment.ts

export default class Environment {
  private static variableList: string[] = []
  static variables(): string[] { /* ... */ }
  static setVariable(key: string, value: any): void  { /* ... */ }
  static getValue(key: string): unknown  { /* ... */ }
}

// 다른 파일에서 사용
import * as Environment from "./Environment";

console.log(Environment.variables());
```

이는 제대로 동작하는 코드이며 형식 애너테이션을 빼면 유효한 자바스크립트다. 하지만 평범하고, 특별하지 않은 함수에 너무 많은 장식이 붙었다.

```typescript
// Environment.ts
const variableList: string = []

export function variables(): string[] { /* ... */ }
export function setVariable(key: string, value: any): void  { /* ... */ }
export function getValue(key: string): unknown  { /* ... */ }
```

```
// 다른 파일에서 사용
import * as Environment from "./Environment";

console.log(Environment.variables());
```

사용자 관점에서 두 코드의 인터페이스는 같다. 클래스의 정적 프로퍼티에 접근하듯이 모듈 범위 변수에 접근할 수 있지만, 이때는 모듈 범위가 자동으로 지정된다. 타입스크립트 필드 변경자가 아니라 익스포트할 항목과 표시할 항목을 결정한다. 또한 아무 작업도 하지 않는 Environment 인스턴스를 만들 필요가 없다.

구현도 더 쉬워진다. variables()의 클래스 버전을 확인하자.

```
export default class Environment {
  private static variableList: string[] = [];
  static variables(): string[] {
    return this.variableList;
  }
}
```

다음 모듈 버전과 비교해보자.

```
const variableList: string = []

export function variables(): string[] {
  return variableList;
}
```

this가 없으므로 생각해야 할 내용이 적어진다. 덕분에 번들러는 더 쉽게 트리 셰이킹tree shaking를 수행할 수 있으므로 실제로 사용하는 항목만 남는다.

```
// variables 함수와 variableList만 번들에 남는다
import { variables } from "./Environment";

console.log(variables());
```

이런 이유로 사람들은 정적 필드와 메서드를 포함하는 클래스보다는 적절한 모듈을 항상 선호한다. 정적 필드는 아무런 장점이 없는 상용구일 뿐이다.

정적 클래스와 마찬가지로 자바나 C#에 익숙한 사람들은 네임스페이스에 집착한다. 네임스페이스는 ECMAScript 모듈이 표준화되기 훨씬 전에 타입스크립트에서 코드를 정리할 수 있도록 도입한 기능이다. 네임스페이스는 파일을 여러 개로 분할하고 참조 마커로 다시 합치는 기능을 제공한다.

```ts
// users/models.ts 파일
namespace Users {
  export interface Person {
    name: string;
    age: number;
  }
}

// users/controller.ts 파일

/// <reference path="./models.ts" />
namespace Users {
  export function updateUser(p: Person) {
    // 나머지 작업 수행
  }
}
```

당시에는 타입스크립트가 번들링 기능도 포함했으며 이는 여전히 동작한다. 하지만 앞서 언급했듯이 이는 ECMAScript가 모듈을 도입하기 전의 일이다. 이제 모듈로 나머지 자바스크립트 생태계와 호환되는 코드를 구성하고 구조화할 수 있는 방법(장점)이 생겼다.

네임스페이스가 필요한 이유는 무엇일까? 예를 들어, 네임스페이스는 노드 모듈 내부에 있는 서드 파티 종속성의 정의를 확장할 때도 유효하다. 전역 JSX 네임스페이스를 확장하고 img 요소에 대체 텍스트를 포함한다고 가정해보자.

```ts
declare namespace JSX {
  interface IntrinsicElements {
    "img": HTMLAttributes & {
      alt: string;
      src: string;
      loading?: 'lazy' | 'eager' | 'auto';
    }
  }
}
```

또는 앰비언트 모듈에서 정교한 형식 정의를 구현하고 싶을 수도 있다. 하지만 그 외에는 사용할 일이 많지 않다.

네임스페이스는 여러분의 정의를 객체로 감싸 다음과 같은 형태로 만든다.

```typescript
export namespace Users {
  type User = {
    name: string;
    age: number;
  };

  export function createUser(name: string, age: number): User {
    return { name, age };
  }
}
```

결과적으로 이 코드는 아주 정교한 기능을 만들어낸다.

```javascript
export var Users;
(function (Users) {
    function createUser(name, age) {
        return {
            name, age
        };
    }
    Users.createUser = createUser;
})(Users || (Users = {}));
```

이렇게 하면 불필요한 코드를 추가할 뿐 아니라 번들러의 트리 셰이킹 작업을 방해한다! 또한 사용법도 더 복잡해진다.

```typescript
import * as Users from "./users";

Users.Users.createUser("Stefan", "39");
```

이들을 삭제하면 일이 훨씬 쉬워진다. 자바스크립트가 제공하는 기능에 충실해지자. 선언 파일 외부에서 네임스페이스를 사용하지 않으면 코드를 명확하고, 간단하며, 깔끔하게 유지할 수 있다.

마지막으로 추상 클래스가 있다. 추상 클래스는 일부 동작은 미리 정의하지만 일부 기능은 추상 클래스를 **확장**하는 클래스에 맡기므로 더 복잡한 클래스 계층 구조를 구성한다.

```typescript
abstract class Lifeform {
  age: number;
  constructor(age: number) {
    this.age = age;
  }

  abstract move(): string;
}

class Human extends Lifeform {
  move() {
    return "Walking, mostly...";
  }
}
```

이 코드는 Lifeform의 모든 하위 클래스가 move를 구현하도록 강제한다. 이는 기본적으로 모든 클래스 기반 프로그래밍 언어에 존재하는 개념이다. 다만 자바스크립트가 전통적으로 클래스 기반이 아니라는 점이 문제다. 예를 들어, 다음과 같은 추상 클래스는 유효한 자바스크립트 클래스를 생성하지만 타입스크립트에서는 인스턴스화할 수 없다.

```typescript
abstract class Lifeform {
  age: number;
  constructor(age: number) {
    this.age = age;
  }
}

const lifeform = new Lifeform(20);
//                   ^
// 추상 클래스의 인스턴스를 만들 수 없습니다.ts(2511)
```

일반 자바스크립트 코드를 구현하지만 다음의 함수 코드처럼 타입스크립트를 활용해 암묵적 문서 형태로 정보를 제공한다면 의도하지 않은 상황이 발생할 수 있다.

```
declare function moveLifeform(lifeform: Lifeform);
```

**1** 사용자는 moveLifeform 함수에 Lifeform 객체를 전달하라는 의미로 이해할 것이다. 내부적으로는 lifeform.move()를 호출한다.

**2** Lifeform은 유효한 클래스이므로 자바스크립트에서 인스턴스화할 수 있다.

**3** Lifeform에는 move 메서드가 존재하지 않으므로 애플리케이션이 깨진다!

이는 잘못된 보안 의식 때문이다. 프로토타입 체인에 미리 정의된 구현을 넣은 다음 예상하는 사항을 알려 주는 계약을 만드는 것이 좋다.

```
interface Lifeform {
  move(): string;
}

class BasicLifeForm {
  age: number;
  constructor(age: number) {
    this.age = age;
  }
}

class Human extends BasicLifeForm implements Lifeform {
  move() {
    return "Walking";
  }
}
```

Lifeform을 탐색하는 순간 인터페이스를 포함해 모든 예상 내용을 볼 수 있지만, 실수로 잘못된 클래스를 인스턴스화하는 상황은 거의 발생하지 않는다.

클래스와 네임스페이스를 사용하지 말아야 할 때를 모두 언급했는데, 그러면 언제 이들을 사용해야 할까? 같은 객체(내부 상태가 객체의 기능에 가장 중요한 역할을 함)의 여러 인스턴스가 필요할 때 사용한다.

# 11.6 정적 클래스 작성하기

**문제** 클래스 기반 객체 지향 프로그래밍으로 특정 기능에는 정적 클래스를 사용하도록 배웠는데, 타입스크립트는 이러한 원칙을 어떻게 지원하는지 궁금하다.

**해결** 타입스크립트는 고전적인 정적 클래스를 지원하지 않는 대신 다양한 용도로 사용하도록 클래스에서 정적 변경자를 제공한다.

**논의** 정적 클래스는 구체적인 객체로 인스턴스화할 수 없다. 정적 클래스는 단 한 개만 존재하며 어느 위치의 코드에서 접근해도 같은 메서드와 멤버를 제공한다. 자바나 C#처럼 클래스를 추상화 수단으로만 사용하는 프로그래밍 언어에는 정적 클래스가 꼭 필요하다. 자바스크립트와 타입스크립트에서는 이를 더 다양한 방법으로 표현할 수 있다.

타입스크립트에서는 클래스를 static으로 선언할 수는 없지만 클래스에 static 멤버를 정의할 수 있다. 메서드나 프로퍼티는 객체의 일부가 아니며 대신 클래스 자체에서 접근할 수 있다.

11.5절에서 살펴봤듯이 정적 멤버만 있는 클래스는 타입스크립트에서 안티패턴이다. 그 대신함수를 만들고, 모듈별로 상태를 유지할 수 있다. 보통 익스포트한 함수와 모듈 범위의 항목을 조합하는 것이 좋다.

```typescript
// 안티패턴
export default class Environment {
  private static variableList: string[] = []
  static variables(): string[] { /* ... */ }
  static setVariable(key: string, value: any): void  { /* ... */ }
  static getValue(key: string): unknown  { /* ... */ }
}

// 더 좋은 방법: 모듈 범위의 함수와 변수
const variableList: string = []

export function variables(): string[] { /* ... */ }
export function setVariable(key: string, value: any): void  { /* ... */ }
export function getValue(key: string): unknown  { /* ... */ }
```

하지만 클래스의 static을 사용할 때도 있다. 클래스는 정적 멤버와 동적 멤버를 포함한다.

constructor는 클래스의 정적 기능의 일부이고 프로퍼티와 메서드는 동적 기능의 일부이다. static 키워드를 사용하면 정적 기능에 무언가를 추가할 수 있다.

2차원 공간에서 한 점을 가리키는 Point라는 클래스를 생각해보자. 이 클래스에는 x와 y 좌표가 있는데, 여기에 한 점과 다른 점 사이의 거리를 계산하는 메서드를 만들어보자.

```
class Point {
  x: number;
  y: number;

  constructor(x: number, y: number) {
    this.x = x;
    this.y = y;
  }

  distanceTo(point: Point): number {
    const dx = this.x - point.x;
    const dy = this.y - point.y;
    return Math.sqrt(dx * dx + dy * dy);
  }
}

const a = new Point(0, 0);
const b = new Point(1, 5);

const distance = a.distanceTo(b);
```

잘 동작한다. 하지만 시작점과 끝점 중 어느 쪽이 먼저 오더라도 거리는 같으므로 API가 약간 이상하게 느껴질 수 있다. Point의 정적 메서드 distance는 순서를 따지지 않는 두 개의 인수를 받는다.

```
class Point {
  x: number;
  y: number;

  constructor(x: number, y: number) {
    this.x = x;
    this.y = y;
  }
```

```
  distanceTo(point: Point): number {
    const dx = this.x - point.x;
    const dy = this.y - point.y;
    return Math.sqrt(dx * dx + dy * dy);
  }

  static distance(p1: Point, p2: Point): number {
    return p1.distanceTo(p2);
  }
}

const a = new Point(0, 0);
const b = new Point(1, 5);

const distance = Point.distance(a, b);
```

다음은 같은 기능을 자바스크립트에서 ECMAScript 클래스 이전에 사용했던 생성자 함수/프로토타입 패턴으로 구현한 코드다.

```
function Point(x, y) {
  this.x = x;
  this.y = y;
}

Point.prototype.distanceTo = function(p) {
  const dx = this.x - p.x;
  const dy = this.y - p.y;
  return Math.sqrt(dx * dx + dy * dy);
}

Point.distance = function(a, b) {
  return a.distanceTo(b);
}
```

11.3절에서와 같이 정적인 부분과 동적인 부분을 쉽게 구분할 수 있다. **프로토타입**에 속한 모든 것은 동적이다. 그 외에는 모두 **정적**이다.

하지만 클래스는 생성자 함수/프로토타입 패턴의 문법적 설탕에 불과한 것이 아니다. 클래스는 일반 객체로 표현할 수 없는 비공개 필드를 포함함으로써 클래스 및 그 인스턴스와 실제로 관련된 작업을 수행할 수 있다.

예를 들어, 사용할 메서드를 혼동하지 않도록 distanceTo 메서드는 숨기고 정적 메서드만 사용하도록 만든다. distanceTo 앞에 비공개 변경자를 추가하면 외부에서는 접근할 수 없지만, 내부 정적 멤버는 문제없이 이를 사용할 수 있다.

```
class Point {
  x: number;
  y: number;

  constructor(x: number, y: number) {
    this.x = x;
    this.y = y;
  }

  #distanceTo(point: Point): number {
    const dx = this.x - point.x;
    const dy = this.y - point.y;
    return Math.sqrt(dx * dx + dy * dy);
  }

  static distance(p1: Point, p2: Point): number {
    return p1.#distanceTo(p2);
  }
}
```

가시성은 다른 방향으로도 확장된다. 시스템에 특정 Task를 표현하는 클래스가 있는데, 존재하는 작업의 수를 제한하고 싶다고 가정해보자.

0에서 시작하는 nextId라는 정적 비공개 필드를 사용하며, 인스턴스 Task가 생성될 때마다 nextId를 높인다. 100에 도달하면 에러가 발생한다.

```
class Task {
  static #nextId = 0;
  #id: number;

  constructor() {
    if (Task.#nextId > 99) {
      throw "Max number of tasks reached";
    }
    this.#id = Task.#nextId++;
  }
}
```

동적인 값을 얻어와 그에 따라 정적 비공개 필드를 갱신하는 static 인스턴스화 블록을 사용해 백엔드에서 제공하는 동적인 값으로 인스턴스 수를 제한할 수 있다.

```typescript
type Config = {
  instances: number;
};

class Task {
  static #nextId = 0;
  static #maxInstances: number;
  #id: number;

  static {
    fetch("/available-slots")
      .then((res) => res.json())
      .then((result: Config) => {
        Task.#maxInstances = result.instances;
      });
  }

  constructor() {
    if (Task.#nextId > Task.#maxInstances) {
      throw "Max number of tasks reached";
    }
    this.#id = Task.#nextId++;
  }
}
```

타입스크립트는 인스턴스의 필드 외에 정적 필드가 인스턴스화되었는지를 확인하지 않는다. 예를 들어 백엔드에서 사용할 수 있는 슬롯 수를 비동기로 로드한 다음 인스턴스를 생성하는데, 이때 최대 슬롯에 도달했는지 확인할 수 없는 순간이 존재한다.

따라서 타입스크립트는 정적 클래스의 구조체를 지원하지 않으며, 정적 전용 클래스를 안티패턴으로 간주함에도 다양한 상황에서 정적 멤버를 유용하게 사용할 수 있다.

# 11.7 엄격한 프로퍼티 초기화 작업하기

**문제** 클래스가 상태를 유지하는데, 이 상태가 초기화되고 있는지를 알려주는 장치가 없다.

**해결** tsconfig에서 strictPropertyInitialization을 true로 설정하여 엄격한 프로퍼티 초기화를 활성화한다.

**논의** 클래스는 객체를 만드는 코드 템플릿이다. 먼저 클래스의 프로퍼티와 메서드를 정의한 다음 인스턴스화해야 실젯값을 할당할 수 있다. 타입스크립트 클래스는 기본 자바스크립트 클래스에 더 많은 문법을 추가하여 형식을 정의한다. 예를 들어 타입스크립트를 사용하면 형식이나 인터페이스와 비슷한 방식으로 인스턴스의 프로퍼티를 정의할 수 있다.

```
type State = "active" | "inactive";

class Account {
  id: number;
  userName: string;
  state: State;
  orders: number[];
}
```

그러나 이 표기법은 모양만 정의할 뿐, 구체적인 값은 설정하지 않는다. 일반 자바스크립트로 트랜스파일할 때 이러한 프로퍼티는 모두 지워지고 **형식 네임스페이스**에만 남는다.

이 표기법은 가독성이 뛰어나므로 개발자는 어떤 프로퍼티를 기대하는지 알 수 있다. 하지만 해당 프로퍼티가 실제로 존재한다는 보장은 없다. 초기화하지 않은 모든 프로퍼티는 누락되거나 underfined가 된다.

타입스크립트는 이런 상황을 예방하는 안전장치를 제공한다. tsconfig.json에서 strictPropertyInitialization 플래그를 true로 설정하면 타입스크립트는 클래스에서 새 객체를 만들 때 모든 예상 프로퍼티가 실제로 초기화되는지 확인한다.

**노트** stricPropertyInitialization은 타입스크립트의 strict 모드의 일부다. tsconfig에서 strict를 true로 설정하면(당연히 설정해야 함) 엄격한 프로퍼티 초기화도 활성화된다.

이 기능을 활성화하면 여러 개의 물결선이 나타난다.

```
class Account {
  id: number;
// ^ 속성 'id'은(는) 이니셜라이저가 없고 생성자에 할당되어 있지
// 않습니다.ts(2564)
  userName: string;
// ^ 속성 'userName'은(는) 이니셜라이저가 없고 생성자에 할당되어 있지
// 않습니다.ts(2564)
  state: State;
// ^ 속성 'state'은(는) 이니셜라이저가 없고 생성자에 할당되어 있지
// 않습니다.ts(2564)
  orders: number[];
// ^ 속성 'orders'은(는) 이니셜라이저가 없고 생성자에 할당되어 있지
// 않습니다.ts(2564)
}
```

멋지다! 이제 모든 프로퍼티가 값을 받을 수 있도록 해야 한다. 여러 가지 방법으로 이를 달성할 수 있다. Account 예를 살펴보면 애플리케이션의 도메인에 의거해 몇 가지 제약 조건이나 규칙을 정의할 수 있다.

**1** id와 userName은 백엔드와의 통신을 제어하고 내용을 표시하는 데 필요하다.

**2** state도 설정해야 하며 기본값은 active 상태다. 의도적으로 inactive으로 설정하지 않는 한 일반적으로 소프트웨어의 계정은 활성 상태다.

**3** orders는 주문 아이디를 포함하는 배열이지만, 주문이 없다면 어떻게 해야 할까? 빈 배열도 잘 동작하거나 orders가 아직 정의되지 않았다고 설정할 수 있다.

이러한 제약 조건을 고려하면 이미 두 가지 오류를 해결할 수 있다. state의 기본값을 active로 설정하고 orders는 선택형으로 설정했다. 또한 orders를 number[ ] ¦ undefined 형식으로 설정할 수도 있는데, 이는 선택형과 같은 의미다.

```
class Account {
  id: number; // 여전히 오류 발생
  userName: string; // 여전히 오류 발생
  state: State = "active"; // 동작함
  orders?: number[]; // 동작함
}
```

다른 두 프로퍼티는 여전히 오류를 일으킨다. constructor를 추가하고 이들 프로퍼티를 초기화하면 나머지 오류도 없앨 수 있다.

```
class Account {
  id: number;
  userName: string;
  state: State = "active";
  orders?: number[];

  constructor(userName: string, id: number) {
    this.userName = userName;
    this.id = id;
  }
}
```

제대로 된 타입스크립트 클래스를 만들었다! 타입스크립트에서는 생성자 매개변수에 public, private, protected와 같은 가시성 접근자를 추가해 이름과 값이 같은 클래스 프로퍼티으로 변환할 수 있는 생성자 단축 기능을 제공한다. 많은 상용구 코드를 제거하는 편리한 기능이다. 이때 클래스 모양에 같은 프로퍼티를 정의하지 말아야 한다.

```
class Account {
  state: State = "active";
  orders?: number[];

  constructor(public userName: string, public id: number) {}
}
```

현재 클래스를 보면 타입스크립트 기능에만 의존함을 알 수 있다. 자바스크립트에 해당하는 트랜스파일된 클래스는 많이 달라 보인다.

```
class Account {
  constructor(userName, id) {
    this.userName = userName;
    this.id = id;
    this.state = "active";
  }
}
```

constructor가 인스턴스를 정의하므로, 모든 것이 constructor 안에 있다.

> **경고** 타입스크립트 단축 기능과 클래스 문법은 멋져 보이지만, 너무 많이 사용하지 않도록 주의해야 한다. 최근 몇 년 동안 일반 자바스크립트에 형식을 제공하는 문법 확장으로 타입스크립트의 방향을 전환했지만, 수년 동안 존재해 온 클래스 기능을 아직도 사용할 수 있으며 때로는 예상과 다른 의미를 코드에 부여한다. 코드를 '형식이 있는 자바스크립트'라고 생각한다면 특히 타입스크립트 클래스 기능을 깊이 있게 다룰 때 주의해야 한다.

엄격한 프로퍼티 초기화는 constructor로 호출되는 함수 내에서 프로퍼티를 설정하는 것과 같은 복잡한 시나리오도 이해한다. 또한 비동기 클래스 때문에 클래스가 잠재적으로 초기화되지 않은 상태로 남을 수 있다는 점도 이해한다.

id 프로퍼티로 클래스를 초기화하고 백엔드에서 userName을 가져온다고 가정해보자. 생성자에서 비동기 호출을 수행하고 fetch 호출이 완료되어 userName을 설정했는데도 여전히 엄격한 프로퍼티 초기화 오류가 발생한다.

```
type User = {
  id: number;
  userName: string;
};

class Account {
  userName: string;
// ^ 속성 'userName'은(는) 이니셜라이저가 없고 생성자에 할당되어 있지
// 않습니다.ts(2564)
  state: State = "active";
  orders?: number[];

  constructor(public id: number) {
    fetch(`/api/getName?id=${id}`)
      .then((res) => res.json())
      .then((data: User) => (this.userName = data.userName ?? "not-found"));
  }
}
```

이는 사실이다! fetch 호출이 성공한다는 보장이 없으며, 오류를 catch로 잡아 프로퍼티를 폴백값으로 초기화하더라도 일정 시간 동안은 객체가 초기화되지 않은 userName을 포함한 상태로 유지되기 때문이다.

몇 가지 방법으로 이 문제를 해결할 수 있다. 한 가지 좋은 패턴은 비동기적으로 동작하는 정적 팩토리 함수를 사용하여 데이터를 먼저 가져온 다음 두 프로퍼티를 모두 기대하는 생성자를 호출하는 방법이다.

```
class Account {
  state: State = "active";
  orders?: number[];

  constructor(public id: number, public userName: string) {}

  static async create(id: number) {
    const user: User = await fetch(`/api/getName?id=${id}`).then((res) =>
      res.json()
    );
    return new Account(id, user.userName);
  }
}
```

이렇게 하면 두 프로퍼티에 모두 접근할 수 있을 때 바로 두 객체를 인스턴스화할 수 있고, id 만 사용할 수 있을 때는 비동기 컨텍스트에서 인스턴스화할 수 있다. 이렇게 생성자 업무를 나누어 주면서 생성자의 **async**를 제거했다.

초기화되지 않은 상태를 단순히 무시하는 방법도 있다. **userName**의 상태가 애플리케이션과 전혀 관련이 없으며 필요할 때만 접근하는 프로퍼티라면 어떻게 해야 할까? 확정 할당 어서션 <sub>definite assignment assertion</sub> (느낌표)을 사용해 이 프로퍼티를 초기화된 것으로 간주하도록 타입스크립트에 알린다.

```
class Account {
  userName!: string;
  state: State = "active";
  orders?: number[];

  constructor(public id: number) {
    fetch(`/api/getName?id=${id}`)
      .then((res) => res.json())
      .then((data: User) => (this.userName = data.userName));
  }
}
```

이제 관리 책임은 여러분에게 있으며, 느낌표를 포함한 런타임 오류 등을 안전하지 않은 작업으로 분류할 수 있는 타입스크립트 전용 문법을 얻었다.

## 11.8 클래스에서 this 형식으로 작업하기

**문제** 기능을 재사용할 수 있도록 기본 클래스를 확장했으며, 같은 클래스의 인스턴스를 참조하는 메서드 시그니처가 있다. 다른 하위 클래스와 인터페이스가 섞이지 않도록 하고 싶지만, 단지 형식을 바꾸려고 메서드를 오버라이드하고 싶진 않다.

**해결** 실제 클래스 형식 대신 this를 형식으로 사용한다.

**논의** 이 예에서는 클래스로 게시판 소프트웨어의 다양한 사용자 역할을 모델링한다. 먼저 식별자 기능을 제공하는 사용자 아이디와 토론글을 여는 기능을 포함하는 일반적인 User 클래스를 만든다.

```
class User {
  #id: number;
  static #nextThreadId: number;

  constructor(id: number) {
    this.#id = id;
  }

  equals(user: User): boolean {
    return this.#id === user.#id;
  }

  async openThread(title: string, content: string): Promise<number> {
    const threadId = User.#nextThreadId++;
    await fetch("/createThread", {
      method: "POST",
      body: JSON.stringify({
        content,
        title,
        threadId,
      }),
```

```
    });
    return threadId;
  }
}
```

이 클래스는 equals 메서드도 포함한다. 코드베이스 어딘가에서 사용한 두 개의 사용자 참조가 같은지 확인해야 하는데, 사용자를 식별하는 아이디는 number이므로 쉽게 비교할 수 있다.

User는 모든 사용자의 기본 클래스이므로 User 클래스를 상속받아 쉽게 더 많은 권한을 가진 역할을 추가할 수 있다. 예를 들어 Admin에는 토론글을 닫는 기능이 있으며, 다른 메서드에서 사용할 수 있는 권한 집합을 저장한다.

> 노트  프로그래밍 커뮤니티에서는 상속의 이점이 함정보다 많지 않으므로 상속을 무시하는 것이 더 좋을지에 관한 많은 논쟁이 있다. 하지만 웹 컴포넌트와 같은 자바스크립트의 일부 기능은 상속에 의존한다.

User를 상속받았으므로 openThread 메서드를 다시 구현할 필요가 없으며, 모든 관리자는 사용자이므로 equals 메서드를 재사용할 수 있다.

```
class Admin extends User {
  #privileges: string[];
  constructor(id: number, privileges: string[] = []) {
    super(id);
    this.#privileges = privileges;
  }

  async closeThread(threadId: number) {
    await fetch("/closeThread", {
      method: "POST",
      body: "" + threadId,
    });
  }
}
```

클래스를 설정한 다음 클래스를 인스턴스화하여 User 및 Admin 형식의 새 객체를 만들 수 있다. 또한 equals 메서드를 호출하여 두 사용자가 같은지 비교할 수 있다.

```
const user = new User(1);
const admin = new Admin(2);

console.log(user.equals(admin));
console.log(admin.equals(user));
```

하지만 비교의 방향과 관련한 한 가지 사소한 문제가 있다. 물론 두 숫자를 비교할 때 순서는 상관이 없으므로 admin와 user를 표면적으로 비교할 때는 문제가 없다. 하지만 주변 클래스와 하위 형식을 생각하면 개선할 부분이 있다.

- 사용자가 추가 권한을 얻었을 수 있으므로 user가 admin인지 검사할 수 있다.
- 넓은 상위 형식은 적은 정보를 포함하므로 admin을 user라고 해야 할지 의문이다.
- Admin에 인접한 다른 Moderator의 하위 클래스가 있다면 기본 클래스 외부의 프로퍼티를 공유하지 않으므로 서로 비교할 수 없게 하고 싶다.

하지만 현재 개발 중인 equals는 모든 비교를 수행한다. 비교 대상의 형식을 바꿔 이를 해결할 수 있다. 입력 매개변수에 User로 먼저 애너테이션을 추가했지만, 실제로는 **같은 형식의 다른 인스턴스와** 비교하고 싶다. 이런 상황에서 this라는 형식을 사용할 수 있다.

```
class User {
  // ...

  equals(user: this): boolean {
    return this.#id === user.#id;
  }
}
```

이 this 매개변수 형식은 2.7절에서 배운 지울 수 있는 this 매개변수와는 다르다. this 매개변수 형식을 사용하면 함수 범위 안에서 이 전역 변수의 구체적인 형식을 설정할 수 있기 때문이다. this 형식은 메서드 속한 클래스를 참조한다. 그리고 this는 구현에 따라 바뀐다. 따라서 User의 user에 this로 애너테이션을 추가하면 User를 상속하는 클래스에서는 Admin이나 Moderator가 되는 식으로 변한다. 이를 활용해 admin.equals는 다른 Admin 클래스를 비교 대상으로 기대하며, 그렇지 않으면 오류가 발생한다.

```
console.log(admin.equals(user));
//                      ^
// 'User' 형식의 인수는 'Admin' 형식의 매개변수에 할당될 수 없습니다.
```

다른 방법도 잘 동작한다. Admin은 User의 모든 프로퍼티를 포함하므로(결국 하위 클래스이므로) user.equals(admin)를 쉽게 수행할 수 있다.

this 형식을 반환 형식으로 사용할 수도 있다. **빌더 패턴**을 구현하는 이 OptionBuilder를 살펴보자.

```
class OptionBuilder<T = string | number | boolean> {
  #options: Map<string, T> = new Map();
  constructor() {}

  add(name: string, value: T): OptionBuilder<T> {
    this.#options.set(name, value);
    return this;
  }

  has(name: string) {
    return this.#options.has(name);
  }

  build() {
    return Object.fromEntries(this.#options);
  }
}
```

OptionBuilder<T>는 Map을 감싸는 소프트 래퍼로 키/값 쌍을 설정할 수 있다. 연쇄할 수 있는 인터페이스를 제공하므로 add를 호출하면 현재 인스턴스를 반환하므로 add를 호출한 다음 반환 결과에 또다시 add 호출할 수 있다. 반환 형식에 OptionBuilder<T>로 애너테이션을 추가했다.

```
const options = new OptionBuilder()
  .add("deflate", true)
  .add("compressionFactor", 10)
  .build();
```

이제 OptionBuilder를 상속하면서 요소의 형식을 string으로 설정하는 StringOptionBuilder를 만든다. 또한 특정 값을 쓰기 전에 값이 이미 설정되었는지 확인하는 safeAdd 메서드를 추가해 이전 설정을 오버라이드하지 않도록 한다.

```
class StringOptionBuilder extends OptionBuilder<string> {
  safeAdd(name: string, value: string) {
    if (!this.has(name)) {
      this.add(name, value);
    }
    return this;
  }
}
```

새 빌더를 사용해 보면 첫 번째 단계에 add가 있을 때 예상과 다르게 safeAdd를 사용할 수 없다는 사실을 알게 된다.

```
const languages = new StringOptionBuilder()
  .add("en", "English")
  .safeAdd("de", "Deutsch")
// ^
// 'OptionBuilder<string>' 형식에 'safeAdd' 속성이 없습니다.ts(2339)
  .safeAdd("de", "German")
  .build();
```

타입스크립트는 OptionBuilder<string> 형식에 safeAdd가 존재하지 않는다고 알려준다. 이 함수는 어디로 사라졌을까? 문제는 add에 매우 광범위한 애너테이션을 사용했다는 것이다. 물론 StringOptionBuilder는 OptionBuilder<string>의 하위 형식이지만, 애너테이션을 사용하면 더 좁은 형식 정보를 잃는다. 어떻게 해결해야 할까? this를 반환 형식으로 사용하면 된다.

```
class OptionBuilder<T = string | number | boolean> {
  // ...

  add(name: string, value: T): this {
    this.#options.set(name, value);
    return this;
  }
}
```

이전 예제와 같은 효과가 일어난다. this는 OptionBuilder<T>에서 OptionBuilder<T>가 되고, StringBuilder에서는 StringBuilder가 된다. this를 반환하고 반환 형식 애너테이션을 생략하면 this는 유추된 반환 형식이 된다. 따라서 사용자의 선호에 따라 this를 **명시적으로** 사용할지가 달라진다(2.1절 참조).

## 11.9 데코레이터 구현하기

**문제** 텔레메트리<sup>telemetry</sup>에 사용한 메서드의 실행을 기록하고 싶은데, 모든 메서드에 수동 로그를 추가하려니 번거롭다.

**해결** log라는 클래스 메서드 데코레이터를 구현한 다음 대상 메서드에 애너테이션을 추가한다.

**논의** **데코레이터**<sup>decorator</sup> 디자인 패턴은 유명한 책인 『GoF의 디자인 패턴』(에릭 감마<sup>Erich Gamma</sup> 외)에서 클래스와 메서드를 **장식하여**<sup>decorate</sup> 특정 동작을 동적으로 추가하거나 덮어쓸 수 있는 기법으로 설명한다.

객체 지향 프로그래밍에서 자연스럽게 등장한 디자인 패턴으로 시작된 데코레이터는 아주 대중화되어 객체 지향 특징이 있는 프로그래밍 언어에서는 특별한 문법으로 데코레이터를 언어에 추가한다. 자바(애너테이션<sup>annotation</sup>), C#(속성<sup>attribute</sup>), 자바스크립트에서 그 흔적을 찾을 수 있다.

ECMAScript의 데코레이터 제안은 꽤 오랫동안 제안 상태에 묶여 있었으나, 2022년 마침내 3단계(구현 준비 완료)에 도달했다. 모든 기능이 3단계에 도달하면서 타입스크립트는 새로운 사양을 빠르게 채택한 도구가 되었다.

경고 타입스크립트에서는 오랫동안 experimentalDecorators 컴파일러 플래그로 데코레이터를 지원했다. 타입스크립트 5.0에서는 네이티브 ECMAScript 데코레이터 제안이 완전히 구현되어 플래그 없이 사용할 수 있다. 실제 ECMAScript 구현은 원래 설계와 근본적으로 다르며, 타입스크립트 5.0 이전에 데코레이터를 개발했다면 새 사양에서는 동작하지 않는다. experimentalDecorators 플래그를 켜면 ECMAScript 네이티브 데코레이터가 꺼진다는 점에 유의하자. 또한 형식과 관련하여 lib.decorators.d.ts는 ECMAScript 네이티브 데코레이터에 대한 모든 형식 정보를 포함하지만, lib.decorators.legacy.d.ts의 형식에는 이전 형식 정보를 포함한다. 따라서 프로젝트 설정이 올바른지, 잘못된 정의 파일의 형식을 사용하고 있지 않은지 확인하자.

데코레이터를 사용하면 클래스의 거의 모든 것을 꾸밀 수 있다. 이 예제에서는 메서드 호출 실행을 기록할 수 있는 메서드 데코레이터부터 시작한다.

데코레이터는 **값**과 **컨텍스트**(둘 다 데코레이션하려는 클래스 요소의 형식에 의존함)를 받는 함수다. 이러한 데코레이터 함수는 자신의 메서드를 실행하기 전(또는 필드 초기화 이전, 접근자 호출 이전 등)에 실행할 다른 함수를 반환한다.

다음은 간단한 log 메서드 데코레이터 코드다.

```
function log(value: Function, context: ClassMethodDecoratorContext) {
  return function (this: any, ...args: any[]) {
    console.log(`calling ${context.name.toString()}`);
    return value.call(this, ...args);
  };
}

class Toggler {
  #toggled = false;

  @log
  toggle() {
    this.#toggled = !this.#toggled;
  }
}

const toggler = new Toggler();
toggler.toggle();
```

log 함수는 원래 데코레이터 제안(*https://oreil.ly/76JuE*)에서 정의한 ClassMethodDecorator 형식을 따른다.

```
type ClassMethodDecorator = (value: Function, context: {
  kind: "method";
  name: string | symbol;
  access: { get(): unknown };
  static: boolean;
  private: boolean;
  addInitializer(initializer: () => void): void;
}) => Function | void;
```

다양한 데코레이터 컨텍스트 형식을 사용할 수 있다. `lib.decorator.d.ts`는 다음과 같은 데코레이터를 정의한다.

```
type ClassMemberDecoratorContext =
    ¦ ClassMethodDecoratorContext
    ¦ ClassGetterDecoratorContext
    ¦ ClassSetterDecoratorContext
    ¦ ClassFieldDecoratorContext
    ¦ ClassAccessorDecoratorContext
    ;

/**
 * 데코레이터에 제공된 데코레이터 컨텍스트 형식
 */
type DecoratorContext =
    ¦ ClassDecoratorContext
    ¦ ClassMemberDecoratorContext
    ;
```

각 데코레이터의 이름에서 클래스 내의 대상을 정확히 읽을 수 있다.

아직 자세한 형식은 구현하지 않았다. 형식이 아주 복잡해질 수 있으므로 현재는 대부분 **any**를 사용한다. 모든 매개변수에 형식을 추가하려면 제네릭을 많이 사용해야 한다.

```
function log<This, Args extends any[], Return>(
  value: (this: This, ...args: Args) => Return,
  context: ClassMethodDecoratorContext
): (this: This, ...args: Args) => Return {
  return function (this: This, ...args: Args) {
    console.log(`calling ${context.name.toString()}`);
    return value.call(this, ...args);
  };
}
```

전달할 메서드를 설명하는 데 제네릭 형식 매개변수가 필요하다. 다음 형식을 포착하려 한다.

- This는 this 매개변수 형식(2.7절 참조)에 대응하는 제네릭 형식 매개변수다. 데코레이터는 객체 인스턴스의 컨텍스트에서 실행되므로 this를 설정해야 한다.
- 그런 다음 메서드의 인수를 Args로 설정한다. 2.4절에서 배웠듯이, 메서드나 함수의 인수는 튜플로 설명할 수 있다.

- 마지막으로, 메서드는 특정 형식의 값을 반환해야 하므로 Return 형식 매개변수를 지정해야 한다.

이 세 가지를 모두 사용하면 모든 클래스에 대해 가장 일반적인 방식으로 입력 메서드와 출력 메서드를 설명할 수 있다. 제네릭 제약을 사용해 데코레이터가 특정 상황에서만 동작하도록 할 수 있지만, log는 모든 메서드 호출을 기록할 수 있어야 한다.

> **노트** 이 글을 쓰는 현재, 타입스크립트의 ECMAScript 데코레이터는 비교적 새로운 기능이다. 보통 시간이 흐르면서 형식이 개선되므로 여기서 제공하는 형식 정보는 이미 개선되었을 수 있음을 감안하자.

또한 constructor 메서드를 호출하기 전에 클래스 필드와 관련 초깃값도 기록하려 한다.

```
class Toggler {
  @logField #toggled = false;

  @log
  toggle() {
    this.#toggled = !this.#toggled;
  }
}
```

ClassFieldDecoratorContext에서 작동하는 logField라는 또 다른 데코레이터를 만들어 이 문제를 해결한다. 데코레이터 제안(*https://oreil.ly/76JuE*)에서는 클래스 필드용 데코레이터를 다음과 같이 설명한다.

```
type ClassFieldDecorator = (value: undefined, context: {
  kind: "field";
  name: string | symbol;
  access: { get(): unknown, set(value: unknown): void };
  static: boolean;
  private: boolean;
}) => (initialValue: unknown) => unknown | void;
```

값은 undefined다. 초깃값을 대체 메서드로 전달한다.

```
type FieldDecoratorFn = (val: any) => any;
```

```
function logField<Val>(
  value: undefined,
  context: ClassFieldDecoratorContext
): FieldDecoratorFn {
  return function (initialValue: Val): Val {
    console.log(`Initializing ${context.name.toString()} to ${initialValue}`);
    return initialValue;
  };
}
```

한 가지 이상한 점이 있다. 왜 멤버의 종류에 따라 다른 데코레이터가 필요할까? log 데코레이터로 모든 것을 처리할 수 있어야 하지 않을까? 데코레이터는 특정 **데코레이터 컨텍스트**에서 호출되며, kind 프로퍼티로 올바른 컨텍스트를 식별할 수 있다(3.2절에서 본 패턴). 따라서 컨텍스트에 따라 다른 데코레이터 호출을 수행하는 log 함수를 아주 쉽게 구현할 수 있지 않을까?

그렇기도 하고, 아니기도 하다. 물론 상황에 맞게 분기하는 래퍼 함수를 사용하는 방법이 가장 좋지만, 지금까지 살펴본 바와 같이 형식 정의가 아주 복잡하다. 함수 시그니처 하나로 이를 모두 처리하려면 많은 곳에서 **any**를 기본값으로 사용하지 않는 한 거의 불가능에 가깝다. 올바른 함수 시그니처 형식이 필요하다는 사실을 기억하자. 그렇지 않으면 데코레이터가 클래스 멤버와 함께 동작하지 않는다.

여러 개의 다른 함수 시그니처는 **함수 오버로드** 문제를 일으킨다. 따라서 가능한 모든 데코레이터에 적용할 하나의 함수 서명을 찾는 대신 **필드 데코레이터**와 **메서드 데코레이터** 등에 대응하는 오버로드를 만든다. 여기에서는 한 개의 데코레이터의 형식을 구현할 때와 마찬가지로 형식을 구현한다. 구현 함수 시그니처는 value에 **any**를 사용하고 필요한 모든 데코레이터 컨텍스트 형식을 유니온으로 가져오므로 나중에 적절한 구별 검사를 수행할 수 있다.

```
function log<This, Args extends any[], Return>(
  value: (this: This, ...args: Args) => Return,
  context: ClassMethodDecoratorContext
): (this: This, ...args: Args) => Return;
function log<Val>(
  value: Val,
  context: ClassFieldDecoratorContext
): FieldDecoratorFn;
function log(
  value: any,
```

```
    context: ClassMethodDecoratorContext | ClassFieldDecoratorContext
) {
  if (context.kind === "method") {
    return logMethod(value, context);
  } else {
    return logField(value, context);
  }
}
```

모든 실제 코드를 if 브랜치에 끼워 넣는 대신 원래의 메서드를 호출한다. logMethod나 logField 함수를 모듈에 추가한 다음 log만 익스포트하면 두 메서드를 노출하지 않을 수 있다.

> **팁** 데코레이터 형식은 많으며 각자가 조금씩 다른 다양한 필드를 포함한다. lib.decorators.d.ts의 형식 정의도 훌륭하지만, 조금 더 자세한 정보가 필요하다면 TC39에서 원본 데코레이터 제안서(*https://github.com/tc39/proposal-decorators*)를 확인하자. 모든 형식의 데코레이터와 관련한 광범위한 정보를 제공할 뿐만 아니라 빠진 퍼즐 조각을 완성하는 데 필요한 추가 타입스크립트 형식도 제공한다.

마지막으로 해야 할 일이 하나 있다. 호출 전후 모든 로그를 기록하도록 logMethod를 조정한다. 반환값을 일시적으로 저장해 쉽게 이를 구현한다.

```
function log<This, Args extends any[], Return>(
  value: (this: This, ...args: Args) => Return,
  context: ClassMethodDecoratorContext
) {
  return function (this: This, ...args: Args) {
    console.log(`calling ${context.name.toString()}`);
    const val = value.call(this, ...args);
    console.log(`called ${context.name.toString()}: ${val}`);
    return val;
  };
}
```

하지만 비동기 방식에서는 상황이 좀 더 흥미로워진다. 비동기 호출 시 Promise가 반환된다. Promise 자체는 이미 실행되었거나 실행이 나중으로 미뤄졌을 수 있다. 이는 이전의 구현을 고수한다면, **호출된** 로그 메시지가 메서드가 실제로 값을 산출하기 전에 나타날 수 있음을 의미한다.

Promise가 결과를 도출한 후 다음에 로그 메시지를 연결해 이 문제를 해결할 수 있다. 그러려면 먼저 해당 메소드가 실제로 Promise인지 확인해야 한다. 자바스크립트의 프로미스는 then 메소드를 포함한다. 헬퍼 메소드에서 then 메서드 존재 여부를 확인한다.

```typescript
function isPromise(val: any): val is Promise<unknown> {
  return (
    typeof val === "object" &&
    val &&
    "then" in val &&
    typeof val.then === "function"
  );
}
```

결과가 Promise인지에 따라 직접 기록할지 또는 지연 기록할지 결정한다.

```typescript
function logMethod<This, Args extends any[], Return>(
  value: (this: This, ...args: Args) => Return,
  context: ClassMethodDecoratorContext
): (this: This, ...args: Args) => Return {
  return function (this: This, ...args: Args) {
    console.log(`calling ${context.name.toString()}`);
    const val = value.call(this, ...args);
    if (isPromise(val)) {
      val.then((p: unknown) => {
        console.log(`called ${context.name.toString()}: ${p}`);
        return p;
      });
    } else {
      console.log(`called ${context.name.toString()}: ${val}`);
    }

    return val;
  };
}
```

데코레이터는 아주 복잡해질 수 있지만, 궁극적으로 자바스크립트와 타입스크립트의 클래스를 더 표현력 있게 만드는 유용한 도구다.

# CHAPTER 12

# 형식 개발 전략

지금까지는 타입스크립트 프로그래밍 언어와 형식 시스템의 다양한 특징을 살펴봤다. 2장과 3장에서는 기본 형식을 효과적으로 사용하는 방법, 4장에서는 제네릭으로 코드 재사용성을 높이는 방법을 살펴봤다. 5장에서는 조건부 형식, 6장에서는 문자열 템플릿 리터럴 형식, 7장에서는 가변 튜플 형식을 사용하여 특정 상황에 맞는 고급 형식을 만드는 방법을 배웠다.

8장에서는 헬퍼 형식 컬렉션을 만들었고, 9장에서는 표준 라이브러리라는 제한을 안고 작업했다. 10장에서는 JSX를 언어 확장으로 사용하는 방법을 배웠고, 11장에서는 언제, 어떻게 클래스를 사용하는지 배웠다. 이 책에는 각 접근 방식의 장단점을 자세히 설명하면서 모든 상황에 맞는 결정을 내리도록 도우며, 좋은 형식과 좀 더 강력한 프로그램 및 안정적인 개발 흐름을 제공할 더 좋은 도구를 제공한다.

지금까지 정말 많은 내용을 배웠다! 하지만 모든 것을 하나로 묶는 마지막 작업이 남았다. 새로운 형식이라는 도전을 어떻게 풀어나가야 할까? 어디서부터 시작할까? 무엇을 조심해야 할까?

이 장에서는 이 질문들에 답을 제공한다. 이 장에서는 **유지 보수가 쉬운 형식**low maintenance type이라는 개념을 배운다. 우선 간단한 형식부터 시작해 점차 더 정교하고 탄탄한 형식을 만드는 과정을 탐구한다. 타입스크립트 플레이그라운드(*https://www.typescriptlang.org/play*)의 숨겨진 기능과 검증을 도와주는 라이브러리 사용 방법을 배운다. 어려운 결정을 내리는 데 도움이 되는 가이드를 찾아보고 타입스크립트를 사용하면서 반드시 부딪히게 되는 일반적이지만 까다로운 형식 오류를 해결하는 방법을 살펴본다.

지금까지 이 책을 보면서 초보자에서 수습생이 되었다면, 이 장의 내용을 공부하면서 전문가로 거듭날 수 있다. 마지막 장에 도달한 독자 여러분을 환영한다.

## 12.1 유지 보수가 쉬운 형식 구현하기

**문제** 모델이 바뀔 때마다 코드베이스 전체에서 수십 개의 형식을 바꿔야 한다. 이 작업은 지루할 뿐 아니라 뭔가 빼먹는 실수가 쉽게 발생할 수 있다.

**해결** 다른 형식으로부터 새 형식을 파생하고, 사용 방법으로 형식을 추론하며, 유지 보수가 쉬운 형식을 만든다.

**논의** 지금까지 다른 형식으로부터 새 형식을 만드는 데 많은 시간을 소비했다. 기존 형식으로부터 새 형식을 파생할 수 있다면 형식 정보를 구현하고 적용하는 데 걸리는 시간을 아껴서 버그를 수정하고 자바스크립트 오류를 고치는 데 더 많은 시간을 투자할 수 있다.

타입스크립트는 자바스크립트 위에 추가된 메타정보 계층이다. 튼튼하고 이해하기 쉬운 자바스크립트 코드를 구현하는 것이 우리의 목표다. 물론 다양한 도구는 개발자의 생산성을 높이도록 돕는다.

필자는 보통 다음처럼 타입스크립트를 사용한다. 자바스크립트 코드를 먼저 구현하고, 타입스크립트에서 정보가 필요한 위치에 주석을 추가한다. 단, 형식을 유지 보수하는 일은 피한다. 의존성dependency이나 주변 환경이 바뀌었을 때 스스로 갱신되는 형식을 직접 만드는 작업을 선호한다. 필자는 이를 '**유지 보수가 쉬운 형식 만들기**'라 부른다.

유지 보수가 쉬운 형식을 만드는 과정을 세 부분으로 구분할 수 있다.

> 1 데이터를 직접 모델링하거나 기존 모델에서 추론한다.
> 2 파생형(매핑된 형식, 파셜partial 등)을 정의한다.
> 3 조건부 형식으로 동작을 정의한다.

간단한 미완성 상태의 copy 함수를 살펴보자. 한 디렉터리에서 다른 디렉터리로 파일을 복사하려 한다. 기본 옵션 집합을 만들어 사용하면 똑같은 작업을 반복할 필요가 없다.

```
const defaultOptions = {
  from: "./src",
  to: "./dest",
};

function copy(options) {
  // defaultOptions와 options를 합친다.
  const allOptions = { ...defaultOptions, ...options};

  // 할 일: 나머지 구현하기
}
```

자바스크립트에서 많이 볼 수 있는 패턴이다. 타입스크립트에 **일부** 형식 정보가 누락되었음을 한눈에 알 수 있다. 특히 copy 함수의 options 인수는 현재 any 형식이다. options 인수에 형식을 추가해보자!

다음처럼 명시적으로 형식을 만들 수 있다.

```
type Options = {
  from: string;
  to: string;
};

const defaultOptions: Options = {
  from: "./src",
  to: "./dest",
};

type PartialOptions = {
  from?: string;
  to?: string;
};

function copy(options: PartialOptions) {
  // defaultOptions와 options를 합친다.
  const allOptions = { ...defaultOptions, ...options};

  // 할 일: 나머지 구현하기
}
```

합리적인 방법이다. 형식을 생각해보고 할당한 다음, 편집기에서 모든 피드백을 얻고 형식 검사를 수행한다. 하지만 여기서 무언가 바뀌면 어떻게 될까? 다른 필드를 `Options`에 추가한다고 가정해보자. 코드를 세 번 바꿔야 한다.

```
type Options = {
  from: string;
  to: string;
  overwrite: boolean; // 추가됨
};

const defaultOptions: Options = {
  from: "./src",
  to: "./dest",
  overwrite: true, // 추가됨
};

type PartialOptions = {
  from?: string;
  to?: string;
  overwrite?: boolean; // 추가됨
};
```

필요한 정보가 이미 존재하는데 꼭 이렇게 반복해야 할까? `defaultOptions`로 정확히 무엇이 필요한지 타입스크립트에 알려준다. 이를 최적화해보자.

**1** PartialOptions 형식 대신 유틸리티 형식 Partial\<T\>를 사용해 같은 효과를 얻을 수 있다. 여러분은 이를 이미 짐작했을 것이다.

**2** 타입스크립트 연산자 typeof를 사용해 즉석에서 새 형식을 만든다.

```
const defaultOptions = {
  from: "./src",
  to: "./dest",
  overwrite: true,
};

function copy(options: Partial<typeof defaultOptions>) {
  // defaultOptions와 options를 합친다.
  const allOptions = { ...defaultOptions, ...options};
```

```
    // 할 일: 나머지 코드 구현
  }
```

좋다. 무엇을 찾고 있는지 타입스크립트에 알려줘야 하는 그 위치에 애너테이션을 추가한다.

- 새 필드를 추가할 때는 유지 관리가 전혀 필요 없다.
- 필드 이름을 바꾸면 함수에 전달하는 옵션을 변경해야 하는 copy의 모든 사용처에서 원하는 정보만 얻을 수 있다.
- 신뢰할 수 있는 한 가지 소스, 즉 실제 defaultOptions 객체가 있다. 이 객체가 중요한 이유는 런타임에 우리에게 있는 유일한 정보이기 때문이다.

코드를 조금 더 간결하게 개선했다. 기존에 자바스크립트를 구현하듯이 자연스럽게 타입스크립트를 사용할 수 있다.

전에 사용했던 예를 다시 살펴보자. 3.1절에서 시작해 4.5절과 5.3절에서 사용한 장난감 가게 예제다. 세 가지 항목을 모두 다시 살펴보면서 모델을 바꿨을 때 다른 모든 형식을 자동 갱신하는 방법을 생각해보자.

## 12.2 단계별로 형식 다듬기

**문제** API에는 제네릭, 조건부 형식, 문자열 템플릿 리터럴 형식 같은 고급 기능을 활용한 정교한 형식이 필요하다. 하지만 어디서부터 시작해야 할지 모른다.

**해결** 형식을 단계적으로 다듬는다. 기본 형식과 객체 형식부터 시작해 부분집합, 제네릭 형식 추가를 살펴본 후 고급 기법을 사용한다. 이 과정에서 설명하는 프로세스는 앞으로 여러분이 형식을 만드는 데 도움이 될 것이다. 또한 지금까지 배운 모든 것을 요약하는 좋은 방법이기도 하다.

**논의** 다음 예제를 살펴보자.

```
app.get("/api/users/:userID", function (req, res) {
  if (req.method === "POST") {
```

```
    res.status(20).send({
      message: "Got you, user " + req.params.userId,
    });
  }
});
```

라우트(또는 경로)를 정의하고 URL을 요청했을 때 콜백을 실행할 수 있는 익스프레스 (*https://expressjs.com*) 스타일의 서버가 있다.

콜백은 두 가지 인수를 받는다.

### 요청 객체

이 객체는 GET, POST, PUT, DELETE 등의 HTTP 메서드(*https://oreil.ly/zcoUS*) 정보와 추가 매개변수 정보를 제공한다. 이 예제에서 userID는 사용자의 식별자를 포함하는 매개 변수 userID로 매핑된다!

### 응답 또는 회신 객체

이 객체로 서버에서 클라이언트로 보낼 응답을 준비한다. 적절한 상태 코드(status 메서 드)와 JSON 출력을 전달한다.

아주 단순화한 예제지만, 우리가 하려는 작업을 쉽게 보여준다. 이전 예제도 오류가 가득하다. 확인해보자.

```
app.get("/api/users/:userID", function (req, res) {
  if (req.method === "POST") { /* 오류 1 */
    res.status(20).send({ /* 오류 2 */
      message: "Welcome, user " + req.params.userId /* 오류 3 */,
    });
  }
});
```

구현 코드 세 줄에 오류가 세 개 있다. 어떻게 된 걸까?

**1** 첫 번째는 알아채기 어려운 오류다. 앱에 GET 요청(따라서 app.get)을 보내는 상황인데, 요청 방법이 POST일 때만 무언가를 한다. 이 시점에 req.method는 POST일 수 없다. 따라서 프로그램은 어떤 응답도 보내지 않을 것이고, 이는 예상치 못한 타임아웃을 일으킬 것이다.

**2** 명시적으로 상태 코드를 보내는 것은 좋다! 하지만 20은 올바른 상태 코드가 아니다. 클라이언트들은 여기서 무슨 일이 일어나는지 이해하지 못할 것이다.

**3** 보내고 싶은 답변이다. 파싱된 인수에 접근했는데 오타(userID가 아니라 userId)가 있다. 결과적으로 사용자는 'Welcome, user undefined!'라는 인사를 받을 것이다. 여러분도 실생활에서 이런 오류를 본 적이 있을 것이다.

이와 같은 문제를 해결하는 것이 타입스크립트의 주요 목표다. 타입스크립트는 사용자보다 자바스크립트 코드를 더 잘 이해하기를 원한다. 여러분이 의미하는 바를 타입스크립트가 이해할 수 없을 때는 추가로 형식 정보를 제공해서 도움을 줄 수 있다. 형식 추가를 어떻게 시작해야 할지 막막할 때가 있다는 점이 문제다. 매우 당황스러운 경계 상황이 머릿속에 맴도는데, 이럴 때 어떻게 해야 할지 모를 수도 있다.

여러분이 시작하는 데 도움이 되는 프로세스를 제안하는 동시에 필요하다면 중간에 어디서 멈춰야 할지도 설명한다. 형식 강점을 단계적으로 강화할 수 있다. 형식을 개선할 때마다 더 좋은 형식으로 발전하므로 장기간에 걸쳐 형식 안전성을 높일 수 있다. 시작해보자!

## 1단계: 기본 타이핑

몇 가지 기본 정보부터 살펴보자. get 함수를 가리키는 app 객체가 있다. get 함수는 문자열 path와 콜백을 받는다.

```
const app = {
  get /* post, put, delete, ... 등 사용! */,
};

function get(path: string, callback: CallbackFn) {
  // 구현해야 함 --> 지금은 중요하지 않음
}
```

CallbackFn은 void를 반환하며 다음 두 가지 인수를 받는 함수 형식이다.

- ServerRequest 형식 req
- ServerReply 형식 reply

```
type CallbackFn = (req: ServerRequest, reply: ServerReply) => void;
```

ServerRequest 객체는 대부분 프레임워크에서 상당히 복잡한 편이지만, 예제에서는 단순화된 버전을 사용한다. method 문자열은 "GET", "POST", "PUT", "DELETE" 등으로 전달한다. 또한 params 레코드도 있다. 레코드는 일련의 키를 속성 집합과 연결하는 객체다. 일단은 모든 string 키가 string 속성에 매핑되도록 허용하고 나중에 이를 리팩토링 한다.

```
type ServerRequest = {
  method: string;
  params: Record<string, string>;
};
```

실제 ServerReply 객체에는 더 많은 함수가 있지만, 일단 편의상 몇 가지 함수만 ServerReply에 배치한다. send 함수는 전송 데이터를 저장할 선택형 인수 obj를 받는다. 유연한 인터페이스fluent interface를 제공하는 status 함수로 상태 코드를 설정할 수 있다. 유연한 인터페이스는 자신의 인스턴스를 결과로 반환히므로 메서드 호출 결과에 다시 메서드를 호출하는 연결 작업을 수행할 수 있다.

```
type ServerReply = {
  send: (obj?: any) => void;
  status: (statusCode: number) => ServerReply;
};
```

아주 기본적인 복합 형식과 경로에 사용되는 단순한 기본 형식을 활용해 이미 프로젝트에 많은 형식 안전성을 추가했다. 이제 몇 가지 오류를 해결할 수 있다.

```
app.get("/api/users/:userID", function(req, res) {
  if(req.method === 2) {
//       ^ 'string'이(가) 'number'과(와) 겹치지 않으므로 이 비교는 의도하지 않은
// 것 같습니다.ts(2367)

    res.status("200").send()
//         ^
// 'string' 형식의 인수는 'number' 형식의 매개변수에 할당될 수
// 없습니다.ts(2345)
  }
});
```

이전보다 좋아졌지만 아직 해야 할 일이 많다. 여전히 잘못된 상태 코드를 보낼 수 있고(모든 숫자를 할당할 수 있음), 지원하는 HTTP 메서드 종류를 알 수 없다(모든 문자열을 입력할 수 있음). 이제 형식을 다듬어보자.

## 2단계: 기본 형식의 부분집합

기본 형식이란 해당 범주의 가능한 모든 값의 집합이라 할 수 있다. 예를 들어 string은 자바스크립트로 표현할 수 있는 모든 문자열을 포함하고, number는 이중 소수점 정밀도로 표현할 수 있는 모든 숫자를 포함하며, boolean은 모든 불리언값(true와 false)을 포함한다.

타입스크립트를 사용하면 이러한 집합을 더 작은 부분집합으로 다듬을 수 있다. 예를 들어 HTTP 메서드에 대해 수신할 수 있는 모든 문자열을 포함하는 Methods 형식을 만들 수 있다.

```
type Methods = "GET" | "POST" | "PUT" | "DELETE";

type ServerRequest = {
  method: Methods;
  params: Record<string, string>;
};
```

Methods는 큰 string에서 떨어져 나온 작은 집합이다. 또한 Methods는 리터럴 유니온 형식이며 주어진 집합의 최소 단위다. 리터럴 문자열이거나 리터럴 숫자다. 단지 "GET"으로, 모호함이 없다. 다른 리터럴 형식과 유니온을 구성해 더 큰 형식의 하위 집합을 만든다. string과 number 리터럴 형식을 합치거나 다른 복합 객체 형식을 합친 하위 집합을 구성할 수 있다. 리터럴 형식을 조합하여 유니온에 추가할 수 있다.

이는 서버 콜백에 바로 영향을 미친다. 이제 네 가지 메서드를 구별할 수 있고 네 가지(또는 필요하다면 더 많은) 가능성을 코드에서 활용할 수 있다. 타입스크립트가 여러분을 안내할 것이다.

오류가 하나 줄었다. 이제 이용할 수 있는 HTTP 메서드가 무엇인지 명확해졌다. 같은 방식으로, statusCode가 취할 수 있는 유효한 숫자의 부분집합을 정의함으로써 HTTP 상태 코드를 처리할 수 있다.

```
type StatusCode =
  100 | 101 | 102 | 200 | 201 | 202 | 203 | 204 | 205 |
  206 | 207 | 208 | 226 | 300 | 301 | 302 | 303 | 304 |
  305 | 306 | 307 | 308 | 400 | 401 | 402 | 403 | 404 |
  405 | 406 | 407 | 408 | 409 | 410 | 411 | 412 | 413 |
  414 | 415 | 416 | 417 | 418 | 420 | 422 | 423 | 424 |
  425 | 426 | 428 | 429 | 431 | 444 | 449 | 450 | 451 |
  499 | 500 | 501 | 502 | 503 | 504 | 505 | 506 | 507 |
  508 | 509 | 510 | 511 | 598 | 599;

type ServerReply = {
  send: (obj?: any) => void;
  status: (statusCode: StatusCode) => ServerReply;
};
```

StatusCode를 유니온 형식으로 만들었다. 덕분에 또 다른 오류를 고쳤다. 이제 다음처럼 다른 오류가 발생한다.

```
app.get("/api/user/:userID", (req, res) => {
  if(req.method === "POS") {
//    ^ 'Methods'이(가) '"POS"'과(와) 겹치지 않으므로 이 비교는 의도하지 않은
//    것 같습니다.ts(2367)
    res.status(20)
//             ^
// '20' 형식의 인수는 'StatusCode' 형식의 매개변수에 할당될 수
// 없습니다.ts(2345)
  }
})
```

덕분에 소프트웨어는 훨씬 더 안전해졌다. 하지만 이 상태로 만족하긴 이르다!

### 3단계: 제네릭 추가

app.get으로 라우트를 정의할 때, 암묵적으로 사용할 수 있는 유일한 HTTP 메서드는 "GET"이라는 사실을 안다. 하지만 항상 메서드가 유니온의 일부인지 형식 정의를 이용해 검사해야 한다.

사용할 수 있는 모든 HTTP 메서드의 콜백 함수를 정의할 수 있으므로 CallbackFn의 형식 자

체는 올바르다고 할 수 있지만, 명시적으로 app.get을 호출하면 오로지 형식 준수 목적으로 추가된 몇 가지 단계를 생략할 수 있다.

타입스크립트 제네릭으로 이 문제를 해결한다. 전체 집합이 아니라 **Methods** 일부를 지정하는 방식으로 **ServerRequest**를 정의한다. 함수에서 했듯이 제네릭 문법으로 매개변수를 정의한다.

```
type ServerRequest<Met extends Methods> = {
  method: Met;
  params: Record<string, string>;
};
```

다음과 같은 일이 일어난다.

- ServerRequest는 홑화살괄호(<>)가 보여주듯이 제네릭 형식이다
- Methods 형식의 하위 집합인 Met이라는 제네릭 매개변수를 정의한다.
- 이 제네릭 매개변수를 제네릭 변수로 사용하여 메서드를 정의한다.

이 덕분에 다음처럼 코드를 중복하지 않으면서도 다양한 **ServerRequest** 변종을 지정할 수 있다.

```
type OnlyGET = ServerRequest<"GET">;
type OnlyPOST = ServerRequest<"POST">;
type POSTorPUT = ServerRquest<"POST" | "PUT">;
```

**ServerRequest**의 인터페이스를 바꿨으므로 **CallbackFn**과 get 함수처럼 **ServerRequest**를 사용하는 다른 모든 형식을 갱신해야 한다.

```
type CallbackFn<Met extends Methods> = (
  req: ServerRequest<Met>,
  reply: ServerReply
) => void;

function get(path: string, callback: CallbackFn<"GET">) {
  // 구현 예정
}
```

**get** 함수의 제네릭 형식에 실제 인수를 전달할 수 있다. 이는 단순히 **Methods**의 부분집합이 아니며, 현재 어떤 부분집합을 이용하는지 정확히 안다.

이제 app.get에서 req.method에 사용할 수 있는 값은 오직 하나뿐이다.

```
app.get("/api/users/:userID", function (req, res) {
  req.method; // GET만 지원함
});
```

이 덕분에 app.get 콜백을 만들 때 "POST" 같은 HTTP 메서드를 사용할 가능성을 배제할 수 있다. 현재 무엇을 처리하는지 정확히 알고 있으므로 이를 형식에 반영해보자.

이미 request.method에 적절한 형식화를 추가하고 실제 상황을 나타내는지 확인하는 여러 작업을 수행했다. Methods 유니온 형식을 부분집합으로 만들면 app.get 밖에서 안전한 형식의 범용 콜백 함수를 만들 수 있다는 장점이 있다.

```
const handler: CallbackFn<"PUT" | "POST"> = function(res, req) {
  res.method // "POST"이나 "PUT"일 수 있음
};

const handlerForAllMethods: CallbackFn<Methods> = function(res, req) {
  res.method // 모든 메서드 가능
};


app.get("/api", handler);
//                 ^
// 'CallbackFn<"POST" | "PUT">' 형식의 인수는 'CallbackFn<"GET">' 형식의
// 매개변수에 할당될 수 없습니다.


app.get("/api", handlerForAllMethods); // 동작함
```

## 4단계: 고급 형식으로 형식 검사

params 객체는 아직 형식화하지 않았다. 지금까지 모든 string 키에 접근할 수 있는 레코드를 얻었다. 이제 이를 조금 더 구체적으로 만드는 것이 목표다!

메서드와 Record 키에 제네릭 변수를 추가해 문제를 해결한다.

```
type ServerRequest<Met extends Methods, Par extends string = string> = {
  method: Met;
  params: Record<Par, string>;
};
```

제네릭 형식 변수 Par는 string의 하위 집합이 될 수 있으며 기본값은 모든 문자열이다.
ServerRequest에 다음처럼 키를 지정할 수 있다.

```
// request.method = "GET"
// request.params = {
//   userID: string
// }
type WithUserID = ServerRequest<"GET", "userID">;
```

요청된 매개변수를 설정할 수 있도록 get 함수와 CallbackFn 형식에 새 인수를 추가한다.

```
function get<Par extends string = string>(
  path: string,
  callback: CallbackFn<"GET", Par>
) {
  // 구현 예정
}

const app = {
  get /* post, put, delete, ... 등 사용! */,
};

type CallbackFn<Met extends Methods, Par extends string> = (
  req: ServerRequest<Met, Par>,
  reply: ServerReply
) => void;
```

Par의 기본값은 string이므로 Par를 명시적으로 설정하지 않아도 형식은 자연스럽게 동작한
다. 반면 Par를 설정하면 req.params 객체의 정의가 적절하게 동작하기 시작한다.

```
app.get<"userID">("/api/users/:userID", function (req, res) {
  req.params.userID; // 동작함!!
  req.params.anythingElse; // 동작하지 않음!!
});
```

잘됐다! 하지만 한 가지 개선할 부분이 있다. 여전히 app.get의 path 인수에 모든 문자열을 전달할 수 있다. 여기에 Par도 반영할 수 있다면 더 좋지 않을까? 그렇게 할 수 있다! **문자열 템플릿 리터럴 형식**(6장 참고)을 활용할 차례다.

매개변수 이름 앞에 콜론을 추가하는 익스프레스 스타일로 Par를 적절히 포함하도록 IncludeRouteParams라는 형식을 만든다.

```
type IncludesRouteParams<Par extends string> =
  | `${string}/:${Par}`
  | `${string}/:${Par}/${string}`;
```

제네릭 형식 IncludeRouteParams는 하나의 인수(string의 하위 집합)를 취한다. IncludeRouteParams는 두 템플릿 리터럴의 유니온 형식을 만든다.

- 첫 번째 템플릿 리터럴은 임의의 string으로 시작하고 / 문자 뒤에 : 문자와 매개변수명이 뒤따른다. 이렇게 하면 매개변수가 라우트 문자열의 끝에 있는 모든 상황을 처리할 수 있다.
- 두 번째 템플릿 리터럴은 임의의 string으로 시작하고 /, :, 매개변수명이라는 같은 패턴으로 이어진다. 그리고 다른 / 문자가 있고, 임의의 문자열이 뒤따른다. 유니온 형식의 이 분기는 라우트 내 어딘가에 매개변수가 있는 모든 상황을 처리한다.

매개변수 이름 userID를 포함하는 IncludeRouteParams는 다음처럼 다양한 테스트 케이스에서 동작한다.

```
const a: IncludesRouteParams<"userID"> = "/api/user/:userID"; // 동작함
const b: IncludesRouteParams<"userID"> = "/api/user/:userID/orders"; // 동작함
const c: IncludesRouteParams<"userID"> = "/api/user/:userId"; // 동작하지 않음
const d: IncludesRouteParams<"userID"> = "/api/user"; // 동작하지 않음
const e: IncludesRouteParams<"userID"> = "/api/user/:userIDAndmore"; // 동작하지 않음
```

get 함수 선언에 새로운 유틸리티 형식을 추가해보자.

```
function get<Par extends string = string>(
  path: IncludesRouteParams<Par>,
  callback: CallbackFn<"GET", Par>
) {
  // 구현 예정
}
```

```
app.get<"userID">(
  "/api/users/:userID",
  function (req, res) {
    req.params.userID; // 동작!
  }
);
```

좋다! 실제 라우트에 매개변수를 추가하는 일을 놓치지 않도록 안전장치를 하나 더 추가했다.
강력한 기능이다.

## 5단계: 리터럴 형식 잠금

하지만 아직도 개선해야 할 부분이 있다. 라우트가 조금 더 복잡해지면서 현재 접근법과 관련
해 몇 가지 문제가 나타난다.

- 첫 번째 문제는 제네릭 형식 매개변수에 매개변수를 명시적으로 기술해야 한다는 점이다. 함수의 path 인
  수로 Par를 지정하더라도, Par를 "userID"로 바인딩해야 한다. 이는 자바스크립트 스타일이 아니다!
- 현재 기법은 경로 매개변수를 하나만 처리한다. 예를 들어 "userID" | "orderId" 같은 유니온을 추가했
  을 때 이 중 하나만 만족해도 페일 세이프 검사를 통과한다. 집합은 이렇게 동작한다. 둘 중 하나면 충분하다.

다행히 더 좋은 방법이 있다.

순서를 반대로 뒤집어보자! 경로 매개변수를 제네릭 형식 변수로 정의하는 대신 **app.get**의 첫
번째 인수로 전달된 **path**에서 변수를 추출한다.

```
function get<Path extends string = string>(
  path: Path,
  callback: CallbackFn<"GET", ParseRouteParams<Path>>
) {
  // 구현 예정
}
```

Par 제네릭 형식을 제거하고 모든 **string**의 하위 집합인 Path를 추가한다. 이 제네릭 형식의
Path에 path를 설정하고 매개변수를 **get**으로 전달하는 순간 문자열 리터럴 형식을 얻는다. 아
직 만들어지지 않은 새 제네릭 형식 **ParseRouteParams**로 Path를 전달한다.

ParseRouteParams에 적용해보자. 여기서 이벤트의 순서를 다시 바꾼다. 요청한 경로 매개변수를 제네릭에 전달해 경로가 괜찮은지 확인하는 대신 라우트 경로를 전달하고 이용할 수 있는 라우트 매개변수를 추출한다. 이를 구현하려면 조건부 형식을 만들어야 한다.

## 6단계: 조건부 형식 추가

조건부 형식은 자바스크립트의 삼항 연산자와 문법적으로 비슷하다. 조건을 확인하고 조건이 참이면 분기 A를 반환하고, 그렇지 않으면 분기 B를 반환한다. 다음 예를 살펴보자.

```
type ParseRouteParams<Route> =
  Route extends `${string}/:${infer P}`
  ? P
  : never;
```

Route가 익스프레스 스타일(앞에 '/:'가 붙음)의 매개변수로 끝나는 경로의 부분집합인지 확인한다. 만약 그렇다면 해당 문자열을 추론하고 문자열 콘텐츠를 새 변수에 저장할 수 있다. 조건을 충족하면 새로 추출한 문자열을 반환하고, 그렇지 않으면 '경로 매개변수가 없음'을 의미하는 never를 반환한다.

코드를 실제 사용해보면 다음과 같은 결과를 얻는다.

```
type Params = ParseRouteParams<"/api/user/:userID">; // Params는 "userID"

type NoParams = ParseRouteParams<"/api/user">; // NoParams는 never: 매개변수가 없음!
```

이미 이전보다 훨씬 더 좋아졌다. 이제 가능한 모든 다른 매개변수를 잡으려고 한다. 그러려면 또 다른 조건을 추가해야 한다.

```
type ParseRouteParams<Route> = Route extends `${string}/:${infer P}/${infer R}`
  ? P | ParseRouteParams<`/${R}`>
  : Route extends `${string}/:${infer P}`
  ? P
  : never;
```

이제 조건부 형식은 다음과 같이 작동한다.

**1** 첫 번째 조건에서는 라우트 매개변수가 라우트 어딘가에 있는지 확인한다. 매개변수가 존재하면 라우트 매개변수와 그 이후의 모든 데이터를 추출한다. 새로 찾은 라우트 매개변수 P를 유니온으로 반환한다. 유니온에서는 나머지 R을 이용해 재귀적으로 같은 제네릭 형식을 호출한다. 예를 들어, 라우트 "api/users/:userID/orders/:orderID"를 ParseRoutParams에 전달하면 "userID"를 P로, "orders/:orderID"를 R로 추론한다. 그리고 R로 같은 형식을 호출한다.

**2** 이때 두 번째 조건을 사용한다. 마지막에 형식이 있는지 확인한다. 이는 "order/:orderID" 상황에 해당한다. "orderID"를 추출하고 이 리터럴 형식을 반환한다.

**3** 남은 라우트 매개변수가 없으면 never를 반환한다.

```
// Params은 "userID"
type Params = ParseRouteParams<"/api/user/:userID">;

// MoreParams은 "userID" | "orderID"
type MoreParams = ParseRouteParams<"/api/user/:userID/orders/:orderId">;
```

이 새로운 형식을 적용하고 다음처럼 app.get을 사용한다.

```
app.get("/api/users/:userID/orders/:orderID", function (req, res) {
  req.params.userID; // 동작함
  req.params.orderID; // 이 코드도 유효함
});
```

드디어 완성했다! 지금까지 과정을 요약해보자. app.get이라는 한가지 기능에 사용하려고 만든 여러 형식으로 수많은 오류를 해결해야 한다.

- res.status()에는 적절한 숫자 상태 코드만 전달할 수 있다.
- req.method는 네 가지 문자열 중 하나를 포함할 수 있으며 app.get을 사용할 때는 그중 "GET"만 전달할 수 있다.
- 라우트 매개변수를 분석하고 콜백 매개변수 안에 오타가 없는지 확인한다.

이 절의 첫 예제에서 다음과 같은 오류 메시지가 나타난다.

```
app.get("/api/users/:userID", function(req, res) {
  if (req.method === "POST") {
//    ^ 'CallbackFn<"POST" | "PUT">' 형식의 인수는 'CallbackFn<"GET">'
//   형식의 매개변수에 할당될 수 없습니다.
```

```
    res.status(20).send({
//              ^
// '20' 형식의 인수는 'StatusCode' 형식의 매개변수에 할당될 수
// 없습니다.ts(2345)
      message: "Welcome, user " + req.params.userId
//                                              ^
//    'userId' 속성이 'Record<"userID", string>' 형식에 없습니다.
//    'userID'을(를) 사용하시겠습니까?ts(2551)
    });
  }
});
```

이제 실제로 코드가 동작할 수 있도록 모든 기능을 완성했다! 익스프레스 스타일 서버는 자바스크립트의 동적 특성을 보여주는 완벽한 예다. 호출 메서드와 첫 인자가 무엇인지에 따라 콜백 안에서 동작이 달라진다. 다른 예제에서는 형식이 완전히 다르게 보인다는 사실을 알 수 있다.

이 접근 방식의 좋은 점은 단계마다 형식 안전성을 추가할 수 있다는 점이다.

1 기본 형식을 쉽게 만들 수 있으므로 기본 형식만 만들어도 형식이 전혀 없을 때보다 더 많은 것을 얻을 수 있다.

2 부분집합은 유효한 값의 수를 줄여 오타를 제거하는 데 도움을 준다.

3 제네릭은 사용 사례에 따라 동작을 조정하는 데 유용하다.

4 문자열 템플릿 리터럴 형식과 같은 고급 형식은 문자열 형식으로 이루어진 세계에서 앱에 더 많은 의미를 부여한다.

5 제네릭을 활용해 자바스크립트에서 리터럴로 작업하고 이를 형식으로 취급할 수 있다.

6 조건부 형식으로 자바스크립트 코드만큼 유연하게 형식을 만든다.

가장 좋은 점은 무엇일까? 일단 형식을 추가하면 간단한 자바스크립트만 작성해도 모든 형식 정보를 얻을 수 있다. 이는 많은 사람에게 도움이 되는 장점이다.

# 12.3 satisfies로 계약 검사하기

**문제** 리터럴 형식으로 작업하고 싶지만, 계약을 이행하려면 애너테이션 형식 검사를 해야 한다.

**해결** satisfies 연산자로 문자 형식을 유지하면서 애너테이션과 비슷한 형식 검사를 수행한다.

**논의** 매핑된 형식은 자바스크립트가 자랑하는 객체 구조 유연성을 계승하는 훌륭한 기능이다. 하지만 이는 형식 시스템에 몇 가지 중요한 영향을 미친다. 여러 채널 토큰을 정의한 '채널 정의'를 사용하는 일반 메시징 라이브러리를 예로 살펴보자.

```
type Messages =
  ¦ "CHANNEL_OPEN"
  ¦ "CHANNEL_CLOSE"
  ¦ "CHANNEL_FAIL"
  ¦ "MESSAGE_CHANNEL_OPEN"
  ¦ "MESSAGE_CHANNEL_CLOSE"
  ¦ "MESSAGE_CHANNEL_FAIL";

type ChannelDefinition = {
  [key: string]: {
    open: Messages;
    close: Messages;
    fail: Messages;
  };
};
```

이 채널 정의 객체의 키는 사용자가 지정한다. 다음은 유효한 채널 정의다.

```
const impl: ChannelDefinition = {
  test: {
    open: 'CHANNEL_OPEN',
    close: 'CHANNEL_CLOSE',
    fail: 'CHANNEL_FAIL'
  },
  message: {
    open: 'MESSAGE_CHANNEL_OPEN',
    close: 'MESSAGE_CHANNEL_CLOSE',
    fail: 'MESSAGE_CHANNEL_FAIL'
  }
```

```
}
```

하지만 이렇게 유연하게 정의한 키에 접근하려 할 때 한 가지 문제가 발생한다. 채널을 여는 기능이 있다고 가정해보자. 채널 정의 객체 전체와 열고 싶은 채널을 전달한다.

```
function openChannel(
  def: ChannelDefinition,
  channel: keyof ChannelDefinition
) {
  // 구현 예정
}
```

ChannelDefinition의 키는 무엇일까? 모든 키([key:string])다. 그래서 특정 형식을 할당하는 순간, 타입스크립트는 실제 구현을 무시하고 impl을 특정 형식으로 취급한다. 계약이 이행되었다. 다음으로 넘어가보자. 이렇게 하면 잘못된 키를 전달할 수 있다.

```
// "massage"는 impl의 일부가 아님에도 이를 전달함
openChannel(impl, "massage");
```

상수에 할당하는 형식이 아니라 실제 구현에 더 관심을 가져야 하는 이유다. 즉, ChannelDefinition 형식을 없애고 객체의 실제 형식에 관심을 가져야 한다.

먼저, openChannel 함수는 ChannelDefinition의 하위 형식이면서 구체적인 하위 형식과 함께 작동하는 객체를 취한다.

```
function openChannel<
  T extends ChannelDefinition
>(def: T, channel: keyof T) {
  // 구현 예정
}
```

이제 타입스크립트는 두 수준에서 작동한다.

- T가 ChannelDefinition을 실제로 확장하는지 확인한다. 그렇다면 T 형식을 이용한다.
- 모든 함수 매개변수는 제네릭 T 형식을 갖는다. 이는 keyof T로 T의 실제 키를 얻는다는 사실을 의미한다.

그 이점을 활용하려면 `impl` 형식 정의를 없애야 한다. 명시적 형식 정의는 모든 실제 형식을 오버라이드한다. 형식을 명시적으로 지정하는 순간 타입스크립트는 실제 하위 형식이 아닌 ChannelDefinition으로 취급한다. 또한 모든 문자열을 해당 단위 형식으로 변환할 수 있도록 **const 컨텍스트**를 설정해야 한다(따라서 Messages를 준수함).

```
const impl = {
  test: {
    open: "CHANNEL_OPEN",
    close: "CHANNEL_CLOSE",
    fail: "CHANNEL_FAIL",
  },
  message: {
    open: "MESSAGE_CHANNEL_OPEN",
    close: "MESSAGE_CHANNEL_CLOSE",
    fail: "MESSAGE_CHANNEL_FAIL",
  },
} as const;
```

constant 컨텍스트가 없는 상태에서 `impl`은 다음처럼 추론된다.

```
/// typeof impl
{
  test: {
    open: string;
    close: string;
    fail: string;
  };
  message: {
    open: string;
    close: string;
    fail: string;
  };
}
```

const 콘텍스트를 사용하면 `impl`의 형식은 실제 다음과 같다.

```
/// typeof impl
{
  test: {
```

```
    readonly open: "CHANNEL_OPEN";
    readonly close: "CHANNEL_CLOSE";
    readonly fail: "CHANNEL_FAIL";
  };
  message: {
    readonly open: "MESSAGE_CHANNEL_OPEN";
    readonly close: "MESSAGE_CHANNEL_CLOSE";
    readonly fail: "MESSAGE_CHANNEL_FAIL";
  };
}
```

const 컨텍스트 덕분에 ChannelDefinition의 계약을 충족할 수 있다. 이제 OpenChannel은 올바르게 작동한다.

```
openChannel(impl, "message"); // 계약 만족
openChannel(impl, "massage");
//                    ^
// '"massage"' 형식의 인수는 '"test" ¦ "message"' 형식의
// 매개변수에 할당될 수 없습니다.ts(2345)
```

하지만 주의해야 할 사항이 있다. 오직 impl을 사용하는 시점에만 impl이 실제로 ChannelDefinition 의 유효한 하위 형식인지 확인할 수 있다. 계약을 위반할 위험을 사전에 파악할 수 있도록 애너 테이션을 추가하고 싶을 때가 있다. 어떤 구현이 계약을 충족하는지 확인하고 싶다.

다행히 이를 지원하는 키워드가 있다. 객체를 정의하고 이 구현이 형식을 만족하는지 형식 검 사를 수행할 수 있지만, 타입스크립트는 이를 리터럴 형식으로 취급한다.

```
const impl = {
  test: {
    open: "CHANNEL_OPEN",
    close: "CHANNEL_CLOSE",
    fail: "CHANNEL_FAIL",
  },
  message: {
    open: "MESSAGE_CHANNEL_OPEN",
    close: "MESSAGE_CHANNEL_CLOSE",
    fail: "MESSAGE_CHANNEL_FAIL",
  },
} satisfies ChannelDefinition;
```

```
function openChannel<T extends ChannelDefinition>(
  def: T,
  channel: keyof T
) {
  // 구현 예정
}
```

이제 계약을 준수하면서 동시에 const 컨텍스트가 제공하는 이점도 얻었다. 유일한 차이점은 필드가 **readonly**로 설정되지 않았다는 것인데, 타입스크립트는 모두의 리터럴 형식을 취하므로 형식 검사를 만족한 다음 필드를 다른 값으로 설정할 수 없다.

```
impl.test.close = "CHANEL_CLOSE_MASSAGE";
//                        ^
// '"CHANEL_CLOSE_MASSAGE"' 형식은 '"CHANNEL_CLOSE"' 형식에 할당할 수
// 없습니다.ts(2322)
```

이제 애너테이션 타임에 적절한 형식 검사와 특정 상황에 좁혀진 형식의 힘이라는 두 마리 토끼를 모두 잡았다.


# 12.4 복합 형식 테스트하기

**문제** 매우 정교하고 복잡한 형식을 구현했는데, 이들이 제대로 동작하는지 확인하려 한다.

**해결** 일부 유명한 헬퍼 형식은 테스트 프레임워크처럼 동작한다. 형식을 테스트해보자!

**논의** 동적 형식 프로그래밍 언어에서 사람들은 항상 적절한 테스트 제품군이 있다면 군이 형식이 필요한지를 논의한다. 한쪽 진영은 적어도 이렇게 말한다. 형식이 있는데도 왜 그렇게 많은 테스트가 필요할까? 정답은 아마도 양쪽 주장의 중간 어딘가에 있을 것이다.

사실 형식으로 많은 테스트 케이스를 해결할 수 있다. 결과가 숫자인가? 결과가 특정 형식의 특정 속성이 있는 객체인가? 형식을 이용하면 이런 질문들을 쉽게 해결할 수 있다. 이 함수가 올바른 결과를 도출할까? 기대하는 값인가? 이는 테스트에 속한다.

이 책에서 여러분은 매우 복잡한 형식을 많이 배웠다. 조건부 형식 덕분에 타입스크립트 메타프로그래밍의 세계를 열었으며, 이를 이용해 기존 형식의 특성에 기반해 새 형식을 만들었다. 강력하고, 완벽한 튜링을 갖춘 큰 발전이다. 이제 이런 질문이 생긴다. 복잡한 이 형식들이 제대로 동작하는지 어떻게 확인할까? 형식을 테스트해야 할까?

실제로 형식을 테스트할 수 있다. 커뮤니티에서 제공하는 몇 가지 헬퍼 형식은 일종의 테스트 프레임워크 역할을 제공한다. 이제부터 소개할 형식은 타입 챌린지 저장소(*https://tsch.js.org*)에서 제공하는 좋은 코드로, 여러분의 타입스크립트 시스템 기술을 끝까지 테스트해볼 기회를 제공한다. 이 저장소의 코드는 아주 어려운 작업을 포함하는데, 일부는 실생활에서 사용할 수 있는 기능이며 일부는 즐길 거리로 제공된다.

참이나 거짓값을 기대하는 몇 가지 형식으로 우선 테스트 라이브러리가 시작된다. 이들은 아주 간단하다. 제네릭과 리터럴 형식을 이용해 검사 대상이 참인지 거짓인지 확인할 수 있다.

```
export type Expect<T extends true> = T;
export type ExpectTrue<T extends true> = T;
export type ExpectFalse<T extends false> = T;
export type IsTrue<T extends true> = T;
export type IsFalse<T extends false> = T;
```

이들은 자체적으로 많은 작업을 수행하지는 않지만, `true`나 `false` 중 하나를 반환하는 `Equal<X, Y>` 및 `Not Equal<X, Y>`과 함께 사용하면 효과를 극대화할 수 있다.

```
export type Equal<X, Y> =
  (<T>() => T extends X ? 1 : 2) extends
  (<T>() => T extends Y ? 1 : 2) ? true : false;
export type NotEqual<X, Y> = true extends Equal<X, Y> ? false : true;
```

`Equal<X, Y>`는 제네릭 함수를 생성하고 서로 비교해야 할 두 가지 형식을 대조 검사하는 흥미로운 형식이다. 각 조건부 형식에 정해진 해결책이 없으므로 타입스크립트는 두 조건부 형식을 모두 비교해 호환성이 있는지 확인한다. 알렉스 차신Alex Chashin은 스택 오버플로Stack Overflow에서 타입스크립트 조건부 형식 로직의 각 과정을 완벽하게 설명했다(*https://oreil.ly/ywWd4*).

다음은 대상 형식이 **any**인지 확인하는 형식이다.

```
export type IsAny<T> = 0 extends 1 & T ? true : false;
export type NotAny<T> = true extends IsAny<T> ? false : true;
```

0을 1 & T와 비교하는 단순한 조건부 형식으로 결과는 항상 1이나 never로 좁혀지며, 항상 조
건부 형식의 false 분기를 실행한다. any와 인터섹션을 수행하면 any가 되며, 0은 any의 하위
집합이다.

다음은 8.3절에서 살펴본 Remap과 DeepRemap을 재해석한 코드로, 형식의 생성 방법이 아니라
구조가 같은지 검사하는 Alike를 보여준다.

```
export type Debug<T> = { [K in keyof T]: T[K] };
export type MergeInsertions<T> = T extends object
  ? { [K in keyof T]: MergeInsertions<T[K]> }
  : T;

export type Alike<X, Y> = Equal<MergeInsertions<X>, MergeInsertions<Y>>;
```

이전에 살펴본 Equal 검사가 이론적으로 {x : number, y : string }이 {x : number} &
{ y : string }와 같다는 사실을 이해할 수 있어야 하지만, 타입스크립트 형식 검사기는 이
들을 같은 형식으로 취급하지 않는다. 바로 이런 상황에서 Alike를 사용한다.

타입 챌린지 테스트 파일의 마지막에서는 다음 두 가지 작업을 수행한다.

- 간단한 조건부 형식으로 부분집합 검사를 수행한다.
- 만들어진 튜플을 유효한 함수 인수로 표시할 수 있는지 확인한다.

```
export type ExpectExtends<VALUE, EXPECTED> = EXPECTED extends VALUE
  ? true
  : false;
export type ExpectValidArgs<
  FUNC extends (...args: any[]) => any,
  ARGS extends any[]
> = ARGS extends Parameters<FUNC> ? true : false;
```

타입 테스트와 디버깅용으로 이런 작은 헬퍼 형식 라이브러리를 알아두면 형식이 복잡해지는 상
황에서 유용하게 사용할 수 있다. 전역 형식 파일(9.7절 참조)에 이들을 추가해 두고 사용한다.

# 12.5 런타임에서 조드로 데이터 형식 확인하기

**문제** 외부 소스에서 전달한 데이터에 의존하고 있는데, 데이터의 정확성을 신뢰할 수 없다.

**해결** 조드<sup>Zod</sup>라는 라이브러리를 사용해 스키마를 정의하고 이를 사용하여 외부 소스의 데이터를 검증한다.

**논의** 축하한다! 거의 다 왔다. 처음부터 지금까지 이 책의 내용을 숙지했다면, 타입스크립트의 형식 시스템이 몇 가지 목표를 따른다는 사실을 반복해서 숙지했을 것이다. 가장 먼저, 애플리케이션을 개발할 때 생산성을 높여줄 뛰어난 도구를 제공한다. 또한 모든 자바스크립트 프레임워크를 수용하면서 재미있고 쉽게 사용할 수 있도록 한다. 타입스크립트 형식 시스템은 자바스크립트의 애드온, 즉 정적 형식을 제공하는 문법일 뿐이다. 물론 목표와 관련이 없는 기능도 있으며 절충안도 있다. 타입스크립트는 정확성보다는 생산성을 우선시하고, 개발자가 필요에 따라 규칙을 바꿀 수 있으며, 입증할 수 있을 정도로 좋다고 주장하지 않는다.

3.9절에서 **형식 어서션**을 이용해 타입스크립트에 영향을 미칠 수 있음을 알았고, 9.2절에서는 **안전하지 않은 작업**을 더 일관적으로 쉽게 발견할 수 있도록 하는 법을 배웠다. 타입스크립트의 형식 시스템은 컴파일 타임에만 적용되므로 런타임 환경에서 자바스크립트를 실행할 때는 모든 안전장치가 사라진다.

보통 컴파일 타임 형식 검사로 충분하다. 형식을 자체적으로 구현하는 **내부 세계**에 머무르면서 타입스크립트가 모든 것이 괜찮은지 확인하도록 지시하므로 코드는 안전해진다. 그러나 자바스크립트 애플리케이션에서는 우리가 통제할 수 없는 많은 기능을 처리한다. 예를 들어, 서드파티 API에 접근하고 처리해야 한다. 우리 애플리케이션이 형식을 잘 갖추었다고 해도, 어쩔 수 없이 신뢰할 수 없는 데이터를 처리해야 하는 상황이 발생한다.

개발 과정에서 외부 소스나 사용자 입력을 활용하는 작업은 충분히 효과적일 수 있지만, 출시 제품을 실행할 때 사용하는 데이터의 일관성을 유지하려면 추가적인 노력이 필요하다. 데이터가 특정 방식을 준수하는지 확인해야 할 때도 있다.

다행히 이런 작업을 처리하는 라이브러리가 있다. 조드(*https://zod.dev*)는 최근 몇 년 동안 인기를 얻은 라이브러리다. 조드는 타입스크립트를 우선시하므로, 사용자가 소비하는 데이터가 유효하며 기대하는 데이터임을 확인해 줄 뿐 아니라 프로그램 전체에서 사용할 타입스크립트 형식을 확보할 수 있다. 조드는 통제할 수 없는 외부 세계와 형식을 잘 갖추었으며 형식 확인이 이루어지는 내부 세계 사이의 파수꾼 역할을 자처한다.

지금까지 여러 번 등장한 Person 형식 데이터를 제공하는 API가 있다고 가정하자. Person은 이름과 나이, 직업(선택 사항), 상태(활성화, 비활성화, 등록 후 확인을 기다리는 상태)를 포함한다.

API는 여러 Person 객체를 Result 형식 안의 배열로 저장한다. 즉, 다음처럼 고전적인 HTTP 호출 응답 형식을 제공한다.

```
type Person = {
  name: string;
  age: number;
  profession?: string | undefined;
  status: "active" | "inactive" | "registered";
};

type Results = {
  entries: Person[]
};
```

이제 이런 모델을 어떻게 형식화해야 하는지 안다. 능숙하게 문법과 패턴을 적용해 형식을 만들 수 있다. 같은 형식의 데이터가 필요하지만, 런타임에서 우리가 제어할 수 없는 데이터를 취급할 때는 조드를 사용한다. 자바스크립트로 이 형식을 구현(값 네임스페이스)한 결과는 타입스크립트와 크게 달라 보이지 않는다.

```
import { z } from "zod";

const Person = z.object({
  name: z.string(),
  age: z.number().min(0).max(150),
  profession: z.string().optional(),
  status: z.union([
    z.literal("active"),
    z.literal("inactive"),
    z.literal("registered"),
  ]),
});
```

```
const Results = z.object({
  entries: z.array(Person),
});
```

이 코드는 자바스크립트이므로 이름을 **형식** 네임스페이스가 아니라 **값** 네임스페이스로 추가한다(2.9절 참고). 하지만 조드의 유연한 인터페이스 덕분에 타입스크립트 개발자도 친숙하게 조드를 이용할 수 있다. 이 예제에서 객체, 문자열, 숫자, 배열을 정의했다. 유니온 형식과 리터럴도 정의할 수 있다. 모델을 정의하는 데 필요한 모든 부품이 제공되므로 중첩된 형식도 정의할 수 있다. 예제 코드에서는 이를 활용해 Person을 먼저 정의했고 이를 Results에서 재사용한다.

특정 프로퍼티를 선택형으로 만드는 기능도 제공한다. 이는 타입스크립트에서도 제공하는 기능이다. 또한 검증 규칙도 설정할 수 있다. 예를 들어, 나이는 0부터 100 미만의 값이 되도록 설정한다. 이는 형식 시스템에서는 직접 제공하지 않는 기능이다.

이들 객체는 타입스크립트 형식 시스템에서 사용할 수 있는 형식이 아니다. 이들은 스키마schema이며, 데이터를 받아 파싱하고 검증하는 역할을 수행한다. 조드는 타입스크립트를 완벽하게 지원하므로 값 영역에서 형식 영역으로 쉽게 이동할 수 있는 헬퍼 형식을 제공한다. z.infer(함수가 아니라 형식)를 이용해 조드의 스키마 함수로 정의한 객체에서 형식을 추출한다.

```
type PersonType = z.infer<typeof Person>;
type ResultType = z.infer<typeof Results>;
```

조드의 검증 기법은 어떻게 적용하는 걸까? ResultType 형식을 반환하는 API를 호출하는 fetchData라는 함수를 살펴보자. 반환된 값이 우리가 정의한 형식을 준수하는지 아직 알 수 없는 상황이다. 따라서 데이터를 json으로 받은 다음, Results 스키마로 데이터를 해석한다. 이 프로세스가 성공적으로 끝나면 ResultType 형식의 데이터를 얻는다.

```
type ResultType = z.infer<typeof Results>;

async function fetchData(): Promise<ResultType> {
  const data = await fetch("/api/persons").then((res) => res.json());
  return Results.parse(data);
}
```

함수 인터페이스를 정의하면서 첫 번째 안전장치를 이미 확보했다. Promise<ResultType>은
z.infer에서 얻은 결과를 이용한다.

Results.parse(data)는 추론된 형식이지만 이름이 없다. 구조적 형식 시스템에서는 올바른
값을 반환한다. 오류가 발생할 수 있으며, 각 Promise.catch 메서드나 try-catch 블록을 사
용해 오류를 catch할 수 있다.

try-catch와 함께 사용해보자.

```
fetchData()
  .then((res) => {
    // 결과를 활용해 필요한 작업 수행
  })
  .catch((e) => {
    // 조드 오류 발생할 수 있음!
  });

// 또는

try {
  const res = await fetchData();
  // 결과를 활용해 필요한 작업 수행
} catch (e) {
  // 조드 오류 발생할 수 있음!
}
```

올바른 데이터가 있을 때만 작업을 진행할 수 있으며 오류 검사를 반드시 수행하지 않아도 된
다. 프로그램을 계속 진행하기 전에 구문 분석 결과를 먼저 확인하고 싶다면 safeParse를 사
용한다.

```
async function fetchData(): Promise<ResultType> {
  const data = await fetch("/api/persons").then((res) => res.json());
  const results = Results.safeParse(data);
  if (results.success) {
    return results.data;
  } else {
    // 애플리케이션의 종류에 따라 빈 결과를 반환하는 대신 정교하게 오류를 처리할 수 있다.
    return { entries: [] };
  }
}
```

따라서 외부 데이터를 사용하는 상황에서 조드는 아주 소중한 자산이다. 또한 API 변화에 쉽게 적응한다. 예를 들어, 프로그램이 활성화된 상태와 비활성화된 상태인 Person에서만 작동할 수 있고, registered를 처리하는 방법을 모른다고 가정해보자. 받은 데이터의 "registered" 상태가 "active"로 바뀌도록 변환하는 작업을 쉽게 적용할 수 있다.

```javascript
const Person = z.object({
  name: z.string(),
  age: z.number().min(0).max(150),
  profession: z.string().optional(),
  status: z
    .union([
      z.literal("active"),
      z.literal("inactive"),
      z.literal("registered"),
    ])
    .transform((val) => {
      if (val === "registered") {
        return "active";
      }
      return val;
    }),
});
```

그리고 이제 두 가지 다른 형식을 만든다. **입력** 형식은 API가 제공하는 형식이며 **출력** 형식은 파싱 후 얻은 데이터이다. z.input과 z.output으로 두 형식을 쉽게 얻을 수 있다.

```typescript
type PersonTypeIn = z.input<typeof Person>;
/*
type PersonTypeIn = {
  name: string;
  age: number;
  profession?: string | undefined;
  status: "active" | "inactive" | "registered";
};
*/

type PersonTypeOut = z.output<typeof Person>;
/*
type PersonTypeOut = {
  name: string;
```

```
    age: number;
    profession?: string | undefined;
    status: "active" | "inactive";
  };
  */
```

조드 형식은 세 개의 리터럴 중 하나를 status에서 제거했음을 이해할 정도로 영리하다. 따라서 침착하게 조드를 이용해 실제로 예상했던 데이터를 처리할 수 있다.

조드의 API는 우아하고 사용하기 쉬우며 타입스크립트의 기능과 밀접하게 연계된다. 데이터가 통제할 수 없는 경계에 있으며 서드 파티 기능에 의존해 예상되는 데이터 형태를 제공해야 할 때, 조드를 이용하면 많은 작업을 할 필요가 없다. 하지만 런타임 유효성 검사에 시간이 걸린다는 대가가 따른다. 데이터 집합이 클수록 시간이 오래 걸린다. 실제로 12KB 데이터 집합에서는 무시할 수 없는 수준이다. 경계에 위치한 데이터가 있다면 이런 유효성 검사가 필요한지 확인한다.

회사 내 다른 팀에서 요청하는 조드 같은 라이브러리가 아니라 바로 옆자리에 앉은 사람과 같은 목표를 향해 이야기하고 협업하는 방법이 훨씬 좋다. 형식은 협업을 유도하는 방법이지 협업을 없애는 수단이 아니다.

## 12.6 인덱스 접근 제한 작업하기

**문제** 인덱스로 객체의 속성에 접근할 때, 타입스크립트가 할당하려는 형식을 never에 할당할 수 없다고 불평한다.

**해결** 타입스크립트는 가능한 값 중 가장 최소 공통분모를 찾는다. 타입스크립트가 모든 키에 규칙이 적용되어야 한다고 가정하지 않도록 제네릭 형식으로 특정 키를 고정한다.

**논의** 타입스크립트를 사용하다 보면 보통 자바스크립트와 조금 다르게 코드가 작동하면서 이상하고 혼란스러운 상황이 발생한다. 인덱스 접근법으로 객체 속성에 값을 할당하려고 할 때 "'string | number' 형식은 'never' 형식에 할당할 수 없습니다. 'string' 형식은 'never' 형식에 할당할 수 없습니다.ts(2322)" 같은 오류가 발생한다.

이는 상식에서 벗어난 것이 아니라 '예상치 못한 인터섹션 형식' 때문인데, 형식 시스템에 관해 조금 더 생각하게 만드는 부분이다.

예를 들어 보자. 제공된 키로 anotherPerson에 발생한 변화를 person 객체에 적용하는 함수를 만든다. person과 anotherPerson은 모두 Person이라는 형식이지만, 타입스크립트는 다음과 같은 오류를 던진다.

```
let person = {
  name: "Stefan",
  age: 39,
};

type Person = typeof person;

let anotherPerson: Person = {
  name: "Not Stefan",
  age: 20,
};

function update(key: keyof Person) {
  person[key] = anotherPerson[key];
//^ 'string | number' 형식은 'never' 형식에 할당할 수 없습니다.
//   'string' 형식은 'never' 형식에 할당할 수 없습니다.ts(2322)
}

update("age");
```

인덱스 접근 연산자를 이용해 속성을 할당하면 타입스크립트에서 추적하기 어렵다. Keyof Person으로 모든 접근 키를 좁히더라도 할당할 수 있는 값은 string이나 number(이름과 나이)뿐이다. 인덱스 접근이 구문의 오른쪽(읽기)에서 이루어지면 괜찮지만, 구문의 왼쪽(쓰기)에서 일어나면 상황이 조금 복잡해진다.

타입스크립트는 전달하는 값이 실제 정확한지 보장할 수 없다. 다음 함수 시그니처를 살펴보자.

```
function updateAmbiguous(key: keyof Person, value: Person[keyof Person]) {
  //...
}

updateAmbiguous("age", "Stefan");
```

모든 키에 거짓 형식값을 추가하는 일을 막을 수 없다. 오류가 발생하는 타입스크립트를 제외하고는 말이다. 그런데 왜 타입스크립트는 왜 형식이 never라고 알려줄까?

**일부** 할당을 허용할 목적으로 타입스크립트는 타협을 선택한다. 예를 들어 오른편에 대입을 **전혀** 허용하지 않는 대신 타입스크립트는 가능한 값의 가장 최소 공통분모를 찾는다.

```
type Switch = {
  address: number,
  on: 0 | 1
};

declare const switcher: Switch;
declare const key: keyof Switch;
```

여기서 두 키는 number의 하위 집합이다. address는 숫자 전체 집합이다. 반대쪽에 있는 on은 0이나 1이다. 두 필드 모두에 0이나 1을 설정할 수 있다. 타입스크립트 덕분에 얻을 수 있는 결과다.

```
switcher[key] = 1; // 동작함
switcher[key] = 2; // 오류
// ^ '2' 형식은 '0 | 1' 형식에 할당할 수 없습니다.ts(2322)
```

타입스크립트는 모든 프로퍼티 형식의 **인터섹션**을 수행하여 할당할 수 있는 값을 얻는다. Switch에서는 number & (0 | 1)이며 0 | 1로 요약된다. 모든 Person에서는 string & number이며 중복이 없으므로 never다. 드디어 범인을 찾았다!

제네릭을 사용해 이런 엄격한 검사를 피할 수 있다. 모든 keyof Person 값 접근을 허용하는 대신, keyof  Person의 특정 하위 집합을 제네릭 변수에 **바인딩**한다.

```
function update<K extends keyof Person>(key: K) {
  person[key] = anotherPerson[key]; // works
}

update("age");
```

update( "age" )를 하면 K는 문자 그대로 "age" 형식으로 연결된다. 아무 모호함이 없이 명확하다!

훨씬 광범위한 일반적인 값으로 update를 인스턴스화할 수 있으므로 이론적인 허점이 있다.

```
update<"age" | "name">("age");
```

현재로서는 타입스크립트 팀에서 이를 허용한다. 아네르스 하일스베르의 글(*https://oreil.ly/0Fetp*)을 참고하자. 그는 이러한 시나리오에 관한 사용 사례를 보고 싶다고 요청한다(이는 타입스크립트 팀의 작업 방식을 완벽하게 설명한다). 오른쪽에서 일어나는 기존의 인덱스 할당은 오류를 일으킬 가능성이 아주 높으므로 사용자가 의도적으로 원하는 작업을 수행할 때까지 충분한 안전장치를 제공한다. 이 덕분에 기존 동작을 방해하지 않으면서 전체 클래스의 오류를 해결할 수 있다.

## 12.7 함수 오버로드 또는 조건부 형식 사용 여부 결정하기

**문제** 조건부 형식을 사용하면 이전보다 더 많은 함수 시그니처를 정의할 수 있다. 그렇다면 함수 오버로드가 여전히 필요한지, 아니면 더 이상 사용할 필요 없는지가 궁금하다.

**해결** 함수 오버로드는 조건부 형식보다 가독성이 뛰어나고 더 쉽게 원하는 형식을 정의할 수 있다. 상황에 맞게 함수 오버로드를 사용한다.

**논의** 조건부 형식이나 가변 튜플 형식과 같은 형식 시스템 기능이 있으므로 함수 오버로드로 함수의 인터페이스를 설명하는 방식은 뒷전으로 밀려났다. 그럴 만한 이유가 있다. 두 기능 모두 일반적인 함수 오버로드의 단점을 해결할 목적으로 구현되었기 때문이다.

다음 예제는 타입스크립트 4.0 릴리스 노트에서 직접 확인할 수 있다. 다음은 배열 concat(연결) 함수 코드다.

```
function concat(arr1, arr2) {
  return [...arr1, ...arr2];
}
```

모든 경계 상황을 고려하여 함수 형식을 처리하려면 다음처럼 수많은 오버로드가 필요하다.

```
// 두 번째 배열이 빈 상황을 처리하는 7개의 오버로드
function concat(arr1: [], arr2: []): [];
function concat<A>(arr1: [A], arr2: []): [A];
function concat<A, B>(arr1: [A, B], arr2: []): [A, B];
function concat<A, B, C>(arr1: [A, B, C], arr2: []): [A, B, C];
function concat<A, B, C, D>(arr1: [A, B, C, D], arr2: []): [A, B, C, D];
function concat<A, B, C, D, E>(
  arr1: [A, B, C, D, E],
  arr2: []
): [A, B, C, D, E];
function concat<A, B, C, D, E, F>(
  arr1: [A, B, C, D, E, F],
  arr2: []
): [A, B, C, D, E, F];
// 두 번째 배열이 한 개 요소를 갖는 상황을 처리할 7개의 추가 오버로드
function concat<A2>(arr1: [], arr2: [A2]): [A2];
function concat<A1, A2>(arr1: [A1], arr2: [A2]): [A1, A2];
function concat<A1, B1, A2>(arr1: [A1, B1], arr2: [A2]): [A1, B1, A2];
function concat<A1, B1, C1, A2>(
  arr1: [A1, B1, C1],
  arr2: [A2]
): [A1, B1, C1, A2];
function concat<A1, B1, C1, D1, A2>(
  arr1: [A1, B1, C1, D1],
  arr2: [A2]
): [A1, B1, C1, D1, A2];
function concat<A1, B1, C1, D1, E1, A2>(
  arr1: [A1, B1, C1, D1, E1],
  arr2: [A2]
): [A1, B1, C1, D1, E1, A2];
function concat<A1, B1, C1, D1, E1, F1, A2>(
  arr1: [A1, B1, C1, D1, E1, F1],
  arr2: [A2]
): [A1, B1, C1, D1, E1, F1, A2];
// 기타 등등
```

이 코드는 최대 6개의 요소가 있는 배열만을 고려한다. 가변 튜플 형식을 이용하면 이를 간단하게 해결할 수 있다.

```
type Arr = readonly any[];

function concat<T extends Arr, U extends Arr>(arr1: T, arr2: U): [...T, ...U] {
```

```
  return [...arr1, ...arr2];
}
```

새로운 함수 시그니처는 구문 분석에 훨씬 적은 노력이 필요하며 인수 예상 형식과 반환 형식이 아주 명확하다. 반환값도 반환 형식에 매핑된다. 추가 어서션이 없다. 타입스크립트는 올바른 값을 반환하는지 확인할 수 있다.

조건부 형식도 이와 비슷하다. 고객이나 품목, 주문 번호를 기반으로 주문을 검색하는 소프트웨어를 생각해보자. 다음과 같은 정의를 구현할 수 있다.

```
function fetchOrder(customer: Customer): Order[]
function fetchOrder(product: Product): Order[]
function fetchOrder(orderId: number): Order
// 구현
function fetchOrder(param: any): Order | Order[] {
  //...
}
```

하지만 이는 완벽하지 못하다. 만약 **오직** Customer만 얻을 수 있는지 아니면 Product만 얻을 수 있는지 정확히 알지 못하는 모호한 형식이라면 어떻게 해야 할까? 가능한 모든 조합을 처리해야 한다.

```
function fetchOrder(customer: Customer): Order[]
function fetchOrder(product: Product): Order[]
function fetchOrder(orderId: number): Order
function fetchOrder(param: Customer | Product): Order[]
function fetchOrder(param: Customer | number): Order | Order[]
function fetchOrder(param: number | Product): Order | Order[]
// 구현
function fetchOrder(param: any): Order | Order[] {
  //...
}
```

더 많은 가능성을 추가하면 더 많은 조합이 만들어진다. 이런 상황에서 조건부 형식을 이용해 필요한 함수 시그니처의 수를 크게 줄일 수 있다.

```
type FetchParams = number | Customer | Product;

type FetchReturn<T> = T extends Customer
  ? Order[]
  : T extends Product
  ? Order[]
  : T extends number
  ? Order
  : never;

function fetchOrder<T extends FetchParams>(params: T): FetchReturn<T> {
  //...
}
```

조건부 형식은 유니온을 분배하므로 **FetchReturn**은 리턴 형식의 유니온을 반환한다.

따라서 너무 많은 함수 오버로드의 늪에 빠지는 대신 이러한 기술을 사용해야 할 충분한 이유가 있다. 다시 질문으로 돌아가서, 함수 오버로드는 여전히 필요할까?

물론, 그렇다.


## 다양한 함수 형태

인수 목록이 다른 여러 함수가 필요할 때는 함수 오버로드가 유리하다. 이는 인수(매개변수) 자체가 다양(조건부와 가변 튜플이 환상적으로 동작하는 상황)할 수 있을 뿐만 아니라 인수의 수와 위치도 다양할 수 있음을 의미한다.

다음처럼 두 가지 방법으로 호출하는 검색 함수를 상상해 보자.

- 검색 쿼리로 호출한다. 함수는 Promise를 반환한다.
- 검색 쿼리와 콜백으로 호출한다. 이 시나리오에서는 함수가 아무것도 반환하지 않는다.

이 작업은 조건부 형식으로 **수행할 수 있지만**, 다루기가 상당히 까다롭다.

```
// => (1)
type SearchArguments =
  // 인수 목록 1: query와 callback
  | [query: string, callback: (results: unknown[]) => void]
  // 인수 목록 2:: 오직 query
```

```
  ¦ [query: string];

// 조건부 형식은 입력에 따라 void나 Promise 형식을 선택한다
type ReturnSearch<T> = T extends [query: string]
  ? Promise<Array<unknown>>
  : void;

// 실제 함수 => (3)
declare function search<T extends SearchArguments>(...args: T): ReturnSearch<T>;

// z는 void
const z = search("omikron", (res) => {});

// y는 Promise<unknown>
const y = search("omikron");
```

이 코드는 다음을 수행한다.

1 튜플 형식을 사용하여 인수 목록을 정의했다. 타입스크립트 4.0 이후로는 객체처럼 튜플 필드에 이름을
  붙일 수 있다. 함수 시그니처에 두 가지 다른 변형이 있으므로 유니온을 만든다.

2 ReturnSearch 형식은 인수 목록 유형에 따라 반환 형식을 선택한다. 문자열이면 Promise를, 그렇지 않
  으면 void를 반환한다.

3 반환 형식을 올바르게 선택하도록 제네릭 변수에 SearchArguments 제약을 추가한다.

정말 많다! 조건 형식, 제네릭 형식, 제네릭 제약, 튜플 형식, 조합 형식 등 타입스크립트의 기
능 목록에서 보고 싶은 복잡한 기능들이 많다! 멋진 자동 완성 기능도 있지만, 단순한 함수 오
버로드의 명확성에는 미치지 못한다.

```
function search(query: string): Promise<unknown[]>;
function search(query: string, callback: (result: unknown[]) => void): void;
// 우리가 신경써야 할 부분
function search(
  query: string,
  callback?: (result: unknown[]) => void
): void ¦ Promise<unknown> {
  // 구현
}
```

구현 부분에만 유니온 형식을 사용한다. 나머지는 아주 명시적이며 명확하다. 인수가 무엇인지

알고, 그 대가로 무엇을 기대할 수 있는지도 안다. 겉치레 없이 단순한 형식만 사용한다. 함수 오버로드의 가장 큰 장점은 **실제** 구현이 형식 공간을 오염시키지 않는다는 점이다. any를 써도 상관없다.

## 정확한 인수

정확한 인수와 인수 매핑이 필요한 상황에도 함수 오버로드를 사용하면 좋다. 이벤트 핸들러에 이벤트를 적용하는 함수를 살펴보자. 예를 들어, MouseEvent가 있고 이를 이용해 MouseEventHandler를 호출한다고 가정해보자. 키보드 이벤트 등도 마찬가지다. 조건부와 유니온 형식으로 이벤트와 핸들러를 매핑하면 다음과 같은 결과가 나온다.

```
// 사용할 수 있는 모든 이벤트 핸들러
type Handler =
  ¦ MouseEventHandler<HTMLButtonElement>
  ¦ KeyboardEventHandler<HTMLButtonElement>;

// 이벤트 핸들러를 이벤트로 매핑
type Ev<T> = T extends MouseEventHandler<infer R>
  ? MouseEvent<R>
  : T extends KeyboardEventHandler<infer R>
  ? KeyboardEvent<R>
  : never;

// ...만들기
function apply<T extends Handler>(handler: T, ev: Ev<T>): void {
  handler(ev as any); // 여기 어서션이 필요함
}
```

언뜻 보기에는 괜찮아 보인다. 하지만 추적해야 하는 모든 변형을 생각해보면 약간 번거로울 수 있다.

하지만 더 큰 문제가 있다. 12.6절에서 볼 수 있듯이, 타입스크립트가 모든 종류의 이벤트 변형을 처리하는 방식 때문에 **예기치 않은 교집합**이 발생한다. 즉, 함수 본문에서는 사용자가 어떤 핸들러를 전달하는지 알 수 없다. 즉, 어떤 이벤트가 들어오는지 알 수 없다. 따라서 타입스크립트는 마우스 이벤트와 키보드 이벤트 둘 다일 수 있다고 가정한다. 두 가지를 모두 처리할 수 있는 핸들러를 전달해야 하는데, 이는 의도한 함수의 작동 방식이 아니다.

실제 오류 메시지는 "'KeyboardEvent<HTMLButtonElement> | MouseEvent<HTMLButton Element, MouseEvent>' 형식의 인수는 'MouseEvent<HTMLButtonElement, MouseEvent> & KeyboardEvent<HTMLButtonElement>' 형식의 매개변수에 할당될 수 없습니다.ts(2345)"다.

따라서 이벤트와 함께 실제로 핸들러를 호출하려면 as any 형식 어서션이 필요하다.

다음과 같은 다양한 시나리오에서 함수 시그니처가 동작한다.

```
declare const mouseHandler: MouseEventHandler<HTMLButtonElement>;
declare const mouseEv: MouseEvent<HTMLButtonElement>;
declare const keyboardHandler: KeyboardEventHandler<HTMLButtonElement>;
declare const keyboardEv: KeyboardEvent<HTMLButtonElement>;

apply(mouseHandler, mouseEv); // 동작함
apply(keyboardHandler, keyboardEv); // 동작함
apply(mouseHandler, keyboardEv); // 예상대로 동작하지 않음!
//                   ^
// 'KeyboardEvent<HTMLButtonElement>' 형식의 인수는
// 'MouseEvent<HTMLButtonElement, MouseEvent>' 형식의 매개변수에 할당될 수
// 없습니다.
```

그러나 모호한 상황에서는 코드가 제대로 동작하지 않는다.

```
declare const mouseOrKeyboardHandler:
  MouseEventHandler<HTMLButtonElement> |
  KeyboardEventHandler<HTMLButtonElement>;;

// 컴파일되지만 문제를 일으킬 수 있다!
apply(mouseOrKeyboardHandler, mouseEv);
```

mouseOrKeyboardHandler가 키보드 핸들러면 마우스 이벤트를 통과시킬 수 없다. 이것이 바로 전에 TS2345 오류가 여러분에게 말하려 했던 것이다! 이전에 as any로 어서션해서 문제를 다른 위치로 옮겼을 뿐이다.

명시적이고 정확한 함수 시그니처를 사용하면 **모든** 상황이 쉬워진다. 매핑은 더 명확해지고, 형식 시그니처를 더 쉽게 이해할 수 있으며, 조건이나 유니온이 필요하지 않다.

```
// 오버로드 1: MouseEventHandler와 MouseEvent
function apply(
  handler: MouseEventHandler<HTMLButtonElement>,
  ev: MouseEvent<HTMLButtonElement>
): void;
// 오버로드 2: KeyboardEventHandler와 KeyboardEvent
function apply(
  handler: KeyboardEventHandler<HTMLButtonElement>,
  ev: KeyboardEvent<HTMLButtonElement>
): void;
// 구현. any로 설정함. 이는 형식이 아니다!
// 타입스크립트는 다음 코드를 확인하거나 자동 완성 내용을 보여주지 않는다.
// 이는 여러분이 필요한 기능을 구현하도록 하는 것이 목적이다.
function apply(handler: any, ev: any): void {
  handler(ev);
}
```

함수 오버로드는 모든 시나리오에 도움이 된다. 모호한 형식이 없는지 확인하자.

```
apply(mouseHandler, mouseEv); // 동작함!
apply(keyboardHandler, keyboardEv); // 동작함!
apply(mouseHandler, keyboardEv); // 예상대로 동작하지 않음!
// ^ 이 호출과 일치하는 오버로드가 없습니다.
apply(mouseOrKeyboardHandler, mouseEv); // 예상대로 동작하지 않음
// ^ 이 호출과 일치하는 오버로드가 없습니다.
```

구현을 고려해 any도 사용할 수 있다. 모호한 상황에 부딪히지 않도록 할 수 있으므로 아무 걱정 없이 형식을 사용해도 된다.

## 만능 함수 본문

마지막으로, 조건부 형식과 함수 오버로드를 조합하는 방법이 있다. 5.1절의 예를 떠올려보자. 함수 본문에서 조건부 형식으로 값을 각 제네릭 반환 형식에 매핑하는 일은 쉽지 않다는 사실을 확인했다. 조건부 형식을 함수 오버로드로 바꾸고 아주 광범위한 함수 시그니처를 구현 용도로 사용하면 함수 사용자와 구현자 모두에게 도움이 된다.

```
function createLabel<T extends number | string | StringLabel | NumberLabel>(
  input: T
```

```
): GetLabel<T>;
function createLabel(
  input: number | string | StringLabel | NumberLabel
): NumberLabel | StringLabel {
  if (typeof input === "number") {
    return { id: input };
  } else if (typeof input === "string") {
    return { name: input };
  } else if ("id" in input) {
    return { id: input.id };
  } else {
    return { name: input.name };
  }
}
```

함수 오버로드는 많은 시나리오를 해결하는 유용한 기능이다. 함수 오버로드는 읽기 쉽고, 쉽게 구현할 수 있으며, 대부분 상황에서 다른 방법보다 결과가 더 정확하다.

하지만 반드시 둘 중 하나를 선택해야 하는 것은 아니다. 상황에 따라 조건부 형식과 함수 오버로드를 기꺼이 혼합하고 일치시킬 수 있다.


## 12.8  제네릭 이름 정하기

**문제**  T와 U라는 글자는 제네릭 형식 매개변수와 관련해 아무 정보도 제공하지 않는다.

**해결**  네이밍 패턴을 따른다.

**논의**  제네릭은 분명 타입스크립트의 뛰어난 기능이다. 아주 유연하고 동적 생성이라는 타입스크립트만의 메타프로그래밍 언어로 가는 문을 열어 준다. 이는 자체로 함수형 프로그래밍 언어에 가깝다.

특히 최신 타입스크립트 버전에 **문자열 리터럴 형식**과 **재귀적 조건부 형식**이 등장하면서 놀라운 일을 수행하는 형식을 만들 수 있다. 12.2절의 이 형식은 경로 정보에서 익스프레스 스타일을 파싱해 모든 매개변수를 포함한 객체를 반환한다.

```
type ParseRouteParameters<T> =
  T extends `${string}/:${infer U}/${infer R}` ?
    { [P in U | keyof ParseRouteParameters<`/${R}`>]: string } :
  T extends `${string}/:${infer U}` ?
    { [P in U]: string } : {}


type X = ParseRouteParameters<"/api/:what/:is/notyou/:happening">
// type X = {
//    what: string,
//    is: string,
//    happening: string,
// }
```

**제네릭 형식**을 정의할 때 **제네릭 형식 매개변수**도 정의한다. 이들은 특정 형식(더 정확하게는 특정 하위 형식)일 수 있다.

```
type Foo<T extends string> = ...
```

제네릭 형식 매개변수는 기본값을 가질 수 있다.

```
type Foo<T extends string = "hello"> = ...
```

그리고 기본값을 사용할 때는 **순서**가 중요하다. 이는 일반적인 자바스크립트 함수와 비슷한 점 중 하나일 뿐이다! 그러면 주제는 거의 함수와 관련되었는데 왜 제네릭 형식의 매개변수에 한 글자로 된 이름을 사용하는 것일까?

대부분 일반 형식 매개변수는 문자 T로 시작한다. 이후의 매개변수는 알파벳(U, V, W)을 따르거나 key의 K와 같은 약어다. 그러나 이는 판독 불가능한 형식을 초래할 수 있다. Extract<T, U>를 보면 U에서 T를 추출하는지, 반대로 추출하는지 구별하기가 어렵다.

좀 더 구체적으로 기술하면 다음과 같은 이점을 얻을 수 있다.

```
type Extract<From, Union> = ...
```

이제 여러분은 첫 번째 매개변수에서 Union에 할당될 수 있는 모든 것을 추출한다는 사실을 파악할 수 있다. 게다가 유니온 형식을 원한다는 사실도 알 수 있다.

형식은 문서이며 형식 매개변수는 일반 함수와 마찬가지로 자신을 대변하는 이름을 가질 수 있다. 다음과 같은 네이밍 체계를 따른다.

- 모든 형식 매개변수는 다른 모든 형식의 이름처럼 대문자로 시작한다!
- 용도가 온전히 명확할 때만 단일 문자를 사용한다. 예를 들어, ParseRouteParams에는 라우트라는 하나의 인수만 사용할 수 있다.
- 무조건 T로 약칭하지 말고(너무 일반적이다!) 여러분이 무엇을 다루는지를 명확하게 해주는 문자로 줄이자. 예를 들어, ParseRouteParams<R>에서 R은 Route를 의미한다.
- 한 글자는 거의 사용하지 않는다. 대신 짧은 단어나 줄임말을 고수하자. Elem은 Element를 의미하며, Route는 그대로 유지할 수 있다.
- 접두어를 사용해 내장형과 구별한다. 예를 들어 Element는 이미 존재하므로 GELment(또는 Elem)를 사용한다.
- 접두사를 사용하여 제네릭의 이름을 더 명확하게 만든다. 예를 들어, URLobj는 Obj보다 더 명확하다.
- 제네릭 형식 내에서 추론된 형식에도 동일한 패턴을 적용한다.

ParseRouteParams를 다시 살펴보고 좀 더 구체적인 이름을 붙여보자.

```
type ParseRouteParams<Route> =
  Route extends `${string}/:${infer Param}/${infer Rest}` ?
    { [Entry in Param | keyof ParseRouteParameters<`/${Rest}`>]: string } :
  Route extends `${string}/:${infer Param}` ?
    { [Entry in Param]: string } : {}
```

각 형식이 무엇을 의미하는지가 훨씬 더 명확해졌다. 또한 Param이 단지 한 형식의 집합이더라도 Param의 모든 Entry를 반복해야 함을 알 수 있다.

확실히 이전보다 훨씬 더 읽기 쉽다!

한 가지 주의해야 할 사항이 있다. 형식 매개변수를 실제 형식과 구별하기가 어렵다. 매트 포콕 Matt Pocock(*https://oreil.ly/Y1i-Q*)이 대중화한 또 다른 방법이 있다. T 접두사를 사용하는 방법이다.

```
type ParseRouteParameters<TRoute> =
  Route extends `${string}/:${infer TParam}/${infer TRest}` ?
    { [TEntry in TParam | keyof ParseRouteParameters<`/${TRest}`>]: string } :
  Route extends `${string}/:${infer TParam}` ?
    { [TEntry in TParam]: string } : {}
```

이는 헝가리어 표기법(*https://oreil.ly/c23gW*)에 가깝다.

다른 프로그래밍 언어와 마찬가지로 어떤 방법을 사용하든 제네릭 형식을 사용자와 동료가 읽을 수 있고 해당 매개변수가 스스로를 대변할 수 있어야 한다.

## 12.9  타입스크립트 플레이그라운드 활용하기

**문제**　프로젝트가 너무 커서, 형식 버그를 제대로 고치기가 어렵다.

**해결**　형식을 타입스크립트 플레이그라운드로 이동해서 분리해 개발한다.

**논의**　[그림 12-1]의 타입스크립트 플레이그라운드(*https://www.typescriptlang.org/play*)는 타입스크립트 첫 번째 출시 때부터 함께 제공된 웹 애플리케이션으로, 타입스크립트 구문이 자바스크립트로 컴파일되는 방법을 보여준다. 플레이그라운드의 기능은 원래 제한적이고 새로운 개발자가 타입스크립트에 '친숙해짐'을 목표로 했지만, 최근에는 기능이 풍부해지면서 온라인 개발의 강자가 되었으며 타입스크립트 개발의 필수 요소로 자리 잡았다. 타입스크립트 팀은 사람들에게 플레이그라운드에서 버그를 재현할 수 있게 문제점을 제출하도록 요청한다. 또한 그들은 야간 빌드 버전을 애플리케이션에 로드할 수 있도록 해서 새로운 기능과 앞으로 출시될 기능들을 플레이그라운드로 테스트한다. 간단히 말해서, 타입스크립트 플레이그라운드는 타입스크립트 개발에 필수적이다.

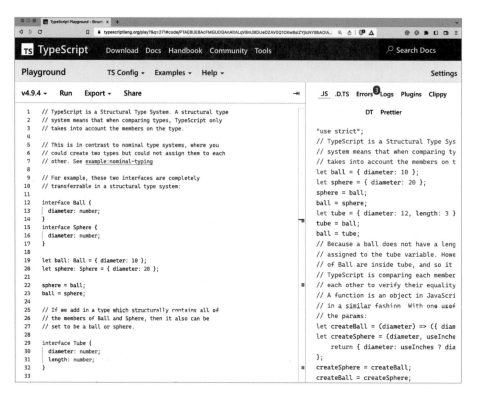

**그림 12-1** 내장 예제 중 하나를 보여주는 타입스크립트 플레이그라운드

타입스크립트 플레이그라운드를 이용해 특정 기능을 현재 프로젝트와 독립해 코드를 개발하는 일은 좋은 관행이다. 타입스크립트 환경설정이 방대해지면서, 형식이 혼란스러워지고, 어떤 형식이 실제 프로젝트에 기여하는지 이해하기 어려워진다. 형식이 이상하거나 예상치 못한 방식으로 동작한다면 플레이그라운드에서 이를 다시 만들어보자.

플레이그라운드에서는 전체 tsconfig.json 기능을 사용할 수 없지만, [그림 12-2]에서 보여주듯이 사용자 인터페이스로 중요 기능을 설정할 수 있다. 또는 소스 코드에 직접 주석을 추가해 컴파일러 플래그를 설정할 수 있다.

```
// @strictPropertyInitialization: false
// @target: esnext
// @module: nodenext
// @lib: es2015,dom
```

아주 편리한 방법은 아니지만, 컴파일러 플래그 공유라는 관점에서는 훨씬 인간공학적이다.

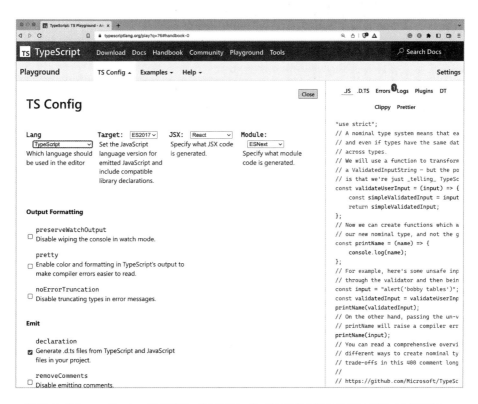

그림 12-2 실제 `tsconfig.json`을 구현하는 대신 TSConfig 패널을 사용하여 컴파일러 플래그를 설정한다.

또한 타입스크립트를 컴파일하고, 추출된 형식 정보를 가져올 수 있으며, 작은 코드 조각을 실행하면서 어떻게 행동하는지 확인할 수 있고, 여러 유명 온라인 편집기와 IDE 등 다양한 대상으로 모두 내보낼 수 있다.

다양한 버전을 선택할 수 있으므로 버그가 특정 버전에서 발생하는지 쉽게 확인할 수 있으며, 다양하고 잘 문서화된 예제를 실행하여 실제 소스 코드를 시도하면서 타입스크립트의 기본 기능을 배울 수 있다.

12.10절에서 언급한 바와 같이 의존성 없이는 자바스크립트를 개발할 수 없다. 타입스크립트 플레이그라운드에서는 의존성 형식정보를 NPM에서 직접 가져올 수 있다. 예를 들어 타입스크립트 플레이그라운드에서 리액트를 가져오면 플레이그라운드는 다음과 같은 타입을 획득하려 시도한다.

1 먼저 NPM에서 각각의 패키지를 살펴보고 콘텐츠 어딘가에 정의된 형식이나 .d.ts 파일이 있는지 확인한다.

2 그렇지 않은 경우 NPM에서 확실하게 입력된 형식 정보가 있는지 확인하고 각 @types 패키지를 다운로드한다.

이는 재귀적으로 동작한다. 즉, 일부 형식에서 다른 패키지의 형식이 필요하다면 필요한 의존 형식을 모두 획득한다. 일부 패키지에는 불러올 버전을 정의할 수 있다.

```
import { render } from "preact"; // types: legacy
```

여기서 types를 legacy로 설정했으므로 NPM에서 각 레거시 버전을 불러온다.

생태계에서 제공하는 다른 기능도 있다. **투슬래시**[Twoslash]는 타입스크립트 플레이그라운드의 중요한 도구다. 투슬래시는 타입스크립트 파일의 마크업 형식에 따라 코드를 강조 표시하고 여러 파일을 처리하며 타입스크립트 컴파일러가 만든 파일을 보여준다. 기본적으로 코드 예제용 인라인 타입스크립트를 사용하는 블로그나 웹 사이트에서는 환상적이며, 복잡한 디버깅 시나리오를 작성해야 하는 상황에도 아주 훌륭하다.

투슬래시가 컴파일러 플래그 주석을 처리하지만, 변수 이름 바로 아래 주석에 마커를 추가하여 현재 형식과 관련한 인라인 힌트를 얻을 수도 있다.

```
// @jsxFactory: h
import { render, h } from "preact";


function Heading() {
    return <h1>Hello</h1>
}


const elem = <Heading/>
//     ^?
// 이 위의 행에서 인라인 힌트를 제공한다.
```

결과는 [그림 12-3]에서 확인할 수 있다.

```
1    // @jsxFactory: h
2    import { render, h } from "preact";
3
4    function Heading() {
5        return <h1>Hello</h1>
6    }
7
8    const elem = <Heading/>
9    //      ^? const elem: h.JSX.Element
```

그림 12-3 투플래시 사용 모습. 주석으로 컴파일러 플래그를 설정한다.

투플래시는 또한 버그 워크벤치(*https://oreil.ly/jVU3u*)의 일부로, 복잡한 버그의 재현과 표시에 중점을 둔다. 여러 파일을 정의해 임포트와 익스포트가 어떻게 작동하는지 확인할 수도 있다.

```
export const a = 2;

// @filename: a.ts

import { a } from "./input.js"
console.log(a);
```

첫 번째 @filename 주석으로 멀티파일이 시작된다. 이 줄 이전의 모든 코드는 기본적으로 메인 엔트리 포인트인 input.tsx라는 파일에 소속된다.

마지막으로, 플레이그라운드를 워크숍과 교육에 사용할 전체 데모 스위트로 활용할 수 있다. [그림 12-4]에서 보여주듯이 투플래시를 사용하여 깃허브 지스트[Gist] 저장소에 여러 파일을 만들고 타입스크립트 파일과 문서를 지스트 독셋[docset]의 일부로 불러올 수 있다.

이는 몰입형 학습에 특히 강점을 보여준다. 단순한 코드 재현에서 완벽한 데모 스위트에 이르기까지, 타입스크립트 플레이그라운드는 타입스크립트 개발자들에게 필요한 많은 기능을 지원한다. 버그를 파일로 정리하거나, 새로운 기능을 시도하거나, 독립적으로 형식을 작업해야 할 때도 플레이그라운드가 유용하다. 플레이그라운드를 이용해 쉽게 시작하고, 원하는 시점에 '실제' IDE와 도구로 쉽게 이동할 수 있다.

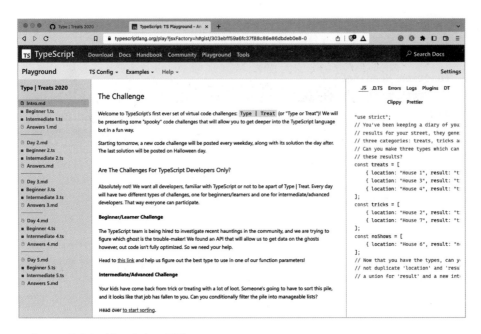

그림 12-4 플레이그라운드의 지스트 독셋

## 12.10 여러 라이브러리 버전 제공하기

**문제** 라이브러리의 외부 형식을 구현하고 라이브러리 버전 업데이트와 형식 업데이트를 연계하려고 한다.

**해결** 참조 트리플 슬래시 지시어와 모듈, 네임스페이스 및 인터페이스를 이용해 선언 합치기를 구현한다.

**논의** 많은 일을 처리하는 외부 라이브러리가 없다면 프로그래밍은 힘겨운 작업이 된다. NPM(*https://npmjs.org*)이 제공하는 서드 파티 의존성은 논란의 여지 없이 자바스크립트 생태계에서 매우 풍부한 기능 소스 중 하나다. 또한, 이들 대부분은 내장 또는 Definitely Typed를 통해 타입스크립트를 지원한다. 타입스크립트 팀에 따르면, 거의 80%의 NPM이 형식을 지원(*https://oreil.ly/G2Ktl*)한다고 한다. 그러나 여전히 이상한 문제가 존재한다. 예를 들어, 타입스크립트로 구현되지 않은 라이브러리를 종종 볼 수 있으며, 자체 회사에서 소유한 레거시 코드 때문에 오늘날 소프트웨어와 호환성을 유지하도록 해야 한다.

내부 시스템에서만 사용할 수 있는 Connector 클래스를 제공하는 "lib"이라는 라이브러리를 생각해보자. 이 라이브러리는 여러 버전으로 존재하며 기능이 지속해서 추가되었다.

```
import { Connector } from "lib";

// 버전 1에 포함된 기능
const connector = new Connector();
const connection = connector.connect("127.0.0.1:4000");

connection.send("Hi!");

// 버전 2에 포함된 기능
connection.close();
```

회사 내 여러 프로젝트에서는 이 라이브러리를 다양한 버전으로 사용할 수 있다는 점에 주목해 보자. 여러분의 임무는 팀이 적절한 자동 완성 및 형식 정보를 얻을 수 있도록 형식을 구현하는 것이다.

타입스크립트에서는 각 라이브러리 버전의 앰비언트 모듈 선언을 만들어 여러 버전의 라이브러리를 제공할 수 있다. 앰비언트 모듈 선언은 .d.ts 확장자의 파일로, 타입스크립트로 구현하지 않은 라이브러리의 형식을 타입스크립트에 제공한다.

기본적으로 타입스크립트는 욕심쟁이다. 타입스크립트는 형식 정의 및 모든 globs를 포함한다. 타입스크립트의 파일 접근을 제한하려면 tsconfig.json에서 "exclude"와 "include" 속성을 사용한다.

```
{
  "compilerOptions": {
    // ...
    "typeRoots": [
      "@types"
    ],
    "rootDir": "./src",
    "outDir": "dist",
  },
  "include": ["./src", "./@types"]
}
```

`tsconfig.json`에 포함된 폴더 **옆에** 폴더를 만든다. 여기에 `lib.v1.d.ts`라는 파일을 만들어 객체를 만드는 데 필요한 기본 정보를 저장한다.

```
declare module "lib" {
  export interface ConnectorConstructor {
    new (): Connector;
  }
  var Connector: ConnectorConstructor;

  export interface Connector {
    connect(stream: string): Connection;
  }

  export interface Connection {
    send(msg: string): Connection;
  }
}
```

모듈을 사용하여 모듈의 이름을 정의하고 대부분 형식에 인터페이스를 사용한다는 점에 주목하자. 모듈과 인터페이스 모두 선언 합치기를 지원하므로 서로 다른 파일에 새로운 형식을 추가한 다음 합칠 수 있다. 여러 버전을 정의할 때 아주 중요한 작업이다.

또한 **Connector**에는 생성자 인터페이스 패턴(11.3절 참조)을 사용한다.

```
export interface ConnectorConstructor {
  new (): Connector;
}
var Connector: ConnectorConstructor;
```

이로써 생성자의 시그니처를 바꿀 수 있고, 타입스크립트가 이를 인스턴스화할 수 있는 클래스로 인식하는지 확인할 수 있다.

`lib.v2.d.ts`라는 또 다른 파일에서 `lib.v1.d.ts` 옆에 "lib"을 다시 선언하고 **Connection**에 메서드를 더 추가한다. 선언 합치기를 이용해 **Connection** 인터페이스에 `close` 메서드를 추가한다.

```
/// <reference path="lib.v1.d.ts" />
```

```
declare module "lib" {
  export interface Connection {
    close(): void;
  }
}
```

트리플 슬래시 지시어를 사용하여 `lib.v2.d.ts`에서 `lib.v1.d.ts`를 참조하므로 버전 1의 모든 것이 버전 2에 포함될 것임을 알린다.

이들 파일은 모두 `@lib`이라는 폴더에 존재한다. 앞서 선언한 구성을 사용하면, 타입스크립트가 이 파일들을 가져가지 않는다. 하지만 새로운 파일 `lib.d.ts`를 구현해서 `@types`에 넣을 수 있으므로, 거기서 포함하고 싶은 버전을 참조한다.

```
/// <reference path="../@lib/lib.v2.d.ts" />

declare module "lib" {}
```

단순히 `"../@lib/lib.v2.d.ts"`를 `"../@lib/lib.v1.d.ts"`로 바꾸어 대상 버전을 바꿀 수 있는 한편, 모든 라이브러리 버전은 독립적으로 유지된다.

궁금하다면 타입스크립트에 포함된 라이브러리 파일을 살펴보자. 이들 파일은 외부 형식 정의의 보물 창고이며 얻을 점이 많다. 예를 들어, 편집기로 `Object.keys`의 참조를 확인해보면 이 기능이 여러 위치에 존재하며, 현재 타입스크립트 구성에 따라 특정 파일이 포함됨을 알 수 있다. [그림 12-5]는 비주얼 스튜디오 코드에서 `Object.keys`의 다양한 파일 위치를 표시하는 방법을 보여준다. 타입스크립트는 아주 유연하므로 프로젝트에 같은 기법을 사용할 수 있으며, 심지어 타입스크립트의 내장 형식 자체를 확장할 수도 있다(9.7절 참조).

```
   2
   3    const keys = Object.keys(document);

lib.es5.... /Applications/Visual Studio Code.app/Contents/Resources/app/extensions/node_m...  - Definition... ✕
                                                                    ⌄ lib.es2015.core.d.ts...  1
  256       */                                                         keys(o: {}): string[];
  257       isExtensible(o: any): boolean;
  258                                                               ⌄ lib.es5.d.ts /Applicati...  1
  259       /**                                                        keys(o: object): string[];
  260        * Returns the names of the enumerable string prop
  261        * @param o Object that contains the properties ar
  262        */
  263       keys(o: object): string[];
  264   }
  265
  266   /**
  267    * Provides functionality common to all JavaScript obj
  268    */
  269   declare var Object: ObjectConstructor;
  270
  271
```

그림 12-5 비주얼 스튜디오 코드에서 내장 형식 참조 찾기 기능으로 타입스크립트가 여러 버전의 EMCAScript 및 DOM을 관리하는 방법

결론적으로, 각 라이브러리 버전의 앰비언트 모듈 선언을 만들고 해당 선언을 타입스크립트 코드에서 참조함으로써 여러 버전의 라이브러리 형식을 타입스크립트로 제공할 수 있다. 프로젝트에서 패키지 관리자로 다양한 버전의 라이브러리와 해당 형식을 관리할 수 있으므로 종속성을 처리하고 충돌을 방지할 수 있을 것이다.

# 12.11 언제 멈춰야 할지 알기

**문제** 정교하고 복잡한 형식은 쓰기 힘들다!

**해결** 정교하고 복잡한 형식을 쓰지 말자. 타입스크립트는 점진적이다. 과감하게 생산성을 높이는 방법을 택한다.

**논의** 적절한 시기에 멈추는 방법과 관련한 일반적인 조언으로 이 책을 마무리하려 한다. 책전체를 다 읽고 여기까지 왔다면, 일상적인 타입스크립트 문제와 관련한 많은 조언이 포함된백 개가 넘는 절을 읽었을 것이다. 타입스크립트로 프로젝트를 설정하는 방법, 올바른 형식을

찾는 복잡한 상황, 타입스크립트가 자신의 이익만을 좇아 너무 엄격하게 변해버린 상황의 타개책 등을 살펴봤다.

조건부 형식과 헬퍼 형식, 가변 튜플 형식, 문자열 템플릿 리터럴 형식 등 주변 형식의 세계에 발을 들이면 솔루션이 아주 복잡해질 수 있다. 특히 모든 결정, 모든 기능의 근원이 자바스크립트에 있다는 사실을 이해한다면, 타입스크립트의 형식 시스템은 의심할 여지 없이 강력하다. 이처럼 본질적으로 역동적인 프로그래밍 언어 위에 강력하고 정적인 형식을 제공하는 형식 시스템을 개발한 것은 놀라운 성과다. 이를 모두 실현해 준 사람들에게 깊은 존경을 표한다.

하지만 때때로 상황이 매우 복잡해질 수 있다는 점은 부인할 수 없다. 형식을 읽거나 구현하기 어려울 수 있으며, 형식 시스템이 라이브러리를 테스트해야 하는 자체 튜링 완벽 메타프로그래밍 시스템이라는 사실도 도움이 되지 않는다. 그리고 개발자들은 자신의 기술과 도구의 모든 측면을 이해한다는 사실에 자부심을 가지며, 단순한 형식보다는 복잡한 형식을 선호할 때가 많다. 물론 단순한 형식은 복잡한 형식만큼의 형식 안전성을 제공하지 않지만, 더 읽고 이해하기 쉽다는 장점이 있다.

형식 시스템의 핵심 프로젝트 중 하나로 타입 챌린지(*https://tsch.js.org*)를 꼽을 수 있다. 형식 시스템의 가능성을 보여주는 환상적인 퍼즐 프로젝트다. 점점 더 어려운 문제들을 다루면서 형식 시스템을 더 잘 설명할 수 있게 된다. 퍼즐은 개발자의 마음을 훈련하는 데는 환상적이지만, 대부분은 실전과는 거리가 있다.

또한 주요 프로그래밍 언어에서 흔히 볼 수 없는 타입스크립트의 훌륭한 기능(점진적으로 형식을 채택)을 간과할 때가 많다. any, 제네릭 형식 매개변수, 형식 어서션과 같은 도구가 있으며 몇 개의 주석으로 간단한 자바스크립트를 구현할 수 있다는 사실은 타입스크립트의 진입 장벽을 훨씬 낮춰준다. 타입스크립트 팀과 TC39는 자바스크립트에 형식 애너테이션을 추가해서 (*https://oreil.ly/yQnIO*) 장벽을 더욱 낮추려 노력하고 있다. 이 제안의 목적은 자바스크립트 형식을 안전하게 만드는 것이 아니라 단순하고 이해하기 쉬운 애너테이션을 이용해 컴파일 단계를 제거하는 것이다. 자바스크립트 엔진은 이를 주석으로 간주할 수 있으며, 형식 검사자는 프로그램의 실제 의미 정보를 얻을 수 있다.

개발자, 프로젝트 리더, 엔지니어, 아키텍트로서 우리는 이 기능을 사용해야 한다. 언제나 단순한 형식이 더 나은 형식이다. 이해하기 쉽고 사용하기 훨씬 쉽기 때문이다.

타입스크립트 웹사이트(*https://typescriptlang.org*)는 '확장하는 자바스크립트'에서 '형식에 대한 구문이 있는 자바스크립트'로 워딩을 변경했으며, 이는 프로젝트에서 타입스크립트의 역할이 무엇인지 알 수 있도록 힌트를 제공한다. 자바스크립트 코드를 구현하고, 필요한 곳에 애너테이션을 추가하며, 단순하지만 종합적인 형식을 구현하고, 타입스크립트로 소프트웨어를 문서화하고, 이해하며 소통한다.

타입스크립트가 파레토 법칙Pareto principle(*https://oreil.ly/smytJ*)을 따른다고 생각한다. 형식 안전성의 80%는 20%의 기능에서 비롯된다. 나머지 부분이 나쁘거나 불필요하다는 뜻은 아니다. 여러분은 그저 105가지 절을 학습하며 타입스크립트의 고급 기능이 필요한 상황을 이해했다. 이는 어디에 노력을 기울여야 할지 알려줄 뿐이다. 모든 상황에 타입스크립트의 고급 기능을 사용하려 하지 말자. 느슨한 형식이 문제가 되는지 모니터하자. 프로그램에서 형식을 바꿀 때 드는 노력을 추정하고 충분한 정보를 바탕으로 결정을 내리자. 또한 여러 단계의 정제 과정(12.2절 참고)을 거쳐야 언제든 쉽게 멈출 수 있음을 염두에 두자.